当代中国行政法

第 八 卷

应松年　主编

人民出版社

第四十二章

行政诉讼

杨伟东　　　　国家行政学院法学部教授、博士生导师，中国政法大学法学博士，剑桥大学、伦敦大学访问学者。独著有《行政行为司法审查强度研究——行政审判权纵向范围分析》《权力结构中的行政诉讼》和《政府信息公开主要问题研究》，译著有《英国行政法教科书》《法律与行政》（主译），并参与过多部学术著作的撰写，《元照英美法词典》"宪法行政法"相关词条的专业作者，并在《法学研究》《中国法学》《政法论坛》等刊物上发表论文近百篇。

行政诉讼，是行政法制度重要的、不可或缺的组成部分。现代行政法的发展表明，无行政诉讼，则无现代行政法。我国行政诉讼制度，对推动中国行政法的发展功莫大焉。近年来，随着我国行政法制度的发展，行政诉讼的理论和制度出现了新发展和变化。本章主要对行政诉讼涉及的重大问题展开分析。

第一节　行政诉讼的特点

一般认为，行政诉讼是法院解决行政争议的法律制度。[①] 这一界定是基于对行政诉讼本质特征的理解而作出的概括性分析。由于法律传统的差异、国情的不同等诸多因素的影响，事实上每个国家的行政诉讼制度都有自己的特点，甚至用语也存在区别。本节通过对行政诉讼相关要素的分析，揭示行政诉讼的特征。

一、解决的主体是法院

行政诉讼是法院解决争议的制度，解决主体是法院，属于司法活动，适用的程序为司法程序。这一点使行政诉讼区别于行政复议等其他解决行政争议的制度。不过，行政诉讼都是法院来解决行政争议，但解决行政争议的法院却不尽相同，存在着行政法院和普通法院之别，其背后的观念有巨大差异。

在大陆法系国家，有专门的行政法院负责行政诉讼。行政法院与普通法院并存，且自成体系。追本溯源，这一安排源于奠定大陆法系行政

[①] 参见应松年主编：《行政诉讼法学》（高等政法院校规划教材），中国政法大学出版社 2002 年版，第 1 页；金俊银等：《行政诉讼概论》，人民出版社 1990 年版，第 7 页。

诉讼制度基础的法国。由于法国大革命时期普通法院对进步行政的阻挠，和认为行政诉讼即是行政本身的认识，法国排除了普通法院对行政案件的管辖权，另设隶属于行政机关的机构专事行政案件的审理。经过漫长的历史发展，法国行政法院已摆脱了依附于行政机关的地位，发展成为具有独立地位的行政法院系统，并形成了普通法院与行政法院并驾齐驱的局面。① 法国的做法为其他大陆法系国家接纳，且建立了独立于行政系统的行政法院。例如，德国的行政法院保持着与行政的完全分立的地位②。

英美法系没有"行政诉讼""行政审判"等类似用语，与此大体对应的是"司法审查"（judicial review）③。一向注重平等和司法独立的英美系国家，曾认为法国行政法院是保护官吏的制度，有违官民平等这一基本原则，由普通法院统一解决包括行政案件的所有案件，是英美法系的基本理念和基本制度，它强调的是行政与司法两权的分立和司法对行政的有效控制。置于行政系统内的行政法院可能赋予行政太大的权力，使行政失去控制④，为英美法系人所忧虑。由此，英美法系形成了由普通法院解决行政争议的制度。

---

① 参见王名扬：《法国行政法》，中国政法大学出版社 1989 年版，第 535 页。

② 参见［德］弗里德赫穆·胡芬：《行政诉讼法》，莫光华译，法律出版社 2003 年版，第 5 页。在德国，独立的行政法院被认为是法治国家的"支柱"或者"基石"。

③ 在英国等国家存在裁判所，这些裁判所具有一定的独立性，裁判所成员多是专业成员，其解决行政争议的程序采用准司法程序，因此与大陆法系的行政诉讼在形式上具有相似性，以致造成国内有学者误认为英美法系国家的行政裁判制度即为大陆法系的行政诉讼。但裁判所毕竟不是法院，它所解决的争议也不限于行政争议，还包括民事纠纷，同时，行政裁判所裁决不具有最终性，原则上必须接受司法审查，因而将其归入或等同于行政诉讼并不恰当。

④ See Peter L. Strauss：An Introductionto Administrative Justice in the United States, Carolina Academic Press, 1989, p.211.

从名称上看，我国行政诉讼法①使用的是"行政诉讼"一词；从历史发展来看，中国的确存在普通法院和行政法院共存的二元司法体制安排②。但是，我国现行行政诉讼制度采用的是由普通法院解决行政争议的制度，不过法院内部通过设立专门的行政审判庭负责行政诉讼案件的审理。在行政诉讼法此次修订过程中，学术界曾就是否建立中国行政法院制度引发了讨论。③ 然而，立法最终并没有采纳。

二、解决的争议为行政争议

行政诉讼解决的是行政争议，这是行政诉讼的本质特征。行政争议是行政机关和法律、法规授权的组织因行使行政职能或公共职能实施活动而发生的争议，既不同于民事争议，也不同于刑事案件。正是争议的性质特点，决定了行政诉讼有别于刑事诉讼和民事诉讼。

对于行政争议，德国、我国地区等则使用"公法争议"或者"公法上争议"④。除用词的不同，更为重要的是，行政争议的范围在不同国家

---

① 参见《中华人民共和国行政诉讼法》（1989 年 4 月 4 日第七届全国人民代表大会第二次会议通过，根据 2014 年 11 月 1 日第十二届全国人民代表大会常务委员会第十一次会议《关于修改〈中华人民共和国行政诉讼法〉的决定》修正）。

② 1914 年《平政院编制令》所确立的平政院，被认为是中国第一个行政法院。

③ 相对早期的讨论有：马怀德、解志勇：《行政诉讼案件执行难的现状及对策——兼论建立行政法院的必要性与可行性》，《法商研究》1999 年第 6 期；陈红：《论建立我国行政法院体制的必要性和可行性》，《浙江学刊》2001 年第 4 期；刘飞：《建立独立的行政法院可为实现司法独立之首要步骤》，《行政法学研究》2002 年第 3 期；等等。近年来的文章有：尹华容：《设置行政法院：行政诉讼突围中的重大误区》，《甘肃政法学院学报》2006 年第 1 期；杨伟东：《建立行政法院的构想及其疏漏》，《广东社会科学》2008 年第 3 期；江必新：《中国行政审判体制改革研究——兼论我国行政法院体系构建的基础、依据及构想》，《行政法学研究》2013 年第 4 期；马怀德：《行政审判体制改革的目标：设立行政法院》，《法律适用》2013 年第 7 期；等等。

④ 参见［德］弗里德赫穆·胡芬：《行政诉讼法》，莫光华译，法律出版社 2003 年版，第 3 页；陈清秀：《行政诉讼法》，翰芦图书出版有限公司 1999 年版，第 58 页。

或地区的行政诉讼中存在着不同。对行政争议的范围，有三点值得关注：一是行政争议中最核心争议，是行政机关或行使公共职能的组织与公民、法人或者其他组织之间。在一些国家，行政主体之间的争议也被纳入行政争议范围，并通过行政诉讼加以解决。① 二是随着公共行政或公共管理的发展，行政争议主要引发者已不限于行政机关或者行政主体，越来越多行使公共职能的组织卷涉其中。三是整体来看，随着发展行政争议的范围呈拓宽之势。

三、原被告地位特殊性

根据我国现有行政诉讼制度的安排，行政诉讼的原告为公民、法人或者其他组织，被告为作为行政主体的行政机关和法律、法规授权的组织，双方地位恒定，不能改变。作为行政主体的行政机关和法律、法规授权的组织不能起诉作为被管理对象的公民、法人或者其他组织，在公民、法人或者其他组织提起的行政诉讼中也无反诉权。行政诉讼原被告恒定的特点，是目前我国行政诉讼制度的重要特点。围绕这一特点有两方面的问题需要分析。

（一）我国非诉行政执行的审查并非行政诉讼

本质而言，行政诉讼的存在是为了保护公民的权益，因此行政诉讼的启动者应为公民，行政机关无权启动行政诉讼追究公民责任。我国行政诉讼法确立了原告被告地位恒定这一规则，正是基于这一理念。然而，从现代行政法治来看，行政权并非一项独立自强的权能，这具体表现为行政决定权与行政执行权的分离。不过，分离程度在两大法系有所不同。大陆法系国家一般承认行政执行权是一种独立的权力，需要法律单独授予，但最终往往仍授给了行政机关；而在英美法系国家，行政决定的最终执行权往往授予了法院。我国目前采取的是行政机关与法院共享执行权的体制。一旦行政决定需有法院来执行，就会存在法院是否审查被执行行政行为的合法性问题。就此问题，我国行政法学界曾进行了相当大

---

① 参见王名扬：《法国行政法》，中国政法大学出版社 1989 年版，第 681 页。

的争论。最高人民法院颁布的《关于执行〈中华人民共和国行政诉讼法〉若干问题的解释》①（以下简称《行政诉讼法执行解释》）确立了对被执行行政行为进行实质性审查的制度，《行政强制法》也确认了这一点②；而美国确实也将法院对被执行行政行为的审查，归入当事人获得司法审查的途径。"这一切会让人们产生行政审判庭对非诉行政执行案件的审查似乎也可以归类于行政诉讼范畴的观点，进而对通行的行政诉讼的概念产生动摇。"③

非诉行政案件执行中的审查，究竟是否可归入行政诉讼，最终仍需回归到行政诉讼的本质属性来分析。第一，行政诉讼的启动者应不是行政职权的行政机关。诉讼的本质是解决争端，行政诉讼也不例外。某一主体对行政行为的合法性提出异议，与行政机关意见相左，形成争端，并由该主体向法院提出，是行政诉讼产生的前提。作为行使行政职权的行政机关，无权也无需主动要求法院确认其行为的合法性。第二，行政诉讼中的审理必须符合法定形式。开庭审理是行政诉讼审查的实质性要求。第三，法院的裁判与当事人的请求密切关联。非诉行政案件执行中的审查，虽然从相当意义上导致的是对行政行为审查，但此种审查只是执行过程中的附带产品，法院裁定不执行行政行为本质上并不是针对当事人作出的，而是对申请人请求的否定。同时，就目前我国的制度设计而言，执行中的审查是一个审查程度较弱的审查，无法与行政诉讼相比较，不宜纳入行政诉讼范畴之中。

---

① 1999 年 11 月 24 日，最高人民法院审判委员会第 1088 次会议通过，自 2000 年 3 月 10 日起施行。

② 《行政强制法》第五十七条规定："人民法院对行政机关强制执行的申请进行书面审查，对符合本法第五十五条规定，且行政决定具备法定执行效力的，除本法第五十八条规定的情形外，人民法院应当自受理之日起七日内作出执行裁定。"第五十八条第一款规定："人民法院发现有下列情形之一的，在作出裁定前可以听取被执行人和行政机关的意见：（一）明显缺乏事实根据的；（二）明显缺乏法律、法规依据的；（三）其他明显违法并损害被执行人合法权益的。"

③ 杨寅：《行政诉讼概念重解》，《中国法学》2002 年第 4 期。

（二）行政主体能否起诉公民、法人或者其他组织

从国外行政诉讼来看，的确存在行政主体起诉公民、法人或者其他组织的情形。例如，美国的执行诉讼。在公民、法人或者其他组织不执行行政机关的决定，行政机关向法院提起诉讼请求法院裁判执行时，当事人主张行政决定违法作为抗辩理由，法院可以审查行政决定是否合法。[①]

在此次修订行政诉讼法过程中，学术界针对我国行政诉讼是否需要改变原被告地位恒定安排时曾有过讨论。其源于因行政合同诉讼纳入行政诉讼受案范围后，基于合同双方地位的平等性，既然公民、法人或者其他组织可以行政机关违约或不履约起诉行政机关，自然公民、法人或者其他组织违约或不履约，行政机关也有权起诉。不过，修正后的《行政诉讼法》虽然把行政合同纳入行政诉讼范围，但未改变原被告地位恒定的安排。《行政诉讼法》第十二条第一款第（十一）项规定，法院受理公民、法人或者其他组织"认为行政机关不依法履行、未按照约定履行或者违法变更、解除政府特许经营协议、土地房屋征收补偿协议等协议的"而提起的行政诉讼。

第二节　行政诉讼目的

行政诉讼应当按照何种目的进行设计和运作，是行政诉讼中十分重要的问题，不仅攸关行政诉讼理论建构，更关乎行政诉讼理想制度架构[②]，以及行政诉讼的成效。

一、行政诉讼目的界定

一般认为，"所谓目的，并不是指某种客观的趋势、自然的指向，不是指那种由自然的原因所引起的自然的结果，而是指那种通过意识、观

[①] 王名扬：《美国行政法》，中国法制出版社1995年版，第581页。
[②] 参见翁岳生编：《行政法》，翰芦图书出版有限公司2000年版，第1127页。

念的中介被自觉地意识到了的活动或行为所指向的对象和结果。"① 因此，行政诉讼目的，当是指以观念形式表达的国家进行行政诉讼所期望达到的目标，是国家基于对行政诉讼固有属性的认识预先设计的关于行政诉讼结果的理想模式。②

行政诉讼目的与行政诉讼的作用有关，甚至存在着明显的内在关联，二者有本质不同，不能混同。行政诉讼目的特指创设该制度的国家所设定的目的，这种目的的设定源于国家自觉的、有意识的对行政诉讼结果的价值评判和选择，其构成具体诉讼活动的起点。作用通常指某一项事项或活动对他人或他物所产生的影响。行政诉讼的作用指作为客观存在的行政诉讼其具体的实践活动对相关事项所产生的实际影响。

行政诉讼目的与行政诉讼作用内在关联在于：行政诉讼目的是行政诉讼目的作用的动因和指针；行政诉讼的作用包含着行政诉讼的目的，行政诉讼中含有正向价值的那一部分与行政诉讼的目的取向具有同一性；而行政诉讼作用是制定行政诉讼目的的参考因素，对行政诉讼目的的衡量及其调整离不开对行政诉讼作用的评判。

然而，行政诉讼目的与行政诉讼作用存在明显的区别。第一，行政诉讼目的是国家构建行政诉讼制度的前提，带有预先设计性，是国家对行政诉讼所产生的结果预期或者设计；而行政诉讼的作用是行政诉讼实际运作结果的表现。第二，行政诉讼目的的确定虽然带有对行政诉讼固有属性的考虑，但其确定本质仍是国家意志的反映，是国家对行政诉讼价值选择的产物，带有一定的主观性和价值取向性；而行政诉讼作用属客观后果，并不以任何人的意志为转移，具有客观性和中立性。第三，行政诉讼目的主要对国家和决策者而言，而行政诉讼作用的对象则具有多元性，包括行政机关、公民和组织等。③

---

① 夏甄陶：《关于目的的哲学》，上海人民出版社 1982 年版，第 227 页。
② 参见宋英辉：《刑事诉讼目的论》，中国人民公安大学出版社 1995 年版，第 3 页。
③ 参见杨伟东：《行政诉讼目的探讨》，《国家行政学院学报》2004 年第 3 期。

二、可能的目的及相关争议

如同民事、刑事诉讼目的存有异议一样，如何确定行政诉讼的目的或者理解行政诉讼目的，在行政法学界一直存有争议。

修正前的《行政诉讼法》第一条规定："为保证人民法院正确、及时审理行政案件，保护公民、法人和其他组织的合法权益，维护和监督行政机关依法行使行政职权，根据宪法制定本法。"围绕此规定，并基于对行政诉讼性质的解读，形成了行政诉讼目的的不同认识。

目的一：保护权益。行政诉讼的目的在于，通过校正行政管理中公民、法人或者其他组织与作为管理者的行政主体之间的不对等，给予公民、法人或者其他组织提出异议、进而获得权利救济的权利。在行政程序之中，公民处于被动、弱势的地位，而行政机关却是强势的。因而，当公民、组织认为自己的正当利益受到行政机关侵害时，在没有私力救济的能力和条件下，只有向法院寻求帮助，故行政诉讼是弱势者对强势的法院的一种信赖和依靠。[1]

目的二：监督行政。从行政诉讼运作来看，大多数的行政诉讼案件是通过法院对行政机关行使行政职权的行为审查得以进行的。在行政诉讼中，法院审查行政行为是否合法并作出裁判。行政诉讼构造与行政法治具有亲缘性，行政诉讼是法院行政机关遵守法律的有力工具，没有行政诉讼行政法治等于一句空话。[2]

目的三：解决争议。行政法治与依法行政是对行政最基本的要求，但这一要求并不能从根本上保证行政行为一定合法有效。与立法权和司法权相比，行政具有主动性和积极性，是"面向未来的连续性社会形成

---

[1]　参见谭宗泽：《行政诉讼目的新论——以行政诉讼结构转换为维度》，《现代法学》2010 年第 4 期。

[2]　参见王名扬：《美国行政法》，中国法制出版社 1995 年版，第 566 页。

活动"①。行政的此种特性有助于保障行政的高效性和国家政策的实施，为行政管理和现实所需。不过，行政活动的主动性和塑造性也使行政机关的活动有一定的进攻性和入侵性，提高了行政机关违法的可能性，为行政机关侵害公民的权利提供了机会，由此可能诱发公民对行政活动的不满，产生行政争端。

目的四：维护行政。法院对行政行为的审查，违法的予以撤销或确认违法，合法的予以维持。前者是对公民、组织权益的保护，后者是对行政机关的维护。"行政诉讼立法的目的在于保障和维护、公民的合法权益"，"但同时强调行政诉讼立法的目的还在于保障行政机关依法行使权力，认为保护公民的合法权益和保障行政机关依法行使权力不是对立的，而是统一的。"②

对于上述四种目的，遭到明显质疑的是第四项目的。这一带有历史印迹的目的设定，显然与行政诉讼的本质不符，因而应当予以摒弃，这在行政法学界是很早就达成的共识。不过，对余下的三项目的，如何理解和处理，则形成了不同看法。有学者认为，行政诉讼应当是多重目的；有学者认为，则应当把保护权益作为唯一目的。③

三、目的的协调

客观而言，保护权益、监督行政与解决争议，三目的密不可分。保护公民、法人或者其他组织的权益，需要解决行政争议和监督审查行政行为得以实现，三者事实上相互交织。然而，深入分析可以发现，三目的之间存在微妙差异，且这些差异可能导致行政诉讼制度设计重大不同。

---

① 德国学者福尔斯托霍夫语，转引自［日］南博方：《日本行政法》，杨建顺、周作彩译，中国人民大学出版社1988年版，第8页。

② 张树义：《〈行政诉讼法（草案）〉若干争论问题再思考》，《法学》1989年第3期。

③ 参见马怀德主编：《行政诉讼原理》，法律出版社2003年版，第70页。

保护权益以保护公民、组织权益为中心，属主观诉讼的范畴。它强调行政诉讼的程序设计和运作机制主要围绕着当事人的权利损害与救济展开；监督行政的主要目的在于促进良好行政和正当行政，当归入客观诉讼之理念。诉讼的关键问题不是当事人的权利或利益是否受到侵犯，而是行政行为是否存在违法①；而解决争议以消弭纷争为己任，行政行为是否违法或许不是关键，不过通过和解、调解能让争议双方达到一致，但有可能违反公共利益或者导致无法对行政行为是否违法作出评判。

消除三目的之间潜存的不一致，理想的方法是行政诉讼类型化。行政诉讼的类型化，是在承认行政争议的多样性和当事人诉讼请求不同的基础上，针对不同类型的请求和案件确立不同的起诉条件、审理规则和裁判方式等的安排。

修正后的行政诉讼法没有实行行政诉讼类型化安排，但是对行政诉讼的目的作出了调整。修正后的《行政诉讼法》第一条规定："为保证人民法院公正、及时审理行政案件，解决行政争议，保护公民、法人和其他组织的合法权益，监督行政机关依法行使职权，根据宪法，制定本法。"

与之前的目的规定相比，修正后的行政诉讼法有两个重要变化：一方面，删除"维护"行政机关行使职权的规定。此规定或目的的删除是自然的结果，相应的修正后的行政诉讼法在判决方式明确删除了"维持判决"。另一方面，增加"解决行政争议"目的。作为解决争议的制度，行政诉讼的运转需要维持诉讼的基本架构，致力于消除争议。

修正后的行政诉讼法对行政诉讼目的的协调方式，是通过对三重目的的优先顺序安排处理的，即强化行政诉讼的权利救济和争议解决的功能。

---

① 参见杨伟东：《行政诉讼目的探讨》，《国家行政学院学报》2004 年第 3 期。

第三节　行政诉讼基本原则

根据我国《行政诉讼法》第一章总则的规定，一般认为我国行政诉讼的基本原则包括以下内容：人民法院依法独立行使行政审判权原则；保障公民、法人和其他组织的起诉权利；以事实为根锯、以法律为准绳的原则；行政行为合法性审查原则；当事人的法律地位平等原则；使用民族语言文字原则；辩论原则；合议、回避、公开审判和两审终审原则；人民检察院实行法律监督原则。在法律中规定基本原则，在相关法学研究中描述和解释基本原则，在我国司空见惯。行政法和行政诉讼法领域亦是如此。但对如何识别法律的基本原则，行政诉讼有哪些基本原则等问题，行政法学界虽然给予了一定的关注，但这些关注多集中于法律条文的语义分析，而缺乏对行政诉讼法规定的批判性研究，本节希望能透过法律规定对行政诉讼基本原则作一重新认识。

一、行政诉讼基本原则的界定

在法学中，对基本原则进行研究和总结具有十分重要的意义。面对千姿百态的社会生活和数目繁多的法律规则，用原则或基本原则指导立法或对规则加以提炼和概括，是法律演进和法学研究中必不可少的工作。

对基本原则或原则的概括和把握，有两个基本模式。一种模式就是，把基本原则或原则当作一个先验的公理，具体融于法律条文和具体规定之中；另一种模式是，通过（司法）经验和裁判总结和提炼基本原则或原则。前一种主要体现在大陆法系之中，后一种模式则主要运用于英美法系国家。庞德曾对后一种模式作出了解释："一个原则是一种用来进行法律论证的权威性出发点。各种原则是法律工作者将司法经验组织起来的产品，他们将各种案件加以区别，并在区分的后面定上一条原则，以及将某一领域内长期发展起来的判决经验进行比较，为了便于论证，或者把某些案件归之于一个总的出发点，而把其他一些案件归之于某个其他出发点，或者找出一个适用于整个领域的更能包括一切的出发点。"①

在立法文件中规定基本原则是我国立法的重要特色。与此相关的，局限于以立法中的某些规定为依据解释分析某一部门法的基本原则，构成了我国法学研究的基本特点。我国诉讼法学和行政法学界主流的观点认为，（行政）诉讼基本原则是指贯穿于（行政）诉讼始终，对整个（行政）诉讼活动起着指导和支配作用的基本准则。法定性、普遍性、概括性和指导性，被确定为（行政）诉讼基本原则的基本特征或识别标准。② 诉讼法学和行政法学界通常以刑事、民事和行政诉讼立法总则中的规定为依据对基本原则进行分析。近年来，学术界开始对此种观点和做法进行反思。概括性和指导性是基本共识，而普遍性和法定性均遭到不同程度的质疑。"普遍性"即贯穿始终性标准受到异议，有学者将基本原则界定为对诉讼全过程或主要阶段起指导作用的基本准则③；民事诉讼法学界一些学者已开始超越民诉法的规定，对民事诉讼基本原则进行重建，基本原则的"法定性"标准实际被搁置。视"法定性"为法律基本原则的要求的认识攸关行政诉讼基本原则的范围及研究视野，有必要予以澄清。

毫无疑问，包括法律中的原则在内的任何原则，都必须以一定方式加以表达和阐释。因为原则是一种规律性东西的宣示，代表了一项工作或某一事物运作的原理，它是人们对某一事物或工作进行长期摸索和研究的结晶，"与一门学科的理论部分相关"④。"当原则被系统表述时，所

---

① ［美］庞德：《通过法律的社会控制》，商务印书馆1984年版，第85页。

② 参见罗豪才、应松年主编：《行政诉讼法学》，中国政法大学出版社1990年版，第22—23页；杨海坤主编：《行政法与行政诉讼法》，法律出版社1992年版，第196页；柴发邦主编：《民事诉讼法学》（修订本），北京大学出版社1992年版，第61页；刘恒：《行政救济制度研究》，法律出版社1998年版，第183页；等等。

③ 如见薛刚凌主编：《行政诉讼法学》，华文出版社1998年版，第58—59页；江伟主编：《民事诉讼法学原理》，中国人民大学出版社1999年版，第304页。

④ Henry Campbell Black：Black's Law Dictionary, 6th edition, St Paul, Minn. West Publishing Co.,1990,p.1193.

表述的是蕴含于活动自身的某种东西。原则通过系统表述得以明确，并因而成为明智行为的基础。随之而来的是，原则和以其为原则的活动，构成了一种逻辑关系。从事这些活动就应该是按照它们的原则行事。"①

判别基本原则的本质特性关键在于其是否反映了事物的本质规律和根本性，表达方式并不起决定性作用。从法律基本原则的发展源头来看，往往是思想原则在先，而法律原则在后，即往往是学者经过对某一法律部门或法律现象进行长期而深入的研究之后，总结出其规律，并加以系统化，先形成思想原则，最终才逐步转化为法律原则的。如司法独立和无罪推定最先都是学者作为体现新的法律价值和现代法治精神被提出了的思想准则，构成了各国刑事诉讼程序规则新体系的基础，历经挫折最终才载入一些国家的宪法和刑事诉讼法之中的。因此，把基本原则引入法律之中，转化为法律原则无可非议。但这并不意味着只有法律规定的基本原则才能构成某一部门法的基本原则。法定性并不是基本原则的基本特性。本章对行政诉讼基本原则的研究，关注但不局限于立法中的规定。

本章对行政诉讼基本原则的分析基于这些认识和考虑：第一，客观性和本土制度的统一。行政诉讼基本原则的确定必须反映行政诉讼制度本身及其发展的共有规律，但必须考虑到行政诉讼制度在我国运作的特殊性。第二，共同性和特殊性的统一。行政诉讼与刑事、民事乃至宪法诉讼共同构成了诉讼制度体系，它们既有共同的原理和一般规律，也有各自的特点和特殊规律。对行政诉讼基本原则的确定和研究，要在遵循和反映诉讼制度的共同原理和一般规律的基础上，突出其特殊性。第三，法定性和完善性的统一。鉴于我国对法律基本原则的研究立意在于指导和完善立法，并通过立法指导实践，法定性和完善性必须合理兼顾。本章的研究侧重于研究行政诉讼的特殊原则并立足于完善我国行政诉讼的基本原则。

---

① ［英］A.J.M.米尔恩：《人的权利与人的多样性——人权哲学》，夏勇、张志铭译，中国大百科全书出版社 1995 年版，第 26—27 页。

二、合法性审查原则

(一) 合法性审查原则的基本内涵

合法性审查构成我国行政诉讼特有的基本原则,在我国法学界并无异议。我国《行政诉讼法》第六条对该原则作了如下规定:"人民法院审理行政案件,对行政行为是否合法进行审查"。据此,学者认为合法性审查原则的内涵有:

1. 在行政诉讼中,司法权有高于行政权的效力。法院根据行政诉讼法的规定取得了对行政机关的行政行为进行受理、调查、审理和判决等各项审判权力。人民法院有权接受公民、法人或者其他组织对行政机关的 (具体) 行政行为效力提出异议,有权对被诉 (具体) 行政行为进行审查,并依法确认该行为是否合法,肯定或者否定 (具体) 行政行为原有的效力。[1] 由此,可以认为该原则是我国行政诉讼法建立司法审查制度的明显标志。[2]

2. 司法权此种高于行政权的效力具有范围和程度的限制。第一,法院审查的对象须受受案范围限制,而不能涵盖全部行政行为;第二,法院对行政行为的审查原则上只限于合法性,而不包括合理性;[3] 第三,合法性审查原则决定法院的一审判决,主要采用确认违法、撤销或履行判决形式,变更判决必须有严格限制[4],否则有司法替代行政之嫌。

因此,学者普遍认为,"合法性审查既是法律对司法权监督和制约行政权的授权,也是对司法权监督和制约行政权的限制,人民法院可以也只有在合法性审查的前提下对行政权进行监督和制约,超越合法性审查

---

[1]　参见肖峋:《试论人民法院审查具体行政行为合法性的原则》,《中国法学》1989年第4期。

[2]　参见姜明安:《行政诉讼法学》,北京大学出版社1993年版,第43页。

[3]　参见姜明安主编:《行政法与行政诉讼法》,北京大学出版社、高等教育出版社1999年版,第306—307页。

[4]　参见应松年:《论行政行为的司法监督》,《政法论坛》1990年第6期。

的范围就是超越法律授权的范围，司法权对行政的监督和制约就不能奏效。"①

（二）合法性审查原则的基础合法性

合法性审查原则在我国的确立建立在这些认识基础之上：第一，立法机关，尤其是全国人大及其常委会的地位，居于行政机关和司法机关之上。在我国，理论上和法律上与行政机关平起平坐的人民法院，正是因为由全国人民代表大会通过《行政诉讼法》及其他相关法律的授权，才取得了对行政权的审查资格和权力；而司法权对行政权的审查范围也必须遵循这些法律的规定，受这些法律的限制。②

第二，法院与行政的分工和法院的实际能力。根据我国宪法确立的国家机关分工合作的原则，行政权和司法权分别属于行政机关和法院，二者各自拥有自己的职责范围。如果司法权在行政诉讼中介入程度过深，最终的决定权大量属于法院，将会冲击到行政与司法职能合理的分工。③法院与行政机关性质有别，职能相异，不能相互替代，是影响司法审查界限的重要因素，已为学者所认识，并体现在立法之中。而我国法院的审判水平和实际承受能力，也是当时确定法院审查范围的重要因素。"从目前人民法院的现状看，由于我国行政法制建设起步晚，行政法学人才少，各级人民法院中真正具有系统行政法学知识的审判人员奇缺，行政审判经验不足。因此，人民法院不可能用更多的人力、物力来审理行政案件。有些行政决定让行政机关来行使变更权可能更妥善些。"④

第三，羁束行政行为与自由裁量行政行为的区分。在我国行政法学理论中，羁束行政行为与自由裁量行政行为之区分，是依法律对行政机

① 应松年主编：《行政诉讼法学》（高等政法院校法学教材），中国政法大学出版社 2002 年版，第 43 页。

② 参见肖峋：《试论人民法院审查具体行政行为合法性的原则》，《中国法学》1989 年第 4 期。

③ 参见刘恒：《行政救济制度研究》，法律出版社 1998 年版，第 191—192 页。

④ 章剑生：《论人民法院在行政诉讼中的司法变更权》，《法学与实践》1990 年第 2 期。

关的约束程度对行政行为所进行的一种十分重要的分类。在我国学者的认识中，当法律没有为行政机关留下选择余地时，行政机关所作出的行政行为即为羁束行政行为，这一行为只有合法与违法两种可能。而自由裁量行政行为是指法律虽有对行政行为规定，但留有一定的范围。① 因此，自由裁量行政行为不仅存在着合法与否问题，而且也存在着合理与否、适当与否问题。在我国学者的认识中，一旦法律赋予了行政机关自由裁量权，即意味着行政机关在此范围内享有不受司法干预的自我决断权，除法定例外，该判断的合理性与适当性，应通过行政程序来解决，司法机关无权介入。② 由于现实中法律规范疏密程度的不同，所产生的羁束行政行为与自由裁量行政行为的差异，导致行政行为的合法性与合理性成为两个不同层面、性质有本质区别的问题，由此对它们的监督也应区别对待，设置不同的规则。司法对行政的审查应是一种合法性审查，"法院的审查仅限于法律所约束的范围"③，而合理性问题则应留给行政自行解决，被认为是当今行政诉讼制度的基本经验总结，也应当成为我国建立行政诉讼的基本原则。

如果说，司法与行政功能和性质内在的差异，以及我国宪法对司法机关与行政机关二者地位平等的规定，构成了我国行政诉讼法上合法性审查原则建立的宏观基础，而羁束行政行为与自由裁量行政行为客观上形成的合法性与合理性双层性，为我国行政诉讼合法性审查原则寻找到正当的、现实的界分点。

（三）合法性审查原则的价值及其发展

抛开合法性审查的内容，犹如英国的越权无效原则一样，我国行政

---

① 参见张东煜：《论行政审判中的合理性审查问题》，《法学评论》1993 年第 3 期。
② 参见皮纯协、胡锦光主编：《行政诉讼法教程》，中国人民大学出版社 1993 年版，第 60 页。
③ 孙瑜：《中德行政法对公民保护的比较》，载刘兆兴等编：《中德行政法现状 行政行为、行政监督、行政审判》（中德第一次行政法国际研讨会论文集第 1 辑），社会科学文献出版社 1998 年版，第 78 页。

诉讼法的合法性审查原则无疑紧紧地抓住了行政诉讼的本质属性和独特结构。行政诉讼有别于刑事、民事诉讼的关键之处在于，法院要解决的虽然形式上是官民之间的争端，但本质上却是另一个国家机关——行政机关行使行政职权作出的行政行为的效力问题。司法权与行政权对峙贯彻于行政诉讼始终，合法性审查也构成了行政诉讼的一条主线，成为我国行政诉讼的中心原则，它划定了司法权的基本界限，构筑了司法审查的基本方向，为行政机关行使职权确定了基本标准。

虽然如此，合法性审查原则在我国并非没有争议，但争议的焦点不是该原则本身的意义和价值，而是该原则的内容。具体而言，争议集中在两方面。

1. 法院的审查对象是否仅限于具体行政行为

根据修正前的《行政诉讼法》的规定，合法性审查原则的全称应是具体行政行为合法性原则。随着我国民主法治的逐步完善和行政诉讼制度的快速发展，学术界和实务界对将合法性审查限定于具体行政行为提出了异议，主张扩大合法性审查范围和行政诉讼受案范围，认为把我国受案范围限定于具体行政行为，既不利于对抽象行政行为的监督，也不利于保护公民的合法权益，同时也不符合法治发展潮流，从而力主将抽象行政行为也纳入合法性审查的范围之内。因此，在修订行政诉讼时，把抽象行政行为纳入行政诉讼受案范围呼声甚高。主流的观点是，把规章以下的行政规范性文件，纳入可以直接起诉的范围。①

修正后的行政诉讼法选择的方案，是《行政复议法》第七条所采用的间接审查，第五十三条规定："公民、法人或者其他组织认为行政行为所依据的国务院部门和地方人民政府及其部门制定的规范性文件不合法，在对行政行为提起诉讼时，可以一并请求对该规范性文件进行审查。前款规定的规范性文件不含规章。"

---

① 参见方世荣：《论我国行政诉讼受案范围的局限性及其改进》，《行政法学研究》2012 年第 2 期。

2. 合理性审查是否也应成为司法审查的范围

根据修正前的《行政诉讼法》第五十四条规定，法院有权对显失公正的行政处罚予以变更的规定。对显失公正的行政处罚的审查，究竟属合法性审查还是合理性审查，一直是学者争论的焦点之一。多数学者认为，此审查属合理性审查。作此推理和理解，似乎有充分理由：第一，从我国行政诉讼判决类型分析，维持判决和撤销判决是主导的判决形式，属典型的合法性审查；而变更判决所产生的后果是司法替代行政作出判断，与简单的肯定或否定行政行为效力判决形式不同，属特殊的、例外判决形态。第二，《行政诉讼法》明确规定变更判决仅适用于行政处罚这唯一的行为行态，这表明立法对行政处罚予以了特别关注。第三，公正本身就是一个合理性问题。

不过，学术界对这一主导性观点的质疑是：第一，修正前的《行政诉讼法》第五条只规定了合法性审查，就其规定而言，没有为合理性审查留下余地。第二，显失公正与一般公正此一程度差异，已引起了质的变化，其意味着行政职权的滥用，属违法行为。第三，修正前的《行政诉讼法》第五十四条规定对显失公正的行政处罚，可以判决变更，不是指可以变更也可以维持，而应指可以变更也可以撤销。① 因此，显失公正属合法性问题，对其审查应属合法性审查。

上述两种观点在行政处罚的显失公正时应接受司法审查方面并无实质争议，分歧主要在对显失公正性质如何界定，此分歧可能暗藏着对扩大行政诉讼审查范围的不同。假若显失公正属合理性审查，是合法性审查的例外，此种例外过分地扩大应受到限制；而一旦认为显失公正属合法性问题，那么此种合法性问题就不应仅存在于行政处罚，而应存在于所有的行政行为，所有显失公正的行政行为均应纳入司法监督的范围，而修正前的《行政诉讼法》规定对显失公正行政处罚法院可以判决变更，只能理解为《行政诉讼法》对法院审查结果处理方式的不同，认为只有

① 参见江必新：《行政诉讼法　疑难问题探讨》，北京师范学院出版社 1991 年版，第 72 页。

显失公正的行政处罚才应接受司法监督的传统观点则属一种误解。在考虑到现代行政法发展、我国司法实践和各种学术观点基础上，行政诉讼法修订作出了调整。修正后的《行政诉讼法》并没有改变合法性审查原则的表述①，而是通过对适用撤销判决与变更判决等判决适用条件规定的调整扩大了合法性审查原则的内涵的。修正后的《行政诉讼法》第七十条规定："行政行为有下列情形之一的，人民法院判决撤销或者部分撤销，并可以判决被告重新作出行政行为：（一）主要证据不足的；（二）适用法律、法规错误的；（三）违反法定程序的；（四）超越职权的；（五）滥用职权的；（六）明显不当的。"第七十七条第一款规定："行政处罚明显不当，或者其他行政行为涉及对款额的确定、认定确有错误的，人民法院可以判决变更。"

通过这些修订规定可以看出，此次修正用"明显不当"代替了"显失公正"，不过比名称改变更为重要的是，把"明显不当"列入了合法性审查的范围之列，作为认定所有行政行为合法与否的标准，一旦构成明显不当，法院可以予以撤销或部分撤销，从而大大拓展了合法性审查的范围。与此同时，修正后的《行政诉讼法》继续沿用了对行政处罚特殊对待的立场。对"明显不当"的一般行政行为，法院只能撤销或确认违法；而对"明显不当"的行政处罚，法院可以根据具体情况选择撤销或确认违法，也可以直接予以变更。②

修订后的《行政诉讼法》所作出的这一改变，具有重要意义。很长时间以来，国内对行政行为合法性的要求存在某种形式主义的偏向，法院在审查行政行为时，也只能就法律要求进行合规则式的审理，而无法保证行政行为实质意义上的公正和合理。"对规则的关注有助于缩小法律

---

① 在行政诉讼法修订研讨中，曾有观点主张，在原有合法性审查原则基础上，增加一款"行政机关滥用职权的，或者行政行为显失公正的，视为违法"的规定。（参见马怀德主编：《司法改革与行政诉讼制度的完善——〈行政诉讼法〉修改建议及理由说明书》，中国政法大学出版社2004年版，第93页）

② 参见杨伟东：《行政诉讼制度和理论的新发展——行政诉讼法修正案评析》，《国家检察官学院学报》2015年第1期。

上相关事实的范围，从而使法律思维与社会现实分离。结果是法条主义，即一种依靠法律权威而不利于实际问题解决的倾向。规则的适用不再充满对目的、需要和结果的注重。法条主义的代价很高，这在某种程度上既是因为它所施加的各种硬性做法，也是因为被抽象解释的规则太容易为那种隐蔽了对公共政策的实质规避的形式所满足了。"① 来自台湾的一位行政法学者针对我国行政诉讼法上以有无违反法律规定为基准确定合法性并与合理性进行区分，指出"此种区分法乃纯就行政行为之外观与所适用之法规有无援引的致性而言"，忽视了行政裁量行为的特殊性。在现代，"行政行为应当不仅在形式上要具合法性，实质上亦应合法。……仅以外在的、形式上的合法与否，来区分一个行政行为之违法与不当，已经落伍。"由于绝大多数行政行为都属于裁量行政行为，此种"行政诉讼的司法审查，便仿佛孙悟空无法跳出如来佛的手掌一样，无法控制裁量的滥用"，与法治国家强调依法行政的原则背道而驰。② 此次修订把"明显不当"纳入合法性审查范围，要求行政行为必须符合实质正当性，为我国实质性法治的发展迈出了重要一步。

三、有限度职权主义原则

虽然当事人主义和职权主义很大程度上只是理论上的划分，很难实际表明某一诉讼程序的具体运作，但二者仍不失为学者和人们区分不同诉讼程序运作机理的理想范式；虽然当事人主义与职权主义在当代刑事、民事和行政三大诉讼中出现了交错和融合现象，但以二者之一为基本原则仍是表明某一诉讼基本导向的重要标志。以有限度的职权主义作为我国行政诉讼的基本原则，既取决于行政诉讼的独特结构，也取决于现阶段我国行政诉讼的特殊要求。

---

① ［美］诺内特、塞尔兹尼克：《转变中的法律与社会》，张志铭译，中国政法大学出版社1994年版，第71页。
② 陈新民：《中国行政法学原理》，中国政法大学出版社2002年版，第285—286、315页。

（一）有限度职权主义的基本内涵

对有限度职权主义的界定，必须从当事人主义与职权主义对比入手。一般认为，当事人主义是指诉讼的开始与进行、诉讼请求的确定、诉讼资料和证据的收集及证明主要由当事人负责的制度设计，它突出当事人在诉讼中的主体地位，注重当事人双方地位和权利平等，要求法官只起消极公断人的作用。职权主义虽也注意当事人的地位平等，但较为强调法院在诉讼中的主导作用。法院在诉讼中的主导地位可以表现为两个方面：第一，法院在诉讼程序运作方面拥有一定的主导权。虽然诉讼程序仍由当事人发动，但诉讼程序的运作和进程很大程度由法官主导。第二，法院在证据调查方面拥有一定的主导权。在当事人主义下，证据的提出、调查均属当事人，原则上法院无权干涉当事人的调查证据的活动。在职权主义下，法院通常有权主动进行证据调查，可以决定调查证据的顺序、范围、方法；若对当事人所提出证据认为可疑时，可以决定是否有必要要求当事人补充证据，必要时自己可进而径行调查收集证据。①

有限度的职权主义是对完全职权主义的一种限制，其限制表现在第二个方面，即它虽然承认法院有证据调查权，但该项证据调查权的行使必须建立在当事人充分举证基础之上，只有在少数例外的情况下才允许法院基于公共利益和保护当事人利益行使证据调查权。

（二）有限度职权主义的立法例

在基本奉行当事人主义的普通法系国家，在整个诉讼体制中，仅将法院视为争议的消极仲裁者，无论是诉讼的进行，还是证据的提出和相互的质证，均由当事人及其律师进行，法院无权进行过多的干预，更难谈得上进行证据调查。虽然20世纪90年代以来，英美法系一些国家有鉴

---

① 参见陈光中主编：《刑事诉讼法（修正）实务全书》，中国检察出版社1997年版，第641页；蔡墩铭：《刑事诉讼法概要》，三民书局1998年版，第14—15页；李心鉴：《刑事诉讼构造论》，中国政法大学出版社1992年版，第70、92—93页；[日]兼子一、竹下守夫：《民事诉讼法》（新版），白绿铉译，法律出版社1995年版，第68—69页。

于在当事人主义支配下出现的诉讼迟延、诉讼费用的高昂和诉讼案件的累积，表现出向职权主义积极靠拢和借鉴的态度，并进行了必要的改革，但这些改革主要侧重在诉讼程序进行中引入一定的职权因素，在证据调查方式保持了过去一贯立场。有限度的职权主义运用凸显于大陆法系行政诉讼制度之中。

对大陆法系国家行政诉讼制度中的有限度职权主义，需要置于与民事、刑事诉讼的比较中加以观察和描述。

总体而言，民事诉讼由于原则仅涉及私权利纠纷的解决，大陆法系国家基本实行辩论主义，① 对法院调查有严格的限制。所谓辩论主义亦称"当事人主导原则"，指"只有当事者才能够把争议的事项导入程序并判断法院是否有必要对此作出决定，同时当事者有权要求法院作出决定，作为程序规范，法院自身则不得考虑当事者双方都未提出的事实，且不得根据自己的判断主动收集或审查任何证据"。② 辩论主义主要包括三方面的内容：第一，法院不能以当事人没有主张过的事实作为判决的事实依据。直接决定法律效果发生或消灭的主要事实必须在当事人的辩论中出现，没有在当事人的辩论中出现的事实不能作为判决的基础依据。第二，采取自认制度，即当事人间无争议事实，即使一方当事人承认于己不利的事实，法院亦不能作出与之相反的认定，应将其作出判决的基础。③ 第三，在民事诉讼的辩论主义之下也并非绝对不承认法院对证据进行调查的权力，不过此种调查权力受到严格限制。首先，法院自身无权主动展开证据调查，法院的证据调查只有基于当事人的申请而进行，当

① 参见 ［日］三月章：《日本民事诉讼法》，汪一凡译，台湾五南图书出版公司 1997 年版，第 185—186 页。
② 德国法学家卡尔·海因兹·舒瓦伯语。转引自 ［日］谷口安平：《程序的正义与诉讼》，王亚新、刘荣军译，中国政法大学出版社 1996 年版，第 25 页。
③ 参见 ［日］兼子一、竹下守夫：《民事诉讼法》（新版），白绿铉译，法律出版社 1995 年版，第 71—72 页；刘荣军：《程序保障的理论视角》，法律出版社 1999 年版，第 180—182 页；陈清秀：《行政诉讼法》，翰芦图书出版有限公司 1999 年版，第 358—359 页。

事人的申请是法院展开调查的前提；其次，法院的证据调查范围限于当事人提供的线索范围内，不能超过当事人的证据调查申请范围。①

与民事诉讼不同，大陆法系刑事诉讼实行较为严格的职权探知主义。职权探知主义是指法院可不受当事人主张事实的限制，认为必要时可就当事人没有主张的事实展开取证调查，自己收集支持该事实证据。② 在此制度下，法院的职责是采取一切必要手段确定被告人是否犯有被指控的罪行。如德国《刑事诉讼法》第 244 条规定："为了调查事实真相，法院应当依职权调查一切对裁判有意义的事实和证据。"第 221 条规定："法庭主审法官可以依职权调取其他作为证据的物品。"法国《刑事诉讼法》第 310 条也规定："在审理过程中，庭长可以传讯任何人，必要时用拘票拘传到案，或者根据庭审情况使人提交自己认为有利于查明事实真相的一切新证据。"日本和意大利虽在战后改革刑事司法制度，接纳了对抗式的要素，仍保留了某些大陆法的特征。在证据调查方面虽有当事人控制法庭调查证据的范围，但法院仍享有相当程度的证据调查权力。③

大陆法国家在行政诉讼中对待法院证据调查权力的态度总体介于民事诉讼和刑事诉讼之间，以德国为代表的一些大陆法系国家基本采用限制性实行职权探知主义。根据《联邦德国行政法院法》第 86 条（1）的规定，德国行政法院在行政诉讼中，有权依职权调查案件，且此种调查不受参与人提供的陈述及查证申请的约束。此一规定已超越了辩论主义下法院证据调查的限度，而具有职权探知主义的核心特性。不过，与德国《刑事诉讼法》第 244 条的规定相形之下，行政诉讼的职权探知主义色彩要缓和许多。而且，在 1997 年德国修订《行政法院法》之前，虽从

---

① 参见张卫平：《诉讼构架与程式 民事诉讼的法理分析》，清华大学出版社 2000 年版，第 173、188 页。

② 参见［日］盐野宏：《行政法》，杨建顺译，法律出版社 1999 年版，第 349 页；蔡志方：《行政救济法新论》，元照出版公司 2000 年版，第 207—208 页。

③ 参见陈瑞华：《刑事审判原理论》，北京大学出版社 1997 年版，第 316—319、326—330 页。

该法第 86 条的规定看，法律对行政法院的职权调查没有限制，然德国学界和司法实务均认为行政法院的职权调查并非没有限制，而实际上仍建立在当事人依法提出证明及证据调查声明的基础上，换言之，行政法院的职权调查界限取决于当事人的举证及证据调查声明。例如德国实务认为如当事人未提出具体化的证据声明，即属未尽当事人对于裁判上重要事实的查明的协助义务，行政法院原则上无须进行调查。德国学界和实务界形成了诸如证据方法不当、高度不经济、意在拖延诉讼、重要事项经法院指明，而参与人不协助等等，行政法院不予调查或不违反调查义务的情形，意在督促当事人履行查明案情的协助义务或划定行政法院职权调查的范围。① 而 1997 年修订的《行政法院法》，已将上述部分做法明确纳入该法新增条款第 87b 条②之中。

德国的做法也在法国、瑞士等大陆法国家实施。我国台湾地区也基本承袭了德国制度，并在 1998 年新修订的"行政诉讼法"中对法院的职权调查作出了更为明确的详细规定。该法第 125 条第 1 项规定："行政法院应依职权调查事实关系，不受当事人主义主张的拘束。"第 133 条规定："（职权调查证据）行政法院于撤销诉讼，应依职权调查证据；于其

---

① 参见陈清秀：《行政诉讼法》，翰芦图书出版有限公司 1999 年版，第 361—364 页；蔡志方：《行政诉讼经济制度之研究》，载蔡志方：《行政救济与行政法学（二）》，第 327—330 页。

② 第 87b 条："（期限的设定，期限的耽误）1. 主审法官或编制报告法官可要求原告人在一定期限内，将在行政程序中未予考虑或考虑不周，以致原告人感到受到损害的事实作出陈述。上句的期限的确定，可与第 82 条第 2 款第 3 句的期限确定一起作出。2. 主审法官或编制报告法官可就一具体事件，要求 1 名参与人限期作出下列行为：（1）陈述一事实，或指出证据方法；（2）只要属参与人的义务，要求呈交书证或其他动产。3. 法院无须考虑在第 1 款及第 2 款确定的期限过后呈交的声明或证据，并在同时具备下列情况时，不需要进一步调查即可作出决定：（1）按法院的自由心证，进一步调查会延误诉讼的审结；（2）参与人未对其迟误提出充分的可予谅解的理由；（3）参与人已被告知迟延将产生的后果。根据法院的要求，参与人作出的辩解理由应具有可信性。没有参与人的参加，法院也可以以极少的花费调查清楚案情的，不适用第 1 项规定。"

他诉讼，为维护公益者，亦同。"第 134 条："（自认的限制）前条诉讼，当事人主张之实，虽经他造自认，行政法院仍应调查其他必要之证据。"透过这些规定可见台湾行政诉讼的职权探知主义。不过，台湾对行政法院的职权探知同样设有限制。一则法院的职权调查主要限定在撤销诉讼和其他涉及公益者；二则该法明确规定了当事人的协助法院查明案件的义务，要求当事人提出所用证据的声明（第 123 条第 2 项）、依有关规定履行举证责任（第 137 条），并在第 135 条第 1 项中规定"当事人因妨碍他造使用，故意将证据减失、隐匿或致碍难使用者，行政法院得审酌情形认他造关于该证据之主张或依该证据应证之事实为真实"，为负有义务者设置不履行该义务的不利后果，督促其履行义务。

（三）将有限度的职权主义作为我国行政诉讼基本原则的理由

由于受苏联法律制度的影响，新中国成立后我国整个司法制度的设计带有强烈的职权主义色彩，过分强调法院在诉讼中包括依职权查明案情等主动干预作用，忽视了诉讼本身所具有的对抗性的特点。因而，近十几年法学界和实务界展开了对我国司法制度的反思和重构，担负起对我国司法制度进行改革的重任。其中改革的重点之一就是削弱和淡化诉讼中法院的职权主义因素，引进和强化诉讼的对抗机制。毫无疑问，这一改革导向具有积极意义，但必须指出的是，考虑到当事人主义生存的社会背景和本身的价值取向及由此产生的某些弊端，在引入对抗机制或因素时，必须注意两方面的问题。其一，既要关注强化和实行当事人主义所能解决的问题，同时也要注意它提出的"更多的法制和法学的问题"，尤其从宏观上考虑其消极作用。① 其二，必须注意各类诉讼程序自身的特点。要求在行政诉讼中保持有限度的职权主义正是源于我国行政诉讼的特殊要求。

---

① 已有学者审慎地指出，我国立法引入的是大陆法系的模式，实施立法高投入、司法低成本，而英美法系是立法低成本，司法高投入，如果我们再主张以当事人为主导的对抗制，有可能造成两种高消费的结合。（参见苏力：《法治及其本土资源》，中国政法大学出版社 1996 年版，第 168—169、172 页）

　　行政诉讼本质是普通公民、组织与行政机关抗衡的程序，但普通公民、组织在利用诉讼资料方面与行政机关相比通常处于劣势。这主要体现在：第一，大陆法系国家和我国行政程序本身的职权性因素多对抗性因素少。行政机关作为维护公共利益的机关，在行政程序之中一般居于主导地位，对于事实问题，虽然也存在利害关系人的举证义务问题，但行政机关有权力并有义务依职权查明事实真相，不受利害关系人主张的限制，凡有关事实问题，行政机关不能确信其存在与否时，均有调查的义务。① 而且，就大陆法系和我国行政程序的设计而言，或还完全没有引入利害关系与行政机关的对抗机制，或引入的对抗机制不充分，致使利害关系人往往无法掌握行政机关作出决定所收集的所有材料，也使其往往难以充分了解行政机关作出行政行为的真正内情。此种情况延伸入行政诉讼阶段，就会致利害关系人于不利境地。第二，双方掌握诉讼资料和收集诉讼资料的途径手段不同。行政行为最终皆有行政机关依职权作出，因而从根本说诉讼中所需的资料已由行政机关在行政程序中收集和掌握，行政机关对事态有充分的了解；而利害关系人通常处于被动接受行政行为的地位，本身所掌握的诉讼资料就少，面对当今行政行为多具有专业性、复杂性及科学技术性，普通公民收集和掌握相关信息能对事件有清晰的了解就属不易；而且行政行为有时会涉及公务秘密，普通公民就更难取得有关资料。② "实际上，最大的困难源于常涉及公共事务的秘密，它往往会抑制诉讼阶段的证据调查。"③ 同时，目前我国也缺乏像美国、澳大利亚等国家的信息公开制度，公民从行政机关那里收集和获得相关信息资料的途径也尚无充分的法律依据和制度保障。第三，行政诉讼程序也缺乏证据开示机制。利害关系人在正式开庭审理之前，获得

① 汪宗仁：《论行政之事实判断、证据资料之收集与处分书要件》，见《诉愿业务学术研讨会成果报告》（台湾东海大学法律学系编），1998 年版，第 141 页。

② 这也正是台湾地区 1998 年修订"行政诉讼法"确立职权探知主义的立法理由之一。请参见翁岳生编："行政法"，第 1196 页，注 276。

③ Alain Plantey："Evidence before French Administrative Courts"，The Administrative Law Review，Vol.44，winter 1992，p.16，p.21.

行政机关所掌握资料的途径也并不有利。鉴于原告在行政程序和行政诉讼程序中掌握和收集诉讼资料能力和手段的受限制性，允许审理案件的法院拥有职权探知案件事实的权力，使得原告能借助法院的一臂之力实现与行政机关"武器"平等的基本公平，以法院的职权调查矫正行政程序中当事人双方不对等关系，具有内在的合理性。

第四节　行政诉讼受案范围

一、受案范围的意义

从直接意义上看，行政诉讼受案范围所涉及的问题是，哪些行政案件或行政争议可由法院解决，或者哪些行政行为可受法院审查（reviewable）。因此，受案范围直接关系到法院的审判权范围。

除从法院角度理解外，受案范围还具有不同的意义。一方面，受案范围划定了公民、法人或者其他组织受司法保护的范围。受案范围是公民、法人或者其他组织获得司法救济的门槛之一，只有迈过这一门槛，公民、法人或者其他组织才有可能进入司法之门，受案范围在很大程度上决定了司法对公民、法人或者其他组织权益的保护范围和程度。另一方面，受案范围决定了行政机关的行政行为接受法院审查监督的范围。只有纳入受案范围的行政行为，才有直接接受司法审查和监督的可能。由于司法权与行政权性质不同，司法无法涉足所有的行政活动；同时，除行政诉讼外还有行政复议等其他监督救济渠道，受案范围实际上既关系到司法权与行政权的关系处理，也关系到行政诉讼与其他行政监督救济渠道的关系。"它关系到公民权利保护的力度，规制着审判权与行政权的关系。"①

---

① 王麟：《重构行政诉讼受案范围的基本问题》，《法律科学》2004 年第 4 期。

受案范围是行政诉讼中的共性话题，理论上分析司法不可能把所有的行政行为都纳入司法审查范围，这即是探讨受案范围的意义和必要性。不过，总体来看，尽管受案范围重要，但不少国家受案范围相对确定，争议和问题并不突出。相反，自我国行政诉讼制度诞生以来，受案范围一直聚讼不断，迄今仍是行政法学界讨论的热点问题。"受案范围不仅是我国行政审判实践遇到的难点问题，而且是我国立法和司法解释希望并试图重点解决的棘手问题，同时也是我国行政法学研究和理论界争论的热点和焦点问题，受案范围成为我国理论界和实务部门挥之不去的牵挂。"① 因而，受案范围问题有特殊的中国意义。

二、我国行政诉讼受案范围的变迁

我国行政诉讼受案范围经历了不断变化过程，这是不断扩大、拓宽受案范围的过程，既有立法的贡献，也有司法实践的贡献。

（一）法律列举时期

1982 年 3 月 8 日，全国人大常委会通过《民事诉讼法（试行）》。该法不仅对民事诉讼制度意义重大，而且对行政诉讼也有特殊意义。这源于该法第三条第二款的规定："法律规定由人民法院审理的行政案件，适用本法的规定。"规定虽然简单，但却开启了新中国成立后行政诉讼制度。

《民事诉讼法（试行）》采用的是由单行法律列举的方式来确定受案范围的，即《民事诉讼法（试行）》本身未对行政案件受案的基本范围或者基本标准作出规定，而是依靠单行立法确定是否将某一行政案件纳入司法程序。从条文规定用语分析，《民事诉讼法（试行）》仅允许或认可"法律"作出规定。不过，随着发展，"法律"的范围本身也被拓宽。1987 年，最高人民法院在《关于地方人民政府规定可向人民法院起诉的行政案件法院应否受理问题的批复》② 中明确指出，《民事诉讼法（试

---

① 杨伟东：《行政诉讼受案范围分析》，《行政法学研究》2004 年第 3 期。
② 1987 年 10 月 9 日法（研）复［1987］第 40 号。

行）》第三条第二款中的"法律"包括"全国人民代表大会及其常务委员会制定的法律、国务院制定的行政法规、省和直辖市的人民代表大会及其常务委员会制定的地方性法规、民族自治地方的人民代表大会制定的自治条例和单行条例。"最高人民法院的批复，大大拓宽了行政案件的受案范围，为1989年颁布的《行政诉讼法》所确定的受案范围奠定了基础。

（二）行政诉讼法确立的基调

当今，我们讨论行政诉讼受案范围时，绕不开1989年通过的《行政诉讼法》。《行政诉讼法》规定集中体现在第一章第二条和第二章"受案范围"中第十一条和第十二条的规定之中。其中，第十一条是对受案范围的肯定性列举，规定："人民法院受理公民、法人和其他组织对下列具体行政行为不服提起的诉讼：（一）对拘留、罚款、吊销许可证和执照、责令停产停业、没收财物等行政处罚不服的；（二）对限制人身自由或者对财产的查封、扣押、冻结等行政强制措施不服的；（三）认为行政机关侵犯法律规定的经营自主权的；（四）认为符合法定条件申请行政机关颁发许可证和执照，行政机关拒绝颁发或者不予答复的；（五）申请行政机关履行保护人身权、财产权的法定职责，行政机关拒绝履行或者不予答复的；（六）认为行政机关没有依法发给抚恤金的；（七）认为行政机关违法要求履行义务的；（八）认为行政机关侵犯其他人身权、财产权的。除前款规定外，人民法院受理法律、法规规定可以提起诉讼的其他行政案件。"而第十二条则是对受案范围的否定性列举，规定："人民法院不受理公民、法人或者其他组织对下列事项提起的诉讼：（一）国防、外交等国家行为；（二）行政法规、规章或者行政机关制定、发布的具有普遍约束力的决定、命令；（三）行政机关对行政机关工作人员的奖惩、任免等决定；（四）法律规定由行政机关最终裁决的具体行政行为。"

修订前的《行政诉讼法》的规定方式，被学术界概括为属概括式规定和列举式规定相结合的混合式。行政诉讼受案范围总体为：凡行政机关直接影响公民、法人或者其他组织人身权、财产权的所有外部具体行政行为，均在受案范围之列。① 不过，这不意味着这一范围是固定不变的。事实上，伴随着中国行政法治的发展，行政诉讼受案范围呈现出不断扩大的态势。

相关立法不断推动了行政诉讼受案范围的扩大。例如，《对外贸易法》② 规定，对外贸易经营活动当事人对依照该法负责对外贸易管理工作的部门作出的具体行政行为不服的，可以依法向法院提起行政诉讼。《反倾销条例》③ 规定，对依照本条例第二十五条作出的终裁决定不服的，对依照本条例第四章作出的是否征收反倾销税的决定以及追溯征收、退税、对新出口经营者征税的决定不服的，或者对依照本条例第五章作出的复审决定不服的，可以依法向人民法院提起诉讼。《反补贴条例》④ 规定，对依照本条例第二十六条作出的终裁决定不服的，对依照本条例第四章作出的是否征收反补贴税的决定以及追溯征收的决定不服的，或者对依照本条例第五章作出的复审决定不服的，可以依法向人民法院提起诉讼。《政府信息公开条例》⑤ 规定，公民、法人或者其他组织认为行政机关在政府信息公开工作中的具体行政行为侵犯其合法权益的，可以依法提起行政诉讼，把政府信息公开诉讼纳入行政诉讼案件。

司法解释对行政诉讼受案范围的拓宽发挥了应有作用。除 1991 年最高人民法院颁布的《关于贯彻执行〈中华人民共和国行政诉讼法〉若干问题的意见》（试行）尝试澄清有关行政诉讼受案范围规定外，最高人民法院颁布的《最高人民法院关于执行〈中华人民共和国行政诉讼法〉若干问题的解释》（法释［2000］8 号，简称《行诉法执行解释》），对受案范围作出了新的解释。《行诉法执行解释》首先明确规定："公民、法人或者其他组织对具有国家行政职权的机关和组织及其工作人员的行

---

① 参见罗豪才、应松年主编：《行政诉讼法学》，中国政法大学出版社 1990 年版，第 107 页。

② 1994 年通过并公布，2004 年修订。

③ 2001 年通过并公布，2004 年修订。

④ 2001 年通过并公布，2004 年修订。

⑤ 2007 年通过并公布。

政行为不服，依法提起行政诉讼的，属于人民法院行政诉讼的受案范围。"（第一条第一款）然后，具体规定了不属于行政为所欲为受案范围的事项。"公民、法人或者其他组织对下列行为不服提起诉讼的，不属于人民法院行政诉讼的受案范围：（一）行政诉讼法第十二条规定的行为；（二）公安、国家安全等机关依照刑事诉讼法的明确授权实施的行为；（三）调解行为以及法律规定的仲裁行为；（四）不具有强制力的行政指导行为；（五）驳回当事人对行政行为提起申诉的重复处理行为；（六）对公民、法人或者其他组织权利义务不产生实际影响的行为。"（第一条第二款）虽然有专家指出《行诉法执行解释》没有扩大修订前行政诉讼法所规定的行政诉讼范围，但它通过"破除或者说取消原有的司法解释或者在事实上存在的对受案范围的不当限制"① 的方式，客观上起到了扩大行政诉讼受案范围的效果。

除立法和司法解释对行政诉讼受案范围一般性扩大之外，法院也通过个案拓宽了行政诉讼受案范围。例如，薛淑琴诉吕梁地区招生办"暂缓入学"案等案件，表明侵犯人身权、财产权之外的案件同样属于行政诉讼受案范围②；田永诉北京科技大学拒绝颁发毕业证、学位证行政诉讼案③，对高等院校不予发放毕业证和学位证、处分学生等行为纳入行政诉讼，具有重大意义。溆浦县中医院诉溆浦县邮电局不履行法定职责案④，则对把行政诉讼扩展到更多的非政府组织有特殊的意义⑤。

---

① 江必新：《是恢复，不是扩大——谈〈若干解释〉对行政诉讼受案范围的规定》，《人民司法》2000 年第 7 期。

② 参见何海波：《行政诉讼受案范围：一页司法权的实践史（1990—2000）》，《北大法律评论》（2001）第 4 卷第 2 辑。

③ 参见《田永诉北京科技大学拒绝颁发毕业证、学位证行政诉讼案》，《最高人民法院公报》1999 年第 4 期。

④ 《溆浦县中医院诉溆浦县邮电局不履行法定职责案》，《最高人民法院公报》2000 年第 1 期。

⑤ 参见杨伟东：《权力结构中的行政诉讼》，北京大学出版社 2008 年版，第 163—164 页。

（三）修订后的《行政诉讼法》拓宽

2014 年《行政诉讼法》修订，是《行政诉讼法》实施后的第一次修改。围绕《行政诉讼法》如何修订及修订的内容多有争议，但在扩大行政诉讼受案范围方向上意见却相当一致。事实上，受案范围也的确成为修订中的重点问题。虽然修订结果没有达到理想期望，但此次大幅度拓宽了受案范围。其中，有三项值得关注。

1. 用"行政行为"替代"具体行政行为"。"具体行政行为"一词贯穿于修订前的《行政诉讼法》，其中第二条规定："公民、法人或者其他组织认为行政机关和行政机关工作人员的具体行政行为侵犯其合法权益，有权依照本法向人民法院提起诉讼。"故"具体行政行为"构成了原来的行政诉讼的基本受案范围。理论界和学术界普遍认为，"行政行为"的范围大于"具体行政行为"。修订后的《行政诉讼法》尽管依然没有把抽象行政行为纳入行政诉讼受案范围①，但用"行政行为"替代"具体行政行为"意味着受案范围整体的扩大。

2. 把行政协议纳入受案范围。修订后的《行政诉讼法》第十二条第十一款规定，法院受理公民、组织"认为行政机关不依法履行、未按照约定履行或者违法变更、解除政府特许经营协议、土地房屋征收补偿协议等协议的"而提起的行政诉讼。此规定意味着行政协议正式纳入行政诉讼受案范围。此处的"行政协议"即指行政合同，只是从立法策略上使用了行政协议。

"行政合同能否纳入行政诉讼受案范围，争议颇大。对于行政合同的性质，行政法学者和民法学者向来有分歧，实践中行政合同引发的争议有的按照行政案件受理，有的按照民事案件受理，适用的规则不一样，

---

① 修正后的《行政诉讼法》第五十三条规定："公民、法人或者其他组织认为行政行为所依据的国务院部门和地方人民政府及其部门制定的规范性文件不合法，在对行政行为提起诉讼时，可以一并请求对该规范性文件进行审查。前款规定的规范性文件不含规章。"

判决的结果可能就不一样。"① 此次《行政诉讼法》修订，在充分考虑了行政合同存在的理由正当性基础上，基于现实需要，明确把行政合同争议纳入行政诉讼受案范围。

3. 把侵犯人身权、财产权之外的合法权益的行政行为纳入受案范围。《行政诉讼法》修订之前，行政诉讼受案范围的确定原则上有两个重要标准，即具体行政行为加侵犯人身权、财产权，除非法律有特殊规定。不过，由于公民、组织的权益广泛，受案范围局限于人身权和财产权显然不利于保护公民、组织的权益，如前所述司法实践早已突破这一范围，把如涉及受教育权、知情权的案件纳入行政诉讼受案范围。此次《行政诉讼法》的修订打破了人身权、财产权的限制，规定"侵犯其他人身权、财产权等合法权益"的事项亦纳入受案范围。

三、受案范围的基本范围和确定方式

一个国家的受案范围的确定，不可避免地要受到该国经济社会发展和法治水平等各方面条件的限制②。不过，从保护公民、组织的合法权益、解决纠纷等多重意义上分析，除非有例外情形，所有行政行为均应纳入受案范围，这即为可审查假定（presumption of reviewability）。在美国，可审查假定被认定为美国行政法的基石。除非国会立法明确且令人信服地规定或者通过立法结构能十分明确地确定排除了司法审查，否则所有行政行为均有可诉性。③ 德国《行政法院法》第 40 条规定："一切未被联邦法律划归其他法院管辖的非宪法性质的公法上争议，对之均可

---

① 童卫东：《进步与妥协：〈行政诉讼法〉修改回顾》，《行政法学研究》2015 年第 4 期。

② 参见应松年主编：《行政诉讼法学》（修订第 2 版），中国政法大学出版社 2002 年版，第 52 页。

③ See Nicholas Bagley, "The Puzzle Presumption of Reviewability", Harvard Law Review, Vol.127, March 2014, No.5, 1285, pp.1286-1287.

提起行政诉讼。州法律范畴的公法争议，也可由州法律划归其他法院管辖。"① 我国台湾地区"行政诉讼法"第 2 条亦规定"公法上之争议，除法律另有规定外，得依本法提起行政诉讼"。英国、日本、法国等国家虽未有明确的可审查假定的规定，但也未有以"受案范围"为名的专门规定。

我国对受案范围规定，经历了由列举到概括的发展过程。在使用法律列举方式下，难以形成对基本范围的概括。1989 年《行政诉讼法》把基本范围限定在"具体行政行为"之上，这一基本范围事实上把不少行政行为排除在受案范围之外。在此次修订过程中，围绕如何对行政诉讼受案基本范围作出概括过程中，曾有不少争议，也提出了不少替代方案。

有的学者认为，"行政行为"一词已为学术界和实务部门广泛使用，加以改变换用另一套用语体系代价高，效果如何也难预料，故主张沿用既有做法，用"行政行为"或者"行使行政职权的行为"；有的学者则认为，我国理论和实践都已表明，无论是"具体行政行为"还是"行政行为"都难以界定，同时更为重要的是，它无法反映公共管理的新发展。在现行公共管理中，一方面，不少社会组织接管了之前由国家承担的职能；另一方面，社会组织大量介入公共事务。因此，用"行政行为"已不适宜，主张加以替换。一些学者主张借鉴德国等做法，使用"行政争议"或者"公法上的争议"；也有学者主张借鉴现有我国立法上已有的用语，如《行政处罚法》第十七条规定："法律、法规授权的具有管理公共事务职能的组织可以在法定授权范围内实施行政处罚。"《行政许可法》第二十三条规定："法律、法规授权的具有管理公共事务职能的组织，在法定授权范围内，以自己的名义实施行政许可。被授权的组织适用本法有关行政机关的规定。"两部法律都用了"公共事务职能"，故建议采用"从事公共职能或公共事务职能的行为"。

① ［德］平特纳：《德国普通行政法》，朱林译，中国政法大学出版社 1999 年版，第 267—268 页。

立法是一种策略选择。应当说，修正后的《行政诉讼法》最终用"行政行为"替代"具体行政行为"作为行政诉讼受案的基本范围，是采用了相对安全、变动较小的做法。① 厘定基本范围只是第一步，如何具体规定行政诉讼受案范围同样重要。在清楚认识到列举式规定带来了种种弊端的背景下，学术界强烈主张在用概括方式确定受案的基本范围之后，应仅列举不予受理事项，不再列举受理事项，即"采取概括加排除的模式"② "这种方式的合理性在于：可以最大限度地拓展行政诉讼受案范围的张力，尽可能在更大的范围内全面保护行政相对人的合法权益。同时，也消弭了过去因分别列举应受理的案件与不应受理的事项之后未形成紧密对接而产生的空白地带。"③

"采取概括方式确定受案范围，好处显而易见，应当是制度发展的方向。"不过，遗憾的是，修订后的《行政诉讼法》未采纳这一方法，其主要原因在于：一是我国目前仍处在法治发展的初级阶段，法院受理行政案件事实面临着种种条件限制和压力，用概括的方式确定受案范围可能会加剧立案难。二是扩大受案范围要循序渐进。目前，有的行政争议是否适宜由法院解决，仍没有共识。三是改变规定方式有成本。原法用列举方式，实施了 20 多年，社会已接受，用概括方式确定受案范围，完全推倒重来，动作过大。④

---

① 参见杨伟东：《行政诉讼制度和理论的新发展——行政诉讼法修正案评析》，《国家检察官学院学报》2015 年第 1 期。

② 应松年：《行政诉讼法律制度的完善、发展》，《行政法学研究》2015 年第 4 期。

③ 方世荣：《论我国行政诉讼受案范围的局限性及其改进》，《行政法学研究》2012 年第 2 期。

④ 参见童卫东：《进步与妥协：〈行政诉讼法〉修改回顾》，《行政法学研究》2015 年第 4 期。

第五节　行政诉讼原被告研究

一、行政诉讼原告资格

与受案范围相比，行政诉讼原告资格是行政诉讼中更为复杂的问题。究竟拥有何种权益的主体、与行政行为具备何种关联才有资格和能力向法院提起行政诉讼，攸关行政诉讼目的，攸关行政诉讼价值导向。

(一) 我国行政诉讼原告资格的立法规定

如同受案范围一样，行政诉讼原告资格同样在我国引发了种种争议，成为制约我国行政诉讼向纵深发展的重要因素。

修订前的《行政诉讼法》对原告资格的规定基本体现在第二条、第二十四条和第四十一条第一项之中。由于第二十四条基本是对原告资格转移的规定，对探讨原告资格并不具有直接意义。① 《行政诉讼法》第二条"公民、法人或者其他组织认为行政机关和行政机关工作人员的具体行政行为侵犯其合法权益，有权依照本法向人民法院提起诉讼"的规定，是对我国行政诉讼原告资格的基本概括。第四十一条第一项"原告是认为具体行政行为侵犯其合法权益的公民、法人或者其他组织"的规定，事实上是第二条的翻版，并没有提供更多的信息和解释。不过，这一强调并非没有意义。由于在法律规定的结构体系中，第二条属于总则性规定，其通常被理解为是原则性和导向性的规定，往往不能直接作为诉讼的依据。而第四十一条第一项的规定虽基本是对第二条相关内容的重复，但它涉及的是起诉条件，一般认为是对我国行政诉讼原告资格的直接规定。

---

① 第二十四条规定的是"依照本法提起诉讼的公民、法人或者其他组织是原告。有权提起诉讼的公民死亡，其近亲属可以提起诉讼。有权提起诉讼的法人或者其他组织终止，承受其权利的法人或者其他组织可以提起诉讼"。

　　由于《行政诉讼法》未对限定原告资格的关键因素，即"合法权益"及公民、法人或者其他组织的合法权益与行政行为的关联性作出明确规定。在《行政诉讼法》实施伊始，如何确定行政诉讼原告便引发了争议：是否只有行政行为所直接指向的相对人才能成为行政诉讼原告。这一现在看来十分简单的问题，却在一段时间内困扰着行政诉讼实践，并对我国理论界以行政法律关系主体构建行政诉讼主体的传统做法提出了严峻挑战。

　　《行诉法执行解释》尝试澄清这一问题。第十二条规定："与具体行政行为有法律上利害关系的公民、法人或者其他组织对该行为不服的，可以依法提起行政诉讼。"虽然规定中的"法律上利害关系"一词与行政诉讼法上的"合法权益"一语相比是否范围更宽，仍值得分析，但《若干问题解释》借用行政诉讼法对第三人规定界定原告的做法①及体现出的精神，显然已大大超过了先前人们对《行政诉讼法》第二条和第四十一条的认识。不过，《行诉法执行解释》虽在认识上消除了人们在行政诉讼原告资格上的传统束缚，但并没有从根本上解决确定我国行政诉讼原告资格的标准和途径问题。"法律上利害关系"与《行政诉讼法》的"合法权益"一样属不确定法律概念，而《若干问题解释》对"法律上利害关系"与行政行为之间的关联程度则未作出限定。我国行政诉讼原告资格拓展的方向并不明朗。

　　修订后的《行政诉讼法》第二十五条第一款规定："行政行为的相对人以及其他与行政行为有利害关系的公民、法人或者其他组织，有权提起诉讼。"与之前的规定相比，此规定有两方面明显的变化：一方面，把原告分为直接相对人与间接相对人。直接相对人有原告资格早已获得认同，而间接相对人有原告资格是随着我国行政法治发展获得认同的。新规定比原来更为合理、周延。另一方面，把原告资格的实质标准定为与行政行为"有利害关系"。与《行诉法执行解释》相比，修订后的《行

---

① 甘文：《行政诉讼法司法解释之评论——理由、观点与问题》，中国法制出版社2000年版，第62页。

政诉讼法》删除了"法律上"的限制，也与《民事诉讼法》所规定的"直接利害关系"① 相比无"直接"的要求，因此修订后的《行政诉讼法》似扩大了原告资格。不过，修订后的《行政诉讼法》作此调整的效果如何，取决于法院和法官如何对"利害关系"作出解释和界定。

（二）发达国家不断拓宽的行政诉讼原告资格对我国的启示

美国一位学者指出："行政法的任何方面都没有有关原告资格方面的法律变化迅速。"② 尽管我国行政诉讼原告资格处于不断拓宽之中，但与世界潮流相比，仍显步调缓慢。西方发达国家在对待原告资格方面皆经历了不断拓宽的过程，到目前为止，此种拓宽趋势仍在继续之中。发达国家对行政诉讼原告资格的拓宽主要从以下方面入手。

1. 拓宽对个人权益的保护范围

诉的利益是对原告资格的主要限制条件，因此拓宽法院对个人诉的利益的保护范围，成为发达国家拓宽行政诉讼原告资格的主要方式。西方发达国家对行政诉讼原告资格的确定大体经历了由"法定权利受到损害"到"法律上的利益受到侵害"过程，甚至某些国家发展了"法律值得保护的利益受到侵害"标准或"事实损害"标准。

法定权利标准，是发达国家早期确定原告资格的标准。其基本内涵是，公民、组织基于法律赋予其为自身利益要求行政机关为一定的行为或不作为的权能时，享有法定权利。③ 只有在其法定权利受到行政行为侵害时，公民、组织才享有原告资格。此种标准简单明了，但由于它将原告资格这一诉讼权能与实体法权能密切挂钩，使得对原告资格的确定很大程度上必须遵循单行法的规定；更大的困难在于，与私法规范不同，行政法上的实体规范通常以规定行政机关的权力职责和行政行为适用法

---

① 《民事诉讼法》第一百一十九条第一项规定："原告是与本案有直接利害关系的公民、法人和其他组织"。

② ［美］伯纳德·施瓦茨：《行政法》，徐炳译，群众出版社 1986 年版，第 419 页。

③ 李惠宗：《主观公权利、法律上利益与反射利益之区别》，《行政法争议问题研究》（上），台湾五南图书出版公司 2000 年版，第 143 页。

律的要件为核心，除在行政行为直接影响公民、组织的利益时，存在授予其权利的情形外，较少直接规定公民、组织的权利。因此，这一标准无法适应行政法的特点，过分限制了公民、组织的原告资格。

伴随着行政的不断扩张和公民救济需求的增加，20世纪中后期许多国家逐渐抛弃了法定权利标准，开始运用法律利益标准。此种标准对行政诉讼原告资格的确定不着眼于法律明确创造的特定权利，而基于公民、组织要求保护的利益是否可争辩地属于法律所保护或调整的利益范围之内。① 此种标准虽然很大程度上仍需诉诸实体法的规定，但已超越了实体法的具体规定，而侧重于对法律目的和宗旨的探讨，因此此种标准相当大程度上需要依赖于法解释技术。西方发达国家在此方面充分发挥法解释优势，通过解释不仅不断拓宽了利益范畴，不再将利益限定于物质或经济利益，而扩展到精神利益、环境利益，乃至意识形态的利益；而且也拓宽了相关利益主体的范围，使行政诉讼原告资格得以极大扩展。

尽管如此，法律上利益或法律保护的利益标准毕竟仍要受实体法的解释限制，更根本的是这一标准与法律权利标准一样忽视了法院裁判可能创制新生权利和利益的现实，因此某些法治发达国家在理论上已开始主张运用法律值得保护利益标准。在此标准下，只要公民、组织的利益事实上受到行政行为的侵害，且值得法院加以裁判保护，即应授予公民、组织原告地位。② 法律值得保护利益或事实损害标准，因其太过抽象和不确定，尤其是它可能过分地扩大了原告范围，发达国家对其也持较为审慎的态度，但在美国、德国、日本等国家的司法实务上已有运用此标准的尝试。

2. 设立对公共利益的保护渠道

传统上，行政诉讼基本以保护个人利益为基点，通常只在个人利益受损害时才能够授予原告资格。这一基点忽视了公共利益的保护。在此，公共利益应作广义解释，既包括国家的整体利益，也包括广泛的、分散

---

① 参见王名扬：《美国行政法》，中国法制出版社1995年版，第625—626页。
② 参见［日］盐野宏：《行政法》，杨建顺译，法律出版社1999年版，第336—337页；陈清秀：《行政诉讼法》，翰芦图书出版有限公司1999年版，第83—84页。

的个体利益的总和。在个人利益限制下，前者会因与个人利益无关而无法获得原告资格，后者则会因任何一个个体不具有利益而无法获取原告地位。为解决这些问题，英美国家形成了独特的制度设计。对于前者，英国除准予检察总长作为公共利益的代表人，主动向法院提起诉讼外，还形成了"告发人诉讼"（relatoraction），某一个人经检察总长允许后以检察总长的名义提起诉讼。[①] 与此相似，美国也形成了私人检察总长理论。更为重要的是，为保护公共利益或公众利益，英美国家逐渐放宽了利益与行政行为的关联程度，甚至对利益作出更为宽泛的解释，以允许更多的人员作为原告参加诉讼。如在英国的一些案件，一名新闻记者和一位持不同政见的贵族，分别因作为"具有公益精神的公民"和"公开审判中公共利益的守护者"与"因其对宪法问题的真诚关注"，而被赋予了对应匿名的地方法官的判决提出异议的资格和对政府批准《马斯特里赫特欧洲联盟条约》的决定提出司法审查的资格。[②] 在英美国家，出于对违法行政行为的纠正，在特定的情况下，允许分散利益代表和代表第三方利益的团体，进入法院诉讼。[③]

3. 将原告资格与案件的实体问题一并解决

传统上，原告资格一直被视为一个可与案件实体问题区分开来的独立问题，由此法院要将其作为一个先决问题或前提性问题，在受理案件时对某一主体是否具备原告资格进行审查，然后再进入案件实体问题的审理。但某些西方发达国家在接近司法的运动潮流中，逐渐放弃了这一进入司法的门槛限制，将原告资格与案件的实体问题在诉讼过程中一并解决。这一做法视原告资格为当然先行授予，方便了当事人诉讼。

---

① 参见 Carol Harlow & Richard Rawlings：*Law and Administration*，Butterworthsa Division of Reed Elsevier（UK）Ltd.Halsbury House，London，1997，p.541；王名扬：《英国行政法》，中国政法大学出版社 1987 年版，第 194 页。

② See Carol Harlow & Richard Rawlings：*Law and Administration*，Butterworthsa Division of Reed Elsevier（UK）Ltd.Halsbury House，London，1997，pp.544-545.

③ ［美］理查德·B.斯图尔特：《美国行政法的重构》，沈岿译，商务印书馆 2002 年版，第 104—110 页。

（三）我国拓宽行政诉讼原告资格面临的难题及出路

行政诉讼原告资格的拓宽和广泛授予，是当代行政法治的发展趋势。"当代立法的趋势是放宽起诉资格的要求，使更多的人能对行政机关提起申诉，扩大公民对行政活动的监督和本身利益的维护。"① 目前，我国行政诉讼原告资格的拓宽存在以下难题。

1. 观念上的误区

我国行政诉讼原告资格拓宽的障碍首先来自观念上的限制。在我国，原告资格问题，始终是作为限制公民、组织起诉的面目出现的。理论界和司法部门一直有这样的担心：放宽或打开司法之门，就会打开洪水之门，诉讼的大潮将会淹没法院，扰乱行政活动。因此，无论在行政诉讼还是在民事诉讼中，对原告资格皆采取了严格态度和消极立场，并在立法上把原告资格作为法院审理案件的前提性问题进行先行处理。

毫无疑问，原告资格的存在具有限制功能。它可以限制那些并无诉的利益而可能滥用司法资源和行政资源的原告进入诉讼。但同时应看到，原告资格的存在还具有其他功能。从根本上看，原告资格是立法用来从众多可能的利益中选择愿意保护的利益的分配机制，这一分配机制具有筛选功能。在行政诉讼中，原告资格的选择面临着"接近司法和法治原则与公共行政和法律程序的效率"② 之间的价值对立和冲突。因此，对原告资格这一分配机制的确定，准确说是调节，所表现的不仅仅是限制这一消极作用，更可能表现出具有积极的导向作用。换言之，我国原告资格的立法选择和具体运用过分渲染了其具有的限制滥诉作用，而忽视或降低了保护公民权益和纠正行政违法的作用。

在原告资格中，诉的利益是判断原告资格有无的关键性要件，这一

---

① 王名扬：《美国行政法》，中国法制出版社 1995 年版，第 618 页。

② See Carol Harlow & Richard Rawlings：*Law and Administration*，Butterworthsa Division of Reed Elsevier（UK）Ltd.Halsbury House，London，1997，p.562.

判断不是简单的形式问题，而且"与案件具体内容的审理有着很密切的关系"①，是关系到对起诉人是否给予救济的实质问题。对于法院而言，面对起诉人提出的权利或利益主张及一定事实关系，一旦决定不予受理，这一判断排除了法院介入的可能，同时隐含了起诉人的主张在诉讼法上获得救济可能的排除。而后者恰恰需要在当事人参加下通过严格的实质性审理才能予以解决的问题，而不能简单由法院通过内部审查程序草草了事。立法上将原告资格作为前提性问题进行先行处理的做法，割裂了原告资格与案件实体问题的内在关联，凸显了原告资格的限制作用。鉴于此，我国民事诉讼学界已开始反思民事诉讼立法中把当事人界定为利害关系人的规定，主张在民事诉讼中采用程序当事人，即只要具备民事权能的主体以自己的名义起诉，其向法院请求的是私权或其他民事权利，并有明确的被告，即可成为民事案件的当事人，② 排除法院在起诉时借审查原告资格之名行对案件实体问题审查之实，把原告资格问题后置入案件的实质审理之中。近来，行政法学界亦开始关注此问题。③ 修订后的《行政诉讼法》第五十一条第一款规定："人民法院在接到起诉状时对符合本法规定的起诉条件的，应当登记立案。"这一规定及实施或许有利于达成这一目的。

2. 现实难题

透过发达国家行政诉讼原告资格的拓宽可以看出，行政诉讼原告资格的拓宽很大程度上是法院运用法解释技术的结果。我国《行政诉讼法》对原告资格附加的"利害关系"含义是相当宽泛的，原来使用的"合法

---

① 参见［日］谷口安平：《程序的正义与诉讼》，王亚新、刘荣军译，中国政法大学出版社1996年版，第64页。

② 参见江伟主编：《民事诉讼法学原理》，中国人民大学出版社1999年版，第378页。

③ 值得关注的是，英国法律委员会曾提出建议主张在司法审查中将原告资格通常作为当然问题予以授予。对此请参见Carol Harlow & Richard Rawlings：*Law and Administration*，Butterworthsa Division of Reed Elsevier（UK）Ltd. Halsbury House，London，1997，p.549。

权益"和《行诉法执行解释》中的"法律上利害关系"至少在字面上也要比德国《行政法院法》第42条中的"权利"用词宽泛①。但在实践中，这些用语均被从严解释。

表面看，从这一现象可以观察出我国法院在这些问题上缺乏足够的法律解释技术和创造能力。但更深层的问题在于，法院在制度上缺乏法律解释的能力和创造性工作的环境空间。前述对我国行政诉讼受案范围困难症结的分析相当程度上同样适用于行政诉讼原告资格的分析。

在此状况下，对"合法权益"或"利害关系"作更具体的立法规定或解释，可能是我国现实的选择。

3. 行政诉讼本身的难题

从现实角度分析，在三大诉讼中，行政诉讼原告资格的确定较为复杂和特殊。原告是诉讼的发起者，是任何诉讼开始不可或缺的主体。刑事、民事和行政诉讼概不例外。但如何确定开启不同司法之门的资格和条件，三大诉讼却存在着很大不同。刑事诉讼由于多为国家专门机关的公诉，由谁起诉并无多少争论；民事诉讼为国家解决私法上的争议，涉及国家资源的合理使用问题，对原告附设一定的条件理所当然。但从历史发展来看，民事诉讼中原告的确定似乎并没有产生太多的争议。在传统以给付之诉主导的民事诉讼类型下，由于请求权的内容和对象十分明了，起诉人诉的利益通常十分明确，并不致发生争议。但在确认之诉成为民事诉讼的一种诉讼类型之后，由于确认之诉中诉讼对象和主体并无任何限制，既可以确认基本法律关系，变可能确认分类请求权，甚至可是确认事实关系，诉的利益和原告资格在民事诉讼中便尖锐地浮现出来。② 行政诉讼作为由个人、组织请求法院审理行政行为的合法性的诉讼制度，在原告资格的确定方面除面临解决与民事诉讼一样共有的课题，

---

① 德国《行政法院法》第42条第2款规定："除法律有特别规定外，撤销与课予义务之诉，仅于原告主张行政行为或其拒绝或不作为而侵害其权利时，始得提起。"
② 参见［日］三月章：《日本民事诉讼法》，汪一凡译，台湾五南图书出版公司1997年版，第62—65页。

即个人、组织对行政诉讼的利用与国家司法资源的有限性之间的矛盾外，还面临着个人、组织的权益保护与行政违法行为追究之间的矛盾。同时，在行政诉讼中，解决这些矛盾的困难还在于，行政行为由于它是行政机关行使国家权力的结果，具有确定力的特性，影响范围可能十分广泛。对受影响利益的选择将具有特别的困难。①

我国行政诉讼脱胎于民事诉讼，因此在理念和制度设计上深受民事诉讼救济模式的影响。虽然我国行政诉讼法上规定了行政诉讼具有监督行政机关行使职权的目的，且在制度设计上强调围绕对行政行为进行合法性审查，但总体制度理念上和制度运作中，却典型地体现了保护个人、组织权利的价值取向，尽管这一价值取向在司法实践中的实现并不理想。强调起诉人只有在自身利益受到侵害时才能提起诉讼，对原告资格施以严格限制，就是这一取向的明显体现。以私法诉讼模式构筑行政诉讼，明显忽视了行政诉讼具有维护社会公共利益的价值。行政诉讼所涉及行政行为合法性，属客观存在，与个人权利并无必然关联。换言之，个人权利受到侵害不是判断行政行为合法与否的绝对标准。相反，可能存在的情形是行政行为违法但无任何的个人权利受到侵害。因此，以个人权利为标准确定行政诉讼原告资格，事实上淡化甚至放弃了法院对行政监督之责。

客观来看，行政诉讼的制度设计面临着和隐含了保护个人权益和维持行政法治的选择，关系到法院作用的发挥。在以法国为代表的大陆法系国家，在行政诉讼设计较为重视行政法院监督行政机关依法行政的作用，在法国最重要的越权之诉就是典型的客观之诉，对原告资格采取开放式的态度，而对完全管辖权之诉则采取了限制立场。英美法系国家的司法审查源于私法模式，对原告资格确定侧重于个人权利的救济。但英

---

① "一个政府决策对整个经济和社会领域的作用，如同投石湖面激起阵阵涟漪一样，是没有任何先验的限制的。"（［美］理查德·B.斯图尔特：《美国行政法的重构》，沈岿译，商务印书馆 2002 年版，第 94 页）因此，对哪些受影响的权利或利益进行选择，不仅有相当的难度，而且很难在立法上做事先的规定。

美国家自 20 世纪中期以来大幅度地放宽原告资格，乃至允许诸多利益关系甚微及为公共利益者有原告资格，很大程度上改变了私法性质的司法审查模式，向公共利益诉讼转换。"尽管法院与日俱增地慷慨赋予起诉资格并没有改变传统模式在保护私人利益方面的基本逻辑推理。但是，扩展了的起诉资格还是适宜于这样一种制度的，该制度主要关注的是并非保护私人利益，而是维护一种全社会的'公共利益，即行政机关依法办事'"。① 由于我国行政诉讼制度设计对行政法治维护作用的导向并不明朗，致使对原告资格的扩展必须受制于此。因此，在笔者看来，如果不从根本上改变行政诉讼私法模式的倾向，尽管随着我国行政诉讼运作的法治环境的改观，可能会有助于将个人权利和利益保护不断地拓宽，但仍难以逾越对公共利益的维持的限度。在此状况下，行政公益诉讼、代理原告、行政主体和行政机关在出现职权纠纷作为原告进入行政诉讼等，将面临相当大的困难。从长远分析，我国行政诉讼原告资格扩展的导向的解决，需要从行政诉讼目的和模式设计上去寻找出路。

二、我国行政诉讼被告反思

(一) 我国行政诉讼被告的确定机制

如何确定行政诉讼被告，是我国争论已久而且现在仍在继续争论的行政诉讼难点和热点问题之一。在我国，确定行政诉讼被告的难度丝毫不逊于原告资格问题。我国行政机关的种类繁多，机构性质差异很大，各机构之间的职权职责划分不十分清晰，这给被告确定问题带来了不少麻烦。从《行政诉讼法》到《贯彻意见》及《若干问题解释》，被告的确定均占据了不少条文。立法花费如此大的精力对被告确定作详细的规定，正是试图解决实践中出现的复杂问题。

修订前后的《行政诉讼法》都规定，公民、法人或者其他组织直接向人民法院提起诉讼的，作出行政行为的行政机关是被告；两个以上行

---

① [美] 理查德·B.斯图尔特：《美国行政法的重构》，沈岿译，商务印书馆 2002 年版，第 81 页注 277。

政机关作出同一行政行为的，共同作出行政行为的行政机关是共同被告；行政机关委托的组织所作的行政行为，委托的行政机关是被告；行政机关被撤销或者职权变更的，继续行使其职权的行政机关是被告。① 这些规定背后隐蔽的基本理念是：行政诉讼的被告必须具备行政主体资格，凡具有行政主体资格、为被诉具体行政行为的实施者，即为行政诉讼的被告。而具备行政主体资格的关键条件，是享有立法授予的行政职权。

面对司法实践中的各种复杂情形，《行诉法执行解释》作出了特别规定②。这些规定有两方面值得注意：一方面，重申只有具备行政主体资格才能成为行政诉讼被告这一原则；另一方面，规定"规章授权的组织"亦可以成为行政诉讼被告，宽于修正前的《行政诉讼法》"法律、法规"授权③。

（二）经过复议的行政诉讼被告确定

经过复议后起诉的案件，究竟由原机关作被告还是复议机关作被告，较为复杂。修订前的《行政诉讼法》及司法解释采用的是分流做法④，即复议机关决定维持原具体行政行为的，仍由作出原具体行政行为的行

---

① 参见修订后的《行政诉讼法》第二十六条。

② 参见《行诉法执行解释》第二十和二十一条。第二十条规定："行政机关组建并赋予行政管理职能但不具有独立承担法律责任能力的机构，以自己的名义作出具体行政行为，当事人不服提起诉讼的，应当以组建该机构的行政机关为被告。行政机关的内设机构或者派出机构在没有法律、法规或者规章授权的情况下，以自己的名义作出具体行政行为，当事人不服提起诉讼的，应当以该行政机关为被告。法律、法规或者规章授权行使行政职权的行政机关内设机构、派出机构或者其他组织，超出法定授权范围实施行政行为，当事人不服提起诉讼的，应当以实施该行为的机构或者组织为被告。"第二十一条规定："行政机关在没有法律、法规或者规章规定的情况下，授权其内设机构、派出机构或者其他组织行使行政职权的，应当视为委托。当事人不服提起诉讼的，应当以该行政机关为被告。"

③ 这一点为修订后的《行政诉讼法》所认可。修订后的《行政诉讼法》第二条第二款规定："前款所称行政行为，包括法律、法规、规章授权的组织作出的行政行为"。

④ "将复议结果不同的案件予以拆分，维持的由原行政机关当被告，改变的由复议机关当被告，如此则各区基层法院的受案数量将会适当均衡"。（参见应松年：《行政诉讼法律制度的完善、发展》，《行政法学研究》2015 年第 4 期）

政机关是被告；复议机关改变原具体行政行为的，复议机关是被告；复议机关在法定期限内未作出复议决定，公民、法人或者其他组织起诉原行政行为的，作出原行政行为的行政机关是被告；起诉复议机关不作为的，应当以复议机关为被告。①

修订后的《行政诉讼法》在被告确定问题上虽然基本沿袭了原有安排，但对经复议后的行政诉讼被告确定规则却作出了重大调整。之所以作出调整，源于原有安排在现实中面临的尴尬：行政复议案件的高维持率、当事人不能及时获得有效的救济和行政复议功能无法发挥，其中维持率多年超过60%。② 因此，调整经复议后的被告确定规则，是修订《行政诉讼法》的共识。但是，如何调整却成为争议最大的问题。意见呈现两个极端：一种意见认为，行政复议机关不应当作被告，经行政复议后的行政诉讼案件原则上应由原机关当被告。基本理由是，行政复议机关作为中立的裁判者，如同第一审法院一样，不应当作被告。不做被告，更有利于行政复议机关公正地处理行政复议案件。另一种意见则认为，无论复议结果如何，行政复议机关均应做被告。其理由是，既然行政复议决定由行政复议机关作出，代表了其意见，且现有的行政复议行政性强，由行政复议机关充当被告可以让行政复议机关更为负责任。③ 相应的，立法者在起草修改方案时准备两种方案：一种方案是，如果复议制度向准司法化转向，复议机关无论维持还是改变原行政行为，都不做被告；另一种方案是，如果复议制度仍是现在的定位，那么无论复议机关维持还是改变原行政行为，都由复议机关做被告。④

遗憾的是，《行政复议法》的修订迄今仍未正式进入全国人大的立法

---

① 参见修订前的《行政诉讼法》第二十五条，《行诉法执行解释》第二十二条。

② 参见青锋、张永海：《行政复议机关在行政诉讼中作被告问题的反思》，《行政法学研究》2013年第1期。

③ 参见杨伟东：《行政诉讼制度和理论的新发展——行政诉讼法修正案评析》，《国家检察官学院学报》2015年第1期。

④ 参见童卫东：《进步与妥协：〈行政诉讼法〉修改回顾》，《行政法学研究》2015年第4期。

议程，行政复议司法化之路前景并不乐观，修正后的《行政诉讼法》基本采用了后一种意见。修正后的《行政诉讼法》第二十六条第二款规定"经复议的案件，复议机关决定维持原行政行为的，作出原行政行为的行政机关和复议机关是共同被告；复议机关改变原行政行为的，复议机关是被告。"第三款"复议机关在法定期限内未作出复议决定，公民、法人或者其他组织起诉原行政行为的，作出原行政行为的行政机关是被告；起诉复议机关不作为的，复议机关是被告。"这一安排几乎根本性改变了既有制度安排，而这一变化究竟会给行政复议机关的表现和行政诉讼制度带来何种影响仍需要拭目以待。

（三）域外确定被告的主要特点及经验①

如前所述，我国行政诉讼被告较为复杂，立法和司法解释也试图作出详细规定。与此形成对比的是，国外立法和相关著作较少探讨被告问题，被告的确定似乎并不复杂和困难。研究国外行政诉讼确定被告的方式，反思我国目前在确定行政诉讼被告中存在的问题，对完善我国行政诉讼被告和相关行政法制度具有重要意义。

考察国外行政诉讼被告确定情况，有以下特点值得关注。

1. 行政诉讼被告存在不少形式上的当事人，行政主体或行政实体权利主体与行政诉讼权利主体常常发生不一致在诉讼法上，形式上的当事人是与实质上的当事人相对称的概念。所谓实质上的当事人指："争讼之法律关系主体，即相互间有权利义务关系之争者"；形式上的当事人指"为程序上互为对审之人，即审判程序以其名义开始者。"② 二者区别在于实质上的当事人既为诉讼法上的主体也为实体法上的权利义务主体，二者一致，诉讼上的主体实质即为实体法上权利义务主体；而形式上的当事人则仅仅是诉讼法上的主体，其本身并不具有实体法上的主体资格，只是为了诉讼考虑，才允许其成为诉讼主体。因此，在形式上的当事人

① 本部分和下一部分主要参照和引用了杨伟东：《从被告的确定标准看我国行政诉讼主体划分之弊端》，《中央政法管理干部学院学报》1999 年第 6 期。

② 涂怀莹：《行政法原理》，台湾五南图书出版公司 1987 年版，第 715 页。

诉讼中，实体法的主体与程序法上的主体发生了某种错位和偏离。在实体法上享有独立的权利义务拥有主体资格者，当然可以成为诉讼主体，各国都无疑义。所以有"有权利能力者固有当事人能力"的说法，① 民事诉讼和行政诉讼皆是如此。但在多大范围和程度上容许无实体权利者具有当事人能力而成为当事人，民事诉讼与行政诉讼有较大区别。在民事诉讼中，当事人多为实质上的当事人。"在民事诉讼上，法律关系之当事人，同时亦即诉讼手续之当事人"，② 其"程序上立于原被告地位者，实质上亦常为权利义务之主体。"③ 只在较小范围内允许像分支机构这类并不具有民事主体资格的组织成为民事诉讼当事人。④ 而在行政诉讼中，从国外有关规定来看则刚好相反，行政诉讼的被告存在不少形式上的当事人。

自然这里必须从国外行政主体资格谈起。国外有行政主体理论的国家，虽在行政主体界定上与我国相似（我国学者沿用国外行政主体理论，在概念上首先借用国外理论），但在具体的行政主体确定上却与我国有很大区别。国外倾向于从大的方面划分行政主体，因而行政主体少且确定。如在法国，法律承认三类行政主体：一是国家——最主要的行政主体，二是地方团体，三是公务法人。其中，前二者是地域为基础的行政主体，后者则以公务为基础的行政主体。⑤ 日本亦是如此，将行政主体分为国家、地方公共团体和其他行政主体三类。⑥ 英美虽无行政主体理论，但却有与大陆法系相同的体制。如英国将具有法人资格的政府机关分为中央政府（英王为代表）、地方政府（以一定地域为执行公务范围具有独立法

① 《民事诉讼之研讨》（一），三民书局1987年版，第214页。
② 林纪东：《行政法》，三民书局1989年版，第532页。
③ 涂怀莹：《行政法原理》，台湾五南图书出版公司1987年版，第715页。
④ 当然究竟哪些非民事主体可具有民事诉讼当事人能力仍在争论之中，我国目前在有关法律规定"其他组织"具有当事人能力。
⑤ 参见王名扬：《法国行政法》，中国政法大学出版社1989年版，第41页。
⑥ 参见［日］室井力编：《日本现代行政》，中国政法大学出版社1995年版，第274页。

律人格的行政组织）和公法人（以特定公务事务为执行公务范围具有独立法律人格的行政机构）三类，与大陆法系国家十分相似。① 但是在行政诉讼被告的确定上，国外却有大量非行政主体——行政机关作为被告的情况。② 如法国，对于中央国家行政机关的行政行为不服，由该行为归属的部的部长作为被告；对地方国家行政机关的行政行为不服则由中央政府在省内的代表省长作为被告；在地方如行政行为的后果归地方团体，则由市议会主席作为被告。在英国，英王并不能作为名义上的当事人，有关行政诉讼的被告由财政部公布一个可以作为被告的部的名称，由该部为当事人，如果没有指定的部可以作为当事人，或者不能确定可以作为当事人的部时，以检察总长作为诉讼的被告。③ 日本更明确指出"行政组织法已规定行政厅④不具有权利能力，因此理所当然没有资格成为诉讼的当事人，……（但）在立法政策上，原则承认行政厅有被告资格。"⑤ 只有在没有规定应以行政厅为被告的情况下，才以国家或公共团体为被告。

由此可见，国外的行政诉讼中存在不少的以非行政主体者为被告者，行政诉讼中形式上的当事人并不鲜见，这可谓国外行政诉讼的一个特点。

---

① 参见王名扬：《英国行政法》，中国政法大学出版社 1987 年版，第 50、51、86 页等。

② 国外行政机关的法律地位与我国不同。在国外，行政机关并不具有的实体法上的主体资格，它只是行政主体的组成部分，其行政后果归于它所属的行政主体。如在法国，行政机关是指"构成行政主体整体结构中的其他单位，它们在一定的范围以内，以行政主体的名义进行活动，而效力归属于行政主体。"（王名扬：《法国行政法》，中国政法大学出版社 1989 年版，第 48 页）日本亦是如此。"行政机关是作为具有法人资格的行政体的手足＝机关，其所处地位是担当其行政事务，因而不具有独立法人的资格，不得成为独立的权利主体，只具有'权限'。"（［日］室井力编：《日本现代行政法》，中国政法大学出版社 1995 年版，第 276 页）

③ 参见王名扬：《英国行政法》，中国政法大学出版社 1987 年版，第 246 页。

④ 日本的行政厅是指有决定和表示国家或地方政府意思权限的国家或地方行政机关。

⑤ ［日］室井力主编：《日本现代行政法》，中国政法大学出版社 1995 年版，第 245 页。

2. 确定行政诉讼被告侧重从诉讼方便角度出发，而并不重视行政实体责任的归属问题国外"行政主体概念是使行政活动具有统一性和连续性的一种法律技术，是行政组织的法律理论基础。"① 因而行政主体的确定"强调行政组织的统一与协调"②，侧重从大处着手，以实体责任最终归属者作为行政主体。而行政诉讼的被告的确定并不以行政主体为唯一的行政诉讼资格主体，固然为行政主体者当然可以成为行政诉讼的被告，但在具体的行政诉讼中却常以法律规定的行政主体之下的行政机关为行政诉讼的被告，只有在没有明确规定的被告时，才以有关的行政主体为被告。如日本在撤销诉讼中，原则承认非行政主体行政厅有被告资格，"这样，有利于防御原告的攻击，在诉讼追行上也方便。"但"在无被告行政厅时，则作为处分、裁决的归属主体的国家、地方公共团体，就成为被告。这样，被告资格（适格）变得很明确。"③ 美国在法定审查中，谁可以做被告，由法律规定；在非法定审查中，过去由于受主权豁免的影响只能以官员个人为被告，但自 1946 年美国《联邦行政程序法》通过后，可以对美国、对机关以其机关名称或适当官员提出。究竟是对其中一个或合并起诉，都由原告来选择决定（美国法典第五编第 703 条）。英国则明确列出可以做被告的部的名单，没有的话，则以检察总长作为当事人。因而国外行政诉讼被告的确定与其说以责任的最终归属为考虑的必要因素，毋宁说以诉讼便利为条件。

3. 国外有关行政诉讼的被告确定可穷尽所有可能，不致发生无被告的情形国外由于有行政主体这个最终责任归属者为保障，通常由法律规定或指定的行政主体之下的行政机构作为被告，如果没有，则由行政主体做被告。这样一方面十分明晰，便于原告和法院确定被告；同时，不会发生原告和法院无法指定被告的情形。因为虽然行政机构可能经常变

---

① 王名扬：《法国行政法》，中国政法大学出版社 1989 年版，第 41 页。

② 应松年主编：《行政法学新论》，中国方正出版社 1998 年版，第 86 页。

③ ［日］和田英夫：《现代行政法》，倪健民、潘世圣译，中国广播电视出版社 1993 年版，第 332—333 页。

化，发生行政职能的分立、合并等变化的情况，但行政主体则是稳定的、不变的，总可以找到这个责任和最终归属者作为被告。

（四）我国行政诉讼被告确定的可能变革思路

面对我国行政诉讼被告确定的复杂问题，有两种可能的变革方向。一种方向是，以行为主体为标准来认定我国行政诉讼被告的资格，实行"谁实施行为，谁是被告"，只要是行使行政权，不管其主体性质如何，都可以作为行政诉讼的被告。持此观点者，认为这一方法简单易行，有利于公民、组织启动行政诉讼程序，操作起来方便快捷，而且有利于行政诉讼回归司法监督的本位。① 另一种方向是，实行以大的行政主体为被告，例如无论是县政府作出的决定，还是县政府的部门及其下属机构作出的决定，均以县政府为被告。

客观而言，两种方案均有道理，前者追求行政诉讼的便利，在不改变现有行政组织体系下能够满足被告确定问题，即剥离行政实体问题（是否有职权、谁赔偿等）与诉讼程序（谁应诉）；后者的追求不局限于行政诉讼被告的确定，而试图从根本上解决行政组织问题。

事实上，两种方向均认可行政诉讼被告资格与行政主体是既有区别又有关联的两个问题。行政主体重在解决行政组织系统的统一和协调，强调行政实体责任的最终归属，着眼点在于整个行政活动的运作；而行政诉讼则重于从诉讼方便和顺利进行考虑，并不重视实体责任归属问题，主要从较微观的层面分析问题。

值得关注的是，我国现有的行政主体多是基于解决行政诉讼被告问题而发展起来的，行政主体分散且数量众多，因而目前要求行政诉讼被告与行政主体一一对应有一定的合理性。假若只要是行使行政职权作出行为，不论是否内设机构、派出机构甚至内设机构或派出机构的下设组织，都可以充当被告，有可能会出现混淆。更为重要的是，无益于我国

---

① 参见刘行：《确立行政诉讼"谁行为，谁被告"的规则》，《人民法院报》2002 年 9 月 21 日；杨小君：《我国行政诉讼被告资格认定标准之检讨》，《法商研究》 2007 年第 1 期。

行政组织系统的改革和建设。因此，表面上，我国行政诉讼被告确定的复杂性与困难，源于行政诉讼本身，而事实上根子在行政组织建设。从根本上看，我们确定行政诉讼被告的困难和种种争议皆来自于我们行政主体理论建设上的偏差和我国行政组织法的不完善。国外的行政诉讼被告的简单化和较少争议正来自于行政机关权限规定的明晰和行政主体理论的正确建构，行政诉讼被告的确定在此前提下才能保证正常运作。因而，目前由行政诉讼被告引发的种种争议和确定被告的困难，也必须以从理论上重建我们的行政主体理论和从立法上明确行政机关权限为突破口。只有对我国现有的行政主体框架和行政组织法结构进行根本性的变革，我国实践中出现的和将出现的确定行政诉讼被告的种种难题才有得以彻底解决的可能。

具体而言，我们的行政主体理论必须从目前以单个的行政机关和组织为分析单位的微观视角，转向从整个行政组织建设的宏观视角来分析，以行政活动的连续性和统一性为出发点，来重新考虑中央与地方的关系、行政机关与行政机关之间的关系，构建新的大行政主体理论。在此理论指导下，制定统一的行政组织法体系，明确各行政机关的权限，理顺行政主体与行政主体之间、行政主体与行政机关之间、行政机关与行政机关之间的关系。在完善行政主体理论和行政组织法体系的前提下，可以借鉴国外的经验，从诉讼方便出发来确定行政诉讼被告，由法律明确规定不同情况下由作决定的行政机关做被告的具体情形；同时还必须规定在被告不能确定或无法确定时，由行政行为应归属的行政主体做被告。只有这样才能从根本上解决我国行政诉讼被告中存在的问题。

第六节　行政诉讼举证责任分析

证据是三大诉讼的核心问题之一。举证责任则不仅是证据制度中的核心，同时也是其最棘手的问题。本节不拟对整个行政诉讼证据制度展开分析，而主要围绕举证责任探讨行政诉讼中相关的证据问题。

一、举证责任的含义

《行政诉讼法》明确涉及"举证责任"一词，但行政诉讼法并没有对"举证责任"一词作清晰界定。不过，这一状况并没有影响到理论界对举证责任的热烈研究，某种程度上成为学术界对举证责任展开激烈论争焦点的重要诱因。迄今为止，人们和学者对诉讼法上的举证责任问题一直争论不休的要害之一，源于学者对举证责任认识的不统一。面对诉讼中形态各异的证据现象，学者选取了不同方面进行了分析，从而得出了迥异的结论。

诉讼必须由对立双方形成争点，并围绕相关争点提供证据，引用和阐明法律依据。现实中，对立双方当事人为达到胜诉目的，不断提出新的主张、新的证据，并借此反驳对方的观点、驳斥对方的证据，双方的对峙和你来我往，使诉讼环环推进，不断深入，这一幕不仅构成了生动的司法图景，而且也成为不少学者解说和分析举证责任的基础。举证责任"不是从头到尾都停留在一方当事人身上，而只是当事人在事实调查的某个阶段应当承担的证明责任，而不是一次性和最终意义上的责任"[1]，就是对司法实践中当事人双方提供证据现象在理论上的抽象和总结。[2]

无疑，此种举证责任看法在形式上契合了司法实务上当事人提供证据的现实状况，常常容易为人接受，或常被人们作为怀疑其他观点的理由。但这种观点有两个根本性缺陷：一方面它将举证责任限定于特定的案件事实，它所指向的举证责任更多是形式意义上的举证责任，割裂了举证责任与案件结果之间的内在关联；另一方面举证责任导向不确定，此种观点隐含着举证责任分配"由法官针对具体争议点、考量多种因素

---

[1]　何海波：《行政诉讼举证责任分配：一个价值衡量的方法》，《中外法学》2003年第2期。

[2]　国内主张行政诉讼举证责任分配应为"谁主张谁举证"的观点，是此种观点的典型代表。（参见刘飞：《行政诉讼举证责任分析》，《行政法学研究》1998年第2期）

来完成"① 的倾向。一个不确定的举证责任将无法发挥法的导向功能，失去法的教育性和预防性作用。

有鉴于此，持实质意义的举证责任观点者，试图摆脱支离破碎的举证现实和扑朔迷离的举证图景，着眼于从根本上厘清举证与案件裁判之间的内在关联，主张把举证责任定位在实质意义上。"举证责任是指承担责任的当事人必须对自己主张的主要事实举出主要证据证明其确实存在，否则就要承担败诉后果。"② 无疑，此种举证责任的认识抓住了举证责任的核心。但此种观点往往无法很好地解释司法实践中所出现的、当事人需要对特定事实承担提供证据的具体责任的现实。

目前，我国学术界对举证责任还存在另一种较为流行的看法，此种看法综合了前两种观点，认为举证责任"解决的问题是，诉讼中出现的案件事实，应当由谁提供证据加以证明，以及在诉讼结束之时，如果案件事实仍处于真伪不明的状态，应当由谁承担败诉或不利的诉讼后果。"③前者被称为行为意义上的举证责任，后者被称为结果意义上的举证责任。双重含义的举证责任观点充分注意到了两种性质不同的举证的存在情形，并将它们纳入举证责任或证明责任的概念之下，其优点在于其全面性和涵盖性，但这也恰恰构成了它的缺憾。两种意义上的举证责任虽有联系，但有根本的区别。第一，责任的基础不同。结果意义上的举证责任源于

① 沈岿：《行政诉讼举证责任个性化研究之初步》，《中外法学》2000年第4期。
② 罗豪才、应松年主编：《行政诉讼法学》，中国政法大学出版社1990年版，第178页。此种观点经过完善，目前在行政法学界中对举证责任最具代表性的界定是，"举证责任是法律假定的一种后果，即承担举证责任的当事人应当举出证据证明自己的主张，否则将承担败诉的法律后果。举证责任的本质特征是将当事人的举证与其诉讼结果直接联邦的一个制度……"（应松年主编：《行政诉讼法学》（高等政法院校法学教材），中国政法大学出版社2002年版，第125页）。民事诉讼学界中，代表性的概念是，"民事诉讼中的举证责任是指，当法律要件事实在诉讼上处于真伪不明状态时，负有证实法律要件事实责任的当事人一方所承受的法官不利判断的危险。"（江伟主编：《民事诉讼法学原理》，中国人民大学出版社1999年版，第494页）
③ 江伟主编：《证据法学》，法律出版社1999年版，第77页。

法律的强制性规定，其反映着某种性质的诉讼或某一类诉讼法律在证据制度上的基本价值取向；而行为意义上的举证责任则源于当事人内在的取胜愿望，属于法律上的任意性规定。因此，其分配依据和标准并不一致。"只要对自己有利的事实没有出现在审理之中就要承担不利，和真伪不明时承担不利，从逻辑上看不可能总是依据同一的分配基准。"① 第二，责任后果不同。结果意义上的举证责任如果未实现，责任方必然要承担败诉的风险；而行为意义上的举证责任如果未能履行或履行不到位，并不必然导致败诉的后果。典型例子是当事人对程序性事实如不提供充分证据加以证明，往往与案件结果没有联系。第三，证明标准不同。行为意义上的举证责任标准通常比较低，一般的优势证据标准足够，而且三大诉讼中这些标准基本统一。而结果意义上的举证责任标准完全因不同性质的诉讼迥然有别。第四，作用不同。结果意义上的举证责任在任何诉讼中不可或缺，"在任何诉讼中都可能具有实际意义"②，且不可替代和消解。而行为意义上的举证责任作用并不如前者突出，其不仅可以由代理人替代，而且在存在职权探知主义的情况下，此种责任也可以为法院所替代。正是因为二者性质根本有别，双重含义说努力将二者融合的尝试明显是不成功的。在诉讼法上，我们无法回避同时共存的两种举证现象，但有必要将二者加以区分，予以区别对待。因此，笔者赞同民事诉讼法学界已出现的某种共识，此种共识将举证责任定位于实质意义上的举证责任，或客观意义上的举证责任，而同时用"提供证据责任"指代行为意义上的举证责任，或主观意义上的举证责任。这一做法看似简单，但却蕴含了一定的意义，它是对双重含义说的革命，其革命意义在于它使举证责任走向确定和一致。同时，它也是对单一的实质意义上的举证责任的发展和完善，充分关注到行为意义举证责任的存在。

---

① ［日］盐野宏：《行政法》，杨建顺译，法律出版社1999年版，第357页注②。
② 汉斯·普维庭：《现代证明责任问题》，吴越译，法律出版社2000年版，第15页。

二、行政诉讼举证责任的确定

（一）构建行政诉讼举证责任分配规则的价值取向

近年来，随着我国诉讼法研究的深化和法学方法的多元化，对举证责任的研究也日渐深入，各种观点不断问世。在这些研究和观点中，有一种观点值得关注。此种观点主张在当下我国证据制度不完善的情况下应对举证责任分配采用一种新的思路，即在具体案件通过法官"对与具体情境相关的社会价值的衡量"①的方法确定举证责任的分配。这种观点在研究方法上多采用个性化研究和实证分析方法，而在理念上尽管不反对证据（举证）规则的作用，但却对制定法和各种理论确定举证责任规则抱着很深的怀疑。且不论这一看法是否隐含着对现实主义法学的迷恋，就对其所论及的举证责任分配问题而言，它暗含着对行政诉讼中是否存在分配举证责任基本规则的怀疑。当然，这一怀疑并不新奇和强硬，很早就有学者对举证责任规则的法律规则基础提出质疑。②

就本质而言，此种观点是对诉讼法上存在一般的、抽象的，尤其是事先确定的举证责任基本规则的有效性的怀疑。应当承认，无论是在行政诉讼中，还是在刑事、民事诉讼中，事实关系往往十分复杂，基本规则本身仅仅是对举证责任分配的一般概括，常常无法应对复杂的情况；同时，由于基本规则较为抽象和原则，在适用时通常需要加以解释和具体化。特别是在司法实践中，在法律规范对举证责任分配不尽完善和存有漏洞的情况下，法院和法官以恰当的方式发挥司法能动性，公平确定个案的举证责任，实现实质正义，淡化和冲击了事先确立举证责任的必要性。

但由于举证责任的分配攸关诉讼风险的配置，"它必须像其他法那样

---

① 何海波：《行政诉讼举证责任分配：一个价值衡量的方法》，《中外法学》2003年第2期。

② 参见［德］汉斯·普维庭：《现代证明责任问题》，吴越译，法律出版社2000年版，第420—421页。

事先存在并能够为人们把握。如果法不具备安定性，那么法的可预见性和可预测性将荡然无存"①，诉讼法中举证责任分配也将丧失对证据收集和保存的先期引存作用。事实上，即使在英美这些极为重视法官能动性的国家，也非常重视包括举证责任分配在内的证据规则的订立和确定，甚至在证据证明力大小判断和证明标准的运用方面，也规定了诸多原则和规则。

因此，在行政诉讼中，更为关键的问题应是以何标准和原则确立举证责任承担的基本规则？

在刑事诉讼中，举证责任一般应由控诉方承担，在事实存在疑问应作出有利于原告判决，构成了刑事诉讼举证责任承担的基本规则。对此，国内外学术界无太多的争议。刑事诉讼中这一举证责任基本规则的确立源于无罪推定和"疑罪从无"原则的承认和共识，其基本理念和价值取向是消解刑事诉讼中国家与原告双方的不对等性，充分保障原告的权益。公认的，民事诉讼是由国家以中立身份解决私方当事人之间争端的制度，诉讼双方地位形式上具有最普遍意义的平等性，构成了民事诉讼基本的特质。由此，民事诉讼不可能像刑事诉讼一样，将举证责任单独附加于原告或被告一方，将举证责任公平地在原、被告之间进行分配，实现双方负担的均衡，成为民事诉讼举证责任承担的指导思想和价值诉求。就此，国内外提出了各种学说和分配标准，如法律要件分类说、法规分类说、证据距离说等，皆努力使原、被告所负担的举证责任保持基本平衡和公平。②

从历史发展和现实状况来看，行政诉讼与民事诉讼有相当大的关联性，有不少国家的行政诉讼制度脱胎于民事诉讼，有些国家仍在沿用民事诉讼程序来运作行政诉讼，即使像我国和日本这类建立起独立的行政

① 参见［德］汉斯·普维庭：《现代证明责任问题》，吴越译，法律出版社2000年版，第367—368页。

② 参见江伟主编：《民事诉讼法学原理》，中国人民大学出版社1999年版，第504页。

诉讼制度国家，在特定情况下，民事诉讼规则也尚处于被准用的地位。人们更多看到的是行政诉讼与民事诉讼之间的相似性，而通常把刑事诉讼看作与行政诉讼有重大差别，应另当别论的诉讼制度。不过，值得关注的是，行政诉讼与刑事诉讼恰恰在这一点上是共通的，即因政府享有干预个人、组织权利的内在权力，所造成的国家与公民之间重大的、不可避免的不对等性。① 人们可能认为，由于行政行为对当事人所施加的不利影响程度不如犯罪刑罚那样严重，因而这一不对等性的重要性稍逊一筹。但这一不对等性十分重要，它构成了理解行政法和解决行政法中所存在的问题基础之所在，这一点也构成了包括行政诉讼规则在内的行政法制度特殊性的依据，因为这些特殊性到达了以对等为基础的私法规则无从解决的地步。② 在法治行政之下，行政担负着严格遵守法律限制个人、组织权利的职责。因此，我们虽然承认不能决然依身份确定行政诉讼举证责任③，也不能依法治行政原理绝对认定一切行政诉讼的举证责任均归于被告④，但行政诉讼的制度设计和构造必须注重消解在行政程序中原、被告地位的不对等性，契合并有利于促成法治行政原则实际作用的发挥，应成为行政诉讼举证责任的确定的基本价值取向。

---

① See Carol Harlow & Richard Rawlings：*Law and Administration*，Butterworthsa Division of Reed Elsevier（UK）Ltd.Halsbury House，London，1997，p.44.

② See Carol Harlow & Richard Rawlings：*Law and Administration*，Butterworthsa Division of Reed Elsevier（UK）Ltd.Halsbury House，London，1997，p.44.

③ 德国学者汉斯·普维庭认为，除刑事诉讼领域外，依据当事人身份和地位的不同等衡量推导出举证责任分配的基本原则是不可能的，不仅民事诉讼领域中根本不存在这样的基本原则，而在劳动法、行政法、税法和社会法中有这样的规则也是不合适的。（参见［德］汉斯·普维庭：《现代证明责任问题》，吴越译，法律出版社 2000 年版，第 352—359 页）

④ 日本有学者认为，法治行政原则作为行政实体法的基本原理是适当的，但并能直接将其和举证责任分配相联结，因其不符合行政诉讼政策，且造成了由当事人一方片面负担举证责任的后果。（参见林重魁：《释论日本行政救济制度兼述我国行政救济制度缺失（二）》，《中兴法学》1993 年第 36 期，第 135 页；及［日］盐野宏：《行政法》，杨建顺译，法律出版社 1999 年版，第 358—359 页）

（二）我国行政诉讼举证责任的承担

1989 年颁布的我国现行《行政诉讼法》第三十二条的规定奠定了国内学者探讨我国行政诉讼举证责任承担的基础。其内容是，"被告对作出的具体行政行为负有举证责任，应当提供作出该具体行政行为的证据和所依据的规范性文件。"修订后的《行政诉讼法》第三十四条规定："被告对作出的行政行为负有举证责任，应当提供作出该行政行为的证据和所依据的规范性文件。被告不提供或者无正当理由逾期提供证据，视为没有相应证据。但是，被诉行政行为涉及第三人合法权益，第三人提供证据的除外。"该规定虽然简单，但却朴素而深刻地反映了我国行政诉讼侧重保护个人、组织的权益和导向法治行政的基本取向。

那么，在行政诉讼中，是否需要原告承担举证责任？答案是肯定的，关键在于何种情形下由原告承担。《行诉法执行解释》第二十七条规定了原告承担举证责任的四种情形："原告对下列事项承担举证责任：（一）证明起诉符合法定条件，但被告认为原告起诉超过起诉期限的除外；（二）在起诉被告不作为的案件中，证明其提出申请的事实；（三）在一并提起的行政赔偿诉讼中，证明因受被诉行为侵害而造成损失的事实；（四）其他应当由原告承担举证责任的事项。"对此，最高人民法院于 2002 年 6 月 4 日颁布的《关于行政诉讼证据若干问题的规定》（以下简称《证据问题规定》）第四、第五条①作了两处重大修正。其一，"其他应当由原告承担举证责任的事项"在《证据问题规定》中销声匿迹。该项规定因对原告举证责任扩大化规定，曾遭到行政法学界的反对，认为这是失败的甚至

---

① 第四条的规定："公民、法人或者其他组织向人民法院起诉时，应当提供其符合起诉条件的相应的证据材料。在起诉被告不作为的案件中，原告应当提供其在行政程序中曾经提出申请的证据材料。但有下列情形的除外：（一）被告应当依职权主动履行法定职责的；（二）原告因被告受理申请的登记制度不完备等正当事由不能提供相关证据材料并能够作出合理说明的。被告认为原告起诉超过法定期限的，由被告承担举证责任。"第五条的规定是："在行政赔偿诉讼中，原告应当对被诉具体行政行为造成损害的事实提供证据。"

是"极为危险"的规定。① 其二，对在诉被告不作为的案件中由原告证明已提出申请的事实的规定，进行了更为严格的限制。

修订后的《行政诉讼法》，对原告的举证责任作出更为合理的规定。第三十八条规定："在起诉被告不履行法定职责的案件中，原告应当提供其向被告提出申请的证据。但有下列情形之一的除外：（一）被告应当依职权主动履行法定职责的；（二）原告因正当理由不能提供证据的。在行政赔偿、补偿的案件中，原告应当对行政行为造成的损害提供证据。因被告的原因导致原告无法举证的，由被告承担举证责任。"

修订后的《行政诉讼法》规定了三种应由原告承担举证责任的情形：

一是起诉被告不履行法定职责的案件。此类案件中，通常是依申请的行政行为，要求申请人（原告）申请在先。原告证明曾提出过申请，是被告履行职责的前提。但如被告应当依职权主动履行法定职责，或者原告因正当理由不能提供证据的，例如被告接受申请的登记制度不健全。

二是行政赔偿案件。行政赔偿诉讼，在性质上较类似于典型的民事诉讼形式。因此，在行政赔偿诉讼中，原告仅需对被诉具体行政行为造成损害的事实承担举证责任，符合行政赔偿诉讼的要求，也为多数所主张或肯定。② 不过，由于行政机关致害有时带有隐蔽性和不宜充分证明性，"从各国赔偿诉讼的证据制度看，原告虽就损害事实负有证明责任，但由于国家赔偿特点所限，许多国家采用'初步证明责任'以减轻原告负担，如德国、日本等。还有些国家规定原告只须证明损害发生由被告所属人员可以归责的不法行为引起即可，不必指明特定的公务员姓名等。如奥地利、美国等国家就采用这种形式减轻原告的举证负担。"③

修订后的《国家赔偿法》考虑到实际情况，对特定情形的举证责任

---

① 请特别参见应松年主编：《行政诉讼法学》（高等政法院校法学教材），中国政法大学出版社 2002 年版，第 127 页；甘文：《行政诉讼法司法解释之评论——理由、观点与问题》，中国法制出版社 2000 年版，第 93 页。

② 参见吴庚：《行政争讼法论》（初版），三民书局 1999 年版，第 168—169 页。

③ 马怀德：《国家赔偿法的理论与实务》，中国法制出版社 1994 年版，第 173 页。

作出了限制。第十五条规定："人民法院审理行政赔偿案件，赔偿请求人和赔偿义务机关对自己提出的主张，应当提供证据。赔偿义务机关采取行政拘留或者限制人身自由的强制措施期间，被限制人身自由的人死亡或者丧失行为能力的，赔偿义务机关的行为与被限制人身自由的人的死亡或者丧失行为能力是否存在因果关系，赔偿义务机关应当提供证据。"

三是行政补偿案件。行政补偿案件与行政赔偿案件有一定的相似性，对行政行为造成的损害由原告承担举证责任，提供证据加以证明有合理性。

随着我国行政诉讼类型的多样化，除上述三类案件外，是否还有其他案件需要值得研究，如行政协议案件。

（三）行政诉讼中的提供证据责任

行政诉讼中与诉讼后果关联的举证责任的设定，为承担举证责任的当事人施加了一定的压力和负担，这一压力和负担在诉讼中转化为责任者的积极提供证据的行为。因此，举证责任虽多在诉讼后期发生作用，然而事实上它不仅在这一时间点才有价值，而且在诉讼开始之前的证据收集与保存和诉讼开始后的证据提供方面，均发生着深刻作用和影响。[①]

某一或某类事项的举证责任由对方承担，并不意味着一方当事人可以拱手接受胜利的花环。为谋求彻底胜诉或充分保证胜算的把握，在该事项上不承担举证责任的一方通常也会积极提出对己有利的主张，并积极提供证据。在任何诉讼中，任何一方对自己提出的主张，均有责任提供证据加以证明，否则该主张不能成立。但值得注意的是，这里是提供证据责任，不能与举证责任混同。

其一，当事人所提出的主张及相关事实，不一定与诉讼后果有直接关联。如诉讼中的程序性事实。

其二，不承担举证责任的当事人对自己提出的主张，提供证据加以证明的责任不履行的后果，不同于承担举证责任者。如原告主张被诉具

---

① 参见［德］汉斯·普维庭：《现代证明责任问题》，吴越译，法律出版社2000年版，第23、29—30页。

体行政行为程序违法，对此主张原则上原告应提供证据加以证明，否则法院有可能不会认可原告的说法。但原告证明不了被诉行政行为程序违法或未提供证据或提供的证据证明不了，并不能减轻被告对被诉行政行为合法的举证责任。此时，原告承担的仅是提供证据责任，而非举证责任，造成的后果并非败诉。我国行政法学界认为除上述列举的情况，亦多承担举证责任，实际上将提供证据责任混同于举证责任，造成误解。

其三，在行政诉讼中，原告提供证据责任有被法院职权替代的情形。由于行政诉讼的特殊性，不少国家一定程度上存在职权主义色彩，原告的提供证据责任有可能会因法院的介入而削弱。我国行政诉讼制度有渐向当事人主义发展的趋势，但鉴于行政诉讼的特殊性，保持必要的职权主义是可行的。修订后的《行政诉讼法》第四十条规定："人民法院有权向有关行政机关以及其他组织、公民调取证据。但是，不得为证明行政行为的合法性调取被告作出行政行为时未收集的证据。"第四十一条规定："与本案有关的下列证据，原告或者第三人不能自行收集的，可以申请人民法院调取：（一）由国家机关保存而须由人民法院调取的证据；（二）涉及国家秘密、商业秘密和个人隐私的证据；（三）确因客观原因不能自行收集的其他证据。"

三、行政机关举证的要求

行政诉讼证据制度的特殊性，不仅在于举证责任多由被告行政机关承担，而且对被告的举证往往有特殊要求。而这一特殊要求源于行政诉讼审理的是经历行政程序的行政行为。行政机关据以证明此行政行为合法的证据，已为行政程序所固定。因此，我国行政诉讼中行政机关举证的特殊要求是：

（一）行政机关向法院所提供的证据

原则上应是在行政程序中收集的证据，这是对行政机关举证范围的限制，是本质要求。英美法系国家司法审查的一个重要特点，就是重视对行政机关记录的审查，这尤其以美国为代表。在美国联邦一级，除在重新审查情况下，法院对行政机关决定的审查原则上应基于行政机关的记录展开，此原则称为"记录规则"（record rule）。从一方面看，这一原则是对法院审查行政机关的事实认定的限制。因为这一原则的存在重要基础之一是，鉴于行政机关的专业优势和首次判断权，当事人在将问题和证据提交法院之前必须经行政机关先行考虑和处置。① 但从另一方面看，这一原则同样也是对在司法审查中行政机关向法院提交证据的严厉限制。非记录在案，不能作为证明行政行为合法的证据。

严格来说，我国行政诉讼并存在此规则，特别不存在以行政机关的记录限制法院审查证据的范围的规定。但在对行政机关提供证据的要求上，却存在与美国记录规则后一种意义上相同的精神，即行政机关向法院提供的证据应是行政机关在行政程序中已收集、用来证明被诉行政行为合法的证据。下列这两点即是集中体现：第一，在诉讼过程中，被告及其诉讼代理人不得自行向原告、第三人和证人收集证据。（修订后的《行政诉讼法》第三十五条）由此，被告及其诉讼代理人在作出行政行为后或者在诉讼程序中自行收集的证据，不能作为认定被诉行政行为合法的依据（《证据问题规定》第六十条）。第二，复议机关在复议程序中收集和补充的证据，或者作出原具体行政行为的行政机关在复议程序中未向复议机关提交的证据，不能作为人民法院认定原具体行政行为合法的依据（《证据问题规定》第六十一条）。

从现实角度来看，以"行政程序中已收集"作为限定的行政机关举证的范围，有失空泛，更主要的是其缺点在于较难以把握，特别是难以从实质上控制行政机关不在诉讼中收集证据。在此意义上，以行政机关提供的证据应是行政记录或案卷中载明的证据，作为限制条件便凸显其优越性：易于把握，也更易于限制行政机关。最高人民法院于 2002 年颁布的《关于审理反倾销行政案件应用法律若干问题的规定》和《关于审理反补贴行政案件应用法律若干问题的规定》两个司法解释均引入了行

---

① 目前，美国联邦和州司法审查对记录规则已设为不少例外，允许法院出于公正的需要，在特定情况下处理新问题并可以接受必需的新证据。此一动向强化了法院对行政机关事实认定的审查范围和态度。

政案卷排他规则，规定人民法院应依据被告的案卷记录审查被诉反倾销和反补贴行政行为的合法性，被告在作出被诉反倾销和反补贴行政行为时没有记入案卷的事实材料，不能作为认定该行政行为合法的根据。在笔者看来，这一规定主要是对行政机关举证范围的要求，而不是对法院审查证据范围的要求。

（二）举证的时间

根据《证据问题规定》第一条第一款规定，被告对作出的行政行为负有举证责任，应当在收到起诉状副本之日起十日内，提供据以作出被诉具体行政行为的全部证据和所依据的规范性文件。被告不提供或者无正当理由逾期提供证据，视为没有相应证据。但是，被诉行政行为涉及第三人合法权益，第三人提供证据的除外。

这一严厉的短暂举证要求，建立在前述被告举证范围的要求之上，是前者的延伸。正因为行政机关借由证明被诉行政行为合法的证据，应当是行政程序中已收集好的证据，被告已无需重新收集和整理证据，因此，这一举证时间要求也顺理成章。

第七节　行政诉讼法律适用分析

司法审判本质是一个法律适用活动，法院既是当事人双方争议的最终裁判者，也是法律最终的适用者。行政诉讼法律适用典型体现了法院在法律适用中的角色和地位，透过这一渠道可以观测到我国法律体制现状及存在的问题。

一、行政诉讼法律适用的特点

"法律适用是法官把法律运用于具体案件的活动。"[1] 从广义上分析，整个司法审判过程，包括事实认定、对法律的选择和解释，将法律适用

---

[1] 董皞：《司法解释论》，中国政法大学出版社 1999 年版，第 299 页。

于案件事实及所作出的裁判，都可以看作法律适用的组成部分。但鉴于事实的认定和判断与法律的选择、解释及具体运用之间的差异，法律适用通常被从狭义角度加以理解，一般被定位于后者。

应当说，不管是哪种意义上的法律适用，均存在于刑事审判、民事审判和行政审判之中。但与刑事、民事诉讼中的法律适用相比，行政诉讼法律适用具有独特之处。其独特性源于行政诉讼法律适用系第二次法律适用，即"对行政机关在行政程序中作出具体行政行为时已经作过的法律适用的再适用，也可称为审查适用。"①

因为系第二次适用，在行政诉讼法律适用中有两个突出问题需要解决：第一，哪些规范可以作为法院判断行政行为的标准依据？这其中的核心议题是行政机关所制定的规范在行政诉讼中的地位如何。虽然这一问题同样存在于刑事诉讼和民事诉讼，尤其是民事诉讼之中。但这一问题在行政诉讼中不仅更显突出，而且具有特别的意义。由于行政诉讼所涉及的中心课题是行政行为合法与否，在此情况下行政机关所制定的规范能否作为判断标准，既关系到行政诉讼的成效，也关系到这些规范在法律体系中的地位和作用。第二，在行政诉讼中，法院如何对待行政机关在行政程序中已作出的法律适用？

《行政诉讼法》对第一个问题有较为明确的回答。修订后的行政诉讼法第六十三条规定："人民法院审理行政案件，以法律和行政法规、地方性法规为依据。地方性法规适用于本行政区域内发生的行政案件。人民法院审理民族自治地方的行政案件，并以该民族自治地方的自治条例和单行条例为依据。人民法院审理行政案件，参照规章。""依据"和"参照"的差异，彰显了不同规范在行政诉讼中的相异地位；规章被置于"参照"地位，说明了立法者对待行政机关所制定的规范的审慎态度。

《行政诉讼法》对第二个问题似乎没有明确的回答。不过，行政诉讼作为审查行政行为合法性的制度，其本身的存在事实上意味着，法院的

---

① 应松年主编：《行政诉讼法学》（高等政法院校法学教材），中国政法大学出版社2002年版，第222页。

法律适用具有优于行政机关法律适用的效果和作用。行政诉讼法律适用具有最终的法律效力。①

行政诉讼法律适用的特殊性所诱发的《行政诉讼法》的规定,并非问题的终点,其恰恰揭开了问题之幕,给重新审视法律适用的本质及我国法律体制中的问题提供了契机。

二、目前我国行政诉讼法律适用存在的问题

"依据"与"参照"是在我国行政诉讼法律适用中两个不容回避的概念,对两个概念的理解直接关系到人民法院法律适用的结果。按照国内学者的流行观点,"参照"是与"依据"相对的、具有特定含义的概念。"参照"的权威解释源于《关于〈行政诉讼法(草案)〉的说明》:"对符合法律、行政法规规定的规章,法院要参照审理,对不符合或不完全符合法律、行政法规原则精神的规章,法院可以有灵活处理的余地。"基于此,学术界一般认为,"依据"与"参照"区别在于,"依据"是指人民法院审理行政案件时,必须适用该规范,不能拒绝适用;而"参照"则是指人民法院审理行政案件,对规章进行参酌和鉴定后,对符合法律、行政法规规定的规章予以适用,参照规章进行审理,并将规章作为审查具体行政行为合法性的根据;对不符合或不完全符合法律、法规原则精神的规章,人民法院有灵活处理的余地,可以不予以适用。可见,人民法院对规章的作用和效力不是一概否定或一概肯定,而是在对规章进行一定评价后,决定规章是否适用。"参照"与"依据"的区别关键在于"依据"是人民法院对法律、法规无条件的适用;而"参照"则不是无条件的适用,而是有条件的适用,即在某些情况下可以适用,在某些情况下也可以不予适用。换言之,学者认为,对法院而言,"参照"的存在

---

① 应松年主编:《行政诉讼法学》(高等政法院校法学教材),中国政法大学出版社 2002 年版,第 223 页。

"实质是赋予了人民法院对规章的'选择适用权'"①。

值得研究的是，此种"选择适用权"究竟对法院意味着什么？即它是何种性质的权力？虽然国内有不少学者认为这事实上授予了法院对规章有一定的审查权，不过，如果这种审查权仅指"人民法院通过审查，认定规章不合法的，可拒绝适用，但不能宣布相应规章无效和予以撤销"，② 法院甚至不能在判决书中指明不适用某一规章及拒绝适用的理由，那么与其说这种权力是一种审查权，还不如说是一种判断权。由此，"依据"与"参照"之间的实质性差异便有进一步探讨的必要。因为，就实践的运作来看，即使人民法院在"依据"法律、行政法规、地方性法规、自治条例和单行条例对被诉具体行政行为进行审查时，必然也蕴含此种性质的判断权。

客观来看，司法实践中发生某一案件仅有一部可作为依据适用的法律规范（包括法律、行政法规、地方性法规、自治条例和单行条例）的情形毕竟属于例外和少数，多数情况下人民法院在审理行政案件的过程中会发现对同一事项有两个或两个以上应作为依据适用的法律规范作出了不同的规定，即多数案件中都存在着法律冲突。一旦有法律冲突存在，究竟应适用哪一规范，就本质而言，就需要法院对发生冲突的法律规范作出判断，进而进行取舍，选择确定适用于本案的法律规范。从我国的相关法律规定分析，这一点似乎不应当有什么争议。

《立法法》第八十七条规定："宪法具有最高的法律效力，一切法律、行政法规、地方性法规、自治条例和单行条例、规章都不得同宪法相抵触。"第八十八条规定："法律的效力高于行政法规、地方性法规、规章。行政法规的效力高于地方性法规、规章。"第八十九条规定："地方性法规的效力高于本级和下级地方政府规章。省、自治区的人民政府制定的

---

① 姜明安主编：《行政法与行政诉讼法》，北京大学出版社、高等教育出版社1999年版，第371页。

② 姜明安主编：《行政法与行政诉讼法》，北京大学出版社、高等教育出版社1999年版，第372页。

规章的效力高于本行政区域内的设区的市、自治州的人民政府制定的规章。"上述规定确立了不同法律规范的效力等级，构成了层级冲突的适用规则；《立法法》第九十条、第九十二条的规定则代表了特别冲突适用规则①；第九十四条的规定还同时确立了新旧法冲突适用规则。但《立法法》对相同等级法律规范的冲突，没有规定直接的适用规则，而要求适用机关送请有权机关作出裁决。

从上述规定看，《立法法》所规定的法律适用规则事实上赋予了法院对法律规范的选择适用权，而且十分清楚。这里的法律规范不限于规章，也同时包括法律、行政法规、地方性法规、自治条例和单行条例。在此问题上，《立法法》并没有将规章与《行政诉讼法》所规定的应作为依据适用的法律规范加以区分。如果这一点成立，前述"依据"与"参照"的差异便不复存在。但我国的法律体制问题恰恰由此而生。法院是否可以依据法律适用规则，对发生冲突的法律规范直接进行判断和取舍，并非没有争议。

学术界虽有不少学者认为，法院在个案中直接援引《立法法》等相关法律所规定的适用规则选取相应的法律规范作出裁判，这是司法的应有权力。不过，这一主张也遭到了诸多异议。质疑理由中最根本的一点是，这实际上意味着赋予了法院对法律规范的审查权，有违法院的地位和身份。支撑此种见解的根据是，在我国，法院仅是法律的执行机关，它无权对作为审判依据的法律规范的合法性提出质疑。在行政审判（也包括刑事、民事审判）中，法官的法律适用只是一个简单机械的操作过程，"他的作用也仅仅在于找到这个正确的法律条款，把条款与事实联系

---

① 《立法法》第九十条规定："自治条例和单行条例依法对法律、行政法规、地方性法规作变通规定的，在本自治地方适用自治条例和单行条例的规定。经济特区法律根据授权对法律、行政法规、地方性法规作变通规定的，在本经济特区适用经济特区法规的规定"。第九十二条规定："同一机关制定的法律、行政法规、地方性法规、自治条例和单行条例、规章，特别规定与一般规定不一致的，适用特别规定；新的规定与旧的规定不一致的，适用新的规定。"

起来，并对从法律条款与事实的结合中会自动产生的解决办法赋予法律意义。"① 法院在运用法律条文于具体案件时并不能发表对作为审理依据的相关条款的看法和意见。司法实践中，少数法官行使此种权力，结果遭到了否定性评价。

不承认法院享有直接适用冲突规范的权力，客观上否认了法院在适用应作为依据的法律规范时的判断权和选择权。以是否享有"选择适用权"作为"依据"与"参照"的差异正是由此而生。对这一差异的坚持，事实上人为地阻挡了人们对"依据"与"参照"差异的进一步探讨，学者止步于对原本不属于二者本质性差异的"选择适用权"的分析。换言之，我国行政诉讼法律适用并没有解决最基础性的问题：法院的法律适用究竟指什么？

将"依据"限定于法院无选择权，把"参照"理解为法院对规章的选择适用权，否定法院法律解释权，导致法官在审理具体案件时只能简单援引法律条文而不能不敢不愿阐明援引某一法律条文的理由，其结果是将法院的法律适用演变为机械的过程，这在刑事、民事和行政案件中皆是如此。然而，相比较而言，其对行政诉讼影响更大，这不仅因为行政诉讼法律适用所涉及的实体规范领域宽泛，数量众多，远比刑事、民事法律复杂，法院的解决判断权乃至审查权对法院的审理至关重要；而且因为行政诉讼解决的问题涉及被诉行政行为的合法性，法律规范的合法性及其解释判断关系法院对被诉行政行为审查。严格限定法院的法律解释权力，对人民法院在行政诉讼中审查行政行为所涉及法律问题的权力形成了巨大的冲击力和压缩力，从而造成人民法院审查权力的极大萎缩。

除外之外，行政诉讼法律适用存在的另一重要问题是行政解释优于司法解释。除最高行政机关制定的行政法规是人民法院审理案件必须作为依据的规范外，目前我国大量的行政法规、地方性法规通过立法性授

---

① ［美］约翰·亨利·梅里曼：《大陆法系》，顾培东等译，知识出版社 1984 年版，第 39 页。

权，将其解释权授给了有规章制定权的行政机关，转化为甚至包括最高人民法院在内的人民法院虽依据《行政诉讼法》可作为参照，但却在其冲突时依然无权作出解释或裁决的规章形式。由此，行政法规和规章由于制定权和实施解释权的行政独占而呈现的封闭性，以及法律、地方性法规的具体适用解释权通过直接或间接的授权也被纳入行政机关的职能范围，有可能在事实上演化为一种行政法律割据或行政主管部门法律割据的局面，造成司法审判功能的残缺不全。① 在作为以审查行政机关的行政行为为核心的行政诉讼之中，法院必须主要以目前尚缺乏有效有力的制约机构的行政机关的意志为马首是瞻，法院审查行政行为法律因素的权力必然大打折扣。

三、行政诉讼法律适用问题的解决

行政诉讼法律适用问题的解决，首要的是赋予法院在个案中的法律解释权，其直接指向的是允许法院直接援引法定的适用规则，准许其对所适用的包括作为依据在内的法律规范进行判断、选择。这是司法所内含的权力。

法律一经制定，其即转化为一种客观存在的规范和标准，需要人们遵守和执行。然而，已被固定化的法律在实施中往往不是没有歧见和异议的精当规则，面对千姿百态的现实图景，法律规则并不具有自然适用力，规则在适用中必须有人（法官）来决定适用那些规则，确定这些被选择的规则在该案背景下的意义为何。而在规则存有缺陷时更是如此。② 法律常常需要经解释才能得以明了，才能得以实施和贯彻。因而，法律的解释总是依附于并相伴于法律实施之中的，"恰恰就是在讨论该规范

---

① 参见张志铭：《关于中国法律解释体制的思考》，《中国社会科学》1997 年第 2 期。

② See Arthur Glass："The Vice of Judicial Activism"，from Judicial Power，Democracy and Legal Positivism and European Administrative Law，Edited by Tom Campbell and Jeffrey Goldsworthy，Dartmouth Publishing Company Limited，2000，p.355.

（注：指法律规范）对此类案件事实是否适用时，规范文字变得有疑义。"① 法律解释就其性质而言，应是"执法者行使执行法律的职责时所隐含的权力"，② 法律解释的此一性质自近代以来在西方国家具体表现为"解释法律乃是法院的正当与特有的职责"。③ 而在遇有法律规范存在冲突时，更是如此。在现实大多数情况下，法律适用与其说是单一的、固定条文的适用，还不如说是对众多涉及案件事实相关法律规范的选择，特别是在针对同一案件事实可能存在彼此相互冲突排斥的法律条文时，就需要法院对这些法律规定进行鉴别、判断和选择，对法律规定进行必要的解释，回答每项规定的效力，清除可能的规范矛盾。④

赋予法院在个案中的解释权或对不同法律规范的判断选择权，可能受到的质疑是此举意味着法院享有了对相关法律规范的审查权，与法院的地位不相符。这一看法混淆了解释权与审查权。解释权与对规范的审查权是两个不同的概念，前者指执法者在个案中对规范内容进行澄清和辩明，其任务在于"清除可能的规范矛盾，回答规范竞合及不同之规定竞合的问题，更一般的，它要决定每项规定的效力范围，如有必要，并须划定其彼此间的界限。"⑤ 而对规范的审查权则不仅意味着法院有权对该规范进行诠释，而且有权宣布该规范与上位阶规范或根本法相冲突，从而直接或间接使其无效⑥；前者就目前我国法律解释体制来看，有解释

---

① ［德］卡尔·拉伦茨：《法学方法论》，陈爱娥译，台湾五南图书出版公司 1996 年版，第 217 页。

② 袁吉亮：《论立法解释制度之非》，《中国法学》1994 年第 4 期。

③ ［美］汉密尔顿、杰伊、麦迪逊：《联邦党人文集》，程逢如、在汉、舒逊译，商务印书馆 1980 年版，第 392—393 页。

④ ［德］卡尔·拉伦茨：《法学方法论》，陈爱娥译，台湾五南图书出版公司 1996 年版，第 165、218 页。

⑤ ［德］卡尔·拉伦茨：《法学方法论》，陈爱娥译，台湾五南图书出版公司 1996 年版，第 218—219 页。

⑥ 参见［美］麦克斯·J.斯基德摩、马歇尔·卡里普：《美国政府简介》，张帆、林琳译，中国经济出版社 1998 年版，第 68—69、282—283 页。

权并非意味着有审查权,如全国人民代表大会常委会享有对宪法和基本法律的解释权,此不可能理解为其享有对宪法和基本法律的审查权;再如依1981年全国人民代表大会常务委员会《关于加强法律解释工作的决议》的规定,最高人民法院在法律具体适用中享有对法律的解释权,目前我国学术界的一致看法是,此不能认定最高人民法院享有对法律的审查权。

同时,法院在案件中对法律的解释并不是要求抛开其应作为审理依据的规范,而要求法院根据案件的事实对相关规范进行选择、甄别,使规范变得明确和精确并将其适用案件事实作出判决,法院法律解释的最终效力以个案为基础,只具个案的效力,本质上区别于立法规范的普遍性。赋予法律解释的最终效力目的在于保障法院判决的稳定性和安定性。

如果认可法院在适用作为依据的法律规范时亦实质上(应)享有"选择适用权",那么认为我国《行政诉讼法》中"依据"与"参照"的关键区别在于后者意味着"选择适用权"的通行观点便无法成立。关键的问题仍是"依据"与"参照"区别何在?

从《行政诉讼法》的立法来看,对规章采取"参照"的方式,其意图确在于将规章与作为依据适用的法律规范的地位加以区分。鉴于目前规章在我国的双重角色,既不可或缺但又存在问题,其质量毁誉参半,尤其它有可能成为直接判断某一具体行政行为的根据时,将其置于与作为依据适用的法律、地方性法规相并列,确实有违公平和公正。《行政诉讼法》以"参照"标识出其特殊性,至为合理。在认可法院在适用作为依据适用的法律规范时享有选择权、判断权,那么"参照"应意味着法院对规章享有更大程度的权力合法性审查,即不仅从形式上判断其是否合法,而且有权就规章的内容进行实质性审查,以判断其是否合法,并借此决定是否予以适用。不过,对规章的合法性审查不同于对具体行政行为的合法性审查。区别是:后者是直接的,前者是间接的;后者的直接后果是法院维持、撤销被诉具体行政行为,前者仅在于法院宣布在本案中此规章不具适用力。

第八节 行政诉讼一审判决研究

判决是法院对案件实体问题终局结论的宣示。行政诉讼一审判决突出展示了行政诉讼的特点,值得特别研究。随着我国行政诉讼制度的完善,行政诉讼一审判决类型及标准也在完善之中。

一、一审判决的种类

一审判决的种类,不仅是技术问题,而且是集中体现了法院在案件结果处理方面的权力和对当事人权利救济的程度。某种意义上说,判决是法院所能使用的重要武器,判决种类决定了武器库的武器类别。

1989 年颁布的《行政诉讼法》仅规定了四种判决形式,即维持判决、撤销判决、履行判决、变更判决。《行政诉讼法》所设定的四类判决形式基本是以行政行为为中心的,忽视了当事人的诉讼请求,从而在司法实践中遇到了一定障碍。判决种类有限,无法适应纷繁复杂的案件要求。随着行政案件的类型不断增多,行政管理方法的不断发展,四种判决方式远远不能满足人民法院审理行政案件的需要。① 适应司法实践的需要,《行诉法执行解释》将当事人的诉讼请求引入判决所考虑的因素,增加了确认判决和驳回诉讼请求判决两类判决形式,一定程度上弥补了《行政诉讼法》规定的缺失。一直以来,六种判决形式构成了当事人可以主张、法院可以使用的裁判方式。

客观而言,这六种判决形式是适应撤销之诉的判决形式,不能适用于其他类型的行政案件,如行政给付案件、行政合同案件,因而不能为当事人提供充分救济。同时,维持判决的存留饱受争议。从行政法治发展角度分析,维持判决与撤销判决的存在及适用条件,首次系统确立了判断行政行为合法与违法的标准,对我国行政法治建设具有积极的引导

---

① 参见江必新:《司法解释对行政法学理论的发展》,《中国法学》2001 年第 4 期。

作用。不过，维持判决是《行政诉讼法》制定时行政权强大的历史产物，是修订前的《行政诉讼法》第一条所规定的维护行政机关行使职权目的在判决上的体现。"从行政诉讼特定价值目标的角度审视，维持判决制度的正当性是缺失的。从制度运作的角度考察，维持判决制度还给行政法与行政诉讼法学理论带来诸多难以解释的难题，而且维持判决与其他类似判决的并存造成制度运行的低效。"① 故，学术界普遍认为应当摒弃维持判决。

判决形式及适用条件的修订，是《行政诉讼法》修订的重点之一。事实上，在行政诉讼短期内无法实行类型化的背景下，行政诉讼一审判决还担负着推动行政诉讼类型化的功能。修订后的《行政诉讼法》除摒弃维持判决和完善已有的撤销判决和变更判决等判决外，不仅肯认了确认判决和驳回诉讼请求判决，而且新增给付判决、确认无效判决、继续履行协议判决等新的判决方式。

二、撤销判决

撤销判决是行政诉讼中重要的判决方式，是对已作出的行政行为的否定。根据《行政诉讼法》的规定，撤销判决指经法院对行政行为的审查，认定被诉行政行为部分或者全部违法，从而部分或全部撤销被诉行政行为，并可以责令被告重新作出具体行政行为的判决。

撤销判决可分为三种具体形式：1. 全部撤销，适用于行政行为全部违法或行政行为部分违法但行政行为不可分；2. 部分撤销，适用于行政行为部分违法，部分合法，且违法与合法可分；3. 判决撤销并责令被告重新作出行政行为，其适用于违法行政行为撤销后尚需被告对行政行为所涉及事项作出处理的情形。

根据修订前的《行政诉讼法》规定，行政行为具备下列情形之一的，法院可以作出撤销判决：主要证据不足的；适用法律、法规错误的；违反法定程序的；超越职权的；滥用职权的。修订后的《行政诉讼法》对

---

① 张旭勇：《行政诉讼维持判决制度之检讨》，《法学》2004 年第 1 期。

撤销判决的适用作出两个重要调整。其一是增加了"明显不当"作为撤销理由，其二是对轻微违法、但对原告权利不产生实际影响的，可以不作出撤销判决。增加明显不当作为撤销判决的理由之一，前文已有分析，在此重点分析后一方面。

违反法定程序的行政行为是否一律撤销，曾被认为是适用撤销判决最大的难题。[①] 根据修订前的《行政诉讼法》规定，违反法定程序的行政行为应当不附加任何条件予以撤销，这也被认为是修订前的《行政诉讼法》的一大贡献，凸显了程序与实体在判断行政行为合法与否方面的同等地位，从而推动了行政程序法制度在我国的发展。不过，针对违反法定程序，是否不分违法的情形一律撤销始终存有不同看法。

修订后的《行政诉讼法》第七十四条规定："行政行为有下列情形之一的，人民法院判决确认违法，但不撤销行政行为：……（二）行政行为程序轻微违法，但对原告权利不产生实际影响的……"，根据此规定，如行政行为只是程序轻微违法且对原告权利不产生实际影响的，法院只是确认行政行为而不撤销行政行为。毫无疑问，这一条款的适用关系到行政程序的地位。

三、履行判决

履行判决指法院经过审理认定被告负有作为的法律职责，但无正当理由却不履行，责令被告限期履行法定职责的判决。修订后的《行政诉讼法》第七十二条规定，法院经过审理，查明被告不履行法定职责的，判决被告在一定期限内履行。通常认为，法院作出履行判决必须同时满足三个条件：一是被告负有履行某项义务的法定职责。这是人民法院作出履行判决的前提。二是被告没有履行该法定职责。三是被告没有履行法定职责无正当理由。履行判决的适用，有两个重要问题值得讨论。

---

① 参见何海波：《行政诉讼法》，法律出版社 2011 年版，第 413 页。

(一) 适用范围

履行判决的适用范围关涉到两个问题：一是与给付判决的关系；二是履行判决是否适用于明示拒绝的行为。对于与给付判决的关系，后文专门分析。在此分析第二个问题。

对履行判决旨在迫使行政机关履行某种当为而未为义务并无异议，但对履行判决是否适用于行政机关明示拒绝的行为始终存有不同看法。有观点认为，行政机关明确拒绝相对人申请的行为，就是行政机关在履行法定职责，而不是不履行法定职责，因而不属于不作为的行政行为，属作为的行政行为，对此行为法院不应适用履行判决而应适用撤销判决，并可以责令行政机关重新作出行政行为。① 此主张值得商榷。该主张所提出的拒绝申请行为属作为行政行为是从形式意义上理解行政不作为的，即很大程度上将法定职责理解作出不管答复内容的答复义务。该主张所倡导的判断作为和不作为的这一形式标准在解释履行判决中法院确定行政机关的作为义务时却遇到了障碍，其只能将法院判决被告履行法定职责确定为作出答复的职责，才能获得标准的一致性，然而如果仅此而已，根本谈不上对当事人的实质救济，履行判决也徒具形式。因而，应从实质性意义界定行政不作为更为妥当，由此即使行政机关已作出拒绝，若该拒绝本质属没有满足当事人的请求且履行仍有意义时也应适用履行判决。②

(二) 法院判决限度

适用履行判决更为复杂的问题是，法院当如何在判决中确定被告应当履行的义务，是原则或笼统地指出被告应当履行某项职责，还是详细或具体地确定被告应如何履行职责，这既关系到司法权与行政权，也关系到对原告的救济是否充分。从避免或过多干预行政权角度分析，法院

---

① 参见林莉红：《行政诉讼法学》，武汉大学出版社 1999 年版，第 86、246 页；罗豪才主编：《中国司法审查制度》，北京大学出版社 1993 年版，第 169、179 页；章剑生：《判决重作具体行政行为》，《法学研究》1996 年第 6 期。
② 参见杨伟东：《履行判决变更判决分析》，《政法论坛》2001 年第 3 期。

少涉及行政机关所应履行职责的具体内容为佳，但这显然不利于保护当事人的权益，并有可能引发了纷争难以解决。遗憾的是，无论是修订前的《行政诉讼法》还是修订后的《行政诉讼法》，均未对法院如何作出履行判决给予明确规定。

值得关注的是，最高人民法院制定的相关司法解释已尝试对法院在履行判决对行政机关应履行职责的限度予以明确。2009年最高人民法院制定的《关于审理行政许可案件若干问题的规定》第十一条规定："人民法院审理不予行政许可决定案件，认为原告请求准予许可的理由成立，且被告没有裁量余地的，可以在判决理由写明，并判决撤销不予许可决定，责令被告重新作出决定。"此规定率先作出尝试，确立了"在行政机关没有裁量余地时作出判断"时，法院可以判决责令被告作出特别内容的决定。① 与此司法解释相比，2010年最高人民法院公布的《关于审理政府信息公开行政案件若干问题的规定》第九条第一款有类似规定，"被告对依法应当公开的政府信息拒绝或者部分拒绝公开的，人民法院应当撤销或者部分撤销被诉不予公开决定，并判决被告在一定期限内公开。尚需被告调查、裁量的，判决其在一定期限内重新答复。"上述两项司法解释的思路一致，在行政机关对应履行的义务没有裁量权的情况下，法院应对行政机关应履行职责的内容作出更清晰的分析和确定。②

四、变更判决

变更判决系由法院直接以自己行为替代被诉行政行为，这是否已造成司法侵越行政而使得它存在的容许性大受怀疑。"在制定行政诉讼法时，是否赋予法院变更行政行为的权力，曾经争议很大。法院和行政机关持完全相反态度，法院从解决争议的角度主张规定变更权，行政机关

① 参见赵大光、杨临萍和王振宇：《最高人民法院〈关于审理行政许可案件若干问题的规定〉之解读》，《法律适用》2010年第4期。
② 参见杨伟东：《行政诉讼一审判决的完善》，《广东社会科学》2013年第2期。

从分工角度反对规定变更权"①。

从行政诉讼运作的实际情况分析,有关变更判决的争议点与其说在其容许性还不如说在其适用范围的大小上。梳理国外的一些做法,适用变更判决的主要有两种情形:一种情形是,法院可以判决变更的事项基本限于行政机关无行政裁量权或判决余地的情形,或者行政机关的裁量因特殊情形收缩至零的情况下。② 例如,德国和我国台湾地区要求变更判决限于金钱或财物的给付或确定之上,如纳税额的规定。我国台湾地区"行政诉讼法"第 197 条规定:"(撤销诉讼的代替判决) 撤销诉讼,其诉讼标的之行政处分涉及金钱或其他代替物之给付或确认者,行政法院得以确定不同金额之给付或以不同的确认代替之。"另一种情形是,适用于侧重保护当事人主观权利的诉讼中。例如,法国行政法院的变更权主要集中在保护当事人主观权利的完全管辖权之诉中,其作用侧重保护受害人的权利。③

修订前的《行政诉讼法》虽然允许变更判决的存在,但对其适用作出严格限制,仅规定对显失公正的行政处罚法院方有权变更。客观来看,审慎地使用变更判决,避免法院过多干预行政权,是设计行政诉讼制度必须加以遵守的基本要求。不过,拘泥于则不利于节约行政成和案结事了。因此,近年来,主张适度扩大变更判决的呼声不断高涨。修订后的《行政诉讼法》第七十七条规定:"行政处罚明显不当,或者其他行政行为涉及对款额的确定、认定确有错误的,人民法院可以判决变更。人民法院判决变更,不得加重原告的义务或者减损原告的权益。但利害关系人同为原告,且诉讼请求相反的除外。"此规定把变更判决扩大到涉及金钱认定事项,对此并无争议。"涉及金钱的羁束行政行为不涉及行政裁量因素,在案件事实明确清楚的情况下,其结果是确定的、唯一的,法院依据法律直接改变原行政行为,避免了发回行政机关重作行政行为可能

---

① 江必新:《完善行政诉讼制度的若干思考》,《中国法学》2013 年第 1 期。
② 陈清秀:《行政诉讼法》,翰芦图书出版有限公司 1999 年版,第 447—448 页。
③ 参见王名扬:《法国行政法》,中国政法大学出版社 1989 年版,第 668—669 页。

出现的波折，减少了程序运作的成本，故此涉及金钱的羁束行政行为，在案件事实清楚的情况下，由法院直接变更原行政机关内容，符合诉讼经济原则。"①

除此之外，学术界近年来主张的一些案件却未纳入变更判决适用范围。这类案件包括所有涉及民事法律关系处理的，例如行政裁决案件；行政合同案件；行政赔偿、行政裁决案件等。②

五、给付判决

修订后的《行政诉讼法》第七十三条规定："人民法院经过审理，查明被告依法负有给付义务的，判决被告履行给付义务。"此规定确立了给付判决，是修订后的《行政诉讼法》新增的判决形式。

从广义上说，给付判决的适用很广，是凡"在认定原告请求权存在的基础上，判令对方履行义务的判决"③ 形式。这里的义务既可以是金钱也可以是物品，既可以是行为也可以是不作为。不过，由于《行政诉讼法》确立了履行判决，就不可避免地涉及两种判决的关系，特别是适用范围。

通常认为，履行判决是课义务的判决形态，它适用于原告诉请法院判决行政机关作出被拒绝或停止作为的行政行为，换言之，即法院判决作出特定行政行为的判决形式，义务指向对象是行政行为。而给付判决，又可称为一般给付之诉，适用于非行政行为的给付，包括索要信息、对生存照顾和基础设施的给付和金钱给付等。④ 以此观照，修订后的《行政诉讼法》第七十三条规定所确立的是一般给付判决，而修订后的《行政诉讼法》第七十二条规定所确立的是课义务判决。最高人民法院《关于

---

① 参见杨伟东：《履行判决变更判决分析》，《政法论坛》2001 年第 3 期。

② 江必新：《完善行政诉讼制度的若干思考》，《中国法学》2013 年第 1 期。

③ 江伟主编：《民事诉讼法》（第 4 版），高等教育出版社 2013 年版，第 354 页。

④ 参见［德］弗里德赫穆·胡芬：《行政诉讼法》，莫光华译，法律出版社 2003 年版，第 282—283、305—307 页。

适用〈中华人民共和国行政诉讼法〉若干问题的解释》第二十三条规定：
"原告申请被告依法履行支付抚恤金、最低生活保障待遇或者社会保险待遇等给付义务的理由成立，被告依法负有给付义务而拒绝或者拖延履行义务且无正当理由的，人民法院可以根据行政诉讼法第七十三条的规定，判决被告在一定期限内履行相应的给付义务。"

伴随着政府职能的转变，对国民的生存照顾越来越成为政府的重要职能，民生和提供公共服务已成为政府重要的职责，相应的争议也会增多。修订后的《行政诉讼法》确立给付判决，对推进我国民生和提供公共服务事业发展有重要意义。

六、确认无效判决

无效行政行为与违法行政行为的区分，行政法学界早有共识。无效行政行为属于明显且重大的违法，自始不发生效力。不过，一直以来，在实践中这一区分并不严格。对无效行政行为，法院通过撤销判决可以达到目的，甚至在司法实践中，还出现了另一种意义的无效，视为行政违法的一般后果。[1]

对于确认无效判决规定，最早出现在《行诉法执行解释》之中。不过，由于规定原则，实践中的适用也不多见。修订后的《行政诉讼法》规定"行政行为有实施主体不具有行政主体资格或者没有依据等重大且明显违法情形，原告申请确认行政行为无效的，人民法院判决确认无效。"此规定尝试突出了确认无效判决的地位。

修订后的《行政诉讼法》把确认无效判决作为独立的判决形式，与其他判决形式并重，同时赋予原告提出确认无效请求的权利。因而，在无效行政行为方面，修订后的《行政诉讼法》的贡献，在于为未来无效行政行为理论的发展及其在司法实践中的适用奠定了基础。不过，确认无效判决地位明显提高，不过其适用范围有待进一步明晰。而修订后的《行政诉讼法》未对提起确认无效的请求的起诉期限作出具体规定，即原

---

① 参见何海波：《行政诉讼法》，法律出版社 2011 年版，第 427 页。

告单独申请确认行政行为无效,是否受起诉期限的限制以及如何限制,将为该判决的适用带来挑战。①

行政诉讼制度历来是我国行政法研究重点,行政诉讼实践也为我国行政法学发展提供了源头活水。围绕《行政诉讼法》的修订,学术界打破既有的理论和制度束缚,重新审视行政诉讼的本质和制度,掀起了新一轮的行政诉讼研究热潮。如今,《行政诉讼法》的修订尘埃落定,相关的制度安排确定。不过,这不意味着讨论的终结,并在某种意义上引发了更多的争议和讨论。概括起来,这些讨论至少包括两方面:一方面是新规定的适用以及对未来行政诉讼和行政法带来的影响。例如,行政协议、对规范性文件的附带审查、给付判决的适用等。另一方面是行政诉讼未来的变革之路。例如,行政诉讼原被告恒定是否应作出改变、如何改变,行政法院体制是否能够解决中国问题,抽象行政行为是否应纳入直接起诉以及如何审理和裁判,行政公益诉讼如何建立,等等。

---

① 参见杨伟东:《行政诉讼制度和理论的新发展——行政诉讼法修正案评析》,《国家检察官学院学报》2015 年第 1 期。对此,最高人民法院《关于适用〈中华人民共和国行政诉讼法〉若干问题的解释》(2015 年 4 月 20 日由最高人民法院审判委员会第 1648 次会议通过,自 2015 年 5 月 1 日起施行)亦未作出明确规定。

|第四十三章|
国家赔偿

杨小君 博士，教授，博士生导师。现任教于国家行政学院，中国行政法学研究会副会长，最高人民法院案例指导工作专家委员会委员。主要著作有：《我国行政诉讼受案范围理论研究》《行政诉讼问题研究与制度改革》《政府信息公开实证问题研究》《我国行政处罚制度研究》。在《中国法学》《法学研究》等重要期刊发表《内外行政法律关系的理论与实践》《正确认识我国行政诉讼受案范围的基本模式》《国家赔偿的归责原则与归责标准》等论文多篇。

第一节　国家赔偿概述

一、国家赔偿的概念

因为各国的国家赔偿制度不尽相同，所以，很难用一个统一的国家赔偿概念来包括所有不同的国家赔偿责任制度。① 但从基本的理论意义上看，所谓国家赔偿，是指因行使国家职能或公共职能给他人造成损害（损失）而承担的赔偿责任。这个基本概念有三层意思：一是国家赔偿责任是国家承担的赔偿责任，国家是赔偿责任的主体；二是造成损害和引起国家赔偿责任的行为是国家或公共团体的公务行为，是受公法调整的行为和责任；三是国家承担的责任是赔偿责任，是对他人损害或损失的弥补性赔偿责任，而不是其他责任形式。

根据《中华人民共和国国家赔偿法》（以下简称《国家赔偿法》）规定的国家赔偿制度，我国的国家赔偿责任是：国家机关及其工作人员在行使职权、履行职能过程中，因违法给公民、法人或其他组织合法权益造成损害，而由国家承担的赔偿责任。据此，这一概念有以下内涵。所谓赔偿责任，是对已经造成的损失的赔偿，须以受害人合法权益的受损为前提，即一种对"损害"的赔偿责任，而且是一种弥补性质或救济性质的责任，本质上，是对受害人所受损害或损失的弥补，是对已有损害的赔偿。此外，是赔偿责任形式而不是其他责任形式。按照《国家赔偿法》的国家，这种赔偿责任形式包括有返还财产、恢复原状、支付赔

---

① 如有的国家的国家赔偿责任包含有赔偿责任和补偿责任，有的则只有所谓的赔偿责任；有的国家实行违法归责原则，有的则是过错原则，或违法加过错原则；有的国家的国家赔偿责任是指国家机关的赔偿责任，有的国家则包含有国家机关、地方自治团体和公法法人等；有的只对国家机关或公共团体的职务行为规定国家赔偿责任，有的还包括公有公共设施致人损害的赔偿责任等。

偿金以及消除影响、恢复名誉、赔礼道歉，其中主要是支付赔偿金的赔偿形式。

国家赔偿责任是国家责任引起国家赔偿责任的行为，都是由国家机关工作人员具体实施的，但是由此而产生的赔偿责任则不是由该工作人员个人来承担，而是由国家来承担的。国家赔偿责任的主体是国家，不是个人，也不是机关。[①] 这是国家赔偿责任区别于民事赔偿责任的一个重要特征，正是在这个特征基础上，才会有国家赔偿费用由同级财政支付的制度规定。

国家赔偿责任是因国家机关的职务行为而引起的赔偿责任，国家赔偿责任，须是国家机关及其工作人员在执行职务、履行职能过程中的行为所引起的。也就是说，给他人造成损害和引起国家赔偿责任的行为，是一种"公务"行为，而不是个人行为。[②] 这种"公务"行为包括两种情况：一是执行职务、行使职权决定的行为，如拘留决定行为；二是在执行职务、行使职权过程中发生的与其有关的事实行为，如拘留决定执行过程中的殴打行为等。正是由于造成损害行为的职务性，才有了承担责任主体的国家性，也才使得国家赔偿责任制度从一般的民事赔偿责任制度中分离出来，构成了现代国家民主法制建设标志之一的国家赔偿责任制度。

国家赔偿责任是因职务行为违法而归责于国家的责任职务行为造成他人权益或利益损失的，不一定都会有国家赔偿责任，在合法行使职权或职能过程中给他人权益造成损失而不赔偿的情况，如行政机关作出罚没公民非法收入决定（损失其财产权益），或法院合法判决公民徒刑（剥夺公民人身自由权）等，都不会有国家赔偿责任的产生。也就是说，国

---

① 我们认为，作为赔偿被请求人的特定国家机关，只是在承担责任的具体形式与程序中代表国家承担赔偿责任，而不是真正意义上的责任主体。关于这一点，在本章第三节中会有更具体的论述。

② 根据《国家赔偿法》第五条的明确规定，对于个人行为造成的损害，国家不承担赔偿责任。

家赔偿责任的产生，是有一定的可归责于国家的法定理由，即所谓的国家赔偿的归责原则。各个国家的法律对于国家赔偿责任的归责原则的规定，不完全相同。有的国家是过错原则，有的是违法原则，还有的是违法与过错原则。此外还有无过错原则和风险责任原则作为补充。按照《国家赔偿法》的规定，我国的国家赔偿归责原则，基本上是违法归责原则。因此，只有在国家机关及其工作人员的行使职权或履行职能过程中的行为违法给他人权益造成损害的，才会产生国家赔偿责任。

二、国家赔偿责任的历史

国家赔偿责任制度，并不像民事赔偿责任制度那样有悠久的历史。在人类历史长河中，更长的历史阶段是没有国家赔偿制度而只有民事赔偿制度的。因为，国家赔偿制度不仅仅是对受害人的损害赔偿问题，关键是赔偿责任的主体是国家。让国家这个主权者也像公民一样受法律规范和约束，也要因自己的行为而承担损害赔偿责任，是需要民主政治作为基础的。也就是说，只有在现代法治国家才会有法律上的国家赔偿责任制度。

迄今为止，并不是每一个国家都建立了国家赔偿责任制度。建立了国家赔偿责任制度的国家，不仅建立这一制度的时间不同，而且制度发展的程度也很不一样。可以说，国家赔偿责任制度在世界范围内的发展是不平衡的。理论上一般认为，国家赔偿制度的产生和发展经历了否定阶段、相对肯定阶段和肯定阶段三个历史阶段。

否定阶段在 19 世纪 70 年代以前，国家赔偿制度还没有出现，完全否认国家机关职务行为给个人造成损害的国家赔偿责任。[①] 这个阶段，认为国家与人民的关系是统治与被统治的关系，国家是统治者，国家主权是

---

① 历史阶段的划分是很难确切统一的，也有人是以第一次世界大战为标志来划分国家赔偿制度的产生的。其实，从英美法系来看，国家赔偿制度中的许多规则，都是渊源于更为古老的判例，而这些判例有些则是从中世纪以来就存在的。只不过，资本主义制度尚未产生，明确的国家赔偿责任制度也没有出现罢了。

绝对的和至高无上的，是不受法律约束的，人民是被统治者，统治者与被统治者之间只有服从与被服从的关系，而不可能有平等的损害赔偿的责任关系。而且，国家的活动都是通过其官员的行为进行的，国家不可能有任何过失，即所谓的"国王不能为非"的理论。赔偿责任是建立在过错基础之上的，既然国家不可能有过错，国家承担赔偿责任也就失去了合理的基础。官员与国家的关系，是"处理事务的授权关系"，由于国家不可能有过错，授权法当然也就不可能授权官员违法，所以官员行为的侵权，都是官员违反授权的自己的行为，应由自己承担，国家不承担官员侵权的责任。①

相对肯定阶段是从 19 世纪 70 年代至第一次世界大战以前，被认为是对国家赔偿责任相对肯定的阶段。在这个阶段，大陆法系国家开始把国家作用分为统治权力作用和非统治权力作用，国家在行使统治权力的时候，如征兵、课税等，是不承担损害赔偿责任的；但是承认国家在非统治权力作用时，与私人地位相同，如有损害，则承担相应的损害赔偿责任。实际上，就是开始在国家行为的部分领域建立国家赔偿责任制度。其中最著名的法国勃朗戈案件的判例，就承认了国家赔偿责任。② 以后，德国、日本等国也通过判例相继承认了国家对其非统治权力作用的损害赔偿责任。

---

① 参见 ［英］威廉·韦德：《行政法》，中国大百科全书出版社 1997 年版，第 443 页："18 世纪围绕着约翰·威克尔的一些著名案件，不承认大臣有权发出搜捕令，这些案件采取的形式是对侵权行为个人提起损害赔偿诉讼。他们被告犯有侵占罪，就像与公共组织无关的个人一样。"

② 1873 年 2 月 8 日的法国 Blanca 案件：法国 Gronde 省的国营烟草公司的雇员翻斗车作业时，不慎将 Blanca 的女儿撞伤，Blanca 先生根据法国民法典向普通法院提出诉讼，要求该省省长（代表国家）承担民事赔偿责任。权限争议法院裁决"因国家在公务中雇用的人员对私人造成损害的事实而加在国家身上的责任，不应受在民事法典中为调整私人与私人之间关系而确立的原则所支配，这种责任既不是通常的责任，也不是绝对的责任，这种责任有其固有的特殊规则，依公务的需要和调整国家权力与私权利的必要而变化。"

肯定阶段是第一次世界大战以后至今，是所谓的肯定国家赔偿责任制度阶段。在这个阶段，国家赔偿责任作为一种法律责任制度，已经得到全面的认可和规定，无论是国家的权力作用还是非权力作用领域，国家的行为给他人造成损害的，原则上都应当承担赔偿责任。各个国家的法律普遍承认国家赔偿责任，国家赔偿法的制定成为一个普遍的事实和潮流。1919 年德国的《魏玛宪法》第 131 条就规定："官吏就其所受委任之职务行使公权力，而违反对第三人之职务上义务时，原则上由该官吏所属的国家或公共团体负责其责任。"

第二次世界大战结束后，在世界范围内又兴起了制定专门的国家赔偿法的热潮。如 1946 年的美国《联邦侵权赔偿法》，1947 年英国的《王权诉讼法》，1947 年日本的《国家赔偿法》，1948 年奥地利的《国家赔偿法》，1967 年韩国的《国家赔偿法》，1981 年德国的《国家赔偿法》，等等。此外，专门的刑事赔偿法律也日益普遍，如 1950 年日本的《刑事补偿法》，1969 年奥地利的《刑事赔偿法》，1971 年联邦德国的《刑事追诉措施赔偿法》，等等。

我国国家赔偿制度产生的概况。1954 年《宪法》第九十七条规定有："……由于国家工作人员侵犯公民权利而受到损失的人，有取得赔偿的权利。"这是第一次在法律上也是第一次在《宪法》上明确规定国家赔偿的内容。但是，这个规定就好像只是宣言似的，也仅限于宪法规定，国家赔偿既没有具体的法律制度，也没有相应的国家赔偿实践。以后是 1982 年《宪法》第四十一条第三款基本同样的规定："由于国家机关和国家机关工作人员侵犯公民权利而受到损失的人，有依照法律规定取得赔偿的权利。"接着，1986 年 4 月公布的《中华人民共和国民法通则》（以下简称《民法通则》）在第一百二十一条中国家机关和国家机关工作人员侵权的民事赔偿责任，即："国家机关或者国家机关工作人员在执行职务，侵犯公民、法人合法权益造成损害的，应当承担民事责任。"把国家赔偿责任完全以民事赔偿责任的性质和形式规定出来。① 1989 年制定的《行

---

① 这似乎与世界各国国家赔偿制度的发展历史走的同一条道路，先以民事赔偿形式规定，以后再独立规定为国家赔偿责任形式。

政诉讼法》用了专门的第九章来规定"侵权赔偿责任"，实际上对行政赔偿责任的程序和实体内容的承认。在此基础上，1994年5月12日颁布了《国家赔偿法》，规定了以行政赔偿和司法赔偿为内容的国家赔偿制度，正式全面建立起我国的国家赔偿制度。

三、国家赔偿的基础理论

国家为什么要对个人承担损害赔偿责任？国家赔偿责任的理论基础是什么？这是建立国家赔偿责任制度的根本性问题，也是设计何种国家赔偿责任制度的基本依据问题。关于国家承担损害赔偿责任的基础理论，主要有：

（一）人民主权说

人民主权说，是18世纪杰出的思想家卢梭提出的。这个学说是对国家不承担侵权赔偿责任的国家主权说的否定。卢梭认为，主权属于人民而不属于任何私人，国家统治者不是人民的主人，而是人民的官吏，政府就是在臣民与主权者之间建立的一个中间体，以便使两者得以相互适应。政府负责执行法律并维护社会的以及政治的自由。所以，虽然主权是绝对的，不受法律限制的，但是主权归属于人民，国家、政府以及官吏不是主权的持有者，相反，国家、政府、官吏等必须执行和遵守主权者人民制定的法律并承担相应的法律责任。人民主权说，在理论上为建立国家赔偿责任制度奠定了基础，但是根据这一学说，立法赔偿也是不可能的，因为议会是主权者的代表，是绝对的和不受法律约束的。

（二）国库理论说

国库理论说认为，国家是国库财产的管理人。作为国库财产的管理人，与私人作为财产所有人一样，都是私法上的主体，国家与私人在法律上的地位相同，受法律的调整和约束。作为私法上的特别法人，在其行为侵犯私人权益时，也要承担损害赔偿责任。因此，国家损害他人权益时，也要以其国库财产来承担损害赔偿责任，不能豁免其赔偿责任。

人权保障说认为，国家的基本目标和主要任务之一，就是保护人权。当公民权益受到他人侵害时，国家有责任使其得到赔偿，并对侵权人进行惩罚。当国家自己的行为侵犯到公民的权益时，国家基于人权保障的根本，也同样应当承担相应的损害赔偿责任。

公平负担说认为，政府的活动是为了公共利益，而不是为了政府自己的利益，应当由社会全体成员来分担费用。行政活动给他人权益造成损害，实际上是给受害人增加了额外的财产负担，而这种负担根据公平原则，不应当由受害人个人承担，而应当由全社会公平负担。所谓全社会公平负担，就是由政府以全体纳税人缴纳的税金来承担。所以，国家承担损害赔偿责任，实际上是实现全社会公平负担的过程。此外，既然国家赔偿的基础在于全社会的公平负担，那么，这种理论也就认为，只有在个人权益受到不同于全社会成员的特别损害时，才能要求国家赔偿，即所谓"特别牺牲理论"。

（三）危险责任说

危险责任说认为，20 世纪以来，国家职能扩大，政府的任务和活动日益增加，对经济与社会生活经常进行主动和积极的干预和调节。在这种日益增加的公务活动中，人民的自由与权益，难免因公务员的违法、过错或公共设施的设立与管理缺陷等，而受到损害。这种损害无疑是国家从事增进公务活动的同时带来的一种危险，因此，国家必须对自身行为带来的这种危险，承担责任。而且，这种危险责任的负担，与公务员的个人有无过错和应否负责，没有必然的联系。这种学说，是对国家职能增加和公务活动频繁的一种反映，主张国家赔偿责任是一种无过错责任。

社会保险说认为，国家的收入源于税收，国家就像全社会的保险人一样，社会成员向其缴纳税款，等于是向保险人投保。因此，当社会成员权益受到国家行为侵害时，该社会成员就遭受到了损害，国家作为保险人就应当用国库的财产来填补个人受到的损害。这种学说，把国家赔偿责任视为全社会互助保险的形式，突出了个人受到损害的这一保险索赔事由，而无须以公务员执行职务时是否有过错和违法为条件，强调了无过错责任和填补损失的补偿责任性质。

我们认为，以上关于国家赔偿的基础理论学说，是各个不同时代和国家提出的，与所处的时代和国家的法律文化以及所面临的问题有关。应当说，不同程度地存在着局限与不足，但它们也都有其合理性和迄今为止的可借鉴作用。我国的国家赔偿责任制度的理论基础应当是：其一，国家与人民的关系是受法律规范调整和制约的关系，因此，国家机关与公民、法人、其他组织，都是法律上的平等主体，同样受到法律的调整，形成法律上的权利义务关系。因此，国家机关行为损害个人权益时，必须承担法律责任，没有豁免法律责任的特权，个人权益受到损害时，同样要受到足够的保护，填补其权益的损失。其二，公平负担的原理。国家机关行使职权是为了公共利益，但是因此而使个人负担损失是不公平的，而应当由全社会来共同负担，即由国家财产来赔偿个人的损失。如果个人为了公共利益遭受了特别的牺牲或损失，国家应当补偿这种特别损失。其三，有错必纠与依法行使职权的观念。国家机关是代表国家在履行职责、行使职权，违法的或过错的执法行为等，都是国家法律不允许的。当国家机关执法行为违法或有过错时，就应当给予纠正，包括承担相应赔偿责任内容的纠正。这样，也有利于督促国家机关工作人员依法行使职权，忠实履行职责。

四、国家赔偿法

国家赔偿法，是指关于国家赔偿责任的法律规范的总称，包括所谓的损害赔偿和损失补偿方面的法律规范总和。但在理论上有所谓狭义、广义和最广义国家赔偿法之分。所谓狭义的国家赔偿法，是指专门的国家赔偿法法典，如《国家赔偿法》。所谓广义的国家赔偿法，则是指有关国家侵权损害赔偿责任的法律规范的总称，其中不包括国家补偿责任的法律规范内容。而最广义的国家赔偿法，是指包括侵权损害赔偿责任和损失补偿责任在内的国家赔偿法律规范的总称。① 我们认为，所谓最广义的国家赔偿法概念，是一个比较全面和准确的国家赔偿法概念，损害赔偿和损失补偿责任，都是国家机关职务行为给他人造成损害时应当承担的法律责任，且均具有填补损害或损失的性质、作用。从国家赔偿制度的发展来看，赔偿与补偿的区别也只是条件和适用对象的区别，而在填补受害人损失这个本质上，是一致的。

我国《国家赔偿法》的渊源主要有：宪法是国家的根本大法，也是《国家赔偿法》的立法根据，宪法中有关国家赔偿责任的规定，构成我国国家赔偿法的渊源。如《宪法》第四十一条："由于国家机关和国家工作人员侵犯公民权利而受到损失的人，有依照法律规定取得赔偿的权利"的规定，就是国家赔偿法的基本依据和渊源。

（一）《国家赔偿法》

《国家赔偿法》是国家赔偿法的最主要的渊源，有关国家赔偿的主要归责原则、赔偿范围、赔偿主体、赔偿标准、赔偿程序、赔偿法律适用及赔偿费用等的内容均在《国家赔偿法》中有比较全面和明确的规定，是目前确定国家赔偿责任的主要依据。《民法通则》中有关国家赔偿的内容，是该法第一百二十一条的规定。该条文规定了国家机关和国家机关工作人员职务行为侵权损害的民事赔偿责任。《民法通则》的这一规定，是否还有适用的范围？这个问题的回答直接关系着《民法通则》是否还是国家赔偿法的渊源。

从世界范围来看，许多国家的国家赔偿制度，都是从民法的赔偿制度中分离出来的，国家赔偿制度与民事赔偿制度有着天然的不可分割的联系。所以，在许多国家，国家赔偿法典与民事赔偿法之间就是一种相容关系，即在国家赔偿法典以外，还可以适用民法规定来调整国家赔偿责任事项，更不用说，在判例起着主要作用和普通法系国家，民事法律

---

① 参见江必新：《国家赔偿法原理》，中国人民公安大学出版社1994年版，第27页；
皮纯协、何寿生编著：《比较国家赔偿法》，中国法制出版社1998年版，第43页。

的规定和判例，本身同时也构成国家赔偿的法律渊源。在我国法学理论上，也把《民法通则》作为国家赔偿法的渊源。① 我们认为，《民法通则》与国家赔偿法渊源的关系，要从两个意义上来分析：其一，从现行《国家赔偿法》规定来看，并不承认《民法通则》是国家赔偿法的渊源。《民法通则》第一百二十一条的内容，与《国家赔偿法》所规定的内容是重合的、相同的，而这些相同内容的规定又是在《国家赔偿法》以前规定的。随着《国家赔偿法》的制定，《民法通则》的这条规定就失去了适用的范围或对象；而且，《国家赔偿法》第二条第一款规定："国家机关和国家机关工作人员行使职权，有本法规定的侵犯公民、法人和其他组织合法权益的情形造成损害的，受害人有依照本法取得国家赔偿的权利。"明确"依照本法"即《国家赔偿法》取得国家赔偿的权利。在《国家赔偿法》中还规定："外国人、外国企业和组织在中华人民共和国领域内要求中华人民共和国国家赔偿的，适用本法。"在整个《国家赔偿法》条文中和最高法院的司法解释中，都没有《民法通则》的适用或补充适用的余地。这说明，在现行法律上，国家赔偿就只是适用《国家赔偿法》和其他相关的法律法规，而不适用《民法通则》的规定。其二，在事实上，民法规范也在适用于国家赔偿法律适用中，如对于直接与间接财产损失的计算和赔偿，就是根据民法规范来计算和适用的；在理论上，《民法通则》不可避免地要成为《国家赔偿法》的渊源。尽管立法和司法解释不承认《民法通则》与《国家赔偿法》的相容适用关系，但是，《国家赔偿法》毕竟是赔偿责任的特别法，与民法的渊源关系是人为分割不开的。尤其是在发展和完善国家赔偿法制度过程中，民事法律的稳定和全面的制度、规定，是国家赔偿制度必须作为依据的补充内容。其三，把国家损失补偿责任也作为国家赔偿责任的当然内容的话，民事法律规范是国家赔偿法的渊源，也就成为制度上的现实。因为，有关合法行为的损失补偿责任，历来都是受到民事法律规范的调整和制约的。

---

① 参见皮纯协、何寿生编著：《比较国家赔偿法》，中国法制出版社1998年版，第62页；陈春龙：《中国司法赔偿》，法律出版社2002年版，第27页。

《行政诉讼法》也是《国家赔偿法》的渊源，至少主要是国家赔偿诉讼方面的法律渊源。《行政诉讼法》关于国家赔偿的规定限于行政赔偿方面，而不包括司法赔偿的内容，但不仅仅是诉讼程序的内容，也有行政赔偿实体方面的内容。《行政诉讼法》关于行政赔偿的三个条文的规定，涉及行政赔偿请求权、被请求主体、追偿权制度和赔偿费用等的基本规定，都是《国家赔偿法》的渊源。

有关的《国家赔偿法》内容，在一些单行法中也有规定。如《中华人民共和国治安管理处罚法》第一百一十七条规定："公安机关及其人民警察违法行使职权，侵犯公民、法人和其他组织合法权益的，应当赔礼道歉；造成损害的，应当依法承担赔偿责任。"就是治安行政处罚国家赔偿的法律依据之一。《中华人民共和国海关法》第九十四条也规定："海关在查验进出境货物、物品时，损坏被查验的货物、物品的，应当赔偿实际损失。"① 在《国家赔偿法》中没有明确规定《国家赔偿法》与其他单行法的适用关系，但是理论上我们认为，只要与《国家赔偿法》的规定没有抵触，且是有关国家赔偿方面的内容，就应当适用特别的单行法律的规定。另外，有关国家补偿责任方面的单行法律规定，如《土地管理法》《邮政法》《铁路法》等对于各自领域的赔偿和补偿制度，都有原则的规定，也同样构成国家赔偿法的渊源。

（二）有关的行政法规

国务院制定的涉及国家赔偿制度方面内容的行政法规，是依据法律的授权制定的，有法律适用效力和作为法院审理国家赔偿案件的依据，也是《国家赔偿法》的渊源之一。如根据《国家赔偿法》的授权，国务院于 2011 年 1 月 17 日公布《国家赔偿费用管理条例》，具体规定了国家赔偿费用的支付程序和制度，目前，是国家赔偿法关于赔偿费用方面的主要渊源。

---

① 《海关法》在此关于赔偿标准的规定是"实际损失"而不是《国家赔偿法》中规定的直接损失。应当说，这一规定与《国家赔偿法》的规定是不同的，而且更合理和公平。在海关国家赔偿方面，应当适用该特别法的规定。

第二节　国家赔偿范围

一、国家赔偿范围

关于我国的国家赔偿范围，主要涉及三个方面的内容：一是范围的规定模式，二是肯定的国家赔偿范围，三是排除国家赔偿范围的事项。

（一）国家赔偿范围的规定模式

关于我国国家赔偿范围的规定模式，我们依据《国家赔偿法》的规定来讨按照《国家赔偿法》的规定，我国现行的国家赔偿范围是列举式（或叫列举主义），即哪些事项和行为属于国家赔偿范围，哪些事项和行为不属于国家赔偿范围，要法律逐项列举规定明确。凡是法律没有明确列举规定出来的事项和行为，就不属于国家赔偿范围内的事项和行为。当然，法律已经明确排除的事项和行为，也不属于国家赔偿范围内的事项和行为。尽管《国家赔偿法》第二条第一款规定："国家机关和国家机关工作人员行使职权，有本法规定的侵犯公民、法人或者其他组织合法权益的情形，造成损害的，受害人有依照本法取得国家赔偿的权利。"但是，此处所谓"依照本法"是有特定含义的，就是按照《国家赔偿法》有关赔偿范围的列举规定来适用和赔偿，如果不在列举的赔偿范围之内，就不是"依照本法"了。具体说就是，国家赔偿范围，完全是按照《国家赔偿法》第二章第一节（行政）"赔偿范围"和第三章第一节（刑事）"赔偿范围"，以及第三十一条"其他"（赔偿范围）的规定来确定的，凡是这些章节和条文中没有明确的划定的赔偿事项和行为，都不是国家赔偿的范围。

（二）国家赔偿范围

根据《国家赔偿法》的规定，我国国家赔偿范围内的事项和行为有以下内容：行政赔偿范围、刑事赔偿范围、其他司法赔偿范围。这些国家赔偿范围内的行为，其特点是：其一，须是具体行为而不是抽象行为，也就是对象特定的行为；其二，须是执行职务过程中的行为，与国家机关履行职责、行使职权有关的公务行为，而不是个人行为。当然，这种执行职务过程中的行为，包括职务或职权行为本身和与职务或职权有关的事实行为等。当然，所有的执行职务过程中的具体行为，都是国家赔偿范围内的行为，还要符合该行为侵犯的权益对象范围，只有属于《国家赔偿法》条文列举范围内的权益，才是国家赔偿范围内的事项。具体来说，这些国家赔偿范围内的行为和权益对象是：

1. 行政赔偿范围

（1）违法拘留或者违法采取限制公民人身自由的行政强制措施的。包括对公民人身采取的所谓预防性强制措施和执行性强制措施，也包括以限制人身自由为内容的行政处罚或教育性措施等；

（2）非法拘禁或者以其他方法非法剥夺公民人身自由的；

（3）以殴打、虐待等行为或者唆使、放纵他人以殴打、虐待等行为造成公民身体伤害或者死亡的；

（4）违法使用武器、警械造成公民身体伤害或者死亡的；

（5）造成公民身体伤害或者死亡的其他违法行为；

（6）违法实施罚款、吊销许可证和执照、责令停产停业、没收财物等行政处罚的；

（7）违法对财产采取查封、扣押、冻结等行政强制措施的；

（8）违法征收、征用财产的；

（9）造成财产损害的其他违法行为。

以上范围在人身权方面，只是涉及公民人身自由、身体健康和生命权利的内容，而不包括公民所有人身权被侵犯的情形。在财产权方面，国家赔偿范围比人身权方面的范围更为广泛些，因为，财产损害有"兜底"的规定（造成财产损害的其他违法行为），它至少包含了财产权益的全部，是一个周延的财产权对象。

2. 刑事赔偿范围

关于刑事赔偿范围，有这样几点值得注意：其一，须是行使侦察、检察、审判、监狱管理职权机关及其工作人员的职务行为，如果不是这些职权机关，而是其他国家机关采取的行为（即便是涉刑事的行为），也不属于刑事赔偿范围内的行为。行为的主体范围是有限的，首先要符合主体形式标准。其二，刑事事项内的行为也不是所有行为都是国家赔偿的范围，而是法律列举规定出的几种特定的刑事方面的行为，才属于赔偿范围内的行为。其三，刑事赔偿范围内的权益，也只是包括公民的一部分人身权利和公民、法人一部分的财产权利。具体内容有：

（1）违反刑事诉讼法的规定对公民采用拘留措施的，或者依照《刑事诉讼法》规定的条件和程序对公民采取拘留措施，但是拘留时间超过《刑事诉讼法》规定的时限，其后决定撤销案件、不起诉或者判决宣告无罪终止追究刑事责任的。

（2）对公民采取逮捕措施后，决定撤销案件、不起诉或者判决宣告无罪终止追究刑事责任的。

（3）依照审判监督程序再审改判无罪，原判刑罚已经执行的。这种情况下的刑事赔偿，需要同时具备两个条件：一是刑罚已经执行了。无论是正在执行过程中，还是已经执行完毕，都必须有刑罚已经被执行或付诸实施的事实。否则，就不构成对该公民权益的实际侵害。二是改判无罪。所谓无罪，就是指没有构成犯罪，或者是没有犯罪的处理结果，总之，没有在法律上判定为犯罪。无论是没有犯罪事实，还是证据不足以认定犯罪，或是所谓的存疑案件等，都是在法律上的无罪。但是，重罪改判轻罪、数罪改判一罪等，从立法本意上来说，都不是无罪，不属于刑事赔偿的范围。①

（4）刑讯逼供或者以殴打、虐待等行为或者唆使、放纵他人以殴打、虐待等行为造成公民身体伤害或者死亡的。

---

① 对此，学界和实务界都是有不同看法的。我们认为，重罪改判轻罪或数罪改判一罪等，如果原判刑罚的执行超出了改判后的刑罚，对于所超出部分的刑罚，仍然应当承担相应的刑事赔偿责任。但遗憾的是，《国家赔偿法》规定的原意不是这样的，这正是《国家赔偿法》的不足之处。

（5）违法使用武器、警械造成公民身体伤害或者死亡的。

（6）违法对财产采取查封、扣押、冻结、追缴等措施的。司法机关对财产采取强制措施，其对象可以是公民，也可以是法人，按照刑法的规定，也有所谓的法人犯罪，可以对法人财产采取强制措施。这些措施，可以是预防性强制措施，也可以是执行性的强制措施，只要符合对财产、财物、物品进行强制的特点就足矣。值得注意的是：作为刑事赔偿范围的对财产采取的强制措施，法律的要求是"违法"，而没有与公民、法人是否犯罪必然联系起来。因此，公民、法人是否构成犯罪，是否作出了有罪判决，虽然在刑事法上经常与是否采取强制措施有关，但是在国家赔偿法律制度上，则没有必然的联系。从国家赔偿制度上讲，只要求司法机关采取这些措施是不符合法律条件的，构成违法采取措施，就足以成为刑事赔偿范围内的事项。换句话说，对财产的强制措施，在国家赔偿范围上，有独立的意义，而不必然依附于公民、法人是否构成犯罪的事实。

（7）依照审判监督程序再审改判无罪，原判罚金、没收财产已经执行的。

3. 其他司法赔偿范围

其他司法赔偿，也称为非刑事司法赔偿，是指除刑事赔偿以外（刑事赔偿也是一种司法赔偿）而由《国家赔偿法》所列举肯定的那部分司法赔偿。① 其他司法赔偿的范围，按照《国家赔偿法》的规定，是指"人民法院在民事诉讼、行政诉讼过程中，违法采取对妨害诉讼的强制措施、保全措施或者对判决、裁定及其他生效法律文书执行错误，造成损害的"情形。因此，它的范围也不是全部的非刑事司法事项，而只是非刑事司法的部分（很少的部分）事项，即：

---

① 也被称为非刑事司法赔偿，如最高人民法院 2000 年 1 月 11 日作出的《关于刑事赔偿和非刑事司法赔偿案件立案工作的暂行规定（试行）》和《关于刑事赔偿和非刑事司法赔偿案件案由的暂行规定（试行）》中就使用了"非刑事司法赔偿"的概念。

（1）法院在民事诉讼或行政诉讼中违法采取的妨害诉讼的强制措施。如拘传、罚款、拘留等妨害诉讼的强制措施，是法院在诉讼中可以采取的措施，但是，这些措施如果是违法采取的，并造成损害当事人权益的，就会成为司法赔偿范围的事项。

（2）法院在民事诉讼或行政诉讼中违法采取的诉讼保全措施。诉讼保全措施，也是一种强制措施，违法使用损害当事人权益的，也会成为司法赔偿的事项。如法律规定的查封、扣押、冻结和其他保全方法等。

但是这里有个问题值得注意：在我国司法解释和实践中，诉讼保全一般都是由当事人申请的，且有申请当事人的担保。如果法院据此采取的保全措施违法或不正确，损害了被保全人的权益，首先是由申请保全措施的当事人以其担保财产来承担法律责任的。在这种情况下，一般不可能由法院来承担损害赔偿责任。既然如此，那么，《国家赔偿法》的这个规定又有什么适用余地呢？我们认为，还是有适用余地的：一是法院的违法采取保全措施，与保全措施申请人的申请之间，没有必然的联系，完全可能是申请合法而法院自己采取措施违法。如保全范围错误，保全财产保管不善等。二是保全措施申请人的民事赔偿责任与法院的司法赔偿责任之间，出现有责任竞合情形时，可以适用司法赔偿责任来充分保护受害人的权益，而不必等待遥遥无期的民事责任。如申请保全的担保财产不足以赔偿受害人损失时，就应当首先用司法赔偿程序解决受害人的损害赔偿问题。

（3）法院在民事诉讼或行政诉讼中执行错误给他人造成损害的。执行错误，包括执行违法和执行不正确两种情形。如执行对象错误，执行依据错误，执行标的（范围）错误，执行方法错误，等等。

（三）国家赔偿范围的排除事项

以上就是我国国家赔偿的范围，是《国家赔偿法》明确肯定的范围。按照列举模式的特点，应当说，除此肯定范围以外，其他都不属于国家赔偿的范围。但是，《国家赔偿法》还用否定列举方式规定了一些不属于赔偿范围的事项和行为，意在明确这些需要明确的事项和行为，起到强调和划清界限的作用。需要说明的是，这些否定列举规定，不等于是全

部的排除范围，不是说，只要不是该否定列举事项和行为，就统统属于
国家赔偿范围内的事项和行为。

《国家赔偿法》排除的事项和行为有：

（1）国家机关工作人员与行使职权无关的个人行为。国家机关工作
人员，同时又是公民之身，他的行为如果是公民个人的行为，则不发生
国家损害赔偿责任。所谓个人行为，我们认为，就是与职权无关的行为，
与履行职责无关的行为，与公务无关的行为。

（2）因公民、法人和其他组织自己的行为致使损害发生的。因自己
行为致使损害发生，是从因果关系方面来界定的，就是说，如果受害人
的行为与损害后果之间有因果关系，也就排除了国家赔偿责任。包括受
害人自己的行为成为损害结果的唯一原因，也包括受害人自己行为成为
损害结果若干原因之一的情形。①

（3）因公民自己故意作虚伪供述，或者伪造其他有罪证据被羁押或
者被判处刑罚的。这是排除刑事赔偿的事由。虚伪供述、伪造有罪证据，
都是指受害人自己的故意所为，由于有这种故意的所作所为，才引起了
司法机关的错误羁押或错误判刑，是"咎由自取"，免除司法赔偿责任。
这一规定，是基于受害人有误导司法机关、干扰司法机关的严重过错
（故意）而作出的，并不是因果关系的事由。根据这一规定，只要受害人
有此过错，就能够排除司法赔偿责任，而不问这种过错在错误羁押或错
误判刑中所处的地位和所起的作用怎样。② 当然，必须是公民的故意行
为，不包括公民为辩解或开脱自己而作出的不真实陈述，经管这些不真

---

① 在后一种情形下也要完全排除国家赔偿责任，我们认为是不合适的。因为，作为
原因之一的受害人自己行为，与作为原因之一的国家机关的职权行为，都与损害
后果之间具有因果关系，以一方的因果关系，而完全排除另一方的因果关系和责
任，是不实事求是和不公正的。但是《国家赔偿法》的本意确实是如此，把受害
人行为与损害后果的因果关系作为排除国家赔偿范围的事由来规定，无疑是要排
除此种情况下的国家赔偿责任。

② 毫无疑问，我们认为这种制度也是不合理的，因为，它是用一方的过错来掩盖了
另一方的过错和责任。

实陈述可能同样会误导和干扰司法机关对案件所作的判断。

值得研究的问题是，在一般正常情况下，公民是不会故意作出对自己不利的陈述和证据的，更不用说故意作出自己有罪的陈述和故意伪造自己有罪的证据，硬要把自己无罪之身送进监狱。但是《国家赔偿法》的这一条的规定，就是建立在这种一般正常情况下都不会出现的基础上，这是合理的吗？其实，在实践中，这种情况往往都与司法人员的违法诱供、刑讯逼供等有关，也就是说，其中存在着司法机关更大的违法和过错。在这种情况下，仍然坚持完全免除司法赔偿责任，是否合适？值得考虑。

（4）依照《刑法》第十七条、第十八条规定不负刑事责任的人被羁押的。《刑法》第十七条是关于未成年人不负刑事责任的规定，有三种情形：一是14至16岁期间，犯故意杀人、故意伤害致人重伤或者死亡、强奸、抢劫、贩卖毒品、放火、爆炸、投毒罪以外的其他罪的，不负刑事责任。这些（年龄）不负刑事责任的犯罪行为人，法律允许对他们进行羁押和侦查查证，查清事实和分清责任后，再作不负刑事责任的处理结果。在侦查查证期间，必要的羁押是不可避免的和合法的，当然不能因此而承担司法赔偿的责任。二是14至18岁的人犯罪的，依照法律要从轻或减轻刑事处罚。这种因从轻或减轻处罚而导致不追究刑事责任或不追究徒刑责任的，对他的羁押也不产生司法赔偿责任。三是不满14岁的人实施犯罪行为的，均不负刑事责任。因侦查案件对他进行的羁押，也没有司法赔偿责任。

（5）依照《刑事诉讼法》第十五条规定不追究刑事责任的人被羁押的。《刑事诉讼法》第十五条规定了六种情况：一是情节显著轻微、危害不大，不认为是犯罪的；二是犯罪已经过了追诉时效期限的；三是经特赦令免除刑罚的；四是依照刑法告诉才处理的犯罪，没有告诉或者撤回告诉的；五是犯罪嫌疑人、被告死亡的；六是其他法律规定免予追究刑事责任的。

（6）因公民自伤、自残故意行为致使损害发生的。这也属于前面所涉及的因自己的行为致使损害发生的一种情形，只不过这种因果关系加上了公民故意的条件，须是公民故意的自伤、自残行为。也就是说，不能因为公民的自伤、自残行为，而使他人为此承担赔偿责任。当然，所不承担的责任，也仅限于伤或残的范围，其他责任（如违法羁押期间的人身自由损害等）断不能因此而"一笔勾销"。

（7）法律规定的其他情形。是指全国人大法律明确规定的国家不承担损害赔偿责任的情形，或是法律规定的免除国家赔偿责任的情形。

二、国外的国家赔偿范围

国外的国家赔偿范围，在立法上或判例上，一般都采取概括主义，即以概括标准来确定国家赔偿的范围，而无须逐一列举规定。这是发达的国家赔偿制度的表现。所以，属于国家赔偿范围内的事项一般有以下几类。

（一）行使公权力的行为

行使公权力行为给他人造成损害的，包括作为和不作为行为，都是国家赔偿范围内的行为。这一点，为所有建立了国家赔偿责任制度国家的通制。如《德意志联邦共和国国家赔偿法》第1条规定："公共权力机关违反对他人承担的公法义务时，公权力机关应根据本法对他人赔偿就此产生的损害。"奥地利《国家赔偿法》第1条也明确规定，国家赔偿责任是指官署"执行法令"侵害他人的行为。《关于联邦及其机构成员和公务员的责任的瑞士联邦法》第3条规定，赔偿责任是对于公务员在"执行其公职的活动中"对第三人所造成的损害。美国《联邦侵权赔偿法》第1346条也明确，以美国政府为被告的责任，是政府职员在其"职务范围内"的过失、行为、不行为等。一般来说，这些国家的国家赔偿范围内的行为，是没有具体与抽象行为之分别的，政府机构、公共团体等采取的这些行为，只要是与职责、公共权力有关，就是其范围内的行为，无论它是具体行为还是抽象行为。在公私法分野明确的国家，所谓公权力行为包括的范围是很广泛的，如法国，公立学校的管理行为、公立医院的医疗行为、国家车辆造成的交通事故等，都是国家赔偿范围内的行为。

（二）公共设施的致人损害责任

公共设施因其设立、管理上的瑕疵，致人损害的责任，在许多国家都属于国家赔偿范围内的责任，尽管这种公共设施的国家赔偿责任，其范围并不一定完全相同。如日本《国家赔偿法》第二条规定："因道路、河川或者其他公共营造物之设置或管理有瑕疵，致使他人受损害时，国家或公共团体，对此应负赔偿责任。"德国法律也规定，为公共交通服务的公路、街道、场所、水路、水面等方面的交通安全义务，视为公法义务，违反这种公法义务的公权力机关，承担国家损害赔偿责任。

（三）司法赔偿

司法赔偿，是一个复杂的问题。许多国家都有司法赔偿责任的规定，如德国有《刑事追诉措施赔偿法》,[①] 奥地利也有《刑事赔偿法》。[②] 有的国家制定了专门的《刑事赔偿法》，有的国家则是在《国家赔偿法》中进行规定。但是司法赔偿范围一般都有限制，获赔条件比行政赔偿更难。如德国法律规定，当事人被释放，或者对他的刑事诉讼程序已经终止，或者法院拒绝对他开庭，该当事人由于受羁押或者其他刑事追诉措施而遭受的损失，属于国家赔偿责任范围。法国1895年6月2日的法律规定了对被证明无辜地被判刑者的赔偿，1970年7月17日法律规定了对造成非正常且特别严重损害的临时拘留的赔偿，1972年7月5日的法律规定，普通法院的法官严重过失和拒绝司法而造成的损害，国家负赔偿责任。比利时法律规定，原判决被撤销为无罪或者轻罪时，被告有权请求国家赔偿。

（四）立法赔偿

立法赔偿，在国外就是指议会制定法律的赔偿，不包括政府制定或采取抽象行为的情形（把政府抽象行为也称为法，只是我们的概念）。立法损害他人权利时也要承担国家赔偿责任，立法赔偿也属于国家赔偿范

---

① 1971年3月8日制定。

② 1969年7月8日制定。

围，这是无疑的。但是，一般都会有明确的范围限制。如德国法律规定有立法赔偿，但是限于"只有法律有规定并在规定的范围内，发生赔偿责任。"① 法国的立法，首先是在行政合同方面，以后，最高行政法院又在 1938 年 1 月 14 日的一个案件判决中，发展为正式承认国家对合同以外的立法行为，即使法律没有明确规定，也有损害赔偿责任。法国有一家奶类食品代制品的制造企业，因为法国在 1934 年制定了一部禁止生产奶类食品的代制品的法律，而使其不能营业造成损失。该企业向行政法院起诉，请求国家赔偿，最高行政法院判决国家负责赔偿企业损失。②

补偿责任按照我们的概念，凡是合法行为产生的弥补责任，就是补偿责任。以这个标准来看，一些国家的国家赔偿范围内，是有国家补偿责任内容的。尤其是在刑事司法领域，虽然羁押公民并没有违法或过错，但是该公民事后被证明是无辜的，被释放了，国家就要承担相应的补偿责任。如日本，专门制定的就是《刑事补偿法》，奥地利《刑事赔偿法》第 2 条在规定刑事违法的赔偿责任时（a 项），也规定了被无罪释放、其他原因不受追究情况下的"赔偿"责任（b 项）。可以说，国家赔偿范围内（至少）多有刑事补偿责任事项，是一个客观事实。《德意志联邦共和国国家赔偿法》第 14 条，还规定有征收财产和公益损失的补偿责任，即使在其他法律没有规定的补偿种类和范围时，公权力机关也应当承担同违法侵害基本权利一样的责任。军事赔偿责任，也是国家赔偿范围内的责任，在许多国家的国家赔偿法中，一般都没有专门涉及这个领域的赔偿或补偿事项，而由特别法另行规定。但是有的国家则有此专门内容的规定。如英国的《王权诉讼法》第 10 条就专门规定了三军之责任事项，"君权之三军人员，于执行勤务时，因不作为或疏忽职守致他人死亡或伤害者，则该三军人员或君权应负致他人死亡或伤害之侵权行为之责任。"

① 参见《德意志联邦共和国国家赔偿法》第 5 条（2）的规定。

② 参见［法］古斯塔夫·佩泽尔：《法国行政法》，廖坤明、周洁译，国家行政学院出版社 2002 年版，第 223 页；王名扬：《法国行政法》，中国政法大学出版社 1988 年版，第 712 页。

美国《联邦侵权赔偿法》中规定的国家赔偿责任承担者的联邦行政机关，也包括"军事单位"（见第 2671 条）。

三、问题与建议

对于《国家赔偿法》所规定的赔偿范围，近年来学界认为存在一些问题。主要是认为赔偿范围太小，不适应损害事实，也不适应发展民主法制的要求。并在此基础上提出了扩大国家赔偿范围的许多建议。现概要介绍如下。

（一）扩大法院的非刑事司法赔偿范围

对于法院在民事、行政诉讼中的"错判"，要进行区别对待，不能像现在这样一律不赔。有一些"错判"是审判人员贪污受贿、徇私舞弊或者故意枉法造成的，并且可能没有受益人（不当得利人），或者已经执行的财产无法返还的，受害人难以得到有效的救济。这种情况下，国家应当承担赔偿责任。①

（二）增加公共设施的国家赔偿②

现行《国家赔偿法》只适用于国家机关在行使职权中侵权的情况。道路、桥梁等公共设施因设置、管理欠缺而致人损害的，因不属于违法行使职权的问题，没有纳入国家赔偿的范围，而由受害人依照《民法通则》等规定，向负责管理的企事业单位要求赔偿。但是，如果注意现代国家在行使国家权力之外还提供大量公共服务的事实，把公共设施设置、管理不善的侵权纳入国家赔偿范围，能够全面反映现代国家的职能和公私的分界。

（三）国家补偿

《国家赔偿法》没有提到国家补偿问题。实践中，国家机关合法行使职权过程中，也可能给人们造成损失。对于那些因公共利益而承受特别

---

① 应松年：《为何要建议修改国家赔偿法》，《中国检察日报》正义网 2001 年 5 月 22 日。
② 参见《让国家赔偿更加名至实归——国家赔偿法座谈纪实》，《法制日报》2001 年 3 月 4 日。

牺牲的人，根据公平原则，应该给予适当补偿。例如，因军队演习、训练，配合执行国家公务，见义勇为，国家保护的野生动物致人身、财产损害等，需要采取适当方式给予补偿。①

将抽象行政行为纳入国家赔偿范围②。建议将抽象行政行为纳入国家赔偿范围，主要是认为将规章以下的抽象行政行为纳入国家赔偿范围。因为，这些抽象行为制定主体较乱，越权情况较为严重，程序也不规范，往往侵害他人的合法权益。也有人建立将规章和规章以下的抽象行为一并纳入国家赔偿范围。

减少免责范围，扩大赔偿范围其中主要是刑事赔偿中应当减少国家免责条款，轻罪重判的，司法机关违法侵害人身权、财产权，司法机关工作人员纵容他人打人造成严重后果的，违法判决，取保候审中的违法罚款及违法没收保证金的行为等，都应当纳入国家赔偿范围。另外《刑事诉讼法》第十五条第一项及第六项的规定易成为违法拘留、逮捕规避赔偿的借口，不应作为国家不负赔偿责任的理由。③

扩大权利损害的赔偿范围由于现行法只规定了对人身权和财产权造成损害的国家赔偿，限制了其他权益被侵害时获得国家赔偿的可能，是不合适的，应当进行扩大，把对公民、法人、其他组织各种合法权益遭受损害的情形都包括进国家赔偿的范围。④

---

① 应松年：《为何要建议修改国家赔偿法》，《中国检察日报》正义网 2001 年 5 月 22 日。

② 袁曙宏：《国家赔偿法亟需完善》，《中国检察日报》2001 年 4 月 3 日；《国家赔偿三人谈》，《法制日报》2001 年 1 月 14 日。

③ 参见《法制日报》，《让国家赔偿更加名至实归——国家赔偿法座谈纪实》2001 年 3 月 4 日；袁曙宏：《国家赔偿法亟需完善》，《检察日报》2001 年 4 月 3 日；《国家赔偿三人谈》，《法制日报》2001 年 1 月 14 日。

④ 参见《法制日报》，《让国家赔偿更加名至实归——国家赔偿法座谈纪实》2001 年 3 月 4 日。

第三节　国家赔偿的归责原则

一、我国国家赔偿的归责原则

归责原则，表达的是这样一种意思：损害后果（责任）能够归属于一定主体、使其对此承担责任的根据。国家赔偿的归责原则，是指国家对损害后果承担赔偿责任的根据。由于这种根据在确定责任归属方面具有基本的作用，也是国家赔偿各种具体责任共同的根据，所以，在理论上称为国家赔偿的归责原则。如我国《国家赔偿法》规定的归责原则是违法归责原则，有些国家的国家赔偿归责原则是过错原则，有些是违法加过错的原则，等等。

国家赔偿归责原则，在国家赔偿责任制度中具有举足轻重的地位和作用。理论上认为，归责原则反映了国家赔偿的价值去向，是国家赔偿构成要件的基础和前提，在一定程度上决定了国家赔偿的行为范围，以及直接影响国家赔偿的程序。①

按《国家赔偿法》的规定，理论上一致认为，我国国家赔偿的归责原则是违法归责原则，即国家在其机关和工作人员侵权行为有违法时承担赔偿责任。这就是《国家赔偿法》第二条第一款的规定："国家机关和国家机关工作人员行使职权，有本法规定的侵犯公民、法人和其他组织合法权益的情形，造成损害的，受害人有依照本法取得国家赔偿的权利。"这也就是说，国家机关的行为赔偿损害的前提条件就是侵权。这一原则规定，改变了过去只有"违法行使职权"才可能赔偿的归责原则，是一个很大的进步和完善。体现在行政赔偿方面，仍然是以违法为前提条件，体现在刑事和非刑事司法赔偿方面则不一样，有的是违法归责，

---

① 参见陈春龙：《中国司法赔偿》，法律出版社 2002 年版，第 71 页；薛刚凌：《国家赔偿法教程》，中国政法大学出版社 1998 年版，第 41 页。

有些则是结果归责。

既然在行政赔偿和部分刑事赔偿方面仍然实行违法归责，我们就有必要讨论违法归责中的违法标准问题。违法归责原则中违法，有两个方面的问题需要解决，一是"法"的含义，二是"违"的含义。其一，"法"包括法律、法规、规章和与法律、法规、规章一致的其他规范性文件，也包括合法的行政合同（约定的义务）。我们知道，构成国家机关行使职权根据、标准、规则的对象，除法律、法规以外，还有为执行法律、法规而制定的规章、其他规范性文件等。规章和其他规范性文件，也是国家机关行使职权必须遵守的规范。国家机关行使职权，必须遵守这些规范，而不能违反这些规范。如果违反了这些职权行使规范，也就违反了法律对国家机关行使职权的要求，就构成了可责难事由，应当承担赔偿责任。另外，行政合同，是国家行政机关行使职权、进行行政管理的手段和方式。这种行为，是受行政合同这个基本规范制约和调整的。也就是说，合法的行政合同，也构成了行政机关行使职权的规范，行政机关和相对人都必须遵守合同的约定。如果行政机关违反合同，同样是违"法"行为，因为合法的行政合同，也具有规范行政机关职权的"法"的作用。其二，违法中的"违"，是指与法的规定不一致。国家机关的职权是公权力，与私法权利不同。凡是法所没有规定、赋予、包含的权力、手段、规则等，都是国家机关没有享有的，是不能行使的。如法没有规定的行政处罚手段，行政机关自行"创造"适用，就是有违法之授权或权限的行为。不仅如此，违法之"违"，既包括违反法的具体规定，也包括违反法的原则、精神。法的原则与精神，是法的精髓所在、根本所在，是对国家机关行使职权的首要要求，当然是不可违背的。例如，国家机关在法律赋予的自由裁量权范围内，滥用裁量权，也许并不违反法的具体规定，但当然违背了法的精神或原则的，是法不容和法责难的。

违法归责原则不仅在《国家赔偿法》总则中有明确的规定，在其他章节的具体制度中也有规定。如在行政赔偿范围中就规定了"违法""非法"和"暴力行为"三种限制，其中的"非法"也是违法的一种表达方式，而"暴力"或"唆使暴力"的行为方式，是一种明显的违法行为，尽管没有出现"违法"的限制字眼，仍然是违法行为无疑。所以，行政赔偿中这三种行为方式，都是在具体地演绎违法归责原则。在刑事赔偿范围的规定中，也是如此。如违法使用武器，违法查封财产等，都是违法归责原则的具体形式。

国家赔偿的违法归责原则，是否具有绝对的意义？是否必须或只有违法才是国家赔偿责任的归责原则内容？这是一个值得探讨的问题。如《国家赔偿法》第十七条第（三）项规定的"依照审判监督程序再审改判无罪，原判刑罚已经执行的"，是国家赔偿的情形。这个规定反映出来的归责原则，似乎不是违法归责原则，而是结果的归责原则，即只要在最终结果上被判无罪，就应当实行国家赔偿。应当说，判决结果在这里才有绝对的意义，是否违法的标准在此并不适用。同样的情况在"依照审判监督程序再审改判无罪，原判罚金、没收财产已经执行"的规定中也是存在的。另外，关于错误拘留，《国家赔偿法》规定的"没有犯罪重大嫌疑"标准，是符合违法归责原则的。因为，按照刑事诉讼法拘留标准的要求，就有"重大嫌疑分子"的条件。如果不符合这个条件就进行拘留，是违反刑事诉讼法关于拘留标准规定的，是违法的。但是，《国家赔偿法》规定错误拘留的另一个标准是对"没有犯罪事实"的人进行拘留。不仅如此，在错误逮捕的标准中也规定是对"没有犯罪事实"的人进行的逮捕。在这两种情况下，都是以"没有犯罪事实"作为认定错误拘留和错误逮捕的标准，也就是说，是以"没有犯罪事实"作为国家赔偿的根据的。我们认为，有没有犯罪事实，并不是有没有证据证明是否有犯罪事实的问题，而是是否构成犯罪最终结果的问题。如果一个人（当初）既无犯罪重大嫌疑，（最终）又没有判决为有罪，当初的拘留就是错误的拘留，就应当进行国家赔偿；如果一个人最终没有被判决有罪，当初对他的逮捕就是错误逮捕，也应当进行国家赔偿。这样看来，所谓"没有犯罪事实"的概念，并不是真正的违法归责原则（内容），而是结果归责原则的内容，是以法院最终判决的结果作为衡量标准的。还有就是《国家赔偿法》规定的对生效法律文书"执行错误"的国家赔偿情形，也不完全符合违法归责原则。所谓执行错误，当然是针对被执行的法律文书而言的，是违背了法律文书的要求或内容，而不是违反了法律的要求，不是典型的违法归责原则。

综上所述，我国国家赔偿制度的归责原则，总的原则是违法归责原则，大多数情况下也是实行的违法归责原则，但是除此之外，我们还有个别的事项实行的是结果归责原则，形成了以违法归责原则为主、以结果归责原则为补充的国家赔偿归责体系。

二、外国制度中的归责原则

外国的国家赔偿归责原则，总括起来有：过错或违法原则、过错加违法原则、结果原则、无过错原则等。过错或违法原则，是民事侵权赔偿的归责原则。由于国家赔偿是从民事赔偿制度发展而来的，在许多国家还实行国家赔偿民事责任的制度，所以，过错原则也就成为国家赔偿制度中最为普遍的归责原则。

过错，是国家赔偿的归责原则（内容），这一点是无疑的。但是，有许多学者把过错单独作为国家赔偿的归责原则，并认为在美国、英国、法国等国家，实行的就只是过错归责原则。如"当今世界一些主要国家的国家赔偿责任制度中的归责原则体系的结构差异很大，比较有代表性的有三种：一是法国采用的以公务过错为主，以危险责任为辅的归责原则体系；二是以德、意、英、美等国为代表实行的以过错原则为归责原则的体系，但近年来危险责任原则之适用也渐现端倪；三是瑞士、中国的违法原则体系。"[1] 这种把国家赔偿归责原则仅仅归纳为过错原则内容的说法，是值得研究的。

我们认为，英国、美国、法国等国家的国家赔偿归责原则，很难说只是过错归责原则，而应当是包括过错和违法情形在内的归责原则，也就是说，既有过错的内容，也有违法的内容，只要具备任何一种情形，就构成国家赔偿责任。在英国《王权诉讼法》第 2 条中规定王权侵权行为责任时，是有"侵权行为""不履行义务的行为""对财产的所有、占

---

[1]　皮纯协、何寿生编著：《比较国家赔偿法》，中国法制出版社 1998 年版，第 83 页。

有、持有或支配之违反义务的行为"。按照英国学者的解释,过失是要承担赔偿责任的,也就是说,行政机关主观过错是归责原则的内容之一;除此外,行政机关在行使授权法的权力对他人产生的必然的、不可避免的损害时,不负担责任。如果这种损害不是必然的、不可避免的,则要负担赔偿责任。这种"不可避免的损害",实际上是建立在对授权法规定是否完全相符和、相一致的基础之上。很显然,这不是一个主观过错标准,而是一个更接近客观违背法律规定、原则、精神等内容的标准。美国的《联邦侵权赔偿法》也规定,美国政府的赔偿责任是在联邦政府任何人员于其职务范围内因"过失、不法行为或不行为"而产生的。其中的不法行为和不行为,与其说是过错标准,还不如说是违法或不法标准,当然,过失仍然是主观过错标准。法国的公务过错标准是法国行政赔偿的归责原则,该公务过错的概念包含的内容有主观上的故意和过失,也包含公务的不良运作,不执行公务或公务的实施迟延,非法行为或愚蠢行为等。① 这里的非法行为、不良运作、不执行公务或迟延等,按照我们的概念,都是违法标准,而不是过错标准。德国的《国家赔偿法》第 1 条规定,公共权力机关"违反对他人承担的公法义务时",公共权力机关应依法对他人承担赔偿责任。所谓对他人承担的公法义务,既有过错内容也有违法的内容。

由此可见,英国、美国、法国、德国等国家在国家赔偿的归责原则上,实际上是实行的过错或违法归责原则,就是说,过错是国家赔偿的归责原则之一,违法也是国家赔偿的归责原则之一,二者分别构成国家赔偿的归责原则内容。

过错加违法原则,作为国家赔偿的归责原则,是指国家机关的职务行为既要有过错又要有违法,才会产生国家赔偿责任。只有违法,或只有过错,均不足以产生国家赔偿责任。奥地利《国家赔偿法》第 1 条规定,联邦、各邦、县市、乡镇,及其他公法上团体及社会保险机构于该

---

① [法]古斯塔夫·佩泽尔:《法国行政法》,国家行政学院出版社 2002 年版,第 216 页。

官署之机关执行法令"故意或过失违法"侵害他人之财产或人格时，依民法之规定由官署负损害赔偿责任。另外，韩国《国家赔偿法》在规定国家赔偿责任时，也是要求因"故意或过失违反法令"致使他人受损害的，才有国家赔偿责任。日本的《国家赔偿法》同样限制国家赔偿责任于故意、过失和不法行为共同条件之中。①

过错加违法的归责原则中违法，并不仅仅是指狭义上违反法律规定，而是包括违反法的规定、原则，违背职务义务责任，没有法律根据或职权根据，等等。按照我们的理解，这种违法，实际上更相同于所谓不法的概念。所以，我国台湾地区的"国家赔偿法"在规定国家损害赔偿责任时，明确是因"故意或过失不法"侵害人民自由或权利。这实际上反映出在国家承担赔偿责任方面的条件放宽和对受害人更为充分的保护。

违法原则，是以国家机关违反法律规范为承担国家赔偿责任根据的制度。按照这个归责原则，只要求把国家机关行为的客观违法作为归责根据，而不以主观上是否有过错为根据（之一）。如瑞士《关于联邦及其机构成员和公务员的责任的瑞士联邦法》第3条规定："对于公务员在执行其公职的活动中对第三人因违法所造成的损害，不论该公务员是否有过错，均由联邦承担责任。"违法，成为承担国家赔偿责任的唯一根据。

违法归责原则，作为国家赔偿责任的唯一归责原则，也是我国国家赔偿制度的内容。我们之所以采用违法归责原则，是因为违法是一种客观表现形式，比起主观过错标准更易于掌握和使用，并且依法执行职务是我国法律对国家机关履行职责的基本要求，违反这些客观的基本要求，就表明该职务行为具有了可谴责或非难的性质。

---

① 在皮纯协、何寿生编著的《比较国家赔偿法》一书中，日本《国家赔偿法》第一条翻译成故意或过失"不法"加害。而在杨建顺《日本行政法通论》一书中，在介绍日本国家赔偿责任条件时，说是"违法"加害。我国台湾学者廖义男教授在1998年9月出版的《国家赔偿法》一书中，在解读台湾法律规定的"不法"情形时，列举了无法律、法规命令的依据，违背职务的行为（越权或滥用权力、违背对第三人应执行的职务和怠于执行职务）。

结果原则，是指以法律规定的一定结果为承担责任根据的归责原则，由于结果归责原则多适用于刑事赔偿领域，所以，这里的结果一般都是刑事上的无罪结果，即只要被羁押人最终是无罪的或法院拒绝审判的，就产生国家赔偿责任。按照我们的概念，这种损害赔偿实际上就是刑事补偿责任。

奥地利《刑事赔偿法》第 2 条在规定刑事赔偿责任时，把无罪释放、其他原因不受追究和其他原因不应受到追究作为了刑事赔偿责任的根据。《联邦德国刑事追诉措施赔偿法》第 1 条和第 2 条刑事赔偿责任范围有：原判在再审程序中被取消或减轻，当事人被释放，针对当事人的刑事诉讼已经终止，法院拒绝对当事人开庭审判等。从这些规定中可以看出，只要在法律上或程序上被羁押人或被判刑人被最终认定为无罪或不按犯罪处理（结果），就由国家承担相应的损害赔偿责任。结果归责原则，体现了刑事领域实行国家赔偿或补偿责任制度的客观根据价值取向，是对人身自由权利的充分尊重和严格保护的制度选择。

无过错原则，是指国家机关无须主观过错即承担赔偿责任的制度。无过错归责原则是国家赔偿归责原则体系发展进步的结果，是作为过错或违法归责原则补充的归责原则，迄今为止，它仍然是适用于一些特定的领域或情形，而不像过错或违法归责原则那样具有普遍适用的范围和意义。

所谓无过错归责原则，是一个非常宽泛的概念。在这个概念中包含各种不同的情形和机理。法国学者把无过错责任分为几种：一是基于风险的责任，包括公共工程的存在造成的长期损害和以外损害，因危险事物引起的损害，危险行为引起的损害，对公务人员和临时合作者的损害；二是建立在公民承担公共义务平等基础上的责任，如立法赔偿责任，国家行为损害赔偿等。英国在其制定的《核装备法》《煤气法》和《有毒废品安置法》等法律中，也规定了无过错归责原则。但是在法院判例上，无论是英国还是美国，对于无过错归责原则，都是有反复和不稳定的，至少并没有将无过错原则一般性地适用于所有国家赔偿事项上面。

瑕疵原则，是对公共营造物致人损害情形下所适用的归责原则。是指国家机关对于公共营造物在设置或管理上有瑕疵时承担国家赔偿责任的制度。如日本《国家赔偿法》第二条就规定："因道路、河川或其他公共营造物之设置或管理有瑕疵，致使他人受损害时，国家或公共团体，对此应负赔偿责任。"韩国《国家赔偿法》第五条也同样规定了公营造物的瑕疵责任。我国台湾地区的"国家赔偿法"也规定了"公有公共设施因设置或管理有欠缺，致使人民生命、身体或财产受到损害者，国家应负损害赔偿责任。"由此可见，这种适用在公共设施方面的损害赔偿，是以设施的设立或管理存在有缺陷或瑕疵为归责原则。这是国家赔偿责任的一个特别的归责原则和情形。

之所以说瑕疵是一个特别的归责原则，是因为瑕疵是一个包含主观过错和客观标准违反内容的概念。日本学者对于瑕疵的理解，有所谓客观说，即认为欠缺安全性的状态，欠缺通常应当具有的安全性。这样一来，瑕疵就与主观上的过错无关了，是一个有客观标准的概念。还有就是客观的物理缺陷说，预测可能性与避免可能性说，折中说，以及主观说或违反义务说等。其中客观说、物理缺陷说等都是从客观标准上来界定是否有瑕疵的，而折中说与预测可能性说中都包含主观成分。主观说则是基本上按照主观过错来解释瑕疵的。事实上，所谓瑕疵，是一个既有主观过错也有客观标准内容的概念，是适用于公共设施致人损害引起赔偿的种种情形。

三、问题和建议

国家赔偿的归责原则，是国家赔偿制度中一个非常重要的内容。在《国家赔偿法》关于归责原则的规定总的是违法归责原则，在刑事赔偿事项中还有结果归责原则，在非刑事的司法赔偿事项中有错误归责原则（执行错误的）。就目前关于归责原则方面的规定而言，我们认为有些问题值得研究和改进。

其一，把过错完全排除在归责原则之外，是不合适的。过错，是承担赔偿责任的一个主要根据，各国民事和国家赔偿责任都不例外；从理论上看，过错也表明了国家机关工作人员在执行职务过程中没有尽心尽责，没有尊重和充分保护当事人的权益，应该说是一种可受到谴责和非难的状况，过错也在造成损害和扩大损害方面起一定的作用。只用违法与否的标准显然是远远不够的，不足以约束国家机关，不足以评价国家机关行为对损害的作用，不足以保护受害人的权益。所以，我们建议应当将过错也同样作为国家赔偿的归责原则，并且与违法归责原则一样，具有一般的意义和普遍适用的价值。也就是说，国家机关行为在违法造成损害时要承担赔偿责任，在有过错时也同样应当承担国家赔偿责任。

其二，增加无过错归责原则。对于合法行为给当事人造成损害的情况下，如果这种损害后果的负担不应当由受害人负担，就应当基于公平负担的原理，实行国家赔偿或国家补偿责任。如对无罪人的羁押与释放，是符合羁押标准的，但是对被羁押人来说，他是无辜的，也是受害的。这种情形下可以通过国家补偿责任来弥补他的损失。而这种补偿责任的机理就在于无过错归责。另外，军事赔偿领域中实际上也有相当多的责任是无过错补偿责任。在当今世界赔偿责任制度发展无过错责任的时候，我们不能"无动于衷"。

其三，增加瑕疵归责原则。现行的国家赔偿制度，没有公共设施致人损害的赔偿责任，当然也就没有公共设施设立与管理瑕疵的归责原则，这始终是与当代行政和公共设施的性质、作用及法律调整的公法性不相符合的。建议增加公共设施设置与管理方面的国家赔偿责任，并将设置与管理瑕疵作为其归责原则。

其四，提升故意过错在归责原则当中的地位与作用。在承认过错也是国家赔偿责任归责原则的基础上，将故意这种过错形式作为特殊国家赔偿责任的承担根据。如惩罚性赔偿制度应当建立，而惩罚性赔偿责任的承担根据，就是执法人员故意违法。也就是说，在承担这种加重的或特别的惩罚性赔偿责任时，故意是其归责原则。

其五，对于民事、行政诉讼中的错误判决，按照现行法的规定是不赔偿的，主要根据在于各国惯例和保障法院司法工作的独立性与自主判断特点。但是现在看来，这种各国惯例在我国并不具有全面推行的基础。理论上讲，法官判案应当根据事实和法律，自主作出独立判断。现在的问题是：有些法官和法院并不具有这种独立判断的地位和性质，更有甚者，有的法官或法院并不是根据事实和法律在判案，而是徇私舞弊在进行枉法裁判。在这种背景下，我们仍然以理论上和各国惯例为法官和法院大开豁免国家赔偿的"绿灯"，岂不是在"助纣为虐"？所以，我们认为，法院在民事、行政诉讼中的错误判决，不能一概豁免赔偿责任，而应当实行有条件豁免制度。也就是说，如果法院的错误判决是有故意的过错，或者有重大过失的过错，并且给当事人造成了损害，就应承担国家赔偿责任。即无法通过执行回转完全弥补当事人损失的，实行结果责任和重大过错责任双重归责原则。

第四节　国家赔偿责任的构成

一、国家赔偿责任构成的概念

国家赔偿责任构成要件，是指构成国家赔偿责任的一般条件，只有具备这些条件，才能产生国家赔偿责任，不具备这些条件，就没有国家赔偿责任的产生。作为国家赔偿责任的一般要件，应当是每一个国家赔偿责任都必须具备的基本或前提条件，当然在法律对构成要件有特别规定时，还会有特别要件的要求，在此情况下，不仅要具备一般要件，也要具备特别要件。

关于国家赔偿责任的构成要件的内容，《国家赔偿法》第二条第一款的规定概括了全部："国家机关和国家机关工作人员行使职权，有本法规定的侵犯公民、法人和其他组织合法权益的情形，造成损害的，受害人有依照本法取得国家赔偿的权利。"在这条规定的基础上，学者们对构成要件作了如下的归纳。

四要件说。认为国家赔偿责任的构成要件是：主体要件，即职务行为主体；行为要件，即行为违法；损害要件，即给公民、法人、其他组织权益造成损害的结果；因果关系要件，即损害结果与职务行为之间具有因果关系。大多数学者都持此四要件观点。① 也有的学者概括的四要件说不同，如认为国家赔偿责任构成要件是：主体要件；行为要件，包括执行职务行为和执行职务行为违法；损害结果要件，包括损害和因果关系；法律要件，即要符合"有法律规定"这一条件限制，如果不符合现行法的限制性规定，也没有国家赔偿责任的产生。②

五要件说。认为国家赔偿责任的构成要件有：侵权主体；侵权行为的类型，即将侵权行为的类型作为国家赔偿责任构成要件的一个因数，旨在解决国家对哪些种类的行为造成的损害承担赔偿责任；侵权行为的性质，即将侵权人员的主观状态作为国家赔偿责任构成要件的一个因数；损害结果要件；侵权行为与损害结果之间的因果关系要件。③

其实，在外国国家赔偿法的论著中，对国家赔偿责任构成要件的论述更是差异颇大，有的根本就没有这种概念。如法国学者古斯塔夫·佩泽尔在他的第十九版《法国行政法》一书中，就没有构成要件的概念，而是在其"行政权力机关的责任"题目下论述了相应的内容。包括有所谓的损害事实，其中主要涉及过错与公务过错和无过错责任；责任的确定，主要论述因果关系的内容；损害赔偿，主要述及损害的特点和物质与精神损害及赔偿方式等。而在英国学者威廉·韦德《行政法》一书中，虽然没有构成要件的概念，但是在行政当局的职责项下也同样论述了赔偿责任的条件有：是否是不可避免的伤害；过失的种种情形，包括不作为、权力的不行使；违约与不法行为等。

由此可见，所谓构成要件的观点不同，包括概念方面的和内容方面的，其实都是形式而不是实质。从本源意义上看，国家承担赔偿责任，是需要这样和那样条件的，这些条件在学者们的归纳过程中，可能被置

---

① 参见薛刚凌：《国家赔偿法教程》，中国政法大学出版社1997年版，第53页；皮纯协、冯军主编：《国家赔偿法释论》，中国法制出版社2002年版，第77页；房绍坤、丁乐超、苗生明：《国家赔偿法原理与实务》，北京大学出版社1998年版，第68页。
② 参见马怀德主编：《国家赔偿法学》中国政法大学出版社2001年版，第30页。
③ 江必新：《国家赔偿法原理》，中国人民公安大学出版社1994年版，第43页。

于此要件项下，也可能被置于彼要件项下，或者根本就不在"构成要件"项下，而在别的题目项下。这种放置位置的做法是不同的，但是改变不了在实施国家赔偿责任时，必须遵守和符合这些规定、条件的事实，无论我们把它们叫作什么或置于何处。所以我们认为，国家赔偿责任构成要件的内容都是一致的。这些内容主要包括四个方面：主体要件、行为要件、损害结果要件、因果关系要件。

二、主体要件

主体要件是指国家承担赔偿责任必须具备的主体条件，即国家对哪些主体的侵权行为承担赔偿责任。按照《国家赔偿法》规定，我国国家赔偿责任的主体范围有：国家机关、国家机关工作人员、被授权组织、受委托的组织和个人。

主体要件是一个形式或范围要件。它只是表明在这个范围内的主体所实施的侵权行为，可以由国家来承担损害赔偿责任。主体要件的实质，实际上是要揭示职务或公务行为的主体范围与特征。也就是说，按照我国的法律制度和理论，那些主体可以成为实施国家机关行为的主体，只要能够成为实施国家机关行为的主体，当然可以成为国家侵权行为的主体，成为国家赔偿责任的主体要件。

大多数的国家赔偿法教材和著述，都把国家机关和国家机关工作人员分别作为国家侵权行为的主体，这种表述是基于《国家赔偿法》中的文字规定，分别就有"国家机关和国家机关工作人员"的表述。这种表述无非反映了实施行为的具体主体，有时表现为机关，有时表现为工作人员，前者如一份行政决定书，后者如某工作人员拦车检查等。如果从法律意义上看，所谓人员这个主体，最终是不存在的。因为所有职权行为虽然都是由一定的人员来实施的，但所代表的都是机关的行为意思，而非个人的意思。离开了机关的人员是不存在的，同样，离开了人员的机关也是不存在的。另外，就目前我国的国家赔偿制度而言，国家机关这个主体也不是全部的。由于《国家赔偿法》在范围上的有限性，实际上成为国家赔偿责任侵权主体的只有国家行政机关、司法机关这两类国家机关，军事行政机关和立法机关都不在该主体范围之内。当然这不是主体的问题，而是范围的问题。

三、行为要件

行为要件，是指国家承担赔偿责任必须具备的行为条件，即国家对侵权主体实施的何种行为承担赔偿责任。一般涉及两个内容：一是行为的职务性，二是行为的违法性。

国家赔偿责任的承担，必须是对职务上的行为承担，而不是对个人或私人行为的承担。这就是行为要件的第一项内容。按照《国家赔偿法》有关条文的规定，所谓职务上的行为须是"行使职权"（第二条）、"在行使行政职权时"（第三条）和"行使职权时"（第十七条）的行为。同时还规定，国家不承担赔偿责任的行为有"与行使职权无关的个人行为"（第十九条）。从这些规定表述和国家赔偿的实践来看，国家赔偿行为要件中的职务上的行为，是职务行为和与执行职务有关的事实行为。前者如拘留决定，后者如在拘留过程中的殴打行为等。

首先，职务上的行为必须是基于概括的职权所为。也就是说，是在履行职务、执行公务，是源于其合法享有的职权。这是职务上行为的出发点，也是职务上行为的核心。所有由国家承担赔偿责任的行为，都具有围绕着职权、根源于职权的本质特征。离开了这个本质，也就谈不上职务上的行为，赔偿责任也就不可能由国家来承担了。所以，如果某个团体根本就没有任何国家职权，没有实施职务上行为的根据，也就不可能有职务上的行为。

国家机关所享有的职权，都是特定的和有范围的，没有也不可能有抽象的职权。那么，如果某一国家机关实施的行为可能完全超出了其职权范围，在这种情形下是否也是基于职权的职务上的行为呢？我们认为，在界定国家赔偿责任的职务上的行为的时候，是着眼于概括的职权而不是限于具体范围的特定职权，只要该行为是行使职权（尽管它也许没有这方面的权限），是出于履行公务的目的，就是符合基于概括职权所为的特征，就是职务上的行为，国家就应对其行为承担赔偿责任。

　　其次，职务上的行为发生在履行职务、行使职权的过程中。一般来说，职务上的行为是存在于履行职务、行使职权过程之中的，如果不是在这一过程中，也就不是在履行职务或行使职权。所以这个标准，是一个形式标准或范围标准。但是这个形式标准或范围标准，也揭示出职务上的行为存在或发生的时间和程序特征，是我们在实践中判断职务上行为的一个非常重要的标准。所以，《国家赔偿法》在规定行政赔偿范围和刑事赔偿范围时，使用了"在行使职权时"的行为这个概念，以期能够从范围、时间、程序方面作些界定、限制。

　　这个概念还揭示出了职务上行为的另一个特征，就是职务上行为不仅限于职务或职权决定行为，还包括有与职务、职权有关的事实行为。这些事实行为发生在执行职务过程之中，是执行职务整个过程中的行为内容或环节，同样具有执行职务的行为的特征，也是国家承担赔偿责任的行为范围。

　　最后，职务上的行为是与行使职权有关的行为。是否与行使职权、履行职务有关，是衡量职务上行为的内容特征，所有能够由国家承担赔偿责任的行为。之所以要由国家来承担赔偿责任，说到底是因为这是一种"公"的责任，是由于有"公"的行为造成了损害。而行为是否是"公"，关键在于它是否与"公"的职务、职权有关。如果有关，就是在履行职务，就是在行使职权，如果无关，就不是在履行职务，就不是在行使职权。因为，与职权无关的行为，按照《国家赔偿法》的规定，就是个人行为。国家当然不会对个人行为造成的损害承担赔偿责任。

　　那么，如何具体来判断职务上行为与个人行为呢？理论提出三个方面的综合判断标准：[①] 一是职权标准。即行为主体是否有合法的职权、身份，如果行为主体连合法的职权都没有，其行为不可能是职务上的行为，国家对其行为造成的损害不承担赔偿责任。也就是说，"无"中不能生"有"，"有"中才能生"有"，所以首先要界定行为主体是否具有职权。

---

① 马怀德主编：《国家赔偿法学》，中国政法大学出版社 2001 年版，第 38 页；薛刚凌：《国家赔偿法教程》，中国政法大学出版社 1997 年版，第 61 页。

二是时间和空间标准。由于执行职务的行为都有一定的时间和空间范围限制，因此，人们都会根据时间和空间的标准来判断是否是在执行职务。在一般情况下，如果国家机关工作人员在休假或脱岗在其他地方与人发生纠纷，不会是职务上的行为和国家赔偿纠纷，而往往是私人纠纷事务。三是名义标准。通常情况下，要看工作人员的行为是以谁的名义实施的，是否佩戴执行公务的标志，是否出示执行公务的证件，是否宣布代表机关行为的意思表示，等等。如果有此名义标准的，就应当认定是在执行公务，是职务上的行为。四是目的标准。目的标准是要看工作人员行为是否为公，是否为了维护公共利益，为了履行职责而不是为了个人利益等。如警察在下班回家的路上发现歹徒，上前抓捕的行为，是处于履行职责的动机和公的目的。

以上这些标准，仅仅是综合判断职务上行为的标准，在具体实务中，应当结合具体情况来综合判断，分别使用各种条件得出结论。而不是仅仅抱守某一标准，孤立、固执地进行推导。

理论上是有关于界定职务上行为的学说和观点主要有所谓的主观标准说和客观标准说，前者认为应当以行为人的主观意思表示作为判断行为性质的标准，或者以国家机关的意思表示为准，或者以工作人员的意思表示为准，总之是为了执行职务，为了公共利益而不是个人利益。后者（客观标准）认为应当以行为的表现形式为标准，即人们根据其客观表现、形式等足以认定其是在执行职务或是与执行职务有关，就是职务上的行为，而不论其内在的意思或目的。我国国家赔偿制度上的职务上的行为，是主观标准与客观标准的结合，既有所谓"行使职权"的实质内容，又有所谓"与行使职权有关"和"行使职权时"的范围与形式。其实，世界各国的判例、理论，都不是绝对的主观标准或绝对的客观标准，往往是主观与客观相结合的混合标准。在理论上学者们归纳出所谓的主观标准和客观标准，是反映出某种学说、观点的侧重和强调，绝对没有拒绝其他观点和学说的"孤傲"和"封闭"。那种对主观说和客观说大加指责、批评的做法，是否有欠客观、科学和公正呢？

四、行为侵权

何谓侵权？这个法律概念最早出现在民法规定中。《民法通则》第一百零六条第二、三款规定："公民、法人由于过错侵害国家的、集体的财产，侵害他人财产、人身的应当承担民事责任。""没有过错，但法律规定应当承担民事责任的，应当承担民事责任。"从该规定来看，既包括了因过错产生的责任也包括了非过错责任，可见中国《民法通则》采纳了广义的侵权行为的概念。国家赔偿中的侵权，是指违法侵权和法定的其他侵权情形。

就违法侵权而言，国家机关职务上行为违法，是行为要件中的另一项重要内容。如前所述，违法是国家赔偿的标准之一，当然也就成了国家承担赔偿责任的一个重要的构成要件。从世界各国制度看，违法，至少是或仍然是部分国家赔偿责任的构成要件之一。在我国法律中，违法仍然是国家赔偿责任的一个重要构成要件（除了法院执行法律文书错误、刑事错判以外）。按照现行法的规定，如果国家行政机关给公民造成损失的行为不违法，国家是不承担其损失赔偿责任的。

作为国家赔偿责任构成要件的"违法"，应当作广义的解释而不应当作狭义的理解。[①] 实践中存在的问题是，人们经常按《行政诉讼法》第五十四条的规定来理解"违法"，即主要证据不足、适用法律法规错误、超越职权、违反法定程序、不履行法定职责、（行政处罚）显失公正、滥用职权。由于行政诉讼中的这种违法是要经由法院通过行政诉讼程序来判决认定的，所以，就形成了国家赔偿责任的承担事事都要经过行政诉讼程序的局面（除非行政机关承认自己的行为违法并且愿意赔偿）。受害人一般是要先通过行政诉讼程序，打赢了官司，法院判决认定国家机关的行为违法，再提起国家赔偿程序。这种把国家赔偿责任负担条件的"违法"与作为司法审查标准的违法等同起来的认识和做法，我们认为是不正确的，也是不利于国家赔偿责任的实现的。从理论上讲，司法审查标准的违法，是建立在是否需要否定行政行为效力的衡量基础上，即使

[①] 理解违法的内容和理由可参见本章第 3 节。

行政行为与法律规定不一致，甚至相违背，也不一定都要认定为违法并撤销。如违反法定程序，就有一个违反的程序是什么内容和该内容的地位作用以及所违背的程度等问题的考量。而国家赔偿责任中的违法，则是在已经造成损害的基础上，是否有可归责于行为主体事由的考虑。显然，国家赔偿责任中的违法，是侧重于受害人损失的救济，行政诉讼中作为司法审查标准的违法，侧重于对行政行为的评价和效力的对待。二者的出发点不同，本来就不完全是一回事，用《行政诉讼法》第五十四条的违法标准来理解国家赔偿构成要件的违法，是狭隘的、不正确的。

五、结果要件

结果要件是指给公民、法人或其他组织的权益造成客观损害的结果。从法律上讲，任何赔偿责任，本质上都是对损害的弥补，如果没有损害，当然也就不会有弥补损害的赔偿责任，所以，损害是赔偿的前提条件。

损害结果，是一个内容丰富的法律概念，有以下三个方面的问题需要澄清。

其一，损害，是对权益造成的损害。《国家赔偿法》分别使用了"权益"和"权利"概念，按照理论通说，权益的范围似乎更为广泛一些，包括权利和相应的合法利益。我们认为，"权益"也罢，"权利"也罢，无非表达这样一种意思：主体实际上所享有、拥有、持有的权利、利益、自由等。权利或利益可以表现为物质形态，也可以表现为非物质形态，而自由则以主体的意思自治或自主决定为核心。

其二，损害，按照《国家赔偿法》的规定，是对合法权益造成的损害。如何理解这个"合法"呢？我们认为，所谓"合法"，是指在法律程序上没有被剥夺、取消、宣布为他人的权利、利益或非法利益，或者法律没有明确禁止享有、拥有、持有的利益等，就是该实际享有人、拥有人或持有人的权利、利益就是"合法"的。如因涉嫌走私被扣押的车辆，如果扣押行为被认定违法，该被扣押车辆应当返还赔偿。除非该车辆在此以前已经法定程序被宣布为走私车辆（非法利益）。又例如，警察在抓赌时没收了现场的货币，如果该没收行为被宣布为违法（或许只是程序违法），这些货币又没有在以前的程序中被宣布为非法利益，也应当返还。小偷得的赃物、赃款，贪官污吏收受的赃款等，在没有经过法定程序宣布为赃款、赃物以前，法律上我们不能认定为是赃款、赃物，而是他们的"合法"利益。当然，没收毒品的情形就不同了。毒品是法律明令禁止人们持有的物品，公民持有毒品被没收，即使该没收行为因为种种原因被宣布为违法，毒品也不应当返还。因为它不是"合法"利益，而是所谓的"违禁品"。

其三，损害，是一种结果状态。这种结果状态按照《国家赔偿法》的规定，有几种情形：一是对现有或已有权益的减损，即损失。如造成身体伤害的，已经支出的医疗费就是现有财产的减损。二是可获得权益的丧失。如身体伤害中的误工损失，是应当获得权益的丧失，而不是已经获得权益的减损。这种可获得权益的丧失，按照《国家赔偿法》目前的规定，是以法律规定为限的，并不具有一般的意义。三是将来必然发生的财产支付义务。如造成人员死亡的，还要负担由被死亡人抚养的无劳动能力人的生活费。四是损害目前只限于对人身权和财产权所造成的损害，其他方面权益的损害不是国家赔偿的范围，暂且不在国家赔偿责任负担的损害范围。

六、因果关系要件

因果关系要件，是指损害结果与国家机关职务上行为要有法律上的因果关系。有了这种前因后果的因果关系，就有了可归责于侵权行为主体的客观根据和联系。因此，因果关系是国家承担损害赔偿责任的客观根据，是国家赔偿责任不可或缺的构成要件之一。

关于法律上因果关系的理解，法学理论有所谓条件说、重要条件说、相当因果关系说和盖然因果关系说等。①

---

① 参见张新宝：《中国侵权行为法》，中国社会科学出版社 1998 年 8 月修订第二版，第 118 页；江必新：《国家赔偿法原理》，中国人民公安大学出版社 1994 年版，第 98 页；廖义男：《国家赔偿法》，三民书局 1998 年版，第 69 页；马怀德主编：《国家赔偿法学》，中国政法大学出版社 2001 年版，第 49 页。

所谓条件说，也称条件即原因说或无限制说。这种学说认为，对于造成损害的所有条件都具有同等价值，是致使损害结果发生的条件，缺乏任何一个条件，都不会发生该损害结果，所以，各种条件都是损害发生的原因。条件说的公式是：如无此行为，则无彼损害，此行为则为彼损害的原因。

重要条件说。这种学说认为，在形成结果的条件中，有些是实质性质或最重要的条件，有些条件是次要的条件，不同的条件在损害结果的发生中起的作用是不同的，应当把在损害结果中起重要作用的条件作为原因，其余的条件则是认定为仅仅是条件。

相当因果关系说，也称为适当条件说。这种学说认为，某种原因在特定情形下发生某种结果，还不足以断定二者有因果关系。只有在一般情形下，依照当时当地的社会观念，普遍认为也能够发生这样的结果，才能认定有因果关系。即有此行为，以客观观察，通常即会发生此损害的，就是有因果关系；如无此行为，则必不发生此损害，或者虽有此行为，通常不发生此损害，就是无因果关系。

盖然因果关系说。这种学说认为，受害人只需要证明损害行为与损害结果之间有相当程度因果关系的可能性即可，剩下的就是被告对此进行反证。如果被告不能证明不存在因果关系，就应当认定存在有因果关系；如果被告能够证明不存在因果关系，就认定不存在因果关系。

我们认为，以上学说都有一定的合理性和可借鉴之处。我们在国家赔偿实践中可以从案件的特点和类型出发，从不同的角度来综合判断因果关系。所以，法律上的因果关系，从来就不是一成不变的。在基本要素确定的情况下会随着案件类型和具体环境的不同而有所侧重。另外，法律上因果关系的分析，是在联系中进行判断的，而不是孤立要件的认定。在此基础上，我们认为相当（条件）因果关系是更为合理的学说，也就是把在发生结果中起重要作用的条件作为法律上的因果。例如，甲的房屋被法院在民事诉讼中查封（法院查封时已经通知了房地产主管机关），甲隐瞒事实将该房卖给乙，乙同意在房地产主管机关办好房产过户手续后再付款。后来因房地产主管机关未有保留法院查封的通知，办理房产过户的人员不知道该房已经被查封，即为甲和乙办理了房产过户手续。法院知道被查封的房屋已经被过户后即通知房地产主管机关，房地产主管机关即要求乙将房产证交还，乙不同意，房地产主管机关随即发出公告将该房产证注销。后法院根据民事判决将该房屋执行给了公民丙。此时，甲已死亡，无财产可供赔偿。乙提起行政赔偿诉讼要求房地产主管机关赔偿他的财产损失。在这个案件中，房屋是法院执行收走的，房款是交给甲的，但是房地产主管机关的办证行为是造成这一损害的条件，而且是重要的条件。因为依照房屋买卖合同和房屋交易的规定，房产交易必须在交易"场内"进行，要房地产主管机关审查过户（再付款）。如果没有这个"场内"交易和房产过户行为，就没有房产交易的实际履行。所以，按照该机关审查和办理手续行为在该过程中的作用来看，是重要条件无疑，构成法律上的因果关系。

第五节　国家赔偿标准

一、国家赔偿标准的概念

国家赔偿标准，是由《国家赔偿法》规定的赔付受害人损害程度的标准，我国国家赔偿的标准，就是由《国家赔偿法》所规定的赔付受害人所受损害程度的计赔标准。理解赔偿标准这个概念，需要注意以下几点。

一是国家赔偿标准。是由国家赔偿法律规范规定的，具有合乎法律规定的特征。而所谓由《国家赔偿法》法律规范规定，可以是由《国家赔偿法典》等专门法律作出特别的规定形式，也可以是《国家赔偿法》规定与国家赔偿法承认的其他法律规定形式，如《国家赔偿法》准用民事赔偿法律规定等。在我国现行制度中，是实行的由《国家赔偿法》专门规定的形式，民事赔偿规则不适用于国家赔偿事项。

二是国家赔偿标准。直接的内容是国家赔偿的标准，而不是受害人受损害或损失的计算标准。也就是说，在逻辑构成上，损害计算标准与赔付标准是两个不同层面的内容，虽然二者紧密联系，但是毕竟不是同一问题。而国家赔偿标准反映的内容是：国家究竟承担多大或多少（程度）的损害，以及赔付这些损害的确定根据是什么。所以，国家赔偿标准，实际上是由一套由人们设计的赔偿计算原则、规则、公式等这些内容构成的，我们研究赔偿标准，主要就是研究分析这些原则、规则、公式等的内容。在理论上经常听到这样的说法，认为赔偿中有损害或损失的计算规则和赔偿的计算规则。我们认为这种说法是不严谨和不正确的。因为损害或损失是个事实结果问题，无论人们或制度是否承认它，是否赔偿它，都改变不了损害的客观事实，人们能够自己做主并规定计算规则的，是赔偿的标准。

三是国家赔偿标准。虽然是以赔付标准为其直接内容，但是，这些由人们主观设计出来的赔付标准，必须建立在客观损害的基础之上。也就是说，赔付的标准应当与损害的程度相当，是以损害的计算标准为客观根据的，造成多少损害，就应当赔偿多少，这是天经地义的原则。因此可以说，赔付标准是与损害计算标准最密切相关的现象。人们在理论上研究国家赔偿标准时，有时是把赔付标准与损害计算标准作为一个对象来研究的，至少在大多数情况下是这样的。

四是国家赔偿标准是计算金钱赔偿的标准。在国家承担责任方面，不仅是金钱赔偿，依照《国家赔偿法》的规定，还有返还、恢复原状、赔礼道歉等形式。但是，赔偿标准是仅仅适用于金钱赔偿方面的标准规则，不适用于除金钱赔偿以外的其他责任承担形式。因为，赔偿标准所涉及的损害，只是所有能够"兑换"成金钱弥补的损害。这种将损害用金钱赔偿方式来弥补的一整套规则，就是我们所说的赔偿标准。由于国家机关行为造成损害的对象与客体不同，如对人身自由、对财产权、对精神损害等不同，法律相应设计的计算规则也就不相同。这正是我们要研究讨论的对象。

理论和制度上，将国家赔偿种类分为补偿性赔偿、抚慰性赔偿和惩罚性赔偿三种。

补偿性赔偿。是侵权主体对受害人按照受损害的实际程度填补损害的赔偿，损害多少赔偿多少，既不超出也不少于损害实际状况。补偿性赔偿，是所有赔偿种类中最基本的也是主要的赔偿形式，通过这种对实际损害的填补，使受害人所受损害得以恢复受害前的状态。

抚慰性赔偿。有两种情形：一是侵权主体对受害人所受损害不据实赔偿而是给予一定的赔偿，象征性地抚慰受害人。在这种情形下，赔偿的数额是低于受害人所受到的损害的。学者当中有认为抚慰性赔偿就是指这一种情形的观点。[1] 但是我们认为抚慰性赔偿还有另外一种，就是精神赔偿。所谓精神赔偿是因给公民生理、心理造成痛苦而进行抚慰的赔偿形式。在精神赔偿中，公民生理与心理上的痛苦是无法量化的，因此，通过金钱赔偿的形式来给予抚慰，达到赔偿的目的。

惩罚性赔偿。是指侵权主体承担除补偿性赔偿外的惩罚赔偿金，以过"度"赔偿的形式来惩罚该种侵权行为主体。惩罚性赔偿就是在实际损害以上的赔偿，一般只适用于法律规定的特别侵权损害情形，如故意违法或恶意侵害当事人权益等。在许多国家赔偿制度发达的国家设立有惩罚性赔偿，但是也有不同的做法和意见。[2] 无论如何，惩罚性赔偿制度在实践中所起到的积极作用（包括充分保护受害人和遏制严重违法或严重过错等）还是应当肯定的。

我国《国家赔偿法》规定的国家赔偿标准，主要是抚慰性赔偿，即象征性赔偿，如"吊销许可证和执照、责令停产停业的，赔偿停产停业期间必要的经常性费用开支。"但是在个别情况下也有补偿性赔偿的标准，如"造成身体伤害的，应当支付医疗费、护理费，以及赔偿因误工减少的收入。"我们确定国家赔偿标准遵循的原则主要有：一是据实赔偿原则，即按照损害的实际程度，损害多少赔偿多少，通过对受害人实际赔偿救济其权益、填补其损害；二是量力而行原则，即确定国家赔偿标

---

[1]　马怀德主编：《国家赔偿法学》，中国政法大学出版社2001年版，第254页。

[2]　如认为惩罚性赔偿不应当适用于国家赔偿而只能适用于民事赔偿，因为在国家赔偿中，所惩罚的对象是国家，对国家不应当也不可能适用惩罚，等等。

准应当根据国家的财力状况和承受能力，量力而行，不能也不可能只是根据实际损害完全赔偿。三是遏制违法过错的原则。通过赔偿确立是非标准，使违法者承担财产损失的负担，从而使其不再违法，起到纠错为正的作用。在制定《国家赔偿法》当初，就有不同的意见，有认为应把国家赔偿标准定得高一些，通过支付高额赔偿金来遏制违法侵权行为。也有认为应把标准定低一些的观点，因为国家赔偿制度是要通过赔偿来规范国家机关的行为，国家的财力有限，制度也才开创，实行适当赔偿是符合现阶段的国情的。

二、我国国家损害赔偿的标准

我国国家损害赔偿的标准，总的来说，是抚慰性或适当性标准，而且是根据被侵害对象特点的不同，制定有不同的标准。

人身自由损害的赔偿标准对人身自由的损害行为，是指对公民的人身进行羁押和对人身自由进行限制的行为。理论上讲，所有对公民人身自由进行限制的行为，都会损害公民的人身自由，但是依照《国家赔偿法》规定的范围，属于国家赔偿范围内的人身自由损害，包括人身羁押和其他对人身自由限制（部分）：一是限制公民人身自由的行政强制措施，二是剥夺公民人身自由的行政行为，三是拘留，四是逮捕，五是涉及人身自由的刑罚。在这五类行为中，前两种是行政行为，使用的是类别概念，在行政强制措施和剥夺人身自由行为类别概念下，行为的具体形式可以是多种多样的，如行政拘留、劳动教养、拘禁或其他法律上没有"名目"的行为。不仅如此，行政行为方面的限制词是"限制人身自由"，也是一个范围较大的概念，可以是羁押行为，也可以是并不羁押但限制公民行动自由的其他措施。而刑事措施方面则更为狭小，拘留、逮捕都是特定的法律概念而不是类别概念，是有一定的形式或法律标准的，除拘留、逮捕行为外，其他措施是不包括的。而且，拘留、逮捕都是羁押人身的措施，是限制人身自由行为当中一种特定的形式，不包括羁押以外的其他限制人身自由的行为。在刑事中还有一种是原判刑罚已经被执行的情形，这种刑罚措施是类别概念还是特定概念呢？我们认为，应当是类别概念。包括《刑法》规定的各种凡属刑罚的措施，而不管它是羁押人身还是限制人身自由。因此，《刑法》规定的涉及人身自由的刑罚措施徒刑、拘役、管制都属于该范围内的行为。这是我们根据《国家赔偿法》的规定作出的结论。

我们认为，对于《国家赔偿法》的上述规定，应当作实质上的理解而不能仅仅局限于文字。一方面，羁押人身与限制人身自由虽然是有些区别的，但是应当以限制人身自由这个更为广泛的概念标准来界定，不能以羁押为标准来界定；另一方面，限制人身自由应当是实质标准而不能是形式标准。我们无法预测和概括实践中存在和可能发生的形态各异的限制人身自由的行为形式，用形式标准肯定会出现"挂一漏万"的遗憾。只有用实质标准，不管是什么形式，只要在实质上或事实上限制了公民的人身自由，就是对人身自由的损害行为，应当属于国家赔偿标准的计赔范围。

那么，我们的人身自由损害赔偿标准又是什么呢？根据《国家赔偿法》第三十四条的规定，"每日的赔偿金按照国家上年度职工日平均工资计算"赔偿。也就是说，公民的人身自由被限制的，每实际限制一天，赔偿上年度职工日平均工资的日工资数额。国家统计局每年会公布上年度的年平均工资数，根据这个年平均工资数，除以该上一年度的全年法定工作日数，得出的结论就是职工日平均工资数。此外，所谓上一年度，是指赔偿义务机关、复议机关或者人民法院赔偿委员会作出赔偿决定时的上年度；复议机关或者人民法院赔偿委员会决定维持原赔偿决定的，按作出原赔偿决定时的上年度执行。

《国家赔偿法》确定人身自由损害赔偿的标准，与日本、中国台湾地区规定的一个数额幅度标准不同，① 是以日平均工资为根据来计算的，这种标准的计算方法我们认为更为科学、合理。因为，它与经济发展的状况始终是相适应的，是一个动态的发展标准，而且也与各地、各行业的

---

① 按照日本 1950 年《刑事补偿法》第四条的规定，羁押一日按 1000 至 7200 日元补偿，中国台湾地区规定羁押一日按 3000 至 5000 元台币赔偿。

工资收入标准相适应，维持了一种大体上的平衡，适当体现差异。如果用一个绝对数来确定赔偿标准，经济和收入的变化在人们生活中的地位作用也会发生变化，换句话说，反映不出一天收入在不同发展阶段的份额。《国家赔偿法》规定的这种随机标准可以克服这些缺陷和不足。

（一）生命权损害赔偿标准

生命权被损害，就是被致死亡这一种情形。按照《国家赔偿法》的规定包括有：以殴打等暴力行为或者唆使他人以殴打等暴力行为造成公民身体伤害或者死亡的，违法使用武器、警械造成公民身体伤害或者死亡的，造成公民身体伤害或者死亡的其他违法行为，原判刑罚已经执行的（如被执行死刑的）。在行政赔偿方面，有一个周延的概念"造成公民死亡的其他违法行为"，使得这个领域的生命权损害都可以得到损害赔偿。而在刑事赔偿领域则不然，它只规定了暴力致死、武器警械致死和刑罚执行致死这三种形式。这是一个问题。①

死亡的赔偿标准是什么呢？《国家赔偿法》规定的赔偿标准是三项内容：一是死亡赔偿金，是赔付给死亡人亲属的一种抚慰金。二是丧葬费，即因丧葬事项需要支出的费用。《国家赔偿法》对死亡赔偿金和丧葬费的计算赔偿标准，是规定在一个条文中的，没有分别进行规定，所以，确定死亡赔偿金和丧葬费的标准就是一个概括的标准，即应当支付死亡赔偿金、丧葬费的总额为国家上年度职工年平均工资的 20 倍。三是对死者生前抚养的无劳动能力的人，还应当支付生活费。该生活费是赔付给死者生前抚养的无劳动能力的人，对象特定，其他人无权获得该生活费的赔偿。从理论上说，死亡赔偿金，应当是对死者正常生命延续能获得的合理收入为根据的，但是，各国制度都不是完全以此标准来确定，而是以对被抚养人的生活需要、对死者亲属抚慰、因丧葬事项的费用支出为主要计算内容的。对于生活费的赔偿标准，与死亡赔偿金和丧葬费不同，是按照被抚养人情况而定的，如果被抚养人是未成年人，生活费给付至

---

① 如在刑事诉讼程序中因别人被刑讯逼供自己受不了精神折磨而跳井死亡等，就不在这三种形式之中。

18 岁为止；如果是其他无劳动能力的人（如老年人、生理残疾人等），生活费则给付至被抚养人死亡时止。而生活费的具体数额，参照当地民政部门有关生活救济的规定标准确定。关于损害生命权赔偿金的赔付办法，死亡赔偿金和丧葬费的赔付办法，是一次性的，按照上年度职工年平均工资的 20 倍来计算，并一次性赔付。而对于生活费的赔付方法，我们认为有两种：一是一次性计算并赔付；① 二是逐年赔付生活费，物价上涨因素和当地生活费救济标准发生变化的，应当相应变化。

（二）健康权损害赔偿标准

健康权损害，就是对公民的健康权造成损害的各种情形，包括对公民身体的伤害和致公民身体残疾。健康权损害的赔偿标准，是根据被害人治疗、恢复健康所需费用和因此减少收入数额等来确定的。因此：一是医疗费。医疗费是医治受损身体和恢复健康的医治费用和恢复费用，主要包括治疗费、检查费、住院费等一切属于医疗范畴的费用。医疗费的计算，是据实计算和据实赔偿，只要确属医疗费用，都应当赔偿。二是护理费。三是误工损失。即因身体受到伤害不能正常工作，误工而减少的收入。误工减少收入的标准，《国家赔偿法》规定的是法定标准而不是事实标准，也就是按照上年度职工日平均工资来计算每天的误工损失，累计最高限额不超过上年度职工年平均工资的 5 倍。这个法定标准，是不以受害人误工的实际损失来计算的，所以，我们在认定"误工损失"的时候，对于有无"工"可误和误工是否有"损失"这两个问题，是以可能性标准来判断的。② 四是残疾赔偿金。残疾赔偿金是指对造成身体残疾丧失劳动能力人的赔偿金。由于劳动力是一个人在社会生活、生存的

---

① 如果是一次性赔付的，以后物价上涨因素和当地生活费救济标准发生变化不考虑在内。

② 如有的受害人是失业人员，从事实标准来看，是没有"工"可误的，有的有"工"可误人员，也不一定会减少收入，如公务员受伤医疗期间，所在单位可能并不减扣其任何收入等等。这些都不影响国家赔偿的误工损失计算，因为我们实行的法定标准而不是事实标准，实际上就是要在健康权受到损害时，除赔偿医疗费以外，还应当赔偿其他"名目"下的一定的金额。

基本能力，丧失劳动力也就丧失了获得物质生活条件的能力，损害者自然应当承担更重的赔偿金，使其能够继续具有生活能力。《国家赔偿法》规定的残疾赔偿金有三种情形：对于丧失部分劳动力的，残疾赔偿金标准是上年度职工年平均工资数的 10 倍；对于丧失全部劳动力的，残疾赔偿金标准是上年度职工年平均工资数的 20 倍；对于受害人抚养的无劳动能力人还要赔偿生活费，生活费的标准是对未成年人赔付至 18 岁，对成年人赔付至死亡，具体数额参照当地民政部门的生活救济标准确定。

（三）财产权损害赔偿标准

财产权损害赔偿标准，在《国家赔偿法》中也是分门别类作有规定。这样既可以更加具体清楚，实际上也限制了赔偿的数额。

一是对于处罚款、罚金、追缴、没收财产或者违法征收、征用财产的，实行返还财产的处理方法。这种返还，包括有返还金钱和其他财产物，在金钱返还方面是不承担利息的，只是返还原值的金钱。

二是对于查封、扣押、冻结财产的，解除对财产的查封、扣押、冻结。如果造成了被查封、扣押、冻结财产损坏或者灭失的，要赔偿损坏或灭失财产相应赔偿金。[1] 所谓相应赔偿，是与损坏或灭失财产价值相当数额的赔偿之意，虽然不一定绝对相等，但是肯定应当与之大体相等，而且，如不相等还应当有合理合法的理由。我们认为，该"相应赔偿"绝对不是象征性赔偿的意思。

三是对于财产已经拍卖或者变卖的，应当赔付拍卖所得的价款，或者按照财产价值赔偿。值得注意的是，《国家赔偿法》在这里规定的"拍卖或者变卖所得的价款"，而不是别的意思。我们理解，必须是以拍卖方式或者变卖方式处理的，才适用该赔偿标准，如果国家机关没有适用拍卖方式或者变卖方式而是适用了其他处理方式，就不能适用该种赔偿标准。另外，赔偿标准是两个：一、拍卖或者变卖所得价款，是体现了

---

[1] 严格地说，返还财产和解除强制并不是赔偿标准范围内的内容，只是对于违法行为所涉及财产权益损害的一种处理方法。但是，鉴于《国家赔偿法》在此有规定，作为整体性内容进行介绍。而相应赔偿金才是赔偿标准的范畴。

"如数归还"的赔偿标准，当然也只限于价款本身，不包括相应利息等。二、变卖的价款明显低于财产价值的，则不按变卖所得价款标准赔偿，转而按财产价值标准予以赔偿。

四是对于吊销许可证和执照、责令停产停业的，赔偿停产停业期间必要的经常性费用开支。这里的吊销许可证和执照、责令停产停业，应当是实质性概念而不是形式概念，即使国家机关没有采取吊销或责令形式，只要其行为的内容和结果是他人停产停业，就应当理解为符合该条的规定。如将企业的生产设备扣押、封存，致使企业处于停产停业状态，也应当适用该条。另外，所谓"必要的经常性费用开支"，是指在停产停业期间，维持该企业或经营场所继续存在必需的费用，一般都包括水电费用、房屋租赁费用、职工的劳保工资、看护企业或经营场所人员的工资等。

五是返还执行的罚款或者罚金、追缴或者没收的金钱，解除冻结的存款或者汇款的，应当支付银行同期存款利息。

六是对财产权造成其他损害的，按照直接损失给予赔偿。所谓其他损害，是指除以上所列财产损害以外的其他未列的财产损害情形，如执法人员将公民正在售卖的物品打翻在地损坏的。这些其他情形，赔偿的标准是一个统一的"直接损失"，即侵权行为直接作用于财产所造成的损失，或是受害人为了补救损失支出的费用。直接损失的特征是现有财产的减少，如为治疗残疾支出的费用、被砸坏的财物等。

三、外国的国家赔偿标准

外国的国家赔偿标准也是各式各样，不尽相同，但是有些基本的观念、制度标准是相同的。

赔偿标准问题，在许多国家的法律中并不是一个特别的问题，因为一般都是适用民事赔偿的标准，法院或赔偿义务机关会根据多年形成的民事赔偿计算标准来计算和赔付国家赔偿金额，没有另外的原则和规则。而且，这个问题主要是个计算或技术性质的问题，而不是一个重要的法律标准问题。在许多外国学者的著述中，有关国家赔偿责任内容的论述，一般都不会专门涉及国家赔偿标准。也就是说，只有在国家赔偿标准特别或有很多限制规则的时候，才需要学者们给予特别的关注。① 所以，在侵害财产权益方面，有关国家赔偿责任的法律一般都没有什么特殊的规定，几乎完全是适用民事赔偿的规则和标准，理论上也不专门讨论。对于赔偿损害是否包括间接损害这样的问题，原则上也是要赔偿的。如德国《国家赔偿法》第 2 条就明确规定："应当赔偿的损害包括所得利益以及依据本法第 7 条标准发生的非财产损害，所得利益指根据事情的通常进程或根据特殊情况，特别是根据已有设备和措施可能获得的利益"。②

当然，在国家机关侵权事项方面，毕竟还是有一些不同于民事赔偿事项的内容。如对于人身自由权侵害的，对生命健康权侵害的等，都或多或少会有些特殊，法律也有特别的规定。英国的《王权诉讼法》对于国家赔偿标准没有作专门的规定，只是对一些特殊事项作了赔偿标准规定。如第 9 条对于与邮政包裹有关的赔偿标准作了限制性规定："根据本项规定所提起的诉讼，其赔偿总额不得超过行为当时该包裹的市场价格。""诉请赔偿的最高总额，不得超过依据邮政规定，补偿受害人就该邮政包裹所付挂号费在内的总和。"在美国《联邦侵权赔偿法》中也是没有关于赔偿标准的大量规定，只有一些特殊的专门规定："美国联邦政府，依据本法关于侵权行为求偿的规定，应于同等方式与限度，与私人一样地负担民事责任，但其责任不及于判决的利息或惩戒性的赔偿金。"

对人身自由侵害的赔偿标准。一般都会有专门的规定，因为，人身自由被限制一天，在法律上能够"兑换"成多少赔偿金，是需要法律规定标准的。在德国，1971 年的《刑事追诉措施赔偿法》第 7 条规定的标准是："每羁押一日赔偿 20 马克"。日本的《刑事补偿法》第四条规定是："由于关押或拘禁而给予的补偿，除前条和下一条第二款规定的情况

---

① 我们的学者在国家赔偿著述中几乎没有不涉及国家赔偿标准的，而且多是用一个章节的内容来论述，这从一个侧面反映出我们的国家赔偿制度对于赔偿标准的规定有太多的特别内容和限制，这是很遗憾的。

② 我们经常讨论的间接损害是否赔偿的问题，应当说主要是我们自己的问题，而不是各个国家的问题。

外，应按照日数，以每一日 1000 日元以上 7200 日元以下金额的比例交付赔偿金。由于执行惩役、监禁或拘留以及拘押而给予的补偿，亦同。"中国台湾现行的规定是，每羁押一日赔偿 3000 至 5000 元台币。

对于生命权损害赔偿的标准。依据美国《联邦侵权赔偿法》原则规定，"美国联邦政府仅在实际或补偿性的损害范围内负其责任，"而且，此项损害，"按死亡对于提起诉讼的利害关系人所造成的金钱损害估计。"德国《国家赔偿法》专门规定了对所谓间接受害人的请求权，一是"对被致死者的埋葬费应赔偿给依法定义务应负担该费用的人。"二是"死者在受害时依法对第三人负有抚养义务，或可能对第三人负担抚养义务，第三人因死亡而丧失受抚养的权利时，第三人的损失应依照死者在可能生存期中抚养第三人的义务，通过定期金得到赔偿。义务损害时第三人为胎儿时赔偿义务也存在。"三是因死亡，"受害人对第三人未尽其依法在家务上或职业上应负担的义务而造成的损失，以定期金赔偿。"日本的《刑事补偿法》第四条规定，对于执行死刑给予的补偿，在 2000 万日元以内，如有财产损失的，就是财产损失加 2000 万日元。而在非刑事的死亡赔偿方面则是规定这样几项：一是殡葬费。二是生命受害当时的月薪或实收额之 1 个月至 60 个月或平均工资 360 日元至 1700 日元的遗属赔偿。三是对死亡人的直系亲属以及配偶，斟酌死者的社会地位或过失程度以及遗属生活状况或遗属赔偿额等，应赔偿抚慰金。韩国《国家赔偿法》也是规定了有丧葬费，根据被害人的社会地位、过失程度、生计状况及损害赔偿额等赔偿其精神抚慰金，以生命被害时的月薪，或每月实收入，或平均工资等，乘以将来可能就业期间计算所得金额的赔偿。

从各国规定中可以看出，对损害生命权的赔偿标准，包括有所得利益损失、死亡赔偿金、丧葬费、对亲属的抚慰金、对负有抚养义务的第三人的赔偿等多方面。而且，计算标准有多样性，可供选择适用，有利于赔偿请求人。尤其是把将来可能就业期间考虑在内的计算标准，是较为高的赔偿计算标准，这在对身体伤害的赔偿规定中显得尤为重要。

对身体健康损害的赔偿标准。身体伤害赔偿标准是一个多重内容的赔偿标准，一般都不止一项赔偿内容。如韩国和日本的《国家赔偿法》

就规定身体伤害赔偿标准有这样几项：一是必要疗养或必要疗养所需的疗养费。二是因疗养致使月薪额、月实收额，或者平均工资的收入，其疗养期间损失额的休业赔偿。三是如留有残疾的，因该残疾致使其减少劳动能力时，依照其残疾的程度，以受害当时的月薪额、月实收额，或平均工资等，乘以将来可能就业期间计算所得金额的残疾赔偿金。四是对受害人的直系亲属及配偶，根据被害者的社会地位、过失程度、生计状况及损害赔偿额等，在法律所定的标准内，赔偿精神抚慰金。瑞士《关于联邦及其机构成员的责任的瑞士联邦法》第5条规定：如果被害人不是立即死亡的，侵权主体要赔偿"试图治疗的费用和因丧失工作能力而造成的损害"，如果身体受到伤害，被伤害人有权请求"赔偿费用以及基于对经济进展造成的困难的考虑请求补偿因全部或部分丧失工作能力所造成的损害。"在赔偿金的确定方法上，还规定"如果在判决宣告时尚无法充分准确确定伤害后果，法官可以保留自判决之日起两年以内更改判决。"或者像我国台湾规定的那样，"法院可依申请为假处分，命赔偿义务机关暂先支付医疗费或丧葬费。"有利于及时保护受害人的权益，在实践中很有价值，也很值得我们借鉴参考。

四、问题与建议

我们认为，赔偿标准在根本上是要赔偿受害人的损失，应当以受害人的实际损失为根据，这是大前提和原则。离开这个大前提来确定国家赔偿标准，都是错误的。现行的《国家赔偿法》关于赔偿标准的规定较低，有些内容明显不合理，加上实践中的一些错误观念和做法，使得受害人获得的赔偿远远不能弥补其受的损害，也起不到足够的遏制违法行为的作用。我们认为，国家赔偿标准应当是与民事赔偿标准相同的，只有对国家赔偿的特殊事项，才作特别的规定。这是其一。其二，确定损害赔偿的方法，对于能够一次性确定的，可以采用一次性确定；对于无法一次性确定的，或暂时无法确定的，可以采用预先支付的方法。

赔偿标准总的意见是：提高国家赔偿标准，使国家赔偿标准至少不低于民事赔偿标准。其办法是，损失的计算和赔偿的程度，原则上按照民事赔偿标准，即按照完全赔偿原则计算损失和赔偿损失。少数超出民事赔偿标准的规则，可在国家赔偿法中专门规定（如人身羁押的损害与赔偿、政治权利损害的赔偿等），其余的都适用民事赔偿的标准来计算损失和赔偿。这样规定，对于解决计算损失范围、程度是有益的，诸如间接损失或可预期利益损失、精神损害的金钱赔偿等问题，也都可以一并解决。另外，建议取消最高赔偿幅度的限制，设置最低赔偿限度标准。这样，可以使国家赔偿标准在总体上略高于民事赔偿标准。具体的建议有以下几种。

一是建议国家赔偿的精神抚慰金数额应当略高于民事赔偿中精神损害赔偿金数额。因为，国家机关给他人造成的精神损害，要比公民之间造成的精神损害更大。是否可以确定一个比例，如上年度职工平均年工资总数 10 倍以内，等等。

二是建议增加惩罚性赔偿。惩罚性赔偿可以限制在：国家机关工作人员故意违法侵害他人权益的，或国家机关工作人员有重大过失且造成他人重大损失的。惩罚性赔偿数额的计算，建议以实际损失为基准，确定一个比例（如在实际损失幅度以内）计算赔偿数额。

三是对于侵犯人身自由的赔偿数额，由两部分构成。第一部分是日平均工资。把上年度职工日平均工资作为一个最低限度，同时规定日平均工资的 10 倍为最高限度，根据具体情况在该幅度内决定。第二部分是增加规定被羁押期间可得利益损失的赔偿（按照民事赔偿计算）。以上两项总和，计算损害赔偿额，不设最高限制。如果在此之外，还有符合精神损害赔偿的和惩罚性赔偿的，再分别计算，合并确定最终赔偿数额。

四是对于财产权、人身权以外其他权利的损害赔偿标准，如政治权利或受教育权利等被侵害的赔偿标准，如何计算？是否也是以日平均工资为计算标准？或者是确定一个数额幅度？

除以上四项不同于民事赔偿标准外，其余的损害赔偿，国家赔偿法可以不作专门规定，而适用民事法律来计算损害和决定赔偿数额。如果要保留《国家赔偿法》的现行规定，我们建议：

对于侵犯生命、健康权的，应当取消最高限制的规定，按照民法的民事赔偿标准计算损失和赔偿，即据实赔偿。

对于已经拍卖的财产，以市值赔偿（是当时的市值还是现在的市值，要按照有利于受害人的原则决定），而不是赔偿拍卖所得的价款。

对于停产停业的，要增加合理的可得利益损失赔偿，而不仅仅是经常性费用支出。这方面，可以按照民事赔偿规则计算损失和赔偿。返还原物的，如果有损失，应当加赔损失部分（市值也按有利于受害人的原则决定）。

第六节　国家赔偿的程序

国家赔偿的程序，就是实现国家赔偿责任的过程，对于受害人来说，就是获得国家赔偿的求偿程序，对于赔偿义务机关来说，就是承担国家赔偿责任的程序。

按照《国家赔偿法》的规定，我们实行的是两套不同的程序：行政赔偿程序和刑事赔偿程序。

一、行政赔偿程序

行政赔偿程序，是指行政赔偿责任的实现程序。在这一程序进行过程中，会主要涉及赔偿请求人、赔偿义务机关、先行处理程序、复议程序、诉讼程序和执行程序等，以下逐项介绍。

（一）行政赔偿的请求人

所谓行政赔偿的请求人，是指享有行政赔偿权利并请求赔偿义务机关确认和履行赔偿义务的主体（公民、法人、其他组织）。

其一，行政赔偿请求人，必须是提出了行政赔偿请求的人，也就是说，在法律程序上，请求人是启动行政赔偿的主体。如果不提出赔偿请求，始终不会成为赔偿请求人（即使他再有资格）。

其二，行政赔偿请求人，须是依法享有行政赔偿权利的人。请求人这个法律概念，其文字意义似乎仅仅包含程序内容，其实不然。除程序意义外，还有实体意义，即享有行政赔偿的权利。所谓请求人，实际上是借程序之表，含实体之内容。

那么，什么样的人具有这种实体上的权利呢？依照《国家赔偿法》的规定，有两种人：一种是受害人，受到行政侵权行为侵害的人，包括行政侵权行为的相对人和其他与该侵权行为有法律上利害关系的人。也就是《国家赔偿法》第六条规定的受害的公民、法人和其他组织有权要求赔偿。另外一种是除受害人以外的其他享有赔偿权利的人。这些人与受害人之间有继承、抚养关系，在受害人死亡的案件中，是获得相应行政赔偿的权利人。死亡赔偿金、丧葬费、被抚养人的生活费等，都是他们享有的权利，他们就是这类赔偿权利的主体，也就是赔偿请求人，而不是代表请求人提出赔偿请求的人。

其三，行政赔偿请求人，提出的请求内容是行政赔偿，即要求赔偿义务机关履行其赔偿责任，从而实现自己的赔偿权利。在法律上，对行政赔偿的程序要求是先行确认再行赔偿，所以，请求人提出行政赔偿请求，事实上包含着请求确认和请求赔偿的内容。由于在实践中，很多行政赔偿案件都是随着行政诉讼案件进行的，所以，分清诉讼原告提出的请求内容是重要的。我们不能以形式标准来判断原告提出的请求，而应当以实质标准来判断原告提出的请求，看其内容是否包含要求行政赔偿的内容，如果有，在客观上和法律上就是提出了请求确认和请求赔偿的要求，而不是说原告必须要清楚地既提出了确认要求又提出了赔偿要求。

（二）行政赔偿的义务机关

所谓行政赔偿义务机关，是指代表国家参与赔偿程序、履行赔偿义务的主体（行政机关和授权组织）。

其一，行政赔偿义务机关，是代表国家履行赔偿义务、承担赔偿责任的主体。国家赔偿责任，是国家的赔偿责任，而不是国家机关的赔偿责任，更不是国家机关工作人员的责任。但是，国家是一个抽象的主体，它的责任、义务，要由具体的机关或被授权组织来代为履行。所以，这个代为履行赔偿责任的主体，就是赔偿义务机关。

其二，行政赔偿义务机关，是有一定资格条件的限制的。国家赔偿责任是国家的赔偿责任而不是机关的赔偿责任,这句话并不等于说任何国家机关都可以代表国家履行赔偿责任。在法律上,谁来代表国家履行赔偿义务,是有条件资格限制的。这个资格条件就是:行政侵权行为的主体。谁是实施行政侵权行为的主体,谁就是该行政赔偿义务的主体。因为只有在行政程序中实施了侵权行为的主体,才最有能力也最有责任对此负担责任。按照《国家赔偿法》的规定,确定赔偿义务机关的标准就成为这样:行政机关及其工作人员行使行政职权侵犯公民、法人和其他组织的合法权益造成损害的,该行政机关为赔偿义务机关。两个以上行政机关共同行使行政职权时侵犯公民、法人和其他组织的合法权益造成损害的,共同行使行政职权的行政机关为共同赔偿义务机关。法律、法规授权的组织在行使授予的行政权力时侵犯公民、法人和其他组织的合法权益造成损害的,被授权的组织为赔偿义务机关。受行政机关委托的组织或者个人在行使受委托的行政权力时侵犯公民、法人和其他组织的合法权益造成损害的,委托的行政机关为赔偿义务机关。赔偿义务机关被撤销的,继续行使其职权的行政机关为赔偿义务机关;没有继续行使其职权的行政机关的,撤销该赔偿义务机关的行政机关为赔偿义务机关。经复议机关复议的,最初造成侵权行为的行政机关为赔偿义务机关,但复议机关的复议决定加重损害的,复议机关对加重的部分履行赔偿义务。

其三,行政赔偿义务机关,是参与行政赔偿程序的当事人。行政赔偿程序这个概念,是一个包含行政程序和司法程序在内的概括概念。在各个不同的阶段,赔偿义务机关的身份、名称等都不一定相同,如在行政复议程序中是被申请人,在诉讼程序中是被告,在自行协商程序中可能成为协商程序的当事人等等。无论具体阶段的具体名称怎样,在总的法律程序中,赔偿义务机关必须是参与进行政赔偿程序中来的当事人。赔偿请求人、复议机关、法院等,都不能在没有赔偿义务机关参与的程序中决定赔偿义务机关的赔偿责任事项。

(三) 先行处理程序

依照《国家赔偿法》的规定,"赔偿请求人要求赔偿,应当先向赔偿义务机关提出,也可以在申请行政复议和提起行政诉讼时一并提出。"这种先向赔偿义务机关提出行政赔偿请求的并进行赔偿事项处理的程序，就是理论上所说的先行处理程序。

先行处理程序，就是请求人先与赔偿义务机关提出、协商和决定赔偿内容的程序。在这一程序中，当事人双方自行处理赔偿事宜。一般来说，自行处理能够有效及时地解决赔偿事项，免去进一步复议、诉讼的过程，节省法律资源，便利当事人，也有利于及时稳定社会关系。所以，很多国家的法律都规定了先行处理程序。

按照《国家赔偿法》的规定，我国行政赔偿的先行处理程序，是一个有条件的选择程序，而不是一个绝对的必经程序。所谓选择程序，是指在先行处理程序之外，还有可以不经过先行处理程序的其他程序，即行政复议程序和行政诉讼程序。请求人可以直接向行政复议机关提出赔偿请求，也可以直接向法院提出赔偿请求，而不是每一个行政赔偿请求都必须经过先行处理程序。但是，这种可选择性是有条件的，不是无条件的，这个条件就是：请求人提出了行政复议或行政诉讼。也就是说，请求人如果提出了对行政行为的行政复议申请或提起了行政诉讼，在复议或诉讼程序中，可以一并要求解决行政赔偿事项。所以，是否提出并启动了行政复议和行政诉讼程序，是选择先行处理程序的条件。当然，即使有行政复议和行政诉讼，请求人也可以选择使用先行处理程序。这样，请求人实际上面临几种选择：一是先向赔偿义务机关提出，二是在提起的行政复议中一并要求处理行政赔偿事项，三是提起的行政诉讼程序中一并要求处理行政赔偿事项，四是即使启动有行政复议和行政诉讼，也可以单就行政赔偿事项向赔偿义务机关提出要求处理。

先行处理程序，由请求人提出启动，他必须向赔偿义务机关提出而不是向其他机关提出。如果赔偿义务机关只有一个，应向该赔偿义务机关提出；如果赔偿义务机关有一个以上，他既可以向各赔偿义务机关提出，也可以向其中任何一个赔偿义务机关提出。而且，在向几个赔偿义务机关的其中一个赔偿义务机关提出时，凡属共同赔偿义务机关的情形，该被请求机关在法律上有义务先承担全部的赔偿义务，而不是只承担一定份额的赔偿义务。所以《国家赔偿法》规定："赔偿请求人可以向共同赔偿义务机关中的任何一个赔偿义务机关要求赔偿，该赔偿义务机关应当先予赔偿。"但是，这种情况只适用于几个赔偿义务机关共同承担相同的赔偿义务的情形。如果几个机关分别实施了不同的职权行为，造成了不同的权益损害，则不属于共同赔偿义务机关，不适用该条的规定。如劳动局查封了一企业的经营场所，同一天公安局也因同一事由查封了该经营场所。公安局在7天以后解除了自己的查封，而劳动局则继续查封该场所一年。事后，被查封企业提出行政赔偿请求，对一年查封造成的损失申请行政赔偿，不能只对公安局提出，而应当分别向公安局和劳动局提出赔偿请求。

在先行处理程序中，所要处理的事项当然是行政赔偿事项，也就是解决赔偿还是不赔偿、赔偿多少等问题。如果按照《国家赔偿法》规定的行政赔偿条件或前提来讲，不仅限于此内容，还应包括所有决定行政赔偿的条件、因素及赔偿结果本身。如行政主体的行为是否违法，是否有因果关系，请求人本人是否也有一定的过错，是否属于赔偿范围，是否符合赔偿方式和赔偿程度，请求人是否是合格的赔偿请求人，等等。对于这些内容的先行处理，双方可以自行协商或由有赔偿义务机关单方面作出处理决定。处理的内容和形式只要不违反法律的禁止性规定，我们认为都是合法的、有效的。例如，《国家赔偿法》在行政赔偿责任形式上没有规定补偿责任形式，只规定了赔偿责任形式。在实践中有的案件就是以"补偿"名义来了结的。又例如，《国家赔偿法》没有规定补偿情形，但是实践中，行政机关与受害人之间先行处理方案中，有时会有补偿条款的内容。在《国家赔偿法》规定的行政赔偿前提条件中，违法是必须的条件，是违法归责原则，但是在先行处理程序中有的机关与受害人之间达成的赔偿协议，就没有涉及国家机关行为是否违法或回避了是否违法的重要问题。这些做法，是否违法无效呢？我们认为，这些做法不违反法律的禁止性规定，是当事人自行协商处理的结果，为法律所允许，应当承认其有效性。关键的问题是对于行政赔偿事项有了一个处理结果。当然，如果不是在协商而是由行政主体单方面作出决定的话，则必须按照上述规定办理，否则就是违法。

先行处理程序中有行政主体行为是否违法的内容，这种行为违法与否的问题是要由赔偿义务机关来依法确认的，这就有了行政赔偿程序中的确认程序问题。

协商赔偿，是《国家赔偿法》的新规定。按照协商赔偿的规定，赔偿义务机关作出赔偿决定，首先应当充分听取赔偿请求人的意见。其次是可以与赔偿请求人就赔偿方式、赔偿项目和赔偿数额依照本法第四章的规定进行协商。因此，协商的范围事项有三项：一是赔偿方式。例如，赔礼道歉方式或者金钱赔偿方式。赔礼道歉的形式、地点、时间等。二是赔偿项目。即哪些项目需要赔偿，可以一一协商确定。三是赔偿数额。即金钱赔偿的具体数额等。在国家赔偿实践中，协商的具体内容还可能包含赔偿款是一次性支付还是分期支付等事项。

关于确认问题。根据《国家赔偿法》的新规定，删除了原法中的"依法确认"字样。这意味着在法律上，行政赔偿无须确认程序，而直接进入赔偿程序。但是，行政赔偿范围规定中都有"违法"的限制，也就是说，行政赔偿的前提条件仍然是行政行为或者事实行为有违法。虽然没有专门的确认程序，但却需要在决定赔偿前认定行政行为或者事实行为是否违法侵权。

行政赔偿程序，可以是独立进行的一套程序，也可以是非独立性的程序。如果附带在行政复议或者行政诉讼中要求行政赔偿，行政复议或者行政诉讼过程中已经认定行政机关的行为违法。那么就完全没有必要再对该行为的合法性进行认定了，而只是以复议或诉讼中的违法认定为前提来申请行政赔偿就够了。单独提起的行政赔偿程序中要求认定行为是否违法的，实践中主要适用于事实行为。诸如在执行职务中的打人行为、损坏财产行为、侮辱言行等这些事实行为，经常是没有输入行政复议和行政诉讼程序中的，复议机关和法院有时也不会接受仅仅是对于事实行为申请的行政复议和提起的行政诉讼。

（四）行政复议程序

行政赔偿的请求，依照法律规定，可以在行政复议或行政诉讼程序中一并提出，这就是所谓附随行政赔偿提起程序。在附随程序中，首先是行政复议程序。在行政复议程序中，可以一并解决行政行为是否违法的问题，也可以一并解决损害赔偿责任问题。复议当中对违法行为的确认，其形式可以是宣布该行为违法，也可以是撤销该行为，或者是变更该行为。无论哪一种情形，只要在是否违法问题上的评价是否定的（即认为行为违反了法律），就属于违法确认。具体说，就是对行为违法的评价，可以在复议决定的结论中单独出现，也可以作为撤销或变更的理由出现。如果申请人在申请行政复议时一并提出了行政赔偿请求，行政复议机关对符合《国家赔偿法》的有关规定应当给予赔偿的，在决定撤销、变更具体行政行为或者确认具体行政行为违法时，应当同时决定被申请人依法给予赔偿。如果申请人在申请行政复议时没有提出行政赔偿请求的，行政复议机关在依法决定撤销或者变更罚款，撤销违法集资、没收财物、征收财物、摊派费用以及对财产的查封、扣押、冻结等具体行政行为时，应当同时责令被申请人返还财产，解除对财产的查封、扣押、冻结措施，或者赔偿相应的价款。在这种情况下，这些处理措施就不是典型的赔偿责任形式，而是作为行政复议处理的形式了。

（五）行政诉讼程序

与行政复议程序中附随行政赔偿请求一样，行政诉讼程序中也可以附随行政赔偿请求和处理结果。其实，在行政诉讼程序中处理行政赔偿事项，依照法律的规定可以有两种情况：一种是附随于行政行为提起的行政诉讼；另外一种是单独向赔偿义务机关申请行政赔偿，对于行政机关作出的行政赔偿决定不服的，再就此单独提起行政赔偿诉讼。无论是哪一种，法院都有权在该诉讼程序中全面决定行政赔偿的事项，如行政行为是否违法，行政机关是否应当承担行政赔偿责任，以及应当承担什么样的行政赔偿责任等。

二、刑事赔偿程序

刑事赔偿程序，是指国家承担刑事赔偿责任的程序。理论上也有把它称为司法赔偿程序的。其实，《国家赔偿法》明确规定的就是刑事赔偿程序，只是因为该刑事赔偿程序同时也适用于非刑事的（部分）司法赔偿事项，才有称其为司法赔偿程序的理由。我们认为，从《国家赔偿法》的设立本意上看，这套程序只是刑事赔偿程序，将刑事赔偿程序准用于非刑事的司法赔偿，并不构成改变刑事赔偿程序的足够理由。根据《国家赔偿法》关于刑事赔偿程序的规定，也是有先行处理程序、复议程序，还有刑事赔偿中独有的决定程序。

（一）先行处理程序

按照《国家赔偿法》的规定，刑事赔偿程序中，赔偿请求人要求赔偿，应当先向赔偿义务机关提出。赔偿义务机关应当自收到申请之日起两个月内，作出是否赔偿的决定。赔偿义务机关作出赔偿决定，应当充分听取赔偿请求人的意见，并可以与赔偿请求人就赔偿方式、赔偿项目和赔偿数额依照本法第四章的规定进行协商。

（二）复议程序

刑事赔偿的复议程序，与行政赔偿的行政复议程序不同，是指赔偿义务机关逾期不赔偿或者对赔偿数额有异议的，请求人可以向其上级机关申请复议，由复议机关对赔偿事项进行审查和作出复议决定的程序。在刑事赔偿事项方面，赔偿义务机关有公安机关、安全机关、检察机关、监狱管理机关和人民法院，但作为复议程序只适用于除法院以外的公安机关、安全机关、检察机关和监狱管理机关，对法院不适用复议程序，而是请求人直接向上一级法院的赔偿委员会申请赔偿，由该赔偿委员会作出赔偿决定。

请求人提出刑事赔偿请求后，赔偿义务机关拒绝受理赔偿请求、作出不予赔偿决定、逾期不予赔偿，或者赔偿请求人对所作出的赔偿决定数额、赔偿方式等有异议的，请求人均可以通过向上级机关申请复议的程序来请求救济，复议机关在这一复议程序中有权也有责任解决以上这些复议事项。这里的逾期不予赔偿，就是指自收到赔偿申请请求后两个月内还没有作出赔偿决定的种种情形，即逾期还没有赔偿结果。

复议机关作出赔偿决定的期限为两个月，也就是自收到刑事赔偿申请之日起两个月以内，应当作出赔偿方面的决定，包括赔、不赔、赔多少、怎么赔等方面内容的决定，该决定要制作决定文书送达请求人。如果请求人对该决定仍然不服，可在收到决定书之日起三十日内向法院的赔偿委员会申请决定赔偿；如果复议机关在两个月内没有作出决定的，自两个月期满之日起三十日内，请求人也可向法院的赔偿委员会申请决定赔偿。刑事赔偿程序就进入了所谓的决定程序。

（三）决定程序

刑事赔偿的决定程序，是指法院赔偿委员会受理刑事赔偿请求并审查作出赔偿事项决定的程序，是刑事赔偿的最终程序。

刑事赔偿的决定程序，是一种非诉讼程序。对于这种程序，理论界和实务界是有争论的。① 但是我们先应当搞清楚这种程序的特点：一是决定程序是由法院内部的国家赔偿委员会决定赔偿事项的程序，而不是由某一个审判庭来主持进行的；二是决定程序在决定赔偿事项时是实行少数服从多数的决定原则，由赔偿委员会以少数服从多数的程序来作出决定；三是决定程序在法律上没有原告与被告，只有赔偿请求人与赔偿义务机关；四是决定程序实行非诉讼的程序，没有公开开庭，没有两造对抗，没有质证与认证，没有平等的辩论，没有诉讼程序具有的要求与特点；五是赔偿委员会最终作出的是决定而不是判决。所以，不适用对判决的上诉、二审制度，实行"一决定终身"的制度。

很明显，决定程序与诉讼程序是不同的。决定程序具有的这些特点与不同，或许有它的及时有效作用，但更多的则是它在实践中暴露出来的严重缺陷。其中最大的缺陷就是这种程序缺乏公开性、对抗性、可监督性和公正性。所以，实践中也在进行一些适度的改革，如将听证制度引入决定程序，以期在公开性和对抗性方面作些改进。但是，我们认为立法关于决定程序而不是诉讼程序的制度设计是存在缺陷的，这些缺陷是无法仅仅通过增加听证制度得到克服的。

---

① 学者们对这种程序提出了严厉的批评，认为它是不公开的程序，是没有两造对抗的程序，缺乏起码的公正和可信赖性。

（四）赔偿委员会

赔偿委员会是设立在中级人民法院和中级以上人民法院的审理司法赔偿案件的审判组织，是由审理法院的三至七名审判员组成的。该委员会只审理司法赔偿案件，而不审理行政赔偿案件，行政赔偿案件按照诉讼程序由法院的行政审判庭负责审理，司法赔偿案件则是由该赔偿委员会来负责审理决定的，所以法院的赔偿委员会实际上只是司法赔偿委员会。所谓司法赔偿案件，赔偿义务机关就是刑事赔偿中的公安机关、安全机关、检察机关、监狱管理机关、法院，以及民事、行政诉讼中的法院。也就是说，它的"被告"经常是法院。鉴于司法案件当事人的这种特殊性，不少人对完全由法院的赔偿委员会来审理决定司法赔偿案件的制度，提出了不同意见，是值得参考的。①

赔偿委员会是法院内部的一个审判组织，而不是一个独立于法院以外的组织。它的设立、人员的组成、权力的行使，都是由法院最终决定的。赔偿委员会的赔偿决定，是加盖所在人民法院的印章对外的，对于重大、疑难的司法赔偿案件，还要经过法院的审判委员会讨论作出结论。

---

① 最根本的意见是认为，法院做了自己案件的法官，显然有失于公正，难以取信于当事人，难以取信于社会大众，违背司法应当具有的本质——公正。

第四十四章

行政上之损失补偿①

沈开举　　　　法学博士。现任郑州大学法学院常务副院长、教授、博士生导师。兼任中国行政法学会副会长，河南省法学会行政法学会会长。主要研究方向为行政法、土地管理法。发表论文70余篇，出版专著数部，主要有《行政责任研究》《行政征收研究》《行政补偿法研究》《中国土地制度改革研究》。

---

① 本章系作者主持的国家社科基金项目《行政补偿法研究》成果的部分内容，参加撰稿和资料收集的还有杨俊峰博士、司坡森博士。

　　损失补偿是与损害赔偿相对的一个概念，一般而言是对私人为公共利益所遭受特别牺牲时给予的弥补与回复。在西方宪政民主国家中，对于保障私人权益而言，损失补偿要比损害赔偿更受重视。因为在一个法治社会，公权力违法、任意地侵害私人权益的行为已较为鲜见，且较容易受到抵制与纠正，私人所遭受的损害也较容易获到救济。关键的问题是，对于合法的公权力致使私人遭受特别损失予以补偿。这对于保障私人财产权尤其重要。损失补偿制度的确立，使得公权力对于私人权益进行剥夺与限制，即使为公益所必需，由多数人以民主程序决定，也必须对于为公益承受特别负担的私人予以充分的、公正的补偿。从而使私人权益尤其是财产权益保障真正落到实处。

　　在我国，国家权力一向广泛而庞大，私人权益尤其是财产权被挤压在边缘。固然，当前中国，公权力违法侵犯私人权益的问题仍然非常严重。但对此毕竟有《宪法》《国家赔偿法》等基本的立法。关键的问题在于相关立法的实施和进一步完善，而且理论研究也已相当深入。相比之下，在中国这个长期尊奉公益至上、贬抑私人权益，法即国家意志为正统观念的国度里，对于私人权益的损失补偿一直未得到应有的重视。在制度层面，损失补偿刚刚写进宪法，具体制度更是繁杂凌乱，补偿范围过于狭窄，补偿的原则及适用标准不公，与国外所通行的"及时、充分、有效"的公正补偿相去甚远。这不仅使私人损失得不到应有的救济，也使得公权力对于私人权益的限制、剥夺行为受不到应有的约束，导致实践中以公共利益之名恣意侵犯私人权益现象屡见不鲜。因而，在借鉴西方国家先进经验，并结合中国国情的基础上，系统深入地研究损失补偿制度便成为我国公法学界所面临的一项重大课题。

　　从理论上而言，损失补偿包括立法上的损失补偿、行政上的损失补偿和司法上的损失补偿三种。鉴于本书是行政法教材，所以本章主要探讨行政法上的损失补偿即行政补偿。

第一节　行政补偿的概念

概念是开展研究的基础，没有对概念的精确界定，就必然会影响对所要研究事物的准确把握。然而毋庸讳言的是，概念混乱、体系不清仍然是我国行政补偿研究的一大问题。这在相当程度上阻碍了对行政补偿全面、深入的认识。行政补偿概念的确定依赖于对相关问题的认识。因此我们先探讨与行政补偿相关的几个概念：行政赔偿、征收补偿、其他特别牺牲补偿和社会补偿，然后再总结行政补偿的概念。

一、行政补偿与行政赔偿

在我国，国家补偿是与国家赔偿相对应的一个概念，两者是同属于国家责任之列。① 按一般理解，补偿被认为是由于合法行为引起的②，赔偿则是由违法行为引发的。在当前我国公法学界，对于国家赔偿的重视程度要远远大于补偿。③ 而实际上国家补偿要比国家赔偿具有更为重要的地位，国家补偿制度的产生要远远早于赔偿。

近代西方，长期以来公务员违法侵犯私人权益的损害赔偿责任被当作官吏责任，由其个人来承担。即使在由专制主义转向立宪民主的国家，也无非是由对国王的盲目尊崇转变成了对主权的尊崇，国家仍然不承担侵权赔偿责任。在英美，依照主权豁免（Sovereignty Immunity）观念，作

---

① 参见吴庚：《行政法之理论与实用》，三民书局增订第七版，第657页。
② 也有学者认为所有行政机关给予私人的救助行为都是行政补偿，如社会补偿等。
③ 在我国宪法学界，几乎所有的宪法教科书都在公民权利部分介绍公民取得赔偿的权利，基本上没有介绍补偿问题。我国行政法学中也同样存在类似的问题。在所有行政法教科书中，都辟专章介绍赔偿问题，但在很多教科书当中却没有对补偿问题进行探讨。虽然近年来新编的教科书也对补偿进行介绍，但其对补偿的重视程度、分量和深度显然远远不及赔偿部分。研究赔偿的专著不胜枚举，而专门研究补偿问题的著作却没有一部。已有的论文也多是浅尝辄止，远不够系统深入。

为主权者的国家乃是国家法律的渊源，不承担法律责任。主权豁免源自英国长期奉行的"国王不可能为非"（The king can do no wrong）原则。在英国普通法中，没有国家的观念，英王即代表国家。国王不可能做错事，当然也就无须承担侵权赔偿责任。美国继承了普通法上的主权豁免原则，1821 年马歇尔首席大法官在科亨诉弗吉尼亚案件的判决中宣称美国联邦不能做被告。从此以后，美国法院一直适用这个原则。① 在大陆法系，与之相应的是委任理论（Mandatstheorie）。依此理论，国家对于官吏的委任仅限于合法行为，作为官吏负有依法行事的注意义务，如有违法侵害私人权益的行为，应视为官吏个人行为，由其自负赔偿责任。1794年的《普鲁士一般邦法》及 1900 年的《德国民法典》就体现着这样的观念。②

在近代，公务违法的赔偿责任由官吏个人承担也与当时的赔偿责任的归责原则有关。近代的赔偿责任追究采取的是过错归责原则。过错与违法紧密相连，违法往往便是有过错的。根据过错归责原则，个人必须为其过错承担责任，且只为其过错承担责任。这体现了古典自由主义的法律观。再者，在进入近代法治国家时代之后，对私人权益受到官员违法侵害危险相对较少，且容易受到抵制和纠正。而且，在近代，国家对于社会干预较少，国家的行政职能有限，公民受行政权违法侵害的机会不多，国家不负赔偿责任对社会危害不大。

总起来讲，在 18 世纪的西方各国，公权力的违法赔偿领域普遍奉行国家无责的观念，违法的职务侵权责任由公务员个人承担。这种状况一直持续到 20 世纪。之后，由于这种做法的弊端——官吏个人财力有限，不足以满足对受害人的救济；有碍于官吏积极执行公务——国家代位责任理论乃至国家自己责任（无过错责任、危险责任）理论才逐渐取代了委任理论。在实定法上，直到 1910 年德国《帝国公务员责任法》才规定了国家对于违法侵权责任代为承担侵权责任。其后 1919 年的《魏玛宪

---

① 参见王名扬：《美国行政法》，中国法制出版社 1995 年版，第 732—733 页。
② 参见吴庚：《行政法之理论与实用》，三民书局增订第七版，第 694 页。

法》第 131 条又对国家代位责任理论进行了规定①。在美国，广泛地放弃主权豁免原则已经是 1946 年制定联邦侵权求偿法之后的事了。

与国家赔偿制度的姗姗来迟相比，国家补偿制度的确立要早得多。其产生可远溯至 17、18 世纪德国的开明专制时代，当时在自然法思想及社会契约观念的影响之下，一般认为，国家对于个人所享有的既得权利仅能基于特殊的公用需要，才能予以剥夺和限制。② 之后，1787 年美国宪法和 1789 年法国人权宣言中规定了国家征收私人财产权的补偿责任。

二、征收补偿

西方的补偿制度发轫于近代的财产征收制度，而且现代西方补偿制度也仍主要是财产征收补偿。国外学者在探讨补偿问题时莫不从征收谈起。毫无疑问，与专制相比，民主政体往往更有利于私人财产权的保障。在民主体制下，公权力任意违法侵害私人财产的行为已较为鲜见，且较容易受到抵制与纠正。然而，在民主体制下，对私人财产的最大威胁也恰恰来自于民主的多数——合法剥夺或限制是主要方式。凡致使私人为公益承受特别负担的公权力行为——无论是近代意义上的取得合法财产（主要是以土地等不动产）用于公共用途，还是仅仅对于私人财产权的过度限制——都被视为构成"公用征收"（betaken for publicuse），在中国内地学界，这一概念一般被译作"征收"。

英国人最引以为豪的自由是，即使是穷人破旧的茅舍，风能进、雨能进，但不经主人允许，即使国王也不能进。但是，如果国王不是来叩门，而是通过征收权来征购他的茅舍，那么他便无力来对抗国王。③

---

① 《魏玛宪法》第 131 条第 1 项规定："公务员行使受托付的公权力违反对第三人的职务上的义务时，原则上由国家或公务员任职的公法人负其责任。"

② 参见陈新民：《德国公法学基础理论》（下册），山东人民出版社 2001 年版，第 420—421 页。

③ See Thomas SUlen "The Public Use of Private Property", at Taking Property and Just Compensation, Kluwer Academic Publisher, pp.163-165.

"从来没有哪个制度否认过宪法的征收权，重要的是征收的法律限制。"① 对于征收，最重要的法律限制方式便是必须给予私人公正的补偿。征收有两大特征：其一，在目的上是为公共需要；其二，在实定法上是合法的。正因为如此，其对私人财产的侵害也更容易被忽视。国家征收即使通过民主程序作出，也不能保证个人财产免于任意侵犯之虞。在经典的立宪著作《联邦党人文集》当中就充满着这样的忧虑——立宪者们爱他们的国家，但更爱的是他们的土地！因此，对国家的"征收"权加诸宪法的约束就成为必然②：所有权是神圣而不可侵犯的人权，除非为了公共利益的要求，以及事先给予公正的补偿，不得予以剥夺（法国《人权宣言》第 17 条）；任何人……不经正当法律程序，不得被剥夺生命、自由或财产。未经公正补偿，私人财产不得征作公用（With out just compen sation, nor shall private property be taken for publicuse）（美国宪法修正案第五条）。

其他西方诸国宪法，也都先后规定了相似条款。它们虽因语言与时代不同而用词稍异，但其精神却一脉相通。进而使宪法体系中，财产权保障、征收和补偿三者融为一体（三位一体），不可分离。概括而言，西方国家宪法中，私人财产保障条款大致有三重结构：不可侵犯条款（正面宣示）；征收条款；补偿条款。

在德国，基本法为了确保私人财产在征收时，一定可以获得补偿，还专门制定了所谓的"联结条款"。依此条款，对于财产的征收，唯有依据法律，而该法律并"同时"有规定征收补偿的"额度"及"种类"时，方可准许（《德国基本法》第 24 条第 3 项）。

---

① ［美］路易斯·亨金等：《宪政与权利》（中文版），生活·读书·新知三联书店 1996 年版，第 155 页。

② 故而，在极端的美国学者如 Charles Beard 看来，美国宪法无非是有产者对抗大众利益，保护其财产权益的阴谋。See, Norman Dorsen, Constitutional Limitationson Government Regulation of Private Property, p.2. 2002 世界宪法年会论文。

由此观之，西方国家宪法对财产权保障的直接宣示性条款实际上并不重要，重要的是在国家对私人财产实施"征收"（take）时，对私人因此而承担的特别负担给予正当补偿。

征收补偿制度在宪法上的确立，使得公权力对于私人财产进行剥夺与限制，即使为公益所必需，由多数人以民主程序决定，也必须对于为公益承受特别负担的私人予以充分的、公正的补偿，从而使私人财产被保障真正落到实处。西方国家征收补偿制度与民主宪政相伴而生，其宪法上的财产权保障实际上主要就是征收补偿问题。

为了实现对私人财产权有效保障，征收的含义在西方被极大地扩展。这导致征收表现形式多种多样，极大地超越了其本来的含义。其基本形式有以下三种①。

（一）古典征收（eminentdomain）：政府为公用取得财产

征收这一概念产生于近代。当时，主导的国家观乃是"管得最少的政府便是最好的政府"，国家的职能被限定于提供国防、治安、基本公共设施等最基本的公共产品。这是夜警国家时代的典型特征。因而，在征收制度的创始时期及其后相当长的一段时期内，征收的含义非常狭窄，往往仅限于国家为了公用（如建设铁路、公路机场、军事设施等）强制购买私人土地。所以，征收主要是指政府依照法律规定的程序和方式直接取得私人土地等不动产。在美国称为eminentdomain，"是指政府机构取得私有财产，将其转作公共使用的固有权力，同时应就取得私产给予合理补偿。"② 实际上就是政府强制取得私人不动产，同时给予私人公平的市场价格③。在英国，这种征收被称为强制购买（Compulsory Purchase）。

---

① 在德国及我国台湾地区，还有一种准征收的补偿。准征收补偿实际上是违法但无过错的公权力行为所造成的特别牺牲的补偿，在我国应属于国家赔偿，所以这里不再讨论。

② See Black Law Dictionary, Seven thedition, West Group, p.1467.

③ See Condemnation Property: Practiceand Strategies for Winning Just Compensation, Theodore J.Novak BrianW.Blaesser, Thomas F.Geselbracht, Rudnick & Wolfe, p.66.

在德国，这种征收形式被称为古典征收。①

古典征收的主要特征如下。

1. 财产征收的标的，限于所有权及其他的物权。实际上主要是土地的所有权。

2. 法律形式是行政机关以具体行政行为的方式和程序作出。

3. 以满足某种特定公用事业的需要为征收目的。古典征收理论要求必须有一个公用事业（如自来水厂、电厂及政府机构、学校等等）存在。亦即，必须该事业需要征收的标的物时，方可认为有充足的公用需求。②

4. 将土地所有权移转于另一权利主体，亦即发生权利变动的结果。由上可知，早期的征收制度，乃是一种获取财产的过程，主要是指为修筑道路或铁路而取得私人土地，以满足公共设施建设的需要。当然，将其称为"古典征收"并非意味着它只存在于近代。相反，即使在现代国家，这种为公用而取得私人土地的方式仍是征收的主要形式。为了不至于产生误解，我们不妨借用公用征收来代替古典征收这一概念。

（二）管制性征收（Regulatorytakings）：应予补偿的财产权限制

福利国与行政国时代的到来，要求国家对于私人财产权以各种不同的方式予以干预和限制。从社会连带的观点来看，私人在行使权利时，依法律负有一定程度的社会义务，所以，如果国家对私人财产权利的限制造成损失时，如该损失属于社会义务的范围者，个人自应忍受；但在有些情况下，因限制存续时间过长，或因限制强度过大，而使私人财产权受到特别损害，即国家限制私人所造成的损失如已超过其所应尽的社会义务而形成一种"特别牺牲"时，基于"公平负担"的法理，自然应给予一定的补偿，才合乎公平。

---

① 参见陈新民：《德国公法学基础理论》，山东人民出版社2001年版，第421—422页；李建良：《损失补偿》，载翁岳生编：《行政法》（2000），中国法制出版社2002年版，第1669页。

② 陈新民：《德国公法学基础理论》，山东人民出版社2001年版，第421—422页。

与此同时，现代工业社会的发展，造成政治、社会经济的变迁，致使个人的经济基础也发生改变，土地不再是生活的主要凭借。私人财产的多样化也必然要求将征收的标的从土地等不动产所有权扩展至其他财产权利，这样才能借助征收补偿机制来保障私人财产权——因为对于合法公权力行为造成的损失，获得救济的宪法依据只有征收补偿条款。

在这种情况下，古典的征收概念显然不能为私人提供应有的救济，因此，就必须对原来狭隘的征收概念进行彻底改造，才能适应新的形势。于是，法院突破了征收乃取得不动产所有权这种形式化的征收概念，而是基于特别牺牲、公平负担原则，来重新阐释宪法上征收的含义：宪法不经公正补偿即不得征收条款的目的是，"禁止政府强迫某些人单独承担按照公平和公正的原则本应完全由全体公众承担的公共负担"[1]。进而，征收概念被革命性地扩张，将国家对于财产权所进行的过度限制也纳入征收的范畴之内。

由于这种征收是通过具有强制力的法规的管制作用而间接的、在效果上拘束财产，而非直接移转财产的所有权，因而在美国被称为管制性征收（Regulatorytakings）。[2] 这种管制性征收的实质是对于财产的使用权的过分限制乃至于剥夺，进而使私人承受了特别的损失——基于公正而言，这种负担本应由社会全体来承担。

管制性征收的主要特征在于：

1. 征收标的包括任何具有财产价值的权利在德国，早在魏玛初期，帝国法院在审理有关房屋强迫分租案件判决中，就明确宣示：只要对所有权的限制，就足以构成征收侵害。在稍后，帝国法院在撤销一件有关退休金的案件时，进一步表示，任何对于《魏玛宪法》第153条所保障的财产权利（各种具有财产价值的私权利）所为的侵害，就应该视为征收侵害。这个判决，使征收的标的不再以所有权以及其他物权为限。只

---

[1] Armstrongv.United States,364 U.S.40,49(1960).

[2] See Condemnation Property:Practice and Strategies for Winning Just Compensation,Theodore J.Novak Brian W.B Laesser Thomas F.Geselbracht,Rudnick & Wolfe,p.42.

要是任何具有财产价值的权利，包括代债权在内，皆可列入征收侵害的标的范围。①

在美国，除非为宪法或制定法条款所排除，实质上任何一种财产权利，无论是动产还是不动产，有形的还是无形的，以及任何一种或任何一种程度上的财产利益，政府对其过度的限制都可构成管制性征收。政府对财产的管制导致合同终止进而造成损失、对提高租金的限制也都可构成征收，进而须给予补偿。②

2. 征收可以由法律直接予以执行——所以也可称为立法征收在法院实务中，1924 年 12 月，德国帝国法院审理一件因矿业法而导致退休金被撤销的案件时，首次肯定由法律可以直接造成征收的效果。③ 管制征收的可能性受到肯定，应可源于当时理论上将宪法财产权保障的财产权扩张到一切"具财产价值的私权利"。故而，只要直接因法律的实施，导致私人财产上的损失，即可归属于"管制性征收"的范围之内。④

3. 不以"公用企业"或政府机构的存在为必要如前所述，古典征收是为了公共设施而取得土地等不动产。故而，需要存在明确的使用、管理公共设施的公共企业或政府机构。德国帝国法院 1927 年 3 月的判决主张，只要将具有古迹价值的不动产，登录在"古迹保护表"上，只要该不动产的所有权人，因此而遭到财产上的损失（例如该不动产的市价，因此而导致价格急剧下跌），即应视为征收。在本案中，即不再以一个公用服务的公共企业的存在为征收前提。⑤

4. 必须给予补偿之所以将对财产权利加诸的过度限制认定为征收，

---

① 参见陈新民：《德国公法学基础理论》，山东人民出版社 2001 年版，第 423 页。

② See Theodore J.Novak Brian W.Blaesse Thomas F.Geselbracht, pp.10—11.

③ 参见陈新民：《德国公法学基础理论》，山东人民出版社 2001 年版，第 423 页。

④ 参见陈新民：《德国公法学基础理论》，山东人民出版社 2001 年版，第 424 页。

⑤ 帝国法院认为，只要侵及民法第 903 条，所有权人的"依其喜好"的处分限制且有利第三者时，即可属于征收，在帝国法院稍后的看法，GRZ128, 18ff 亦再度表示这种见解。C.Schmitt, J.W 1929 S.495.见陈新民：《德国公法学基础理论》，山东人民出版社 2001 年版，第 424 页。

乃是出于对私人财产权的保护出发，假借"征收"这一概念而已。这是将对财产权的限制纳入征收之内的目的所在。

综上所言，管制性征收实质上是"造成特别损失的财产权限制或干预"或"应予补偿的财产权限制或干预"。

（三）事实征收（de facto takings）：公权力附随效果损害

当国家并非有意占有或使用私人财产，或者限制私人财产权，而仅仅是其合法行为的附随结果在客观上造成了私人财产的损失时，该如何处理？例如，公路管理机关清除积雪的行为造成使盐长时间地漫溢在私人地产上，这造成私人供水污染、农作物枝叶脱落、灌溉设施损坏以及其他的损害。[1] 公路管理机关的行为得到了制定法授权并且是以合理的方式作出的，但是，对财产所有人造成的损害与在征收中由于被征收而受到财产利益损失几乎一样。另一个有趣的例子是：当军方的飞机经常性地飞临财产所有人土地的上空时，农场主养的小鸡受到惊吓而撞死在鸡舍墙上。法院据此认为对所有权人农场上的财产利益的征收已经成立。[2]

在这些情况下，尽管政府没有表现出任何出于公共目的而占有或使用财产的意图，但上述行为也构成了征收。[3] 在美国，这被称为事实征收（de facto takings）。事实征收乃是指合法的公权力行为或措施，在实施过程中，对于个别的私人造成的附带结果或后果。该侵害并非出于国家机关的本意，但逾越了财产权人所能忍受的程度。在我国台湾地区被称为"公权力附随效果所引发的损害。"[4] 在英国，与之相似的概念是损害和干扰（Nuisance and Disturbance）。"损害和干扰"是指合法的公权力行为或公用设施（如机场、公路、铁路、国防设施）在正常运作过程中给私

---

[1] Fossv.Maine Turnpike Auth.,309 A.2d339.341（Me.1973）.

[2] United Staesv.Causby,328U.S.256（1946）.

[3] Homv.City of Chicago,87N.e.2d 642,646（Ⅲ.1949），Cert.denied & appeal dismissed, 338U.S.940（1950）.

[4] 李建良：《损失补偿》，载翁岳生编：《行政法》（2000），中国法制出版社 2002 年版，第 1781 页。

人利益带来的某种损害和干扰。①

在德国，则以"具有征收效果的侵害"概念来涵概这一问题。由于这类公权力行为不具违法性，属于合法的公法行为，因此，私人原则上应予容忍。然而，如果像道路修筑措施，其对营业造成的影响程度，已使该商家濒临停业边缘，私人当然没有容忍的必要，在此情形下，国家应该予以补偿，才不失公正。这一概念在后续的发展中，逐渐扩及于其他类型的公权力行为，例如国有设施所产生的公害，特别是因交通所产生的噪音。②

总而言之，政府行为只要在效果上剥夺了财产所有人在其财产上所有法定利益或在某些情况下其大部分利益，就应认为该行为构成了征收。征收并不一定是政府取得财产所有权，只要存在着政府破坏或在实质上减损财产权人的权利或其财产上利益的事实，就足以构成对财产的征收。③

"事实征收"与前述"管制性征收"颇有类似之处：其涉及的公权力行为均属合法的行为，都是因为个别具体情况中，发生若干"特别牺牲"的情事，从而有予以补偿的必要。所不同的是，前者通常是国家所为的行为具有规制性，且对私人的财产所为"有意"地进行法律限制；而后者则多属事实行为，其对私人的财产权所生的损害，多系出于"偶发"或"不可预见"的事件，而非对私人的权利进行"有意"的限制或侵害。④

综上所述，为有效保障私人财产权，西方国家宪法上的征收这一概念的含义被极大地扩展，已远远不限为公用而取得土地等不动产这一传统意义上范围。这使国家对私人财产权的限制措施也可能被视为征收；

---

① 参见［英］韦德：《行政法》，中国大百科全书出版社 1997 年版，第 496—499 页；姜明安主编：《外国行政法教程》，法律出版社 1993 年版，第 195—197 页。

② 参见陈新民：《德国公法学基础理论》，山东人民出版社 2001 年版，第 421—422 页。

③ United States.v.General motors Corp,323U.S.373,378(1945).

④ 参见李建良：《损失补偿》，载翁岳生编：《行政法》（2000），中国法制出版社 2002 年版，第 1782 页。

而且，合法公权力行为的附随效果所造成的损害也被视为征收。

于是，西方宪法上的征收已不复本来的含义，"能指"与"所指"间产生了极大的断裂与紧张。征收这一概念成了一个似乎无处不用的"万金油"。其深层次的根据在于特别牺牲与公平负担的法理。由是观之，所谓的征收与其说叫作征收，倒不如说"致使私人财产权益遭受特别牺牲的合法公权力行为"。

三、其他特别牺牲补偿

如前所述，在补偿制度产生后相当长的一段时间内，补偿一般上仅限于财产权益的特别牺牲补偿，其根据是宪法上的财产权征收补偿条款。然而，非财产权益因公权力行为遭受的特别牺牲时能否获得补偿呢？

在德国，联邦最高法院在1953年的一起疫苗接种案件中，首次确认了补偿的范围及于财产权以外的其他权利。① 以前，帝国法院将牺牲请求权限于对具有财产价值的权利的侵害，绝对地排除了非物质性权利。而联邦最高法院在1953年12月19日的一个有关接种的原则性判决中，废除了帝国法院的判例，并且表明：对《基本法》第2条第2款保障的权利即生命和健康的保护不得少于对具有财产价值的权利的保护，据此将特别牺牲原理扩展到非财产权领域。② 由于特别牺牲原理一般上适用于财产权补偿领域，所以非财产权的特别牺牲补偿可称为特殊的特别牺牲补偿。③ 另外，日本有关的立法学说和判例也承认了要求公民提供劳力以及

① 参见李建良：《行政法上损失补偿制度之基本体系》，《东吴大学法律学报》，第48—49页；另可参见［德］哈特穆特·毛雷尔：《行政法总论》，高家伟译，法律出版社2000年版，第733—737页。

② 同时，由于联邦最高法院在补偿方面一般是依据《基本法》第14条的征收条款来判断财产权侵害案件，所以，牺牲请求权实际上往往就限于非物质性权利。（参见［德］哈特穆特·毛雷尔：《行政法总论》，高家伟译，法律出版社2000年版，第733页）

③ 参见［德］哈特穆特·毛雷尔：《行政法总论》，高家伟译，法律出版社2000年版，第733页。

因预防接种而侵害生命、健康的损失补偿。① 在法国，行政机关通过公用征调的方式强制而取得劳务的补偿也属于对非财产权的补偿。②

除此之外，中国学者认为由行政机关代表国家对相对人主动为公共利益遭受的损失的弥补也被认为是一种行政补偿。③ 相对人为公共利益的遭受损失的典型例子是见义勇为和公务协助④。相对人主动为公共利益实施相应行为而遭受损失类似于民法上的无因管理。相对人本没有为公共利益实施相应行为的法律义务却主动实施该行为，因而，由于实施这种行为而遭受的损失显然不应由其承受。换言之，这种损失属于特别牺牲。这种补偿类似于德国行政法上公法领域无因管理的特别牺牲补偿。⑤

四、社会补偿

前述各种补偿的情形都属于特别牺牲补偿。但如果私人所遭受损失并非属于为公益而承受的特别牺牲时，他能否获得补偿呢？如果严格按照特别牺牲与公平负担原则，这当然是不可能的。然而，在现代社会国家观的影响之下，即使私人所遭受的损失并非特别牺牲，国家也可以对其损失给予救助，以保证其基本的生存权利。在德国、日本及我国台湾地区，在特定的情况下对于私人所遭受的非特别牺牲的救助被称为社会

① 参见［日］室井力：《日本现代行政法》，吴微译，中国政法大学出版社1995年版，第193页。
② 有关公用征调的论述参见王名扬：《法国行政法》，中国政法大学出版社1988年版，第405—410页。
③ 可参见方世荣编：《行政法与行政诉讼法》，中国政法大学出版社1999年版，第188页。
④ 公务协助应分为两种情况：一种是公民有法定协助义务的公务协助和无法定义务的公务协助。有法定义务的公务协助不存在补偿的问题，而只有在公民无法定义务的情况下提供公务协助才应当给予补偿。在德国，社会补偿中包括了行政协助，但这种协助只能是有法定义务的行政协助。而无法定义务的公务协助补偿，显然是属于特别牺牲补偿，而不属于社会补偿。
⑤ 有关德国公法领域内无因管理的论述，参见［德］哈特穆特·毛雷尔：《行政法总论》，高家伟译，法律出版社2000年版，第747—750页。

补偿。如果说特别牺牲补偿是保障消极自由的内在要求，那么社会补偿则是保障积极自由的一种体现。社会补偿主要有防止危险而产生的损失补偿、① 暴力犯罪受害者补偿、战争及政治受难者补偿等。②

严格来讲，社会补偿并非典型意义上的行政补偿，主要是德国和日本公法上的概念。实际上基本可归于社会保障的范畴。因此，本章不作深入论述。

五、行政补偿概念

通过以上论述可以看出，行政补偿是一个变动不居的开放体系，人们对于行政补偿存在不同的理解。所以，我们很难用一个概念来明确地界定行政补偿，而只能分不同情况来理解。

（一）狭义的行政补偿

从狭义上而言，行政补偿是指行政主体对于私人因合法行政行为而遭受的特别牺牲给予的填补与回复。它是由合法的行政行为所引起的，因而区别于行政赔偿。这种特别牺牲既包括行政行为所造成的财产权益的特别牺牲，也包括行政行为所造成的非财产权益的特别牺牲。在西方，认定行政行为造成财产权利的特别牺牲的概念工具是征收。

（二）广义的行政补偿

从广义上来讲，行政补偿不仅包括行政行为造成的特别牺牲补偿，还包括私人为公共利益主动实施无因管理而受到特别牺牲的补偿。也即，广义的行政补偿是指行政主体对于私人所遭受的特别牺牲予以的填补与回复。

---

① 防止危险产生的损失补偿典型情形如捕杀染上口蹄疫、禽流感的牲畜。虽然捕杀牲畜是维护公共健康所必需的治安权行为，牲畜主人的损失是其应负的社会义务而非特别牺牲，但如果导致牲畜主人生活困难，那么为保障其基本的生存权，国家可予以适当补偿。

② 有关社会补偿的论述，参见陈新民：《德国公法学基础理论》，山东人民出版社2001年版，第272页。也可参见李建良：《损失补偿》，载翁岳生编：《行政法》（2000），中国法制出版社2002年版，第1450—1452页。

（三）最广义的行政补偿

从最广泛意义上来讲，行政补偿不仅包括特别牺牲补偿，还包括行政机关在特定情况下，基于社会国家与福利国家的观念，为保障受损人的基本生活，而对其损失给予的救助，即社会补偿。因此，最广义的行政补偿泛指行政主体对于私人所遭受损失而为的给付行为。

第二节　行政补偿的范围

我国内地学界在论述行政补偿问题时，习惯于从补偿范围和标准两方面来论述，但对于何为补偿范围，何为补偿标准未作明确的界定。严格地说，补偿范围和补偿标准之间存在着许多交叉，有时很难将两者明确区分开来。比如间接损失，既可将之归于范围问题，也可将之归属于标准问题。

在其他国家，学者们大多不是从这两个角度来论述，我国一些学者似乎在某种程度上也放弃了这种研究思路。① 然而，为了尊重这种似乎约定俗成的论述思路，方便于学术交流，笔者仍从这两个方面论述。但笔者在此首先对补偿范围和标准进行界定：补偿范围解决的是私人能否获得补偿的问题，侧重于说明国家在总体上承担补偿责任的种类，实际上就是行政补偿的体系；补偿标准解决的是给予受损人多少补偿的问题。依照这种界定，进而将间接损失作为补偿标准的一个问题来研究。还有一个重要的问题是补偿的原则，实际上补偿原则与补偿标准解决的是同一个问题，即给予私人补偿的数额问题，因此海外学者往往将补偿标准作为补偿原则的一部分来论述。在本章中也将补偿原则与标准放在一起论述。本节先论述补偿的范围，补偿原则和补偿标准将在第七节中论述。

---

① 如在姜明安教授主编的一本教科书中，马怀德教授用补偿的种类来涵盖补偿范围的问题。（参见姜明安主编：《行政法与行政诉讼法》，法律出版社 2002 年版，第549 页）

一、范围概说

行政补偿的范围首先取决于对行政补偿的界定。行政补偿可从两种意义上来理解。第一种意义上的行政补偿是指行政主体对于行政行为所造成的特别牺牲给予弥补与救济的制度,"是行政机关为实现公共利益而实施的一定行为所必然伴随的一种法定义务"。① 也即,非因行政主体行为引起的损失,即使由行政主体给予补偿也不包括在行政补偿之内。在英美,公法上所研究的补偿就是从这一意义上来讲的。这是一种严格意义或狭义上的行政补偿,② 也是各国行政补偿的核心内容。

还有学者从更为宽泛的意义上来理解行政补偿,即第二种意义上的行政补偿:泛指由行政主体对于私人损失所为的给付均可称为行政补偿。换言之,行政补偿是基于行政主体的"积极义务"而实施的补救性行政行为。③ 进而,私人为公共利益自己主动所为的行为,如见义勇为、协助公务,使其遭受特别牺牲时,由行政机关代表国家对其损失的弥补也被认为是一种行政补偿。④ 见义勇为和公务协助⑤的补偿则可归属于公法领域无因管理的特别牺牲补偿。

---

① 参见陈新民:《中国行政法基本理论》,中国政法大学出版社 2002 年版,第 267 页;也可参见马怀德主编:《行政法与行政诉讼法》,中国法制出版社 2000 年版,第 366 页。

② 陈新民教授将之称为传统的行政补偿,陈新民:《中国行政法基本理论》,中国政法大学出版社 2002 年版,第 366 页。

③ 见姜明安主编:《行政法与行政诉讼法》,北京大学出版社、高等教育出版社 1999 年版,第 469—470 页。

④ 可参见方世荣编:《行政法与行政诉讼法》,中国政法大学出版社 1999 年版,第 188 页。

⑤ 公务协助应分为两种情况:一种是公民有法定协助义务的公务协助和无法定义务的公务协助。有法定义务的公务协助不存在补偿的问题,而只有在公民无法定义务的情况下提供公务协助才应当给予补偿。在德国,社会补偿中包括了行政协助,但这种协助只能是有法定义务的行政协助。而无法定义务的公务协助补偿,显然是属于特别牺牲补偿,而不属于社会补偿。

在德国，有的学者还列举了另外一种可能的补偿情形，即公法上的危险责任。① 公法上的危险责任实际上就是无过错责任。它包含的情形很广泛，例如牵引机车喷出的火星引起了森林大火，出于防治流行病的需要采取隔离措施的消防人员被感染，行政机关替代公务人员执行行政任务的计算机或其他的技术设施失灵导致损失，十字路口的红绿灯因技术故障导致所有的红绿灯都变成了绿灯，结果造成了交通事故等。德国学界的通行观点和法院判例将其作为准征收补偿（造成财产权益的损害时）和特殊的特别牺牲补偿来（造成非财产权损害时）处理。②

在这里值得注意的是，在德国与我国台湾地区行政赔偿理论中，只要没有法律依据侵犯私人权益就属于违法，实际上相当于我国法理中的不法。因此危险责任实际上是一种违法责任。但由于这些国家和地区实行的违法加过错的规则原则，在危险责任的情形中不存在公务过错，所以造成财产权益特别牺牲的危险责任便被归于准征收补偿责任而非赔偿责任。我国行政赔偿中违法一般是指违反法律规定，范围较窄。所以上述危险责任的情形一般都不能认定为行政机关违法，进而这种危险责任也应被认定为补偿责任。这种补偿实际上应属于公权力附随效果造成财产权益特别牺牲补偿。

从本质上讲，狭义上的行政补偿和无因管理补偿都是对私人的特别牺牲给予的补偿。两者符合我国学界对行政补偿的广义界定，可将两者合称为广义的行政补偿。另外，在德、日等国及我国台湾地区还有一种社会补偿的概念，它并非严格意义上的特别牺牲补偿，而是基于社会国家、福利国家的观念给予私人的救助。因而，从最广泛意义上讲，行政补偿可分为最广义的行政补偿、广义的行政补偿和狭义的行政补偿。最广义的行政补偿包括狭义上的行政补偿、无因管理补偿和社会补偿三大类。

---

① 见［德］哈特穆特·毛雷尔：《行政法总论》，高家伟译，法律出版社2000年版，第750—753页。

② 见［德］哈特穆特·毛雷尔：《行政法总论》，高家伟译，法律出版社2000年版，第752页。

狭义上的行政补偿可分为财产权益特别牺牲补偿和非财产权益的特别牺牲补偿。就财产权益的补偿而言，在西方获得补偿的前提是公权力对财产权的限制、干预已构成征收，因而征收的范围决定了财产权益损失补偿的范围。征收可分为古典征收、管制性征收、准征收和事实征收这四类。准征收实际上是违法但无过错的公权力行为所造成损失的补偿，在我国应属于国家赔偿，所以这里不再讨论。古典征收实际上是取得私人不动产用于公用，所以我们不妨借用公用征收这一概念来代替。同时，由于管制性征收和事实征收这两个概念与对征收的通行理解相差甚远，而管制性征收和事实征收实际上就是造成特别牺牲的财产权限制和造成特别牺牲公权力附随效果，因此为了避免不必要的概念纠葛，这里不再用管制性征收和事实征收这两个概念，而是用"造成特别牺牲的财产权限制"和"公权力附随效果"来代替。

非财产权的特别牺牲补偿主要有两种情形，一是对非财产权益的合法限制、干预造成特别牺牲补偿，是合法公权力行为的附随效果造成非财产权益的特别牺牲。

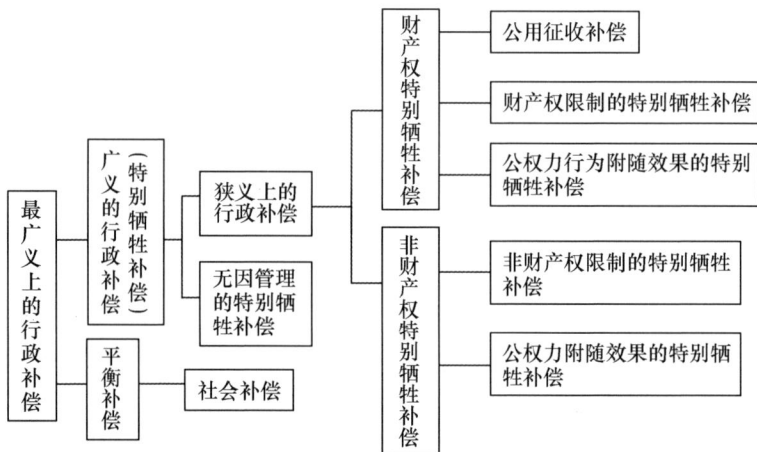

二、特别牺牲补偿

特别牺牲补偿包括两种情形：一是狭义上的行政补偿，二是无因管理的特别牺牲补偿。

（一）狭义上的行政补偿

如前所述，狭义上的行政补偿是指对行政行为所造成的特别牺牲所给予的弥补与救济。它可分为财产权益的特别牺牲补偿和非财产权的特别牺牲补偿。

1. 财产权益的特别牺牲补偿

（1）公用征收补偿。公用征收的目的是为了公用，其客体主要是不动产，尤其是土地，其方式是取得不动产的所有权，将该不动产交付于公共设施之用。实际上可以说是一种土地征收制度。很显然，将私人的不动产收作公用的公权力行为给私人造成了特别牺牲，当然应予以补偿。

（2）财产权限制的特别牺牲补偿。管制性征收实际上是指造成特别牺牲的财产权限制措施。这些对私人财产权的限制由于超越了私人应当承受的限度，因而需要予以补偿。要在理论上具体、严格界定和把握何种情况下对财产权的限制构成了特别牺牲是较为复杂和困难的。大致上，造成私人特别损失的财产权限制主要表现为如下形式①。

财产权使用或收益的禁止与限制应予补偿的财产权的限制主要体现在对财产使用或收益的禁止及限制上。在限制方式上，多以划定保护区或管制区，再以此为基础，进一步对土地或建筑物的使用或收益实行禁止或限制措施。例如，将特定区域划为动物保护区，禁止在其中进行有害野生动物的财产使用或收益行为；国家指定古建筑物、遗址以及其他文化遗址为文物古迹，非经主管机关同意，不得拆除、改建或迁移等。

财产权的公益利用，是指基于公益的需要，强制利用或使用私人财产的情形。例如，为执行行政任务或兴办公共工程而必须进入或通过私人土地。我国《土地管理法》第五十七条第一款规定，建设项目施工和地质勘查需要临时使用国有土地或者农民集体所有的土地的……土地使用者应当根据土地权属，与有关土地行政主管部门或者农村集体经济组织、村民委员会签订临时使用土地合同，并依照合同的约定支付临时使用土地补偿费。

---

① 此处的论述参照了李建良博士的分类。（参见李建良：《损失补偿》）

　　另一种典型的例子是，在紧急情况下，行政机关调用辖区内的汽车、修护设备及必要人员。这种在特别情况下行政机关强制使用私人财产乃至劳力的情形即是我国相当一部分学者所理解的征收，大致相当于法国的公用征调。① 在这种情况下公民财产如因公益需要被利用而遭受特别损失的，当然应当给予公正补偿。有时，公益使用与古典征收很难有严格的区别。

　　财产权利用的妨碍是指因兴办公共事业或因其他公益上的原因，而对私人财产权的利用造成的妨碍或造成的延误。例如因兴办水利事业使用土地，妨碍土地权人原有交通或阻塞其水道。这与公权力附随效果侵害有一定的相似之处。

　　所谓对财产予以除去，是指公民已存在的合法财产对公共事业或其他公益的实施有所妨碍，具有除去的必要，而对其进行迁移、拆除、砍伐、移植等。例如水道沿岸的种植物或建筑物，行政机关认为有碍水流的，可以依法责令所有权人拆除、迁移或拆毁。

　　即时强制是指行政机关为阻止违法犯罪、危害的发生或避免急迫危险而有立即采取强制措施的必要时，所实施的强制性行为。如紧急情况下，防汛部门可就地征收救护所必需的物料、人工、土地，并拆毁妨碍水流的妨碍物。即时强制的实施多是因情况紧急以及公益上的理由，因而相对人往往属于无辜遭受损失，对其所受损失自然应当予以补偿。

　　行政行为的废止（信赖保护的补偿），是指原行政机关合法的行政行为基于公益上的原因，予以废弃，使其效力归于消灭。被废止的行政行为如果是授益行为，因为其作出时其相对人必然对于该处分产生一定的信赖，享有一定的信赖利益，基于信赖保护原则，对于其因行政行为废

_____

① 我国学者在狭义上使用征收时，即是指（在紧急情况下）不经同意而强制使用自然人、法人财产。（见梁慧星：《制定中国物权法的若干问题》，载梁慧星：《为中国民法典而斗争》，法律出版社2002年版，第156页）梁慧星教授认为：征收是指强行收买，对象限于不动产，不存在返还问题，而征收是指国家不经同意强制使用自然人、法人财产，其对象包括动产与不动产，征收只是暂时性的使用，使用后将予以返还。

止所遭受的损失，当然应予补偿。

（3）公权力附随效果致损的补偿如前所述，事实征收实际上是一种合法公权力行为的附随效果造成私人财产的损失，相当于德国公法上的"具有征收效果的侵害"。这类附随效果所产生损失的特征在于公权力行为本身属于合法行为，损失的发生通常出于无法或不可事前预见的事件，并非出于行政主体的本意。换言之，国家并没有要将财产取走并将其用于公共目的的意图。公权力附随效果损失主要是因国家的事实行为所造成的损失，该行为本身虽无干预或限制公民权利的意图，但是其造成的损失已构成了特别牺牲，故而应予以补偿。

这类损失的情形主要有以下三种①：因公共工程施工所造成的损失例如修建大坝造成农田、建筑物、林木等被淹没；因施工造成周围土地及建筑物与外界交通受到阻碍进而极大地影响到其价值；或者因施工所产生的噪音、烟尘、震动等对周围公民的商业经营造成重大的影响。

国家公害行为所造成的损失，如军机经常性地飞临养鸡场上空导致鸡场主的损失，以及机场周围居民的生活受到的影响。政府的垃圾处理站发出的恶臭，影响居民生活、商家营业以及导致地产贬值，或者焚烧垃圾导致临近农民的农作物遭受热气烟熏而枯萎等。

因交通噪音所产生的损失，例如公共道路上车辆行驶或民用航空器起降时发出的噪音影响道路周边地产价值、商业经营。与前两种情形相比，这类情形较为特殊，前两种都是国家自身行为造成的损失，而这种情形却并非直接由国家行为造成，而是来自其他私人的行为，如汽车的主人、航空公司。此类损失固然不是直接基于国家的行为，然而，道路的规划、建设，机场修建基本上是国家行为，这类损失并非与国家行为没有关系，因而，也应就其特别牺牲给予补偿方才合乎公平。

---

① 参见李建良：《损失补偿》，载翁岳生编：《行政法》（2000），中国法制出版社2002年版，第1523—1526页。

2. 非财产权利的损失补偿

除了财产权外，行政活动还可能造成其他权利的特别牺牲，对此，当事人能否请求补偿呢？在德国，对于非财产权利的损失，公民享有特殊的牺牲请求权。以前，帝国法院将牺牲请求权限对于具有财产价值的权利的侵害，绝对地排除了非物质性权利。而联邦最高法院在 1953 年 12 月 19 日的一个有关接种的原则性判决中，废除了帝国法院的判例，并且表明：对《德国基本法》第 2 条第 2 款保障的权利即生命和健康的保护不得少于对具有财产价值的权利的保护，据此将特别牺牲原理扩展到非财产权领域。①

这方面的典型判例是上面所提到的接种案：根据某个设定预防天花接种的普遍义务的法律，公务医生对儿童甲实施了接种手术。这种接种通常会造成轻微的、短期的不适，而儿童甲却遭受了严重的、长期的健康损害。在此情况下，儿童甲是否可以——假设没有专门的补偿规则——要求损害赔偿或损失补偿？如果公务医生的行为是违法、有过错的，如药的剂量过大，职务责任便可成立。然而，除此之外，当事人是否享有牺牲请求权呢？接种对每一个人都是平等的，仅就此而言，特别牺牲可能被否定。联邦最高法院认真地考察了这种侵害，认为接种法律规定应当接受接种及其有关的自然的、正常的后果，但不包括巨大的、非常的健康伤害，特别牺牲因此成立。②

另外一个重要的问题是，是否对于所有非财产权利的特别牺牲，当事人都可以请求补偿呢？在德国，根据通行观点，私人享有牺牲请求权的非财产权利包括生命、健康、不受身体迫害和（身体活动意义上的）自由，也即人身权。至于非财产权利是否是一个开放的体系，而非限于

———————————

① 同时，由于联邦最高法院在补偿方面一般是依据《德国基本法》第 14 条的征收条款来判断财产权侵害案件，所以，牺牲请求权实际上往往就限于非物质性权利。参见［德］哈特穆特·毛雷尔：《行政法总论》，高家伟译，法律出版社 2000 年版，第 733 页。

② BGHZ，第 9 卷，第 83 页，引自［德］哈特穆特·毛雷尔：《行政法总论》，高家伟译，法律出版社 2000 年版，第 737 页。

人身权，现在尚存疑义。联邦最高法院的一个临时观点认为对于非财产权利，特别是生命健康和自由进行主权性侵害的，私人享有牺牲请求权。但是其后即使在完全相当的案件中，最高法院也没有明确这一问题。①

总的来看，对于非财产权利，能获补偿的一般限于人身权利。其他权利诸如政治权利，从现有的资料来看，对其合法侵犯即使造成特别牺牲，各国似乎也很少给予经济补偿。

（二）公法领域无因管理的特别牺牲补偿

无因管理本是私法上的概念与制度，是指某人（管理人）在未受委托或没有其他根据的情况下为另一个人（业主）提供管理或服务。在管理行为符合业主的客观意思情况下，管理人有权请求补偿。在德国，按照通行的观点，公法领域也存在着无因管理的情形。它包括三种情况：行政机关为行政机关、行政机关为公民以及公民为行政机关。② 在这里，我们只关心第三种情况，即公民为政府实施无因管理。

比照私法上无因管理原理，民众为政府的行政事务提供管理时，应由政府给予补偿。另外，民众为公共利益实施管理如前述的见义勇为行为，而承受了特别牺牲时，自然也应当由政府给予补偿，因为维护公益本应是政府的责任。德国一个典型的案例是：消防人员扑灭了几处森林大火，这些大火是由联邦铁路机车喷出的火星造成的。联邦最高法院认为消防人员的行为对于当时是公法组织的联邦铁路来说构成了无因管理。③

三、社会补偿

广义的行政补偿除了狭义的行政补偿和无因管理外，在海外——如

---

① 参见［德］哈特穆特·毛雷尔：《行政法总论》，高家伟译，法律出版社2000年版，第737、733页。

② 参见［德］哈特穆特·毛雷尔：《行政法总论》，高家伟译，法律出版社2000年版，第747—750页。

③ 参见［德］哈特穆特·毛雷尔：《行政法总论》，高家伟译，法律出版社2000年版，第748—749页。

德国与我国台湾地区——还有一种社会补偿的概念。① 社会补偿是第二次世界大战后在福利国家、社会国家观念支配下的产物。依照福利与社会国家观，国家的职能不再仅仅限于维护市场竞争，还要弥补社会自发调节的缺陷，在一定程度上对社会财富进行重新分配，为弱势者提供基本的福利保障，以缓和社会矛盾，实现基本的公平；与之相适应，个人的自由从防止公权力侵害的消极自由扩展到可主动要求国家实施相应措施的积极自由。②

严格来讲，社会补偿并非典型意义上的行政补偿，主要是德国和日本公法上的概念。实际上基本可归于社会保障的范畴。因此，本章不作深入论述。

四、我国行政补偿范围的现状与问题

通过上面的梳理与论述，大致上可以把握国外行政补偿范围的基本框架与脉络。对照国外行政补偿的范围，下面我们对中国行政补偿范围的现状进行探讨，同时揭示其中所存在的问题。限于篇幅，笔者将主要探讨特别牺牲补偿，对于社会补偿只作简单论述。

如上所述，特别牺牲补偿包括两部分，一是狭义的行政补偿，二是无因管理的特别牺牲补偿。其中狭义的行政补偿又可分为对行政行为造成财产权益的特别牺牲补偿和行政行为造成非财产权益的特别牺牲补偿。下面先论述狭义的行政补偿，然后论述无因管理的特别牺牲补偿，最后附带论述社会补偿。

（一）狭义的行政补偿

1. 行政行为造成财产权益的特别牺牲补偿

（1）公用征收补偿如前所述，公用征收主要是取得土地所有权用于

---

① 有关社会补偿的论述，参见陈新民：《德国公法学基础理论》，山东人民出版社2001年版，第272页；也可参见李建良：《损失补偿》，第1450—1452页。

② 在英美相关问题更多是从社会财富的再分配这一角度来探讨的。(See compensatory Justice, (1991) Edited by John E. Chapman, New York University Press, at 45-85, 143-178)

公共设施建设。在中国相关法律制度主要体现在《土地管理法》当中，另外《城市房地产管理法》《国有土地上房屋征收与补偿条例》等法律、法规也有相关规定。

首先需要明确两个问题：

第一，在西方，土地基本上是私有财产，古典征收的典型特征是为公共用途而剥夺土地所有人的所有权。而在中国，实行严格的土地公有制，即土地国有和集体所有，在任何情况下，私人都不享有土地所有权，而只享有有限的使用权。所以，对于城市国有土地而言，为公共用途取得土地只需征走土地的使用权；对于农村集体用地，取得的则是集体经济组织的土地所有权，对于私人即农民而言，也是剥夺其使用权。

在我国，公共设施建设用地的取得方式主要有：征收。依照《土地管理法》第四十三条第二款的规定，取得集体土地必须通过征收的方式，进而需要依照相关标准予以补偿；收回土地使用权；国有土地上房屋征收。国有土地上房屋征收实际上是一个复合行为，既包括国有土地使用权的征收，也包括房屋的征收。

第二，为商业用途取得建设用地也通过公权力来实施，无须和使用权人协商。相当一部分学者也将其作为行政补偿问题来研究，因此，这里附带予以探讨。

在此探讨首先对这几种取得公共设施建设用地的补偿进行探讨。然后再探讨为商业用途取得土地的补偿。

集体所有土地征收补偿在中国，依照《土地管理法》第四十三条的规定，除了乡镇企业和村民住宅用地外，建设用地必须是国有土地，也即集体所有土地，不能直接占用，而只能通过国家征为国有土地之后才能使用。① 《城市房地产管理法》第九条也规定，城市规划区内的集体所有土地，经依法征收转为国有土地后，该国有土地的使用权方可有偿出

---

① 从理论上讲，还有一种集体土地转为建设用地的方式是乡镇企业因破产、兼并等情形而致使土地使用权转作建设用地，但这种情形在现实生活中，数量极其有限，故不再论述。

让。实际上在我国，国家征收土地在很多时候并非为了公用，而是用于商业目的。对此，《土地管理法》未作明确区分。该法第四十七条第一款仅作了概括性规定，征收农民集体土地的，按照土地的原用途给予补偿。因此，为公共用途而征收土地属于行政补偿范围。

《土地管理法》第五十八条规定，为公共利益需要使用土地，以及为实施城市规划进行旧城区改建，需要调整使用土地权的，由有关人民政府土地行政主管部门报经原批准用地的人民政府或者有批准权的人民政府批准，可以收回国有土地使用权。在这两种情形下收回国有土地使用权的，对土地使用权人应当给予适当补偿。

国有土地上房屋征收补偿如前所述，房屋征收是一种复合行为：首先要收回国有土地的使用权，然后作出征收房屋的决定，房屋拆迁不过是获取土地的手段。因此，国有土地上房屋征收补偿实际上涉及两部分：一是宅基地使用权补偿，这是房屋征收补偿的根本，但《国有土地上房屋征收与补偿条例》对此并不明确；二是房屋及其他附着物的补偿。对于房屋及其他附着物的补偿，《国有土地上房屋征收与补偿条例》作了规定。

为商业用途剥夺私人土地使用权的补偿问题在中国，有一个非常普遍的情形是，行政机关征收、划拨、收回以及确定拆迁的土地并非被用于公共用途，如被用于开发商品房，甚至只是用于倒卖地皮牟利，而并非用于严格意义上的公共用途。即使为纯粹的私人目的获取土地（使用权）也是由行政机关决定，由行政机关通过其征收、划拨、收回使用权、颁发拆迁许可证等公权力行为将土地（使用权）从现在的使用权人移转至要获取使用权的私人一方，而无需和现使用权人协商。例如，开发商要拆迁某一范围内的房屋，只要在土地管理部门取得建设用地许可证和国有土地使用权文件加上其他三项条件，即可以取得房屋拆迁许可证，拆除房屋，并取得土地使用权。这种制度安排导致使用权人在决定土地使用权归属、事关其权益的行政过程中，完全缺席，没有任何发言权可言，其权益被完全忽视了。

这样，不仅本应作为民事交易过程的土地使用权取得过程变成了一个行政过程。而且，对于使用权人的补偿仍然是由建设方而非行政机关来支付的。这在严格意义上而言，并不属于行政补偿的范畴。但是，有相当一部分学者将这些问题作为行政补偿来研究。例如有学者认为，城市房屋拆迁都是因城市建设的需要而进行的，拆迁人是依据行政机关的批准文件和拆迁许可证作出的。因此，因拆迁引起的补偿，也应当是行政补偿。①

然而，从本质上讲为私人目的而移转土地使用权仍然是一种民事行为。虽然国家（或实际上作为国家权力延伸的集体经济组织）对土地享有所有权，而私人只能作为使用权人，但使用权也是一种独立的物权，即使所有权人也不能随意处分。何况，作为土地所有人的国家与一般民事意义上的财产所有人还有所不同。国有的本质乃是全民所有，国家无非是受全民委托掌管土地的受托人。在私人间对土地使用权进行分配时，它无权像一般的财产所有人那样对土地随意处分，而是必须平等对待。要取得使用权一方获取土地的目的与现使用权人一样都不是为了公共利益；况且现使用权人已通过某种对价获得了使用权。在这种情况下，公权力就不应厚此薄彼，仅仅为前者的商业利益而损害后者的既得权利。换言之，政府不得"为了使觊觎 A 财产但未能说服他把财产出卖给自己的 B 得到该财产，而强迫 A 出卖其财产"②，而是应当让双方通过正常的民事交易过程来决定土地使用权的移转。

质言之，当取得土地的目的是为了纯粹的商业目的时，使用权出让的决定权应属于现使用权人，而非行政机关。对于私人财产权，行政机关只能是为了公用用途或公共目的方可利用其公权力剥夺，而不能是为了纯粹的私人用途。③

---

① 张正钊主编：《行政法与行政诉讼法》，中国人民大学出版社 1999 年版，第 314 页。

② ［美］罗伯特·考特、托马斯·尤伦：《法和经济学》（中文版），上海三联书店 1996 年版，第 26 页。

③ Hawaii Hous. Auth. v. Midkiff, 467 U.S. 229, 241; County of Allegheny v. Mashuda, 360 U.S. 185, 190(1959).

在美国，虽然法院对于公共用途的解释非常宽泛，但是，公共用途与私人用途必须予以分离。如果一部制定法未对公共因素与私人因素予以区分，授权可为这两种不同的目的征走私人权利，那么该法律便会是无效的。① 固然，在相当一部分情况下，很难对两者严格地界分。即使在西方国家，公共用途和私人用途也经常被混淆。例如，政府征收的土地是用于公共住宅计划、社区重新开发等。这必然伴随着实质上的私人利益、商业开发与商业投资，但通常仍被视为公共用途。② 但不管如何，其土地征收的用途还是限于慈善事业、教育、科学用地等公益事业。所以，必须对公权力取得土地的用途进行严格限定，政府不得为纯粹商业目的动用公权力取得土地。

（2）财产权限制的特别牺牲补偿财产的价值在于利用。只有财产权人可以自由地对其财产权利进行占有、使用、处分时，财产权对于他才有实际意义。如果公权力可以任意限制、剥夺私人财产权而无需给予公正补偿，那么财产权对于权利人而言，便只是一个空洞的概念，没有任何实际价值可言。因此，即使为了公共利益所必需而对私人财产权实施的剥夺与限制，

只要造成了特别牺牲，就应给予公正补偿。否则，既不能使私人财产损失得到公正的弥补与救济，也会导致公权力对财产权利的剥夺与限制受不到应有的、起码的约束。在我国，国家、公共利益至上的价值观仍然在很大程度上影响、支配着立法，学界对这一问题一直也未予以足够重视。因而，在相当多的情况下，即使对财产权限制、剥夺的公权力行为造成私人重大的、特别的损失，私人也无法得到应有的补偿。实践中这样的例子实在不胜枚举。比如：甘肃某县一农民承包了大片荒地，贷款植树造林。在林木成材后，却由于该片林木被划为"三北防护林"而禁止砍伐，该农民要求补偿，却找不到法律依据；湖南某乡镇的民居

---

① Kessler.v, City of Indianapolis, 157.549 (Ind.1927).

② See Condemnation Property: Practiceand Strategies for Winning Just Compensation, Theodore J.Novak Brian W.Blaesser Thomas F.Gesel bracht, Rudnick & Wolf, 1993, at 47.

多为明清古建筑，被联合国教科文组织列为世界历史文化遗产。于是当地居民被禁止随意改建房屋。因修缮旧宅费用较大，某居民便在房屋损坏后申请政府补助遭拒绝的情况下，自行重建，破坏了原有形态，竟被公安机关拘留。[①]

在上述案例中，限制私人财产权的目的固然是为了公共利益保护生态环境以及保护历史人文景观，而且就这种限制措施而言，也未尝不是适当的。但很显然，这两个案例中的财产权人为公共利益遭受了特别牺牲，而这种损失不应由私人负担，而应由公众整体负担才合乎公平。但是，在现有的制度下，财产权人却不能获得应有的补偿。

由于没有公正补偿的约束，致使在大多数情况下，公权力对私人财产权的限制任意性极大，有时根本就不合比例。

下面是活生生的两则案例。

例1　43岁的H先生原在大连经营一个小型的大理石厂，积累了百十万的资金，1999年的时候，看到桑拿洗浴这个行业很赚钱，意欲倾全力投入150万元开一个大众浴池，这年10月拿到了执照。他的朋友劝他说，大众浴池利薄而且竞争激烈，要干就干高档点的桑拿。改造装修下来要500万元，他东挪西借，终于于2000年12月3日开张营业。然而在经营了仅4个月零7天后，噩运降临了。

2001年4月10日，大连市政府下发了一个文件（大政发［2001］22号），说为了缓解供水紧张局面，要求全市6个区及开发区区域内的桑拿洗浴场所，除星级酒店、涉外宾馆、大众浴池外，从通告发布之日起全部关闭，逾期不关的，市政府将采取查封洗浴场所等措施强行关闭。文件说是歇业，然而H先生没有被告知何时可以恢复营业；也没有人给出任何类似补偿的说法。大连地方媒体的报道说，综合执法队在两天内已关闭了299家桑拿洗浴场所，有个别胆敢破坏封条的业主，被公安机关传唤。

[①]　参见张鹏：《财产权合理限制的界限与我国公用征收制度的完善》，《法商研究》2003年第4期。

大连市全部的桑拿洗浴场所大约有500家，除了大众浴池和酒店宾馆外，属于被封之列的，大约有320多家。

沙河口区一位桑拿老板说："现在地方报纸上号召桑拿业主转产，那根本不可行，桑拿洗浴中心的投资都花在装修、管道、设备上了，怎么转产？桑拿是个资金密集产业，投资进去至少要两三年才能收回投资，而且一旦停止营业那些设备极易锈掉，实在是不经营就要死。政府说是歇业，却又不说歇业的期限，又关掉经营场所，如果这样，我们只有死路一条。"

从2000年8月以来，不断有桑拿业主向市政府或有关部门申诉，但是他们的努力显然没有收效。顾平是大连市沙河口区"万水千山洗浴宫"的老板，在国外做过生意，回国后，斥资300多万元接手了这个桑拿洗浴中心。市里下了文件后，他向有关部门写了个请示，申请让政府切断供水来源，自己从市外拉温泉水营业，然而他的申请被置之不理。到4月13日，他的洗浴中心也避免不了被关闭的命运。不少桑拿业主都有采取类似的自救举动，比如规模较大的"金百合"（"金百合"公司于1999年12月投资3000万元建成桑拿浴中心，其中大部分是银行贷款，现在企业远未收回投资，却面临银行还贷压力），花了60万元买了两台水车。大连缺水不是这两年才有的事情，而大连的桑拿业则是1999年才蓬勃兴起的，大多是私营企业投资，都是下放各个部门审批过关的，最多达到500多家，1999年年底大连市才发觉桑拿业发照过多，停止审批，因而现在的业者都是合法经营的企业。一位分析者说，关掉这些场所并不意味着用水量的必然减少，事实上，消费需求并未消失而是分流到酒店桑拿和大众浴池去了。①

例2　2002年6月16日，北京蓝极速网吧一场大火，在全国各地激起了连锁反应。许多地方采取了一刀切的方式，对网吧进行了停业整顿。在郑州，有关部门以维护公共安全为名，从6月25日起，以口头通知的形式让数百家网吧关了门。这种"休克疗法"让业主们叫苦不迭。一位

---

① 见《南方周末》2001年8月20日第15版。

业主透漏:"每个月房租5000元,专线费用每月3000元,电费、人工加上税费和折旧,一个月净赔一两万元。这还是中小网吧,100台机器以上的大网吧赔的钱就更多了,如果停业三五个月,整个网吧就完了。"尤其是网吧这一行,电脑的折旧太快,全新的配置过不了几个月就落伍了,收回投资时机器也该淘汰了。因而像这样停业下去,实在让业主们难以承受。而最让业主们苦恼的是,这种停业状态不知何时才能结束。他们的网吧都是手续一应俱全的合法经营。但是这一句简单的口头通知,就让他们遭受那么大的损失,这个损失该怎么办?[①]

在这两个案例中,政府的行为已完全剥夺了财产所有人对其财产正当的获益性利用,抛开政府是否有这样行为的法定授权以及其程序是否正当不论,毫无疑问是应当给予公正补偿的。但是实践中即使在这种情况下,政府仍然可以不负任何补偿责任。由于这种管制行为既无正当程序的约束,又没有公正补偿的限制,政府动辄就以这种方式限制乃至禁止私人对其财产权的利用,干预市场。

法治意味着"政府在一切行动中都受到事前规定并宣布的规则的约束——这种规则使得一个人有可能十分肯定地预见到当局在某一情况中会怎样使用它的强制权力,和根据对此的了解计划它自己的个人事务。"[②]然而在这种情况下,私人还有什么法律预期可言?私人财产权还有什么安全可言?私人还有什么投资热情?这无疑是对法治原则的直接否定和对市场经济良性发展的致命打击。而且,由此造成的失业增加进而影响到社会稳定等负面的叠加效应也是不容忽视的。

因此,加强对财产管制补偿的研究是学界的责任所在。[③] 无论为私人

---

① 见《河南商报》2002年7月18日第1版。

② [英]哈耶克:《通往奴役之路》(中文版),中国社会科学出版社1997年版,第73页。

③ 近来已有学者注意到了这一问题,并进行了初步探讨。有关研究姑且参见张鹏《财产权合理限制的界限与我国公用征收制度的完善》。(载《法商研究》2003年第4期;屈茂辉、张红:《论征收法律制度的几个问题》,载《法学评论》2003年第2期)

还是为国家计，都应重视对国家财产管制权力的约束。其中，首先要贯彻法律保留原则，即对于私人权利的剥夺与限制必须由法律规定。值得注意的是，民法学界似乎较早意识到这一问题，在两部由学者起草的《物权法建议稿中》中均规定："为公共利益而对物权的行使设置限制，必须有明确的法律依据。"① 另一种重要的约束机制是正当程序，这一任务有待于正在酝酿中的《行政程序法》来承担，正当的过程能保证对财产权的限制、剥夺真正服务于公共利益。

除了上述法律保留与正当程序的限制外，从根本上来说，还要建立和强化公正补偿这一根本性的限制。公正补偿机制的确立，致使公权力对财产权利的剥夺、限制措施即使具有法律依据，符合正当程序，且确实是为了公共利益，也必须给予权利人以补偿，这既彻底有效地约束了政府管制权力，也使权利人的权益得到有效的救济。

然而，纵观我国现行立法，只有少数立法规定了政府限制财产权时的补偿义务，② 尚有相当多的立法却只赋予管制权力，而未规定补偿义务。这些立法主要有：

第一，《土地管理法》第四条第一款规定：国家实行土地用途管制制度。众所周知，土地是最为重要的财富，人类的活动一般都是在特定的土地之上进行，特别是在土地之上的投资往往是巨大的，成本收回期限也是漫长的；而且，土地的权利人种类繁多，既有所有权人，也有使用权人、租赁权人、相邻权人等等，对土地的管制可能导致众多权利人的重大损失。但是，纵观该法，在多处规定了国家可以对土地用途实施管制规划权力的同时，并未规定管制、规划造成权利人特别牺牲时国家应给予补偿的义务。与之相似的是《城市规划法》，该法赋予了政府制定、

① 参见梁慧星和王利明两位学者分别主持起草的两部《物权法建议稿》第五条。有关物权法的内容参见前揭张鹏文。
② 例如《国防法》第四十八条规定："国家根据动员需要，可以依法征收、征用组织和个人的设备设施、交通工具和其他物资。县级以上人民政府对被征收、征用者因征收、征用所造成的直接经济损失，按照国家有关规定给予适当补偿。"

实施城市规划的权力，但是对于规划所可能造成的私人的特别牺牲却没有作任何补偿的规定。

第二，我国《森林法》第二十九、三十二条规定，国家根据生态状况实行严格的采伐限制，砍伐林木者必须持有采伐许可证，即便对农村集体经济组织或个人所有的林木进行砍伐，也必须持有砍伐证。这种做法当然是保护生态平衡所必需的，有利于整个社会的利益。但是，这必然导致林木所有人的前期投资无法收回，收益预期被完全消灭。显然，林木的所有权人为公共利益遭受了特别损失，必须公平补偿，但是该法却没有补偿的规定。

第三，我国《文物保护法》第十七、十八、十九条规定，在文物保护单位的保护范围内不得进行其他建设工程或爆破、钻探、挖掘等作业；在文物保护单位内的建设控制地带内进行建设工程，不得破坏文物保护单位的历史风貌。这对于文物保护而言当然是必要的。但是，如果因此妨害了土地权利人对土地的正常利用，显然也应给予正当补偿。另外，该法第二十、二十一条规定，核定为文物保护单位的建筑物在进行保护、迁移、修缮、保养时，必须遵守不改变文物原状的原则，并且费用由建设单位或文物所有人承担。这当然也是保护历史文化遗产所必需的措施。但是，这必然会极大地增加权利人建设成本，并且也妨碍了对于其权利的最优利用。因此，对于权利人因保护文物而承担的特别牺牲，必须给予公正补偿。

第四，《自然保护区条例》第二十五、二十六、三十二条规定，自然保护区内的单位、居民不得在保护区内砍伐、放牧、狩猎、捕捞、采药、开矿、挖沙等，不得在核心区和缓冲区内建设任何生产设施。从维护生态环境角度出发，此类限制是必需的。但此类限制对于保护区内的单位、居民的限制过甚，必然会影响其生产、生活，所以，应当给予公正补偿。或者征收其土地，将其另行安置，并给予补偿。

第五，《地震监测设施和地震观测环境保护条例》第十二、十三、十四条规定，禁止在地震监测设施附近爆破、采石，设置震动设施，埋设金属管道，堆放金属物品等。这显然对周围居民的生产、生活构成了较大限制，因此，对于受此限制而遭受特别牺牲的周围生产单位与居民应给予公正补偿。

（3）公权力附随效果的特别牺牲补偿公权力附随效果的特别牺牲补偿也是一个亟待完善的补偿领域。当前只有少部分法律规定公权力附随效果的特别牺牲补偿。如《野生动物保护法》第十九条规定，"因保护本法规定保护的野生动物，造成人员伤亡、农作物或者其他财产损失的，由当地人民政府给予补偿。"《防洪法》第七条规定，对于蓄滞洪区因蓄滞洪而遭受的损失，"……蓄滞洪后，应当依照国家规定予以补偿或者救助。"第四十五条规定，在紧急防汛期调用的物资、设备、交通运输工具等，造成损坏或无法归还的，"按照国务院有关规定给予适当补偿或者作其他处理"。

另外，《公路法》第五十五条、《国防法》第五十五条、《减灾防震法》第三十八条也作了相关规定。值得注意的是，《公路法》第三十一条规定，因公路建设对铁路、水利、电力、邮电设施和其他设施造成损坏的，公路建设单位应当按照不低于该设施原有的技术标准予以修复，或者给予相应的经济补偿。而对于公路建设造成私人财产损失的补偿却未作任何规定，这明显体现了公与私的差别对待。

少数行政法规规定了公权力附随效果损失的补偿问题。如《长江三峡工程建设移民条例》第二十七条规定，三峡工程淹没区的林木，不能采伐利用的，淹没后按照《规划大纲》的规定给予补偿。其他公权力附随效果损失的补偿则主要依赖政府政策和官员的自由裁量。

在更多的情况下，公权力附随效果所造成的损失则根本得不到补偿。如国有公路、铁路、机场的噪音所造成的损失。在这种情形下私人对其损失所能做的只能是忍气吞声。

2. 行政行为造成非财产权特别牺牲的补偿

如前所述，非财产权的特别牺牲补偿主要限于人身权。非财产权益特别牺牲补偿主要有两种情形：一是非财产权合法的限制、干预的特别牺牲补偿，二是行政行为附随效果的特别牺牲补偿。行政权对人身权的合法限制、干预构成特别牺牲的情形并不常见，更多的是行政行为附随效果造成私人人身权的特别牺牲，例如警察依法使用警械、武器造成无辜人员伤亡。在这方面我国的立法也非常缺乏。对此作相关规定的法律主要是《野生动物保护法》。《野生动物保护法》第十四条规定，因保护本法规定保护的野生动物，造成人员伤亡、农作物或者其他损失的，由当地人民政府给予补偿。进而，国家保护的野生动物造成公民人身伤亡的，公民可以依此规定请求补偿。

另外，《国防法》第五十五条规定，公民和组织因国防建设和军事活动在经济上受到直接损失的，可以依照国家有关规定取得补偿。仅从该条的条文来看，还不能确定"经济上受到直接损失"是否包括国防建设或军事活动造成公民人身伤害所产生的经济损失。

就行政行为附随效果造成的特别牺牲而言，还有一种典型的情形是我们前面介绍过的公共疫苗接种。由于人类科技水平的限制，疫苗接种存在着不可克服的风险，那就是可能造成被接种人重大的人身伤害乃至死亡。虽然这种风险的概率只是几百万分之一，但对于当事人来说是百分之百的痛苦。受害人为其他众多计划免疫而获健康保障的人群担当了风险。他担当了百万分之一以外的绝大多数人群的痛苦，那么这种风险和痛苦就应当由大众来共同负担，而且在我国，每位接受免疫的人事先缴纳一定的专项保证金。因此，当受接种人因接种而遭受重大的人身伤害时，应给予公正的补偿。但是，我国《卫生法》《传染病防治法》以及《全国计划免疫工作条例》等全国性的卫生立法中都没有接种损害补偿的规定。只有个别地方做了零碎的规定，如安徽省政府制定的《儿童计划免疫管理暂行办法》① 等。

---

① 该暂行办法第十九条规定，经诊断小组诊断或鉴定后，县级卫生行政部门可作出以下处理：（一）对经过治疗恢复正常的预防接种事故病例，凭鉴定证明报销其医药费用。（二）因预防接种异常反应致残的可视残废程度给予一次性三百至一千五百元的补偿。（三）因预防接种异常反应致死的，可给予一次性一千至两千元的补偿。（四）因预防接种事故致残的，除为其核销医药费用外，可给予一次性五百至两千五百元的补偿。（五）因预防接种事故致死的，除为其核销医药费用外，可给予一次性一千至三千元的补偿。

（二）无因管理的特别牺牲补偿

行政补偿中所探讨的无因管理主要是指私人在没有法定义务的情况下，为了协助公务或纯粹为公共利益而实施的相应行为。前者的例子比如公民协助行政机关扑灭森林大火；后者的典型例子如公民抓捕歹徒、营救危难者等见义勇为行为。当然，在实践中两者并不能截然分开，很多情况下相互交叉，例如帮助警察抓获歹徒既是公务协助也是见义勇为。由于这些无因管理行为致使私人权益遭受的损失毫无疑问属于特别损失，应当给予补偿。

1. 就公务协助而言，我国目前与此相关的立法主要是《人民警察法》。该法第三十四条第二款规定，公民和组织因协助人民警察执行职务，造成人身伤亡或者财产损失的，应当按照国家有关规定给予抚恤或者补偿。当然，该条第一款规定"人民警察依法执行职务，公民和组织应当给予支持和协助"。若依此规定，私人协助警察公务似乎不能被视为无因管理，进而其遭受的损失也不是特别牺牲。但是该规定中的协助义务对公民、组织来说实际上只是一种一般性的义务，比如知情人有义务向警察陈述情况等。在相当情况下，私人的协助行为例如帮助警察抓捕凶犯等应当被视为无因管理行为，对其损失的补偿也应被视为特别牺牲补偿而不是一种社会补偿。作此区分不仅是具有体系划分上的意义，而且也具有实践价值。因为特别牺牲补偿是一种严格的政府责任，而社会补偿则有赖于立法裁量；而且特别牺牲的补偿标准毫无疑问也应比社会补偿更高。再者，也只有这样才能真正调动公民或组织协助行政公务的积极性，从而更好地维护和增进公共利益。

2. 就见义勇为等私人为公共利益而遭受特别牺牲的补偿而言，我国法律也有相关规定。例如《中华人民共和国消防法》第五十条规定："对因参加扑救火灾或者应急救援受伤、致残或者死亡的人员，按照国家有关规定给予医疗、抚恤。"《中华人民共和国森林法》第二十一条第（四）项也有类似的规定。但总的来说，还不够完善。例如公民抓捕歹徒遭受人身重大伤害却往往不能依法得到应有的补偿，有些地方虽然成立见义勇为的基金，但大部分毕竟是民间行为，力量与普遍性都很有限，运作也不规范。这就造成了许多"英雄流血又流泪"的不公与遗憾，这显然不利于维护社会正义。

第三节　行政补偿的宪法基础和依据

一、外国行政补偿制度的宪法基础和依据

任何一项法律制度的确立都要以宪法为根据。宪法是一个国家的根本大法，任何法律法规均不得与其相抵触，否则便要承担违宪责任，丧失其效力。目前世界各国的行政补偿制度均是以宪法为依据的。

各国宪法规定的行政补偿的依据，不外有三个方面的内容：一是正当权益保护原则，该原则包括宪法对人身权、财产权和其他正当权益的保护规定，尤其是对公民私有财产权的保护规定；二是平等保护原则。

（一）关于财产权保护

在美国，财产所有人同时受到《美利坚合众国宪法（修正案）》即美国宪法第5和第14修正案的保护，以防止对那些被视为基本权利的财产权的干涉。第5修正案的相关部分规定："……凡私有财产，非有正当补偿，不得收为公用。"[①]　第5修正案同时也规定，"……未经正当法律程序不得剥夺任何人的生命、自由或财产。"第5修正案的这两款规定，即公正补偿和正当程序条款，是在联邦一级对财产所有人的宪法保护作出的两个主要保证。

《美国宪法》第5修正案为财产所有人提供了最重要的保障，"……凡私有财产，非有正当补偿，不得收为公用"，该保障条款是一无条件的权利，它意味着若不作出公正的补偿，则不能因公共利益的目的而征收财产所有人的财产。第5修正案所保障的公民权利是直接生效的。

其他国家法律也都规定了私有财产神圣不可侵犯的原则，并对国家

---

①　林准、马原编：《外国国家赔偿制度》，人民法院出版社1992年版，第307页。

补偿义务予以明确的规定：《日本国宪法》第二十九条第三款关于私有财产规定："在正当的补偿之下，得为公共利益而使用之。"①《马来西亚联邦宪法》（1957）第 13 条规定："（1）任何人的财产，除依法律外，不得夺之。（2）若无充分补偿，任何法律不得作出有关财产强迫取得和征收的规定。"②

（二）关于平等保护原则

平等保护，是指在相等条件下所有人都享有使其生命、自由和财产得到平等保护和安全而不承担多于他人的义务的一项权利。宪法上的平等保护条款是评价特定自然人、法人或者其他组织是否因行政权的合法行使遭受特别损失的根据，是区分能够得到补偿的特别牺牲和不能得到补偿的普通公众共同利益负担的衡量依据。引起行政补偿的公权力，比如将财产收为公用的征收权，是将极大的负担加诸单个私有财产所有者身上，不像税收权和治安权，征收权是对于社会整体来行使的，这样，基于平等保护原则，应当对被征收者基于平等保护原则的要求，给予公正补偿，使其为了公共利益而作出的特别牺牲得到弥补。

各国宪法关于对公民权益平等保护的规定都是比较明确的，比如《美国宪法》第 14 修正案规定任何人都必须能够得到"法律的平等保护。"③

二、我国行政补偿制度的宪法基础和依据

我国有关行政补偿的宪法依据有两点：一是《宪法》关于土地征收的补偿条款和财产的征收或征收补偿条款；另外一个是第三十三条平等保护条款。

---

① 林准、马原编：《外国国家赔偿制度》，人民法院出版社 1992 年版，第 290 页。
② 林准、马原编：《外国国家赔偿制度》，人民法院出版社 1992 年版，第 301 页。
③ See U.S.Const.Amend.XIY.

（一）土地征收的补偿条款和财产的征收或征收补偿条款①

2004年3月14日我国通过的宪法修正案为行政补偿确立了直接的宪法依据，表明补偿制度在我国已开始受到重视。这对于完善我国行政补偿制度具有积极意义。

1. 土地征收补偿条款

新修订的《宪法》第十条第三款规定："国家为了公共利益的需要，可以依照法律规定对土地实行征收或者征用并给予补偿。"

2. 财产的征收或征收补偿条款

新修订的《宪法》第十三条规定："公民的合法的私有财产不受侵犯。""国家依照法律规定保护公民的私有财产权和继承权。""国家为了公共利益的需要，可以依照法律规定对公民的私有财产实行征收或者征用并给予补偿。"

---

① 这里需注意的是，我国宪法的相关条款同时规定了征收或征用两个概念。根据权威解释，两者的不同之处在于，征收主要是所有权的改变，征用只是使用权的改变（王兆国：关于《宪法修正案（草案）》说明）。而实际上这里所称的征收或征用在西方宪法上指的是同一概念，即 taking（for pubic use），等于本章前文所称的征收。严格来讲，对征收和征用作这种区分并无多少意义，征收这一概念强调的是"收"这一行为过程，而征用突出的则是"征"的目的是为了"用"。换言之，征用不过是征作公用的简称，以所有权还是使用权的改变作为区分征收和征用的标准似乎不得要领。另外，在我国行政法学上，征收还指收税和收费，这实际上相当于英语世界里的 taxtion 或 levy。这种意义上的征收与宪法上的征收的区别主要在于：1. 前者以公民负有纳税或缴费义务为前提，后者则没有这一前提；2. 两者的对象和后果不同，前者的后果是不特定公民的公平负担，而后者则造成特定公民的特别牺牲；3. 标的不同，前者的标的在现代社会仅限于金钱，而后者则不能是金钱，往往是不动产。在汉语中，把收税和收费也表述为征收，容易造成误解，不如使用"课税""课征"为好。上述现象一方面反映了汉语和英语两种语言的不同；另一方面反映了我国学界和立法上对于征用和征收这两个概念理解和使用上的混乱。因而，在中国如何在学术和立法上准确界定和使用是学界要认真对待的课题。

(二) 平等条款

我国《宪法》第三十三条规定："……中华人民共和国公民在法律面前一律平等。……任何公民享有宪法和法律规定的权利，同时必须履行宪法和法律规定的义务。"从宽泛意义而言，可以说我国已确立了平等保护原则。由于公民、组织的合法权益因公共利益受到的特别损失，而享受公共利益的是社会全体成员，所以该损失一般应该由社会全体成员分担，这在一定意义上要求建立行政补偿制度。

但严格来讲，我国《宪法》规定的平等只是"一种法律面前的平等"，而非立法上的平等。换言之，宪法上的平等原则对立法并无拘束效力。因此，这一条款对建立和完善我国的补偿制度并无多少实际的规范意义。

第四节 行政补偿的理论基础

一、关于行政补偿理论基础的几种主要学说

行政补偿的理论基础，或称行政补偿的理论依据，是指国家为什么对特定的公民、组织的合法权益因公共利益而受到的特别损失给予补偿。对这一问题，法学家们从理论上进行了不懈的探索，并形成了几种有代表性的主要观点和学说。

(一) 特别牺牲说

该学说源于德国。早在 1794 年，德国法中就已经确立了国家承担补偿责任的原则，即国家对于为了社会公共利益强加于一个人的任何特殊义务都必须承担补偿责任；公民因公共利益而作出特别牺牲，有权获得国家补偿。19 世纪末，德国学者奥托·梅耶（Otto Mayer）提出了特别牺牲理论。他认为，任何财产权的行使都要受到一定内在的、社会的限制，只有当财产的征收或限制超出这些内在限制时，才产生补偿问题。[1] 也就

---

① 韩小平：《行政补偿制度的几个问题》，《东吴法学》2001 年号。

是说，对行使所有权的内在社会限制是所有公民都平等承受的一定负担时，不需要补偿。然而，当这种负担只落到某个公民头上，它就变成了一种特殊的牺牲，必须进行补偿。如国家推行牛痘疫苗注射是为了防止公众得天花，但对因注射该疫苗而致终身残疾的人，必须给予一定的补偿，因为注射疫苗是为了整个社会的利益并致受害人为此作出了特别牺牲。

（二）公共负担平等说

公共负担平等说是近代产生的公法理论，它由法国学者首先提出，并正被越来越多的国家所接受。该理论认为，国家在任何情况下都应以平等为基础为公民设定义务。政府的活动是为了公共利益而实施，其成本应由社会全体成员平均分担。[①] 合法的公务行为给公民、组织的合法权益造成的损失，实际上是受害人在一般纳税负担以外的额外负担，当受害人因公共利益而受到损失，如果完全由其承担由此带来的损失，就会使受害人因公共利益而承担的义务重于相同情况下的其他人。这样，由于行政机关的行为是为公共利益而实施，受益者是社会全体成员，因此其成本或费用亦应该由社会全体成员平均分担，而不能由受害人个人承担，全体社会成员平均分担的方式是由国家以全体纳税人缴纳的金钱来补偿受害人所蒙受的损失，以达到实现社会公平的目的。

有人认为，公共负担平等理论与特别牺牲理论是相通的，前者是结果，后者是原因。正因为个别人为社会公共利益也即为社会全体成员作出了特别牺牲，所以受益的社会全体成员应公平负担这种损失，通过国库支付形式给予特别受害人补偿，从而使社会公众之间负担平等的机制得以恢复。[②] 不过，作为两种各自独立的学说，二者的着眼点还是有区别的。

---

① 姜明安编：《行政法与行政诉讼法》，北京大学出版社、高等教育出版社 1999 年版，第 476 页。

② 马怀德：《国家赔偿法的理论与实践》，中国法制出版社 1994 年版，第 42 页。

（三）结果责任说

结果责任说在日本较为流行。日本国家赔偿是基本上以过错违法为基础。过错违法损害适用赔偿，合法损害适用补偿，那么无错的违法损害既不能根据损失补偿制度得到救济，又不能根据损害赔偿制度得到救济，怎么办呢？为了弥补上述不足，日本学者引进了"结果责任说"。[1]该学说认为，无论行政行为合法或违法，以及行为人有无故意过失，只要行政行为导致的损害为一般社会观念所不允许，国家就必须承担补偿责任，这便是基于结果责任的国家补偿。[2]这种观点认为，国家补偿的根据是国家给私人带来的无法避免的危险，其论据是危险责任说。该学说认为，无论原因行为合法或违法以及行为人有无故意和过失，只要行政活动导致的损害为一般社会观念所不允许，国家就必须承担补偿责任。

（四）危险责任说

危险责任说起源于法国。19世纪以后，诸如铁路、航空、电力工程、核子工程的发展，极大地促进了社会进步，但又具有高度危险性。这些具有高度危险性的活动造成的损害按传统过错责任理论，受害人无法得到救济，因而有违现代社会的公平正义。于是该理论主张，任何人由于某种行为得到利益时，必须对该行为产生的危险负担责任，故须对这种合法活动引起的损失给予补偿。[3]

（五）不当得利说

不当得利说认为，享受公共利益的是社会全体，公共事业所造成的损失应由全社会负担，但由于由全体社会成员来提供土地是不可能的，只能强制公共事业预定用地的所有者作出特别牺牲，这就使社会全体因特定人的牺牲而获得不当得利。根据公平原则，这一不当得利必须退还

---

[1] 20世纪30年代以后，日本东京大学的田中二郎，将始创自西方的这一学说引进东瀛，并以此奠定了日本有关国家补（赔）偿法的基础。

[2] 姜明安编：《行政法与行政诉讼法》，北京大学出版社、高等教育出版社1999年版，第475页。

[3] 姜明安：《行政补偿制度研究》，《法学杂志》2001年第5期。

给特定人，这就是损失补偿的本质。①

（六）人权保障论

这种理论认为，保障人权是民主国家的基本目标和重要任务之一，当公民受到其他公民和组织的侵害时，国家有责任使其得到赔偿并依法对侵权人予以惩罚，而当公民受到国家本身的侵害时，国家当然更有责任对公民受到的损失或损害给予补偿或赔偿。②

（七）保障既得权利说

此说认为，人民既得权既系合法取得，自然应予以绝对保障。保障一般公民的生存权、财产权，是现代宪法确立的根本原则，民主国家的首要任务，纵然因为公益或公务之必须，使其蒙受损害，亦应予以补偿。③ 否则，难以体现公正和维护保障人民的既得权利。④

（八）社会协作论

社会协作理论最早由 20 世纪初的法国著名宪法学家狄骥提出，后来有学者采用社会协作理论的观点来说明行政补偿的理论基础。持这种观点的学者认为，人与人之间存在一种社会协作关系，这种社会协作关系是国家和法律的基础。社会成员应当为社会的存在和发展牺牲部分权利和自由，而社会则应以其整体力量保障社会成员的生存和发展，对其合法权益所受的损失或损害给予救济。⑤

（九）社会保险理论

这一理论把民间保险的理论加以引申，用以说明行政补偿的理论基

---

① 彭诵：《论建立行政补偿制度的理论基础》，《中国煤炭经济学院学报》2000 年第 1 期。

② 姜明安编：《行政法与行政诉讼法》，北京大学出版社、高等教育出版社 1999 年版，第 476 页。

③ 张家洋：《行政法》，三民书局 1995 年版，第 819 页。

④ 此说对于既得权以外之权利侵害，未能说明其补偿依据，是其缺点。（参见涂怀莹：《行政法原理》，五南图书出版公司 1987 年版，第 761 页）

⑤ 姜明安编：《行政法与行政诉讼法》，北京大学出版社、高等教育出版社 1999 年版，第 476 页。

础。它将国家视为全社会的保险人，社会成员向国家纳税，等于向保险公司投保。由于国库收入的主要来源是税收，因此国家补偿社会成员的损失就等于社会集资填补个人的意外损害，这就是所谓的社会保险。按照社会保险理论，社会成员不管因为什么原因而使其合法权益受损，均可以向国家寻求救济。国家对受损的公民、组织予以救济就如同保险公司向保险人支付保险金一样。①

（十） 平均损失说

该学说认为，特定人为社会全体作出牺牲的损失应由社会全体平均分担，损失补偿正是平均个人损失的一种有力措施。②

（十一） 社会职务说

此说认为，权利并非天赋之观念，为使各人尽其社会一分子之责任，乃承认其权利；故权利为实现社会职务之手段，人民之财产被征收之后，恐妨碍其社会之职务，故宜酌予补偿。③

（十二） 恩惠说

该学说强调国家统治权与团体利益的优越性。主张绝对的国家权力及法律万能与公益至上。④ 因此，认为个人没有与国家相对抗的理由，甚至完全否认国家对私人有提供损害补偿之必要。以为这不过是出自国家的恩惠，才给予了补偿。⑤

以上观点中，均能为国家进行行政补偿的原因作出一定解释，但"公用征收说""恩惠说"和"社会职务说"因将国家权力、整体利益的

---

① 姜明安编：《行政法与行政诉讼法》，北京大学出版社、高等教育出版社 1999 年版，第 476 页。

② 彭诵：《论建立行政补偿制度的理论基础》，《中国煤炭经济学院学报》2000 年第 1 期。

③ 涂怀莹：《行政法原理》，五南图书出版公司 1987 年版，第 761 页。

④ 涂怀莹：《行政法原理》，五南图书出版公司 1987 年版，第 761 页。

⑤ 董波：《浅析我国行政补偿制度》，《浙江省政法管理干部学院学报》2001 年第 4 期。

优越地位过分绝对化，同时将个人权利（益）过于式微，故自始便缺乏市场，不免终至被人们淡忘。① 其他理论和学说，尤其是特别牺牲说、公共负担平等说、结果责任说由于符合当代社会重视保障私权这一基本倾向，而日渐被普遍接纳。

二、我国行政补偿的理论基础

以上关于行政补偿的理论学说都对国家为什么要进行行政补偿作出了解释，人权保障论、社会协作论以及社会保险论的适用范围很广，不仅适用于行政补偿，而且还适用于行政赔偿以及国家对个人、组织所遭受的其他损失和损害的救济，按照这些理论，对于个人、组织合法权益所遭受的损失或损害不管其形成原因是否与国家有关，国家均应给予同等救济。但这是一个理想的目标，在一定程度上脱离了现实，即使发达国家也远不能做到对个人、组织所遭受的天灾人祸予以全面和充分的救济。在这种情况下，国家对个人、组织合法权益所受到的损失或损害不可能采取单纯的救济主义原则，而只能根据社会目前现行的公平意识区分行政赔偿、行政补偿以及行政救助等各种形式，依照损失或损害的形成原因是否与国家行政机关有关以及这种活动是否具有应予责难的性质，从而对各种损失和损害加以区别对待。从救济范围的广度及救济的充分性上看，应以行政赔偿为最大。② 因为导致行政赔偿的行政行为，是行政机关有过错的行为，不能为个人、组织所忍受，国家也没有理由要求个人或组织对这种违法侵权行为加以忍受，因而赔偿标准可能会是惩罚性的，甚至超过受害人所受的损失本身，对无形损失，比如精神损害也必须予以赔偿。③ 而作为行政补偿导因的行政行为是合法的，具有正当性和

---

① 崔卓兰、施彦：《国家补偿理论与法律制度》，《社会科学战线》1996 年第 4 期。

② 姜明安编：《行政法与行政诉讼法》，北京大学出版社、高等教育出版社 1999 年版，第 477 页。

③ 我国现行国家赔偿法并未规定惩罚性赔偿和对于精神损害的物质赔偿，是很不合理的。

不可责难性，不存在惩罚性补偿，因而其补偿的广度和深度可以小于行政赔偿，总体上看，以能弥补受害人损失为限。行政救助则因作为其导因的行政行为与国家没有直接因果关系（如地震、水灾、旱灾、生活困难无助者等），因而国家只要能择其要者给予救济，而且这种救济不以填补当事人所受的损失为目标，而仅以维持当事人的生存权为限。可见，以人权保障论、社会协作论、社会保险论作为行政补偿的理论基础虽有一定道理，但亦有一定缺陷。[1]

以公共负担平等说作为行政补偿的理论基础，也存在一定缺陷。当然，以公共负担平等说作为行政补偿的理论基础，较之人权保障论、社会协作论以及社会保险论更具有说服力。因为公共负担平等说与我国《宪法》第三十三条确定的平等原则相符合。平等原则要求公民权利的享有、义务的承担都应是平等的。具体到公共生活领域，就要求公民平等地享有公共生活的利益，同时也须平等地承受公共生活的负担。但是，公共负担平等说无法解释为什么有的行政补偿费用来自国家，有的补偿费用却由各级财政支出，这是公共负担平等说的一种缺憾，它只注重了损失的分摊，而没有顾及利益的所得。中央机关的公务活动，如组织建设国家重点工程，是为了全国的利益，因此补偿费用应由全国人民平等负担，表现为中央财政收入的支付补偿费用；而地方机关公务活动的主要得益者是一般各地方的公众，故补偿费用由地方支出，即在各地方范围内实行公共负担平等。[2] 在德国，在征收过程中，补偿义务人是因补偿而受益的行政主体，其任务因征收而得到执行。如果是有利于私人的征收，受益的私人承担补偿义务。如果多个行政主体或者私有企业受益，他们是共同补偿义务人。[3] 此外，国家机关的许多活动，如行政赔偿、司

---

[1] 姜明安编：《行政法与行政诉讼法》，北京大学出版社、高等教育出版社1999年版，第477页。

[2] 姜明安编：《行政法与行政诉讼法》，北京大学出版社、高等教育出版社1999年版，第477页。

[3] ［德］哈特穆特·毛雷尔：《行政法学总论》，高家伟译，法律出版社2000年版，第698页。

法赔偿、行政救助也是由公共财政负担的，也适用公共负担平等说。由此可见，公共负担平等说因其不能独立和全面地解释行政补偿这一特定行政给付行为和制度，因而不能独立作为我国行政补偿的理论基础。①

　　其他上文提到几种学说，结果责任说、危险责任说、平均损失说也不适合作为我国行政补偿的理论基础。结果责任说因我国制定国家赔偿法时，立法规定违法行使公权力执行公务的行为造成的损害要予以赔偿，所未规定的是合法侵权国家承担何种责任，由此，我国立法显然不仅关注是否有损害结果，还关注侵权原因合法与违法的区别，违法侵权和合法侵权的国家责任在我国显然应有所区分，对违法侵权国家承担赔偿责任，在理论上国家甚至不排除承担惩罚性给付责任的可能，对合法侵权国家承担的责任应有别于对违法侵权损害承担的赔偿责任，所以日本的结果责任理论不适合作为我国行政补偿的理论基础。危险责任说，只适合于解释具有高度危险性的活动造成损失的补偿，不具有普遍意义。保障既得权利说主张之内容，如生存权、财产权之保障，是现代宪法确立的根本原则，是补偿立法的重要宪法依据之一，并不单纯是行政补偿的基础理论。平均损失说和公共负担平等说如出一辙，可以认为包含了公共负担平等说中，和公共负担平等说一样，不适合单独作为我国行政补偿的理论基础。那么，我国行政补偿的理论基础是什么？笔者认为，公共负担平等说着眼于补偿义务主体，而行政补偿并非都由全体国民"公共负担平等"，从而使该理论遭遇尴尬，不能自圆其说，但是，如果我们转换角度，不单纯从补偿义务主体出发去考虑问题，而是以被补偿主体作为着眼点考察，则和"公共负担平等说"相通的"特别牺牲说"，因其着眼点的不同，能避免"公共负担平等说"作为行政补偿基础理论的不

---

①　有的学者认为，我国行政补偿的理论基础应是在"谁得益、谁补偿"原则指导下的公共负担平等说（参见姜明安编：《行政法与行政诉讼法》，北京大学出版社、高等教育出版社1999年版，第477页），这种学说虽能解释补偿费用的来源多元问题，但因为其他一些非属补偿的行政行为比如行政赔偿、行政救助也是由公共平等负担的，该学说仍难自圆其说。

圆满之处。

笔者认为，在我国，将"特别牺牲理论"（die Sonderop fer theorie）作为行政补偿的理论基础更加合理，该理论为战后西德联邦普通法院（Bun desgericht shof）继受德国帝国法院个别行为理论而发展出来的理论①，认为财产之侵害，不论剥夺或是妨害，对特定人或团体如有与其他人不相同的特别之侵害，并强迫使其作出了特别的属于是过分要求的牺牲时，即为征收②，应对该人民或团体加以补偿。换言之，该人民是因受到特别且不平等的牺牲，才获得补偿。故对该人民之补偿乃由平等原则衍生出衡平原则（der Gleich heitssat zwird zum Ausgleichssatz）。③ 可见，依照特别牺牲理论，公民为了社会公益作出了特别牺牲，国家应当予以公正补偿，以恢复社会正义和公平，该理论直接以宪法对财产权保护的规定以及宪法平等保护原则为基础，反映了法治国家对社会公平和正义的价值追求，同时，该学说不仅不排斥而且显然包含了"公共负担平等说"的合理内核，使行政补偿在国家用财政收入支付时，仍可以以"公共负担平等"来解释补偿原因而符合"特别牺牲说"，"谁受益，谁负担"的行政补偿也可以用"特别牺牲说"来解释。正是由于"特别牺牲说"较好地解释了国家对合法行政行为造成的损失给予补偿的原因，因而是更为可取的行政补偿理论基础。④

---

① 特别牺牲理论（die Sonderop fer theorie）为德国帝国法院（Reichs gericht）裁判之理论，认为征收系公权力主体对特定人权利之个别侵害行为，特定人如属为公益而受到他人所无之牺牲，则应获得赔偿。

② 德国联邦宪法法院（Bund esver fassungs gericht）自 20 世纪 80 年代以后，进一步在判决中建构了更清楚的补偿责任体系。联邦宪法法院认为除了财产权之公用征收外，对财产权尚可为义务性限制，但如有限制过度之情形，则应予以补偿。（参见林胜鹞：《国家补偿责任之研究》，载《东海大学法学研究》2000 年第 15 期）

③ 林胜鹞：《国家补偿责任之研究》，载《东海大学法学研究》2000 年第 15 期。

④ 当然，从较为宽泛的意义上讲，也可以认为"公共负担平等说"和"特别牺牲说"结合在一起，共同构成了我国行政补偿的理论基础。

第五节　行政补偿制度的历史发展

一、外国行政补偿制度的历史发展和立法实践

行政补偿制度是国家调整公共利益与私人或团体利益，全局利益与局部利益之间关系的必要制度。行政补偿作为一种行为来讲，自从有了行政机关，有了行政权的存在和行使，便有可能偶然和不可预期地存在着。而通过惯例或立法形成的有保障、可预期的体制性存在——行政补偿法律制度，其产生是人类社会物质文明和精神文明进化到一定历史阶段，尤其是资产阶级大革命胜利后确立的民主宪政体制下的产物，是一国行政法制建设发展到一定阶段的产物，行政补偿制度的确立，也是一个国家文明、民主和法治进步的重要标志。行政补偿制度产生的一个重要特征就是它既早于行政赔偿制度产生，又长期依附于国家赔偿制度而发展，逐渐又从国家赔偿制度中独立和分离出去。

行政补偿行为的存在从时间上要早于行政赔偿。法国远在大革命前的旧制度时期，"国王认为必要时，可用特权状收回私人所有的土地，同时予以补偿，金额由行政机关自由决定"。① 在德国，1794 年《普鲁士国家一般邦法》第 75 条规定："对其权利和特权为共同福祉而作出必要牺牲的人，国家给予补偿。"② 1789 年法国的《人权宣言》又为国家承担补偿责任提供了法律根据，该宣言第 17 条规定："财产是神圣不可侵犯的权利，除非由于合法认定的公共需要的明显的要求，并且在事先公平补偿的条件下，任何人的财产不能被剥夺"。③ "1799 年，法国根据《人权

---

① 王名扬：《法国行政法》，中国政法大学出版社 1988 年版，第 354 页。

② ［德］哈特穆特·毛雷尔：《行政法学总论》，高家伟译，法律出版社 2000 年版，第 663 页。

③ 王名扬：《法国行政法》，中国政法大学出版社 1988 年版，第 355 页。

宣言》的上述精神，颁布了第一个行政机关对因实施公共事业而受到损失的人给予补偿的法律，初步建立了以无过错责任为特征的损失补偿制度。在1914年的一项立法中，根据危险责任原则，规定了国家对战争造成的损害应负补偿责任。"① 1924年，法国最高行政法院判例确认行政机关机动车司机致人损害的推定过错，须由行政机关承担赔偿责任，这样，作为无过错责任基础的危险责任理论就产生了。这一理论认为，国家机关的合法行为给公民个人带来了损害，这个后果不应当由受害人独立负责，而应当由代表社会的国家向受害者承担赔偿责任，至此，以无过错责任为特征的损害补偿制度在法国建立起来。此后，世界上许多国家都效仿法国，以宪法、国家赔偿法或其他立法明确规定行政机关的补偿责任，比如《美利坚合众国宪法（修正案）》第5条规定："……未经正当法律程序不得剥夺任何人的生命、自由或财产。凡私有财产，非有正当赔偿，不得收为公用。"② 《日本国宪法》第二十九条第三款关于私有财产规定，"在正当的补偿之下，得为公共利益而使用之。"③《德意志联邦共和国国家赔偿法》第14条关于征收财产和公益损失规定："（1）本法不影响因征收财产或发生因公益遭受损失所产生的补偿请求权。（2）如依据法律进行征收财产或发生因公益遭受损失的情形是由于一种行政干预所引起，而该种干预行为违法时，可以在行使因该干预依法享有补偿请求权外，并行使第2条和第3条请求权。（3）行政干预导致征收财产或发生因公益遭受损失的情形，法律对此干预引起的补偿种类和范围没有规定，如果公权力机关的责任不能依第2条和第3条或依其他法规决定时，公权力机关应当承担同违法侵害基本权利一样的责任。"④

---

① 姜明安编：《行政法与行政诉讼法》，北京大学出版社、高等教育出版社1999年版，第475页。
② 林准、马原编：《外国国家赔偿制度》，人民法院出版社1992年版，第307页。
③ 林准、马原编：《外国国家赔偿制度》，人民法院出版社1992年版，第290页。
④ 萧榕编：《世界著名法典选编》，中国民主法制出版社1997年版，第163页。

《马来西亚联邦宪法》（1957）第 13 条规定："（1）任何人的财产，除依法律外，不得夺之。（2）若无充分补偿，任何法律不得作出有关财产强迫取得和征收的规定。"①

《马尔代夫共和国宪法》（1968）第 12 条规定："私人财产应受到尊重。此种财产只有在依照法律规定给予公平的补偿后，才能依照法律为公共利益的原因加以征收和占用。"② 《菲律宾共和国宪法》第 4 条人权法案第 2 款规定："私人财产，若无公正补偿，不得取为公共使用。"③

从国外行政补偿制度的产生与发展历史上来看，较长期存在的情形是：将国家补偿作为国家赔偿的一部分混合运用。近现代以来，则逐渐倾向于将两者分别立法。比如德国、日本等国即单独确立有关国家补偿的概念、理论依据、责任性质、实施原则及程序方式并尝试对国家补偿专门立法，还有不少国家的行政补偿立法散见于许多单行的法律法规中。

二、我国行政补偿制度的历史发展和立法实践

在我国漫长的封建主义君主专制时期，皇帝作为国家的最高统治者，"溥天之下，莫非王土；率土之滨，莫非王臣"④，他"借助于官吏集团统治全国，握有绝对至上的权力"⑤，以儒家思想为指导的封建法制，具有鲜明的"非私法"传统，"家国一体、大公无私（崇公法而非私法）、身份本位、德主刑辅之类的儒教信仰，已经成为中国人的生活信条，以至于根本不许西欧的私权神圣、身份平等和意思自治的价值观念染指。"⑥没有地位平等、私权保护、权利自由这些西欧市民法所崇尚的基本的社会价值观念，而是生杀予夺，都取决于皇帝，在这样的社会政治文化背

① 林准、马原编：《外国国家赔偿制度》，人民法院出版社 1992 年版，第 301 页。

② 林准、马原编：《外国国家赔偿制度》，人民法院出版社 1992 年版，第 302 页。

③ 林准、马原编：《外国国家赔偿制度》，人民法院出版社 1992 年版，第 302 页。

④ 《诗经·小雅·谷风之什·北山》，转引自叶孝信编：《中国法制史》，北京大学出版社 1989 年版，第 30 页。

⑤ 张文显：《法理学》，法律出版社 1997 年版，第 191 页。

⑥ 张俊浩编：《民法学原理》，中国政法大学出版社 1991 年版，第 62 页。

景下，根本就不存在孕育补偿制度的土壤和环境。

我国人民司法制度有关行政补偿的条款最早出现在 1944 年 1 月颁布的《陕甘宁边区地权条例》中："……政府得租用、征收或以其他土地交换任何人民或团体所有的土地。"其中租用、征收或者以其他土地为交换，就是行政补偿的初期表现形式。"新中国成立后，我国通过政策和零星立法确立了行政补偿制度的雏形"①，1950 年 11 月公布的《城市郊区土地改革条例》，明确规定了国家在征收土地时，对遭受损失的人以公平合理原则予以补偿的制度。② 1953 年 11 月政务院颁布的《关于国家征收土地办法》又对补偿的标准和程序作了具体规定，与此同时，地方各级人民政府在有关土地管理的办法中，就营建铁路、矿山、荒山造林、垦殖、兴建水利工程等建设中征收农业用地，将荒山、林地收归国有，以及房屋拆迁的补偿和生产、生活的安置办法等作了规定。1958 年 1 月的《国家建设征收土地办法》对补偿的程序和范围作了具体规定。50 年代对私营工商业实行公私合营所付的定息，实际上也是一种行政损失补偿。1962 年 9 月制定的《农村人民公社工作条例修正草案》中进一步指明，"不许无代价地调用劳动力、生产资料和其他物资。""如果因为建设或者其他的需要必须征用社员的房屋，应该严格执行国务院有关征用民房的规定，给予补偿，并且对迁移户作妥善的安置。"此外，各地方政府对营建铁路、矿山、荒地造林、垦殖、兴建水利工程等建设中征收农用土地，收购荒地、林地、拆迁房屋等补偿方式作了具体规定。③ 但是，在"文化大革命"十年浩劫中，我国社会主义民主和法制遭到毁灭性破坏，行政

---

① 姜明安编：《行政法与行政诉讼法》，北京大学出版社、高等教育出版社 1999 年版，第 475 页。

② 《城市郊区土地改革条例》第十四条明确规定："国家为市政建设和其他需要征用私人所有的农业土地时，须给以适当代价，或以相等之国有土地调换之。对耕种该项土地的农民应给以适当的安置，并对其在该项土地上的生产投资（如凿井、植树等）及其他损失，予以公平合理的补偿。"

③ 林准、马原编：《外国国家赔偿制度》，人民法院出版社 1992 年版，第 134 页。

补偿制度同样遭到漠视和摧残。

自 1978 年党的十一届三中全会以后，中国进入了新的历史阶段，我国社会主义民主和法制得到恢复并日益发展起来，党的十一届三中全会以后，由于改革开放政策的推行，实现了经济的复苏和发展，法治建设也提上了日程，行政补偿制度得以复苏和发展，在不少法律法规中体现出来。1984 年《森林法》、1985 年《草原法》、1986 年《渔业法》《土地管理法》确定了土地、林地、草原、水面、滩涂的使用权及在各自领域的补偿问题，1986 年《矿产资源法》规定了关于关闭和迁移集体矿山企业的补偿问题，《外资企业法》对国有化和征收的补偿作了规定。1988 年《水法》《野生动物保护法》《城镇国有土地使用权出让和转让暂行条例》、1989 年《戒严法》等都对有关范围的行政补偿作了原则性的规定。在这一阶段，立法速度比较快，行政补偿制度迅速恢复并有所发展；补偿的范围有所拓展，除土地、房屋的征收补偿外，还涉及环境污染、资源管理、许可撤回、执行治安职务等方面。但是由于受经济发展和思想认识的限制，补偿的范围还不够广。如 1983 年《海上交通安全法》、1984 年《消防条例》、1989 年《城市规划法》和《传染病防治法》等没有相应的行政补偿条款。邓小平南方谈话以后，中国进入了全面发展社会主义市场经济的新时期，法治建设也跃上了新的台阶。法律意识、权利意识日益增强，立法速度不断加快，立法者的观念不断更新，关于行政补偿制度的法律规范每年都有颁布，而且条款规定越来越详细。这时期的主要法律法规有：1992 年《矿山安全法》，1993 年《水生野生动物保护实施条例》《长江三峡工程建设移民条例》，1994 年《城市房地产开发法》，1995 年《固体废物污染环境防治法》《水污染防治法》（修正案），1996 年《煤炭法》《环境噪声污染防治法》，1997 年《公路法》《防洪法》《国防法》，1998 年《消防法》《森林法》《土地管理法》。同时，一些地方性法规也对行政补偿作了更具体的规定，如 1993 年《黑龙江省城市建设动迁管理条例》《陕西省城市房屋拆迁管理办法》《洛阳市城市建设拆迁管理办法》等。这一阶段的特点是：第一，立法速度明显加快，补偿制度内容日益丰富，如1998年《土地管理法》共有9个条款涉及土地征收补偿问题，对土地征收的审批程序和补偿标准作了较详细的规定。第二，补偿范围更加广泛，新颁布的法律凡是其调整领域中会涉及补偿情况的，都对补偿问题作了规定，补偿范围扩展到消防、国防、防洪、房地产开发等领域。我国行政补偿制度的产生和发展表明，行政补偿的范围日益扩展，补偿观念日益强化。1984年《消防条例》中只有"征收""协助消防"等语，却无补偿之规定，1998年《消防法》中作出了规定。1990年的《铁路法》只在第三十六条第六款中隐含补偿规定，而1997年《公路法》中第三十一、四十、四十五、四十八、六十七条等5个条款中涉及补偿规定。①

从上述法律、行政法规中有关行政补偿的规定来看，我国已在较为广泛的领域建立了行政补偿制度，但都是针对特定行政执法部门的行政补偿制度进行规定的，虽然这些规定在各自有关的行政执法领域对合法行政行为造成的损害救济起了很大作用，但是，这些法律、法规较为分散，很多补偿领域只是原则性的规定，没有具体的程序和补偿标准的规定。随着我国市场经济的发展和民主法制建设的不断前进，健全和完善我国的国家补偿立法显得日益必要。

第六节　行政补偿方式

一、行政补偿方式概述

国家承担行政补偿责任的方式，即行政补偿方式，是指国家行政主体承担补偿责任的各种形式。补偿是对损害的补救，根据损害的性质、情节及程度的不同，补偿的方式也有所不同。正确地适用行政补偿的方

---

① 彭诵：《论建立行政补偿制度的理论基础》，《中国煤炭经济学院学报》2000年第1期。

式，对于弥补受害人的损害具有重要意义，采用何种补偿方式，直接关系到能否对受害人合法权益提供适当的补救。

对于行政补偿责任的承担方式，美国立法规定非经当事人同意，必须采取金钱补偿的方式，在美国，公正补偿就意味着用金钱作出补偿，被征收财产的价值必须完全用金钱来衡量，而且必须用金钱作出补偿①，政府不能强迫财产所有人接受实物补偿。② 但总的来说，各个国家的补偿方式都有一定灵活性，一般都以支付补偿金为主要方式，能够返还财产或者恢复原状的，予以返还财产或者恢复原状，此外，还灵活采用其他一些方式，比如征收不动产还采用调换土地的方式等等，德国还曾经采取过"支付有价证券"的补偿方式。③ 我国台湾学者黄锦堂也认为"就补偿给付的范围与额度，非在完全填补损失，亦非只有金钱给付一途，而得视人民实际受损失的状况以及各种的条件而加以决定。"④

金钱补偿，又称"支付补偿金"，是指补偿义务机关以货币弥补行政相对人所受损失的方式。补偿金一般为本国货币，对外国人所受的损失应以可自由兑换的外币支付。由于金钱补偿具有两大优点，其一，金钱补偿适用性强，因此，无论是人身伤亡还是财产损失，都可以采用支付补偿金的方式，这是其他任何补偿方式所无法代替的；其二，金钱补偿操作性强，易于执行。因为金钱补偿存在上述优点，许多国家都以金钱补偿作为行政补偿的主要方式。

返还财产，是指行政补偿义务机关将从相对人取得的财物返还给相对人的补偿方式。返还财产具体包括两种情形，其一，返还金钱。如返还纳税人多缴纳的税款，返还缴费人多缴纳的费用。这种方式也可以视

① See City of Chicgov.Farwell,286111.415,421(1918).

② See Cohenv.Chiago, 36 N. E. 2d220.224（1111941）overruling Kanbberos, 9N. E. 2d223（1111937）.

③ ［德］哈特穆特·毛雷尔：《行政法学总论》，高家伟译，法律出版社 2000 年版，第 695 页。

④ 黄锦堂：《国家补偿法体系建构初探》，《行政法争议问题研究》，五南图书出版公司 2000 年版，第 1213 页。

为金钱补偿；其二，返还财物。如返还公民被征收的交通工具、通信设施等。返还财产作为行政补偿的方式，不具有普遍适用性。只有在原财物仍然存在，返还原财物不影响公务的实施，且返还财产比金钱补偿更为便捷的情形下，经过受损害人同意才可以采取。

恢复原状，是指国家行政机关的行为侵害他人财产，对受到损害的财产进行修复，使之恢复到受损害前的形状和性能的补偿方式。恢复原状作为一种补偿方式，在行政补偿中的适用限制非常严格，因为恢复原状可能会牵扯国家工作人员过多的时间、精力，影响行政效率，一般而言，只有在比金钱补偿更便捷的情况下，才适用此种方式。

值得一提的是英国的强制卖出制度。从一定意义上讲，英国的强制卖出也可以认为是行政主体一种特殊的承担补偿义务方式。强制卖出是针对强制征收而言，强制征收是公共机构对公民所具有的权利，强制卖出是公民对公共机构所具有的权利。根据1971年城乡计划法的规定，公民的土地或房屋因受公共机构执行计划的影响而不能合理地有益利用时，可以请求执行计划的机构购买公民因此而不能利用的地产。1973年的土地补偿法扩大强制卖出的范围，包括已经宣布尚未执行的计划所产生的损害在内。同时，法律也规定了计划机构拒绝购买的理由。[①] 应当说，该制度对充分保护公民的财产权不无积极意义。

林林总总的行政补偿方式，从学理上来说，可以划分为两大类，即直接补偿和间接补偿，以金钱或实物的方式直接填补受害人所受损失的行政补偿方式即为直接补偿，上述金钱补偿、返还财产、恢复原状都属于直接补偿的范畴，直接补偿的特点是补偿效果直接、快速，补偿义务机关的给付行为一次完成，无须借助受害人的行为。

而通过授予某种特殊权利或利益，如以带薪假期、额外增加计划内物资、解决农转非指标、优先安排就业、减免税费等方式，间接填补受害人所受损害的行政补偿方式，就是间接补偿，其特点是补偿义务机关不是通过积极主动地给付行为直接补偿受害人所受损害，而是通过给予

---

① 王名扬：《英国行政法》，中国政法大学出版社1987年版，第231页。

受害人利益的其他方式间接补偿受害人所受到的损失，并且受害人必须作出享受补偿义务机关所给予的特殊利益的行为才能实现补偿效果。

当然，如果转换角度，也可以将行政补偿大致划分为更为直观的两类补偿，即经济性补偿和政策性补偿。经济性补偿是涉及金钱或财物给付的补偿，而政策性补偿，主要是提供政策优惠，比如解决农转非指标、优先安排就业、减免税费等、子女入学升学照顾等方式。一般而言，财产补偿在短期效果上往往较突出，而优惠政策则侧重于中长期效果，政策优惠如能妥善运用，对社会的发展和对当事人正当权益的保护也是有利的，甚至起到单纯经济性补偿所不能起到的作用。显然，在一定意义上，直接补偿就是经济性补偿，间接补偿就是政策性补偿。

二、我国行政补偿的方式

（一）从立法上来看

从立法上来看，我国的立法实践在行政补偿的方式上表现得也相当丰富。《中华人民共和国土地管理法》规定，集体土地征收除需支付土地补偿费、土地附着物补偿费、青苗补偿费和安置补偿费外，还应安置剩余的劳动力。《国有土地上房屋征收与补偿条例》规定，国有土地上房屋征收补偿的方式有三种：一是货币补偿；二是产权调换；三是货币补偿与产权调换相结合。货币补偿是征收人对被征收人的房屋，按其价值，以货币结算的方式给予被征收人补偿；产权调换是征收人以异地建设的房屋或原地建设的房屋补偿给被征收人，使其继续对房屋持有所有权的形式；货币补偿与产权调换相结合是征收人按照被征收房屋的建筑面积数量，以其中一定面积的房屋补偿被征收人，其余面积按照作价折合成货币支付给被征收房屋的所有人。

（二）从实践上来看

从我国行政补偿的实践看，我国行政补偿的方式是多样的，直接补偿和间接补偿，或者换一个角度讲，经济性补偿和政策性补偿在我国行政补偿实践中都有体现。

1. 直接补偿方式

具体来说，直接补偿，主要是指称经济性补偿，在实践中主要采取以下四种方式。

（1）金钱补偿。这是我国较为常用的补偿方式，无论房屋拆迁，还是三峡移民，或是国有化征收，土地征收，都涉及金钱补偿方式的使用。

（2）返还财产。比如返还纳税人多缴纳的税款，返还缴费人多缴纳的费用，以及返还公民和组织被征收的交通工具、通信设施、房屋建筑等，这些补偿方式在我国也经常采取。

（3）恢复原状。在我国，恢复原状可以作为行政补偿的辅助方式而存在。

（4）实物补偿。实物补偿也就是以同等条件或者性能的实物来弥补行政相对人损失的方式。我国法律规定的实物补偿方式主要有产权调换（《国有土地上房屋征收与补偿》第二十一条）、开发荒地滩涂、调剂土地、外迁（《大中型水利水电工程建设征地补偿和移民安置条例》第四条第三项）等。

2. 间接补偿方式

间接补偿，主要是指政策性补偿，在实践中表现方式也是多种多样的，常见的有以下几种方式。

（1）在人、财、物的调配上给予优惠。

（2）减、免税费，例如《长江三峡工程建设移民条例》中规定，对为安置农村移民而开发的土地和新办的企业，在征收农业税、农业特产农业税、企业所得税等方面，国家给予免税或者减税优惠。

（3）授予某种能给受损失人带来利益的特许权。

（4）给予额外的带薪休假、旅游和疗养等。

（5）在晋级晋职、增加工资、安排就业、分配住房和解决农转非的户口指标等问题上给予照顾。随着社会的发展，有一些该类补偿方式适用范围越来越窄，变得越来越失去意义，比如办理农转非的补偿方式，目前主要适用于因大中型水利水电工程建设土地被征收，而确实安置不了的移民，并且采取这种方式还要经过非常严格的审批程序。在计划经济时代，这种补偿方式的作用是显而易见的，但在目前的条件下，这种补偿的方式作用已大打折扣了。

（6）给予医疗、抚恤。我国的法律已明确规定，对于公民非因履行职务而为保护国家利益、公共利益和公民人身、财产安全、不顾个人安危，积极同违法犯罪行为作斗争或者在灾害事故中勇于救助，因此受伤、致残或死亡的，国家按照有关规定给予医疗或抚恤。给予医疗、抚恤是国家对因维护公益而受到损失的人提供的社会保障待遇，对于受损失的人而言当然也是一种补偿方式。

（7）提供其他政策性优惠和照顾。例如，《长江三峡工程建设移民条例》规定，对移民安置区发展种植业、林业、畜牧业、渔业和乡镇企业以及旅游业的，国家在专项贷款、技术改造、科技开发等方面给予照顾和扶持等，还有人提出，为适应经济体制的转换，在大中型水利水电工程建设征地以及移民补偿时还应建立移民社会保障系统，加大政策倾斜和优惠力度。①

上述间接补偿方式可与直接补偿方式配合使用，如在给予部分金钱补偿的同时，优先安排受损失人的就业等。间接补偿方式的存在不仅使行政补偿具有很大的灵活性，而且可以为国家节约财力。在我国，大中型水利水电工程建设征地以及相关移民补偿就综合运用了各种补偿方式。

第七节　行政补偿的标准

一、国外行政补偿的标准

国外行政补偿的标准主要来自宪法和有关征收法律的规定。一般而言，根据补偿条款的规定，国家或其他公权力主体对私人财产的征收等行为，须予以正当补偿。"正当补偿"是一个抽象的概念，不同的国家有

---

① 周少林、李立：《关于水库移民补偿方式的思考》，《人民长江》1999年第11期。

不同的解释。比如在美国，最高法院对正当补偿的确定，通常依据公平的市场价值（Fairmarket value）对财产所有者的损失进行评估。公平市场价值或市场价值①，是美国最重要和被普遍接受的估价方式。②《日本国宪法》第二十九条确定了正当补偿的原则，《德国基本法》第 14 条第 3 款也确立了正当补偿的原则。美国、德国和日本等有关国家行政补偿的标准，总体上可以概括为两种学说。

（一）完全补偿说

完全补偿说认为，对称为征收对象的财产的客观价值，应按其全额予以补偿。其中，一种更为彻底的观点认为，除了对财产的全额进行补偿外，还应加上伴随征收所发生的一切附带性的损失，如拆迁费用和营业上的损失等。

《德国基本法》第 14 条第 3 款规定：补偿应当"经公众利益和关系人权益的适当斟酌予以确定"。对于这一条款，实践中的操作是，首先审查"完全的补偿"，也就是说，在没有扣除的情况下，应当给付多少。强调补偿应当与财产损失平衡，其计算根据是考虑被征收财产的价值，关键是流通价值（市场价）。只有在例外的情况下，才考虑"减少补偿"。③在日本，一般认为，政府在道路的扩建等公共建设中征收土地或拆迁房屋，即在积存的财产权秩序下要求特定的人作出"特别的牺牲"，要实现

---

① 公平市场价值可以被定义为：双方在无任何强迫下，经验丰富、信息灵通的买方愿意付给自愿出售其不动产（包括土地和建筑物等被认为是不动产一部分的其他附属物）的卖方的价格。考虑市场价值，一般以不动产在近期内最有可能的，最充分的和最优的用途为条件，其中被审查的因素包括：1. 市场需求；2. 该地的经济发展；3. 商家或个人开发土地的某种用途的详细计划；4. 被市区划分法令（zoningor dinance）许可的用途；5. 邻近已开发此用途的地区的情况；6. 征收时不动产的实际用途。

② See Department of Transp.& Dev.v.Hammons,550 So.2d767,771(La.1989),citing Dep't of Transp.& Dev.v.Boagni,509 So.2d471(La.1987).

③ ［德］哈特穆特·毛雷尔：《行政法学总论》，高家伟译，法律出版社 2000 年版，第 696 页。

完全补偿。如日本现行《土地征收法》第七十七条和第八十八条就规定了彻底的完全补偿原则。

（二）适当补偿说

适当补偿说认为，法律并不一定要求全额补偿，只要参照补偿时的社会观念，按照客观、公正、妥当的补偿计算标准予以补偿，就足够了。持此种观点的学者认为，法律可以规定对人民受损权益的补偿，不必一定以全额补偿，而是可以权衡侵犯人民权益的公共需求、国库的能力等，给予相当的补偿。事实上，这种理由并没有真正的说服力。现在的补偿学说，以完全的补偿为原则，只有限于社会改革立法等存在例外的合理理由时，才认为较低的额度补偿就足够了。

王名扬先生指出，法国公用征收法官确定补偿金额时必须遵守"公正补偿"的原则。《法国公用征收法典》第一部分第一篇中规定："补偿金额必须包括由于公用征收产生的全部直接的、物质的和确定的损失在内。"[1] 所谓直接的损失是指和公用征收有直接的因果联系的损失，例如，出租的房屋被征收后，房东丧失租金收入，房客失去栖身之所，这些都是直接的损失；物质的损失仅指丧失财产上的利益，不包括精神上的和感情上的损失在内；确定的损失是指已发生或将来一定发生的损失而言，不包括将来可能发生的不确定的损失在内。

二、我国行政补偿的标准

我国现行《宪法》中缺少财产损害的补偿条款，法律中也没有关于补偿标准的统一规定，除土地管理法律、法规对国家建设征收土地的补偿、国有土地上房屋征收补偿外，其他有关行政补偿的法律很少对补偿的标准作出规定。

我国 1998 年新修订的《土地管理法》第四十七条详细规定了补偿计算标准。该条款规定，征用土地的，按照被征用土地的原用途给予补偿。征用耕地的补偿费用包括土地补偿费、安置补助费以及地上附着物和青

---

[1]　王名扬:《法国行政法》，中国政法大学出版社 1988 年版，第 379 页。

苗的补偿费。征用耕地的土地补偿费，为该耕地被征用前三年平均年产值的六至十倍。征用耕地的安置补助费，按照需要安置的农业人口数计算。需要安置的农业人口数，按照被征用的耕地数量除以征地前被征用单位平均每人占有耕地的数量计算。每一个需要安置的农业人口的安置补助费标准，为该耕地被征用前三年平均年产值的四至六倍。但是，每公顷被征用耕地的安置补助费，最高不得超过被征用前三年平均年产值的十五倍。征用其他土地的土地补偿费和安置补助费标准，由省、自治区、直辖市参照征用耕地的土地补偿费和安置补助费的标准规定。被征用土地上的附着物和青苗的补偿标准，由省、自治区、直辖市规定。征用城市郊区的菜地，用地单位应当按照国家有关规定缴纳新菜地开发建设基金。依照第四十七条第二款的规定支付土地补偿费和安置补助费，尚不能使需要安置的农民保持原有生活水平的，经省、自治区、直辖市人民政府批准，可以增加安置补助费。但是，土地补偿费和安置补助费的总和不得超过土地被征用前三年平均年产值的三十倍。国务院根据社会、经济发展水平，在特殊情况下，可以提高征用耕地的土地补偿费和安置补助费的标准。

《国有土地上房屋征收与补偿条例》规定，对被征收房屋价值的补偿，不得低于房屋征收决定公告之日被征收房屋类似房地产的市场价格。被征收房屋的价值，由具有相应资质的房地产价格评估机构按照房屋征收评估办法评估确定。同时该条例第二十二条规定，因征收房屋造成搬迁的，房屋征收部门应当向被征收人支付搬迁费；选择房屋产权调换的，产权调换房屋交付前，房屋征收部门应当向被征收人支付临时安置费或者提供周转用房。第二十三条规定，对因征收房屋造成停产停业损失的补偿，根据房屋被征收前的效益、停产停业期限等因素确定。具体办法由省、自治区、直辖市制定。

三、完善我国行政补偿标准的思考

就我国目前行政补偿的标准来讲，《土地管理法》《国有土地上房屋征收与补偿条例》以及其他规范性文件确立的补偿标准都不同程度地存在着客观性不强，抚慰色彩浓的特点，不能为当事人正当权益提供有力保护，需要我们深刻反省。笔者认为，我国在确定行政补偿标准时，应当以正当补偿或公正补偿为原则，具体来讲，该原则包括以下三个方面。

1. 一般应当坚持"全额补偿"原则，并充分考虑对当事人生存和发展利益的长远影响，来确定补偿的具体数额。否则，会助长国家权力的滥用和使不特定公民、组织的合法权益处于不可预期、随时可能发生的危险中，得不到有力保障。

2. 补偿应当以引起补偿的原因发生时的公平市场价值或价格为基准。①只有公平市场价值或价格才是一般正当补偿可接受的衡量标准。为此，对当事人权益损失，应当建立由具有相对独立性的机构或社会中介组织来进行损失价值评估的机制，将损失价值评估纳入市场运作轨道，力戒行政机关单独决定损失补偿数额时的主观性、随意性和片面性。

3. 当事人有过错时，不排除"适当补偿"原则的适用。行政补偿标准和数额，可以在制定《国家补偿法》时予以规定，但不必太具体详细，只作出原则性规定即可，可以再另外制定《国家补偿标准实施细则》，对特定种类的损害补偿，比如精神损害补偿，也可以在立法中作技术处理，简单规定行政补偿标准适用民事立法的有关规定。

第八节　行政补偿程序

行政补偿程序，是指行政补偿的实现步骤、方式、顺序、手续和时限的总称。损失补偿作为一种国家应当承担的责任，其作出必须遵守法

---

① 在美国，公平市场价值或市场价值是一般正当补偿可接受的衡量标准。通常，在估价过程中不予考虑所有人对其不动产所定的私人价格。但如果该财产适用于专门用途，比如教堂、学校、公园或类似的用途，有时也会考虑个人估定的不动产价格。在估计不动产价值时，通常也不考虑征收者估计的价值。如果征收不动产特别适合某种公共用途，那么在估计其价值时应考虑到这种用途具有的价值。

律规定的程序，否则，被补偿人除了会和补偿义务主体产生一般实体意义上的补偿纠纷外，也会因补偿行为的程序违法引发违法侵权纠纷，引起对行政主体违反程序规定作出补偿行为的行政复议、行政诉讼甚至行政赔偿纠纷，而完整、科学的行政补偿程序作为一种制约机制，能够保障行政补偿的依法、合理和正确行使，从而保证国家补偿立法得以充分、完整地实施。

一、国外行政补偿程序简介

从范围上，行政补偿主要是因财产征用行为而引起。国外的行政补偿程序也大都融合在征用过程中。本节就法国、德国、美国等典型国家的补偿程序加以介绍。

（一）法国的行政补偿程序

法国的传统观念认为普通法院是私人自由和财产的可靠保障，只有它才有权剥夺私人的财产权利，同时，行政的目的是为了满足公共利益的需要，行政机关作为公共利益的裁判者也必须参加。[1] 基于上述的考虑，法国的行政补偿程序分为两个阶段：即行政阶段和司法阶段。

1. 行政阶段

行政补偿的行政阶段主要解决两个关键的问题：一是审批行政的目的，二是确定可以转让的不动产。具体来说，行政阶段包含四个程序：（1）事前调查；（2）批准公用目的；（3）具体位置的调查；（4）可以转让的决定。

2. 司法阶段

可以转让的决定是行政程序在行政阶段的最后行为，从此以后的行政程序，主要是所有权移转的程序和补偿金的确定程序，由普通法院管辖。具体来说，司法阶段主要包括如下程序：（1）移转所有权裁判；（2）补偿金的确定。具体来说，补偿金的确定主要包括的步骤：第一，

---

[1] 王名扬：《法国行政法》，中国政法大学出版社1988年版，第374页。

确定补偿权利人；第二，协商补偿金额；第三，法庭审理和判决；第四，执行。

（二）德国的行政补偿程序

征收程序的法律依据散见在联邦和州的法律中，明确规定征收程序的联邦法律并不多见。法律规定正式程序的典范是《建筑法典》第104条及以下条款，规定了为执行计划而征收不动产和财产性权利的程序。在此，以联邦建筑法典的规定为例加以说明。具体来说征用补偿程序包括的步骤：（1）征收申请；（2）口头审理的准备；（3）征收程序的开始；（4）颁发许可；（5）合意的达成；（6）征收机关的决议。

（三）美国的行政补偿程序

正当程序和自然公正一样都是极富弹性的概念，作为一种规范性原则，它被用以判别既有法律规则和程序的适当与否，并引申出新的规则与程序[1]。按照美国学者的归纳，程序上的正当程序对于行政补偿的一般要求是：（1）财产所有人必须接到政府行为的通知；（2）由中立的裁决者对该问题进行裁决；（3）必须给财产所有人听证的机会；（4）财产所有人必须有机会出示证据和要求证人出席；（5）财产所有人必须有机会面对并盘问政府证人；（6）财产所有权人有权利聘请律师出席；（7）最终的决定必须以听证的记录和陈述的理由为基础。[2]

二、我国行政补偿的一般程序

以土地征收为例，从相关的规定来看，我国行政补偿的程序主要包括以下内容。

1. 土地征收的批准。所谓征收的批准，是指有批准权的机关批准土

---

[1] David Resnick,"Due Processand Procedural Justice", in J.R.Rennock and J.W.Chapmaned.,Due Process,(1977),New York University Press,p.206.转引自杨寅：《中国行政程序法治化——法理学与法文化的分析》，中国政法大学出版社2001年版，第115页。

[2] R.Rotunda & J.Nowak,《宪法论文集》，§17.8(2ded.1992).

地征收的行为，通过该决定，把集体土地转变为国有土地。根据土地管理法的规定，征收土地的，由国务院批准或省、自治区、直辖市人民政府批准，并报国务院备案。

对须国务院批准的土地征收申请，国务院是授权国土资源部具体负责的，但土地征收批准文件应当注明"国务院核准"字样。这种授权模式是何种法律关系是行政法上的难题。从该类征地批准文件看，是以国土资源部名义发布的，盖有国土资源部的公章，但特别的是批复文件中注明"经国务院批准"字样。此类批准文件究竟是国务院的行为，还是国土资源部的行为用现在的行政法理论是很难解释的。

对于省级政府批准的征地行为，也是由省国土资源厅具体负责的。其基本程序是由省国土资源厅经过会审，提出由国土资源厅厅长签署的审查意见并起草"代拟稿"，即由省级政府发文的用地批复草稿，然后呈报省级人民政府，省政府审查后以自己的名义下达用地批复。其中，在国土资源厅审查阶段，要经过地籍处、耕地保护处、规划处、执法处和利用处的会审并分别出具同意报批的会审意见，然后才能形成国土资源厅的审查意见报告并经国土资源厅厅长签署发文。对于国土资源厅报批的征地申请材料，省政府主要进行形式审查，分别由相关处室签署意见后报主管省长签署意见后，以省级人民政府的名义下发建设用地批复。

2. 征收土地公告及安置补偿方案公告。征收土地公告和安置补偿方案公告被称为征收中的两公告程序。首先，根据土地管理法的规定，土地征收批准后，县级以上地方人民政府予以公告，该公告即土地征收公告。① 根据《征收土地公告办法》规定，市、县人民政府应当在收到征收土地方案批准文件之日起 10 个工作日内进行征收土地公告。② 其次，

---

① 《土地管理法实施条例》规定，征收土地方案经依法批准后，被征收土地所在地的市、县人民政府组织应将批准征地机关、批准文号、征收土地的用途、范围、面积以及征地补偿标准、农业人员安置办法和办理征地补偿的期限等予以公告。

② 征收土地公告应当包括的内容：（一）征地批准机关、批准文号、批准时间和批准用途；（二）被征收土地的所有权人、位置、地类和面积；（三）征地补偿标准和农业人员安置途径；（四）办理征地补偿登记的期限、地点。

根据《征收土地公告办法》的规定，在征收土地公告之日起 45 日内以拟订征地补偿安置方案并予以公告。①

3. 征求安置补偿方案的修改意见及批准。被征地人有权要求举行听证会对征地补偿、安置方案进行论证。当事人要求听证的，应当举行听证会。确需修改的，应当进行修改。市、县人民政府土地行政主管部门将方案报批时，应当附具被征地人的意见，举行听证会的，还应当附具听证笔录。② 最终的安置补偿方案由市县人民政府批准，市、县人民政府土地行政主管部门负责组织实施。

4. 土地补偿登记和实施。补偿被征地人应当到指定地点办理征地补偿登记手续。征地补偿安置方案经市、县人民政府批准后，应按法律规定拨付征地补偿安置费用。未按期全额支付到位的，不发放建设用地批

---

① 征地补偿安置、方案公告应当包括的内容：（一）本集体经济组织被征收土地的位置、地类、面积，地上附着物和青苗的种类、数量，需要安置的农业人口的数量；（二）土地补偿费的标准、数额、支付对象和支付方式；（三）安置补助费的标准、数额、支付对象和支付方式；（四）地上附着物和青苗的补偿标准和支付方式；（五）农业人员的具体安置途径；（六）其他有关征地补偿、安置的具体措施。

② 被征地农村集体经济组织、农村村民或者其他权利人对征地补偿、安置方案有不同意见的或者要求举行听证会的，应当在征地补偿、安置方案公告之日起 10 个工作日内向有关市、县人民政府土地行政主管部门提出。有关市、县人民政府土地行政主管部门应当研究被征地农村集体经济组织、农村村民或者其他权利人对征地补偿、安置方案的不同意见。对当事人要求听证的，应当举行听证会。确需修改征地补偿、安置方案的，应当依照有关法律、法规和批准的征收土地方案进行修改。有关市、县人民政府土地行政主管部门将征地补偿、安置方案报市、县人民政府审批时，应当附具被征地农村集体经济组织、农村村民或者其他权利人的意见及采纳情况，举行听证会的，还应当附具听证笔录。征地补偿、安置方案经批准后，由有关市、县人民政府土地行政主管部门组织实施。

准书，被征地人可拒绝建设单位动工用地。①

5. 交付土地补偿安置完成后，被征地单位和个人按期交付土地。

三、我国行政补偿程序的完善

由于我国长期"重实体，轻程序"的观念，从而导致立法、执法、和司法过程中，程序问题都很容易不受重视。在公用征收补偿领域，本身立法规定就较为欠缺，已有征收补偿规范又概括、原则，很不具体，导致公用征收补偿程序往往无法可依，甚至有了规定，也得不到很好执行。违反正当程序，是我国国家补偿过程中一个突出的违法问题。

1. 我国已有补偿立法的指导思想存在严重问题，直接影响到补偿程序立法的科学合理设计。现有立法规定的国家补偿制度，往往是以管理为本位，不是以权利保护为本位，没有将保护受害人合法权益作为首要因素进行考虑，而是从方便公权力主体行使权力，提高公权力行使效率去考虑问题。

2. 目前我国以单行法律、法规方式确立损害补偿的不少，但在这些法律、法规中规定损害补偿的具体程序的却不多。我国已经有不少单行法律、法规规定了国家补偿责任，但这些法律法规一般不涉及补偿程序问题。具体来讲，补偿程序立法不完善表现在两方面：一是依法应予补

---

① 被征地农村集体经济组织、农村村民或者其他权利人应当在征用土地公告规定的期限内持土地权属证书到指定地点办理征地补偿登记手续。被征地农村集体经济组织、农村村民或者其他权利人未如期办理征地补偿登记手续的，其补偿内容以有关市、县土地行政主管部门的调查结果为准。征地补偿安置方案经市、县人民政府批准后，应按法律规定的时限向被征地农村集体经济组织拨付征地补偿安置费用。未按期全额支付到位的，市、县不得发放建设用地批准书，农村集体经济组织和农民有权拒绝建设单位动工用地。当地国土资源部门应当配合农业、民政等有关部门对被征地集体经济组织内部征地补偿安置费用的分配和使用情况的监督。

偿行为的作出程序缺乏有关规定;① 二是补偿的决定和给付程序欠缺。

从完善我国行政补偿程序的视角出发,我国应当确立行政补偿程序中的正当程序观念,确立公用目的的决定程序,增强行政相对人的参与机制,建立真正意义上的市场估价程序等多个方面。以土地征收为例,可做以下设计。

(一) 土地征收的准备阶段

1. 建设项目立项

建设项目立项是指建设项目已经获得政府投资计划主管机关的行政许可(原称立项批文),可以进入项目实施阶段。立项前的工作一般称为项目前期(主要包括项目规划、可行性研究、初步设计等)。根据(国发〔2004〕20 号)国务院关于投资体制改革的决定,对于企业不使用政府投资建设的项目,实行核准制和备案制。②《政府核准的投资项目目录》未经国务院批准,各地区、各部门不得擅自增减该《目录》规定的范围。③ 项目申报单位在向项目核准机关报送申请报告时,需根据国家法律法规的规定附送相关文件。④ 对于该《目录》以外的企业投资项目,实行备案制。

---

① 目前,我国正在制定《行政程序法》和《行政强制法》,学界和实务界正在就制定这两部法的有关问题展开了认真讨论。

② 其中,政府仅对重大项目和限制类项目从维护社会公共利益角度进行核准,其他项目无论规模大小,均改为备案制,并依法办理环境保护、土地使用、资源利用、安全生产、城市规划等许可手续和减免税确认手续。对于企业使用政府补助、转贷、贴息投资建设的项目,政府只审批资金申请报告。要严格限定实行政府核准制的范围,并根据变化的情况适时调整。

③ (一) 项目申报单位情况; (二) 拟建项目情况; (三) 建设用地与相关规划; (四) 资源利用和能源耗用分析; (五) 生态环境影响分析; (六) 经济和社会效果分析。

④ (一) 城市规划行政主管部门出具的城市规划意见; (二) 国土资源行政主管部门出具的项目用地预审意见; (三) 环境保护行政主管部门出具的环境影响评价文件的审批意见; (四) 根据有关法律法规应提交的其他文件。

2. 农用地转用审批

农用地转用，在我国是指土地由农业用地向建设用地转变。农用地、建设用地和未利用地是依据《土地管理法》进行的分类。① 国土资源部2002 年发布的全国土地分类体系，进一步细化了三类土地的具体内涵。②

我国农用地转用审批权限的划分如下③。

（1）国务院审批权。由国务院主要负责省、自治区、直辖市人民政府批准的道路和大型基础设施建设项目以及国务院批准的建设项目占用土地进行农用地转用审批。

（2）市、县政府审批权。市、县人民政府针对已经批准的土地利用总体规划，可以原批准机关的身份按土地利用年度计划分批次批准土地转用。

（3）省级政府审批权。简单地说，除国务院和市、县政府审批的建设项目外，其他建设项目用地农业地转用的审批权由省级政府行使。

3. 协商购买程序

在美国、德国和日本等许多国家，协商购买都是启动强制征收的必经程序。在日本，任何人欲取得土地都必须先向所有人购买，但是如果用地者竭尽全力仍无法获得土地时，则可因"公共事业"建设需要，进行强制征收。④

有学者认为，我国土地征收中应增加协商步骤，却不能建议域外法

---

① 该法第四条第三款规定，农用地是指直接用于农业生产的土地，包括耕地、林地、草地、农田水利用地、养殖水面等；建设用地是指建造建筑物、构筑物的土地，包括城乡住宅和公共设施用地、工矿用地、交通水利设施用地、旅游用地、军事设施用地等；未利用地是指农用地和建设用地以外的土地。

② 农用地是指直接用于农业生产的土地，包括耕地、园地、林地、牧草地及其他农用地；建设用地是指公共文化、体育、娱乐、机关、团体、科研、设计、教育、医卫、慈善等建筑用地；未利用地是指农用地和建设用地以外的土地。

③ 章剑生：《行政征收程序论——以集体土地征收为例》，《东方法学》2009 年第2 期。

④ 王淑华：《征收权与财产权平衡视角下的公益征收认定》，《齐鲁学刊》2011 年第5 期。

上的"协购"制度，理由是我国土地所有权不能在市场上流转，只能通过征收的方式由集体经济组织向国家单项流转。① 对此，反对者认为，无论从法解释论，还是从立法论的角度，在我国建立议价收购制度都是可行的。②

笔者认为，征收土地的目的是为了得到实现公共利益需要的建设用地，只要符合土地的利用规划和城市发展规划，是通过强制手段征收，还是通过平等协商购买，都应当为法律所允许。而且，从程序上讲，如果能过通过协商购买，效率会更高，也会避免各种纠纷的产生。从所有制看，我国是存在集体所有制和国家所有制两种形式，而且，目前这两种所有制存在制度上的不平等。但根据《中共中央关于推进农村改革发展若干重大问题的决定》的精神，我国应当允许集体建设用地入市，通过协商购买的方式购买集体建设用地使用权，在不发生集体土地所有权转变的情况下实现公益用地的取得。

4. 公布征收方案并征求意见公告

征收方案的目的是告知被征地人"拟征收土地"的信息，并公开征收的目的、具体位置及补偿安置的方式等。如前所述，根据国土资源部《关于完善征地补偿安置制度的指导意见》的规定，在征地依法报批前，当地国土资源部门应将拟征地的用途、位置、补偿等，告知被征地农村集体经济组织和农户。

5. 公益目的认定

前文介绍了各国公益目的的认定制度，其共同的特点表现为公益目的是以一个具体的决定形式，在作出的过程中遵循正当程序原则的限制，事后应当允许对其进行司法审查。此前，笔者也对公益目的的认定程序进行了设计，在此不再赘述。

6. 权属调查与登记

我国现行的土地管理法及实施条例中没有权属调查与登记的规定，

① 吕昊：《我国土地征收程序研究》，中国政法大学硕士学位论文，2007年，第37页。
② 房绍坤等：《公益征收法研究》，中国人民大学出版社2011年版，第208页。

但事实上进行征收方案的制定等一系列征收与补偿工作，必须进行权属调查工作。从域外土地征收程序看，权属调查与登记关键是两个问题：一是进入权的问题。简单地说，进入私人的土地或者住宅进行调查与登记，必须确定进入的权力。对此，我国应增加调查的许可或者审批程序，有县级以上的土地主管部门发出征收调查令；二是调查结果的确认，根据《关于完善征地补偿安置制度的指导意见》的规定，当地国土资源部门应对拟征土地的权属、面积以及地上附着物等现状进行调查，与被征地人共同确认。

（二）土地征收的审批阶段

1. 土地征收申请的提出

所谓征收申请的提出，是指为了公共利益的需要，土地需用人向有权机关提出征收土地申请的行为。关于土地征收申请的提出，应当注意以下几个问题。

一是谁可以成为土地征收的申请人。如前所述，就我国目前土地征收法律的规定看，只有政府或者为了能源、公共设施建设的需要的用地人才能成为土地征收的申请人。从域外规定看，任何单位和个人只有是为了公共利益需要使用土地，都可以申请征收土地，而且所有的申请人在地位上都是平等的。应当说，在现代社会，代表公共利益的主体是多元的。因此，土地征收申请人不应当有限制，无论是公权力主体，还是私人主体，都有权提出征收土地的申请。

二是提出土地征收申请，应当提交哪些材料。笔者认为，提出土地征收申请应当提交的材料：第一，土地征收申请书。土地征收申请书主要记载一些程序性事项，如申请人的信息、用地的目的、用地的面积以及审批签字表格等。第二，建设项目立项文件。第三，农用地转用审批文件。第四，土地规划及城市规划审批文件。第五，公共目的决定书。第六，土地征收方案。第七，资金证明材料等。

2. 土地征收申请的审查

土地征收申请的审查，是指土地征收的审批机关对土地征收申请材料是否合法进行审查。由于土地征收申请材料大都是土地的行政行为，对于征收审批机关来说，基本上是进行形式上的审查，而非实质意义上的审查。

3. 土地征收申请的核准

土地征收申请的核准是指土地征收审批机关依法作出的批准土地征收的决定。如前所述，我国目前土地征收的机关是省级人民政府和国务院。但笔者认为，土地征收权应当下放，原则上除跨省的项目外，其他征地应当由省级人民政府批准。[1] 此外，必须在土地征收法上明确规定对土地征收不服的诉讼制度。[2]

4. 土地征收决定的公布

土地征收决定的公布是指将土地征收的批准决定告知利害关系人。土地征收公告应当告知建设用地项目名称、征收土地的位置、被征地村（组）及面积、土地征收补偿标准及安置办法、被征收土地所涉及的农业人员的安置办法。被征地人应当在本公告规定的期限内，持土地权属证书及其他证明资料，到指定的地点办理土地补偿登记公告。从目前我国的土地征收公告看，土地征收批准机关和公告机关不一致。真正具有法律效力的决定，即省级人民政府或国务院的征收决定却不对外公布，相对人看到的只是地方政府的公告。土地征收决定的公布，要求批准机关在不动产所在地公布征地公告，至少也要委托市、县人民政府发布征地批准公告。

（三）补偿程序

1. 征收补偿登记征收

征收补偿登记是指征收过程中享有补偿请求权的人向补偿义务机关申请补偿登记的行为。

---

[1] 也有学者提出，目前我国以土地征收面积为基础划分土地征收审批权限有很大弊端，应当以征收事项是中央还是地方事务为基础划分。（参见季金华、徐骏：《土地征收法律问题研究》，山东人民出版社 2011 年版，第 258 页）

[2] 相关论述可参见潘嘉玮：《城市化过程中——土地征收法律问题研究》，人民出版社 2009 年版，第 206 页。

2. 土地及附着物评估

土地征收补偿应当以市场价格作为补偿基准，而市场价格应当以评估为基准。土地征收法应当规定评估为必经程序，除非被征收人明确表示放弃评估的，并与被征收人达成补偿协议的，一律要经过评估程序。

从国有土地上房屋征收与补偿条例的规定来看，承担房屋征收评估业务的估价机构由被征收人协商选定；协商不成的，可以通过投票等公开、公平方式选定。房地产估价机构不得采取迎合被征收人或者房屋征收部门要求、恶意低收费、虚假宣传等不正当手段承揽房屋征收评估业务。笔者认为，该评估机构的选定程序完全可以被土地征收法所借鉴吸收。

3. 签订征收补偿协议

对评估结果没有异议的，土地需用人和被征收人签订征收补偿协议。土地征收补偿协议应当载明当事人的身份情况、补偿的计算标准、补偿的数额和方式等具体问题。该征收补偿协议可以在征收的任何阶段协商签订，如果在征收决定未下达之前达成协议，可通过协商购买程序土地，停止征收。

4. 征收补偿诉讼

被征收人对补偿数额和方式有异议的，征收人应向法院提起诉讼。法院应当按照民事诉讼法的规定，审理该征收补偿纠纷。任何一方当事人对补偿诉讼的判决不服，均可依法提起上诉，二审法院的判决为终审判决。

5. 支付补偿费用

补偿判决生效后，补偿义务人应当在30天内支付补偿金，补偿权利人拒绝领取的，按程序办理提存。

6. 交付不动产

履行补偿义务是土地需用人支配不动产的前提，只有补偿权利人拿到补偿金后或者办理提存手续后，土地需用人方可使用被征收的土地。

第九节　行政补偿诉讼

一、行政补偿诉讼概述

对正当权益受到损害者最强有力的救济方式，是法院的诉讼救济，所以，各国对权益纠纷和争议，当然包括行政补偿纠纷，大都通过立法和判例，确立"司法最终解决原则"。①

行政补偿制度，作为国家调整公共利益与私人或团体利益，全局利益与局部利益之间关系的必要制度，在整个法律体系中占有不容忽视的地位。"无救济即无权利"。对于相对人请求行政补偿，各国法律通常都规定两种程序，即行政程序和司法诉讼程序。遗憾的是，我国至今尚未有一部对行政补偿制度作出专门规定的法律。尽管从法理上讲，行政补偿本身是行政行为，引起行政补偿的原因一般也是行政行为，因而，当事人可直接适用行政诉讼法的有关规定向法院提起行政诉讼，但我国作为严格成文法国家，在行政机关对法院的人事和财政方面都存在强有力制约的国情下，一般行政诉讼开展的难度都比较大，何况是法无明文规定的行政补偿诉讼呢！法院在行政机关或明或暗的干预下，一般都尽量不予受理。在实践中，因行政补偿引起纠纷的情况已屡见不鲜，仍有不断增长的趋势，这些纠纷大多数是经过行政复议程序，对复议结果不服能否诉诸法院？或者行政补偿引起的纠纷能否直接向法院起诉？对这些问题至今无明确规定。我国大量的侵权补偿纠纷，比如拆迁补偿纠纷、水利工程建设区域的移民补偿纠纷等，有些地方的法院要么直接或者变相地不予受理，要么立足于做行政机关和当事人的工作，和稀泥让双方

---

① 司法最终解决原则在补偿救济中是指行政相对人向行政机关请求行政补偿后，其请求如被拒绝，或者行政相对人对行政机关所作的行政补偿决定不服，应允许其向法院提起行政补偿诉讼并由法院最终解决。

诉讼外解决。

确立我国行政补偿的司法救济程序，具有重要的法律意义，能确保国家行政补偿的运作不背离法律宗旨，使公正补偿真正得以实现，当事人权益真正得到强有力的维护和保障。目前我国以单行法律、法规方式确立损害补偿的不少，但在这些法律、法规中规定损害补偿的具体程序和救济途径的却不多。针对我国损害补偿的救济程序规定的欠缺，应当借鉴他国成功的经验。法国涉及相对人财产损害补偿的公共征收程序规定分为行政阶段和司法阶段。即使在行政阶段，也必须由普通法院介入，否则，任何人都不能启动行政阶段。因为"法国传统观念认为普通法院是私人自由和财产的可靠保障，只有它有权剥夺私人的财产权利，所以在公用征收的程序中必须有普通法院参加，否则不能转移私人的财产权利"。① 行政法院是在公共征收引起争议时才进入公共程序。但是，由于法国行政法院的性质是行政机关的组成部分，所以行政法院参与公共征收程序严格来讲不是司法程序，而是行政程序。在我国损害补偿的行政程序中应当通过立法明确规定行政机关有义务告知当事人有获得救济的权利和实施途径。通过行政程序，行政机关如满足了相对人的请求，相对人取得了所要求的补偿，补偿行政程序即告终结。行政机关如果拒绝相对人的请求或部分拒绝相对人的请求，双方不能就补偿数额或补偿方式达成协议，或相对人不服行政机关单方作出的决定，即开始司法诉讼程序，而行政补偿的诉讼救济程序，恰恰是我国亟待完善的。

二、健全行政补偿诉讼的途径

笔者认为，要完善我国行政补偿诉讼，从立法技术上来说，可以在修订行政诉讼法时规定行政补偿诉讼程序的法律适用。因为尽管行政补偿与行政赔偿是不同的概念，二者造成损害的前提不同②、弥补损失的时

---

① 王名扬：《法国行政法》，中国政法大学出版社 1988 年版，第 361 页。

② 造成损害的前提不同，是行政补偿和行政赔偿之间最大的区别，行政补偿是以合法行政行为为前提，而行政赔偿是以违法行政行为为前提。

间要求不同①、工作人员的责任不同②，但是，二者也有共同点。二者的共同点主要表现在四个方面：第一，都是合法权益受到损害；第二，都是行政权的行使造成的结果；第三，都是对受损合法权益的弥补方式；第四，弥补损失都可以用金钱给付方式。正是二者有不同点，所以立法时均应该加以规定，不能混淆代替。另一方面，由于二者存在共同点，为适用同样诉讼程序解决两种性质纠纷奠定了基础。由于对国家补偿方面的研究较为薄弱，短期内国家没有专门制定补偿法的可能，所以从我国立法进程看，更有必要在修改行政诉讼法时，先规定有关补偿救济赖以建立的必要条款，比如在修改行政诉讼法时明确规定：自然人、法人或者其他组织，认为行政机关或者行政机关工作人员的合法行政行为侵犯其正当权益造成损害的，有权提起补偿诉讼，补偿诉讼适用行政赔偿诉讼程序的规定。通过在修改行政诉讼法时作出上述规定，使补偿诉讼纠纷可以通过适用行政赔偿诉讼程序解决，从而在我国尽早确立行政补偿救济制度，通过行政机关和法院受理此类纠纷，为将来根据我国的实际情况制定统一的国家补偿法积累经验。

---

① 违法赔偿是在侵害发生后进行，而适法补偿既可以在侵害发生前进行，也可以在侵害发生后进行。

② 违法赔偿应当向有故意或重大过失的作出违法行为的国家机关工作人员追偿，但适法补偿不可能发生追偿问题。（参见肖峋：《中华人民共和国国家赔偿法的理论与实用指南》，中国民主法制出版社 1994 年版，第 264 页）

第四十五章

行政申诉

邹 荣　　宪法与行政法学博士。华东政法大学行政法学副教授，硕士研究生导师。华东政法大学发展规划处处长、社会治理研究院常务副院长。中国行政法研究会常务理事，上海市人民政府专家咨询员。著有《中国行政法律制度》，主编《行政法学》《行政诉讼法学》等教材。发表学术论文三十余篇。

第一节　行政申诉概述

一、申诉之乱象

申诉，几乎所有人都不会对此感到陌生。申诉在社会中广泛、频繁地发生。习以为常的现实让人们很少追问这一现象的来源。现代社会的运行依托于精细化分工，在此基础上追逐效率的最佳方式当属组织化运营与科层制管理。出于各种动机或是由于各类客观因素，处在组织与管理体系中的个人难免犯错，导致违背组织利益、与管理目的相冲突的事务处理结果产生，乃至引发纠纷。因而，就需要建立申诉制度，为组织和管理所服务的对象和利益相关者提供一个解决途径，通过外部发起和有效的信息传递，依托原有的组织和管理形式化解纠纷。

从申诉这一社会现象的来源来看，任何领域的申诉现象都与原有的组织和管理形式有密切的联系。具体而言，组织和管理的偏差往往是引发申诉的深层次原因，申诉的解决依托于该领域原有的组织和管理，申诉的影响最终会指向该领域内的组织和管理。然而，现实生活中各个领域的组织和管理形式是千差万别的，更勿论组织和管理形式无所不在的变化当中。在改革和发展非常剧烈的过去三十余年间，整个社会的申诉制度呈现出了一种纷繁复杂、高度活跃的局面。

现实生活中对"申诉"概念的运用申诉现象普遍地发生在社会的所有角落。现代的组织和管理对整个社会实现了较为全面的覆盖，在运行当中无法完全避免纠纷的发生，甚至某些领域已将大量的申诉处理工作看作运行的常态。在现实生活中对申诉现象进行观察，"申诉"不仅广泛地发生，而且存在巨大的弹性，集中体现为这一概念运用上的混乱。

现实生活中的申诉一般是由行政机关进行处理的，行政机关对"申诉"概念的认识并不统一。在纠纷最为集中的消费者权益保护领域，投诉与申诉即体现出交织杂糅的局面。有的行政部门，如宁夏市工商局，明确地向社会提出要从对象、主体意愿、手段、效力、目的五个方面区分投诉和申诉。简而言之面向行政机关的是申诉，面向经营者和社会团体（如消费者权益保护协会）的是投诉。① 然而，上海市工商局于2015年印发的《投诉举报工作实施办法》则是将所属各部门处理的"申诉"称为"投诉"。可以看到，即便同一体系的行政机关，在认识"申诉"的内涵时也有不同的看法。再如，国家邮政局则建立了网上申诉中心，首页即宣称"如果不符合申诉条件，请先向企业进行投诉"，又在概念上区分了"申诉"和"投诉"。②

申诉概念在运用上的混乱还突出地体现为概念的组合运用，如"信访申诉人""控告申诉书""再审申请与申诉裁定书""申诉举报材料""申诉申请"等。这些常见的概念连用并非要同时表达两个含义，而是指向一个事物、一个个体或一个行为。概念连用即意味着"申诉"二字不足以表达概念使用者的意图。组合的花样如此丰富又蕴含了"申诉"概念的界限模糊。这样的连用不禁让人怀疑"申诉"是否有独立的、清晰的内涵。但这就是生活中的常见现象。在现实生活中，"申诉"在概念上的清晰度远远不如同一话语体系内的"诉讼""检举""控告"，甚至不如本就较为模糊的"上访""调解"。

法律规范中对"申诉"一词的使用情况对于"申诉"在法律层面上的含义或者要素，我国没有统一的或是权威的规定。甚至在全国人大及其常委会制定和颁布的法律层面，没有一部在标题中出现"申诉"字样的法律，而司法解释和部门规章则有上百篇。然而，在法律规范文本中则有对"申诉"进行规定的法律和行政法规各百余篇，司法解释六百多篇，部门规章则达到了惊人的两千多篇。这充分地证明"申诉"在法律规范中的运用十分普遍。其中，大多数法律规范对"申诉"的规定相当

---

① 参见于瑶：《工商部门提醒：消费者维护权益要分清申诉与投诉》，新华网银川3月6日专电。来源：http://news.xinhuanet.com/life/2010-03/06/content_13110488.htm。

② 参见《邮政业消费者申诉处理办法》（国邮发〔2014〕160号）。

简单，只是规定了谁就什么事务可以向哪一主体提出申诉，并没有如何处理申诉的具体规定，更加没有程序性规定。这体现出对"申诉"缺乏应有的重视和研究，只是停留在以文本形式保障申诉权的层面，还没有深入"申诉"的应有内容，甚至连基本概念都还没有搞清。

借助部分涉及"申诉"的法律规范，可以观察到法律规范中"申诉"这一概念在运用上的混乱。国家工商行政管理总局 2014 年令第 62 号《工商行政管理部门处理消费者投诉办法》取代了之前的《工商行政管理所处理消费者申诉实施办法》，全文不再使用任何"申诉"的概念。同样是消费者向主管行政机关的投诉，国家邮政局印发的《邮政业消费者申诉处理办法》则仅仅使用了"申诉"的概念。国家认证认可监督管理委员会于 2011 年发布的《认证认可申诉投诉处理办法》则同时使用"申诉""投诉"两个概念，并且专门作出区分。① 其规定："本办法所称申诉，是指当事人直接受到有关认证认可工作机构作出决定的影响时提出的异议。本办法所称投诉，是指任何组织或个人认为有关认证认可工作机构、工作人员或者获证组织存在违法违规问题的举报。"表述相当明确，"申诉"在"本办法"中并不是能与"投诉"相互代用的概念。

最高人民检察院于 2014 年印发《人民检察院受理控告申诉依法导入法律程序实施办法》，在全文中将"控告、申诉"概念进行连用，不做区分。其中的第十条规定了"人民检察院依法管辖下列控告、申诉……"，完全看不出条文中罗列的具体事项哪项是控告，哪项是申诉。中共中央组织部、人力资源和社会保障部于 2014 年联合印发的《事业单位工作人员申诉规定》则将对人事处理不服的首次申请称为"复核"，之后的二次申请和三次申请分别称为"申诉"和"再申诉"。这相当于对"复核"和"申诉"做了明确区分，但是此处的"复核"却是一般意义上的"申诉"。在法律规范对"申诉"这一概念的运用中，各种形式的混乱和模糊，甚至相互之间的矛盾并不少见。以上采用选取个例的方式进行说明，

---

① 　参见《认证认可申诉投诉处理办法》（国家认证认可监督管理委员会公告 2011 年第 1 号）。

实因此间的混乱各有千秋，难以归类，并非选取特例，而是代表一般现象。

理论研究中对申诉概念的表述与界定。目前，理论研究中缺乏对"申诉"的全局性研究成果，而是从各个细分领域入手进行研究，并且高度集中在司法申诉、公务员申诉、教师申诉、学生申诉、申诉专员等领域。这一现象不仅是法学研究当中体现出的，整个社会科学研究中有关"申诉"的理论研究成果都呈现出片面化的特点。

在细分领域各类型的"申诉"研究中，很少有针对"申诉"概念进行研究的成果，甚至在运用的过程中不加特别阐释，把"申诉"当作一个不言自明的概念。从有限的研究来看，在1978年《中华人民共和国宪法》第五十五条明确规定了公民申诉权之后，绝大多数的研究都不会忽视申诉与国家机关的关系："公民对于任何违法失职的国家机关和企业、事业单位的工作人员，有权向各级国家机关提出控告。公民在权利受到侵害的时候，有权向各级国家机关提出申诉。对这种控告和申诉任何人不得压制和打击报复。"在此之后，围绕"申诉"展开的研究最早勃兴于司法诉讼领域与信访申诉领域，这是由当时冤情处理和案件查办为主的工作方式和定式思维决定的。随着信访数量的持续增高和各级政府的重视，其中的信访申诉渐渐地成为独立研究领域，与申诉脱钩。以上两方面的原因对之后的理论研究产生了历史性、结构性的巨大影响，以至于后来的理论研究明确地提出将"申诉"分为"刑事诉讼中的申诉""民事诉讼中的申诉""行政诉讼中的申诉""非诉讼程序的申诉"四大类。[1]前三类都是司法乃至诉讼领域的申诉，凸显了20世纪七八十年代对申诉认识的局限性。当时提出非诉讼程序的申诉也只是因为观察到了一些无法归于前三类的申诉现象，针对性研究几乎没有，申诉在非诉讼领域中的丰富性并没有得到应有重视。

对"申诉"的理论研究与国家大政方针的推动是分不开的。在1993年《国家公务员暂行条例》颁布实施之后，理论研究才开始注重诉讼领

---

[1] 参见张罗宝：《四种不同申诉的区别》，《法学杂志》1992年第6期。

域之外的申诉研究，但还是局限于公务员人事处分的申诉领域。在此之后，1999 年颁布的《教育部关于实施〈中华人民共和国高等教育法〉若干问题的意见》明确提出"建立和健全行政复议和教师、学生申诉制度"，以此为契机，申诉的研究拓展到了教师、学生申诉领域当中。至于申诉专员制度的研究，则是香港回归后学习香港先进经验逐步深入后带来的，由香港的申诉专员署逐步拓展至欧美各国的申诉制度。①

在当下的理论研究当中，学界更倾向于把申诉和非诉讼纠纷解决机制，也就是和替代性纠纷解决机制（Alternative Dispute Resolution，简称"ADR"）放在一起进行研究和观察。② 其划分的三种基本类型，司法型 ADR、行政型 ADR 和民间型 ADR 中都有申诉制度存在的空间。把"申诉"作为一种非诉讼纠纷解决机制来观察和研究，与其他的纠纷解决机制相对比，无疑是较为合理的视角。然而，"申诉"的概念尚未清晰，无论是外部界限还是内部划分。外部上与调解、裁决等是否是并列关系，或者说调解、裁决是不是解决申诉的具体手段，两者都缺乏明确论证。内部上，行政申诉、非诉讼申诉、诉讼申诉等"申诉"的各个类型没有得到明确划分。至少，针对行政诉讼的生效裁判不服而提起的申诉是不是行政申诉就存在争议。③

二、宪法关于申诉的规定

（一）宪法关于申诉规定的流变

观察一个实际存在的法律现象，不能脱离现行法律制度体系。一方面，法学理论的研究应当为法律制度构建所包含的价值导向、体系、内

---

① 首篇在篇名中明确提到"申诉专员"的论文。（参见林莉红：《香港申诉专员制度介评》，《比较法研究》1998 年第 2 期）

② 参见范愉：《申诉机制的救济功能与信访制度改革》，《中国法学》2014 年第 4 期。

③ 认为"司法申诉"与"行政申诉"并列而互不包含的观点，请参见袁兵喜：《我国行政申诉制度的构建及完善》，《河北法学》2010 年第 10 期。认为"申诉"仅包含前者所指的司法申诉的表述，请参见栾少湖：《实行律师代理申诉制度的思考与启示》，《中国法律评论》2015 年第 1 期。

容提出建议和设想；另一方面，任何研究成果均应当通过法律制度的创设、修改等才能实现其价值。就申诉而言，已经不是法学理论讨论的学理概念，而是已经被宪法使用的法律用语，处于最高的法律位阶上。因此，讨论申诉的问题，就离不开对宪法中"申诉"这一用语的把握和分析，脱离了宪法的规定，一切研究都只能在理论上有存在的意义。

1954 年《宪法》第九十七条规定："中华人民共和国公民对于任何违法失职的国家机关工作人员，有向各级国家机关提出书面控告或者口头控告的权利。由于国家机关工作人员侵犯公民权利而受到损失的人，有取得赔偿的权利。"显然，这里没有出现申诉的规定。1975 年《宪法》第二十七条第三款规定："公民对于任何违法失职的国家机关工作人员，有向各级国家机关提出书面控告或者口头控告的权利，任何人不得刁难、阻碍和打击报复。"这里也没有出现申诉的规定。1978 年《宪法》第五十五条规定："公民对于任何违法失职的国家机关和企业、事业单位的工作人员，有权向各级国家机关提出控告。公民在权利受到侵害的时候，有权向各级国家机关提出申诉。对这种控告和申诉，任何人不得压制和打击报复。"这是宪法中第一次出现了申诉的规定。1982 年《宪法》第四十一条规定："中华人民共和国公民对于任何国家机关和国家工作人员，有提出批评和建议的权利；对于任何国家机关和国家工作人员的违法失职行为，有向有关国家机关提出申诉、控告或者检举的权利，但是不得捏造或者歪曲事实进行诬告陷害。对于公民的申诉、控告或者检举，有关国家机关必须查清事实，负责处理。任何人不得压制和打击报复。由于国家机关和国家工作人员侵犯公民权利而受到损失的人，有依照法律规定取得赔偿的权利。"这一条仍然是现行宪法，历经四次宪法修订而无任何变动。

（二）对现行宪法规定的申诉的理解

1. 申诉是公民的一项基本权利。在现行宪法中，更是明确地将申诉权规定在第二章"公民基本权利义务"中。可见，申诉是公民的基本权利。这里出现一个问题，申诉权的主体是不是只包括作为自然人的公民。从严格法文本解释的原则看，答案当然是肯定的。但是，从宪法规定的精神看，申诉权的确立，有两方面的作用，一是对申诉人权利的保护，二是客观上可以监督国家机关和国家机关工作人员。就这两个作用的形成，申诉权应当赋予更广泛的主体。从我国已经颁布的有关国家与社会关系的法律来看，在涉及相对于政府或者国家机关的一方主体表述时，一律采纳"公民、法人或者其他组织"的表述。因此，依据宪法享有申诉权的，不应只限于公民，应当与其他公法领域的法律一致起来，所有公民、法人或者其他组织都应当具有申诉权。

2. 申诉是要求维护自身权益的权利。申诉权是什么性质的权利，对这一问题的认定，直接关系到申诉法律制度建立的走向和思路。在1978年《宪法》第一次出现申诉规定时，表述是非常清楚的：控告针对的是"对于任何违法失职的国家机关和企业、事业单位的工作人员"，而申诉针对的是"公民在权利受到侵害的时候"。很显然，1978年的《宪法》将申诉权作为公民在自身权利遭到侵害时享有的要求国家机关予以处理的权力，是一项权利救济制度。在1982年制定的现行《宪法》中，将申诉、控告与检举一并规定，针对的是同一种情况："对于任何国家机关和国家工作人员的违法失职行为"，这就使原来清晰的问题变成需要讨论的问题。我们认为，即使依据现行《宪法》，申诉权也应当是一种请求国家机关维护申诉人合法权利的权利，而不是其他属性的权利。[1] 这一结论，只要对第四十一条进行分析就可得出：第一，第四十一条的第一层表述是："中华人民共和国公民对于任何国家机关和国家工作人员，有提出批评和建议的权利"。很明显，这是关于公民参与权的规定，参与权的行使方式是对国家机关和国家工作人员进行"批评和建议"。第二，在第二层表述中规定，对于任何国家机关和国家工作人员的违法失职行为，有向有关国家机关提出申诉、控告或者检举的权利。虽然将申诉、控告和检举并用，但属性完全不同。控告，强调的是"控诉、告发"，既可以针对国家机关和国家工作人员施加在控诉人身上的违法失职行为，也可以针

---

[1]　学界仍有相似的理论主张，参见贺荣：《行政争议解决机制研究》，中国人民大学出版社2008年版，第185—186页。

对控诉人知悉和了解的与己无关的违法失职，甚至没有特定对象的违法失职行为，而检举实际是一种揭发、举报，针对的违法失职情况更加宽泛。第三，控告和检举侧重的是责任追究，着眼的是要求国家机关追究违法失职的国家机关和国家工作人员的违法责任。当然，不排除这样的情况，公民在通过申诉请求国家机关保护其合法权利的同时，要求追究违法失职的国家机关和工作人员的违法责任，同时提出控告和检举。即便是这种情况，申诉也是独立存在、有其自身法律意义的行为。

3. 申诉人对申诉机关有选择权。《宪法》第四十一条规定了公民对"国家机关和国家机关工作人员违法失职行为"有权提出申诉，请求予以保护，但并未规定应当向哪个国家机关申诉，因此，理论上，公民有权选择向任何一个国家机关提出申诉请求。但从维权的秩序和效率考虑，必须对公民的申诉及其处理进行制度化安排。这种制度安排，必须考虑两大要素：第一，不能限制和剥夺公民对申诉机关的选择；第二，要充分考虑宪法规定的国家机关的职权和职责。在充分考虑这两大要素之后，就形成国家在尊重公民对国家机关工作人员申诉权予以尊重的前提下申诉的受理、处理制度。公民选择申诉机关的不同，决定着该申诉制度的部门法性质。

4. 申诉的功能在于解决公民与国家机关之间发生的争议。申诉究竟是一种解决何种争议的制度，这一问题在1978年《宪法》中还存在着一定的模糊。其第五十五条在规定了"公民对于任何违法失职的国家机关和企业、事业单位的工作人员，有权向各级国家机关提出控告。"之后，紧接着规定："公民在权利受到侵害的时候，有权向各级国家机关提出申诉。"在这个表述里，理解"公民权利受到侵害"，即可以理解成遭受其他公民、法人或者其他组织侵害，也可以理解成遭受国家机关及其工作人员的侵害，还可以理解成包括上述两者的侵害。但这一问题在1982年《宪法》中就规定得非常明确了，其第四十一条规定，中华人民共和国公民"对于任何国家机关和国家工作人员的违法失职行为，有向有关国家机关提出申诉、控告或者检举的权利。"显然，现行《宪法》中规定的申诉就是针对国家机关及其工作人员的。

（三）基于宪法规定的申诉定义

根据以上对现行宪法中申诉规定的分析，可以对申诉做这样的定义：申诉是国家机关基于宪法赋予公民的申诉权，受理和处理公民认为国家机关和工作人员侵犯其合法权益而提起的申请的活动。

考察我国现行法律或者其他制度对公民申诉的受理及其处理的安排，并没有有效地回应公民的申诉权。首先，并不是所有机关都认识到有义务受理公民的申诉，有的国家机关以信访制度包打天下，将公民的一切诉求统统按信访处理。有的国家机关虽然也受理公民申诉，但受理后没有规范、完整、统一的程序进行处理，大量申诉要么石沉大海，要么在有关国家机关之间游走。这就有必要深入研究，建立起国家机关受理、处理公民申诉的法律制度。当然，这一问题几乎涉及所有的国家机关。但这里的关注点集中于研究行政机关受理公民申诉的问题，也是各类申诉中最为重要的一类问题。

三、行政申诉的概念

（一）定义

在宪法规定的基础上确定了申诉的含义和基本性质后，讨论申诉的前提得以建立。由于公民对申诉机关有选择权，那么每一个国家机关都有受理公民申诉的义务，这就有必要区分不同的国家机关受理公民申诉的范围、处理程序、处理结果及法律效力等问题。依据宪法的规定，行政机关当然也有受理国内公民申诉的义务，这是展开行政申诉制度研究的基础。

对行政申诉的定义应当是：行政申诉是指行政机关受理公民、法人或者其他组织认为行政机关违法失职侵害其合法权利而提起的申请并依法予以处理的行政行为。

（二）行政申诉的特点

1. 行政申诉是应申请的行政行为，只有公民法人或者其他组织向行政机关提起申诉，才会引起行政申诉程序的开始。即便针对行政机关的行为，如果公民、法人或者其他组织向行政机关以外的其他国家提出申诉的，也应当是其他国家机关受理、处理的事务，不属于行政申诉。总之，没有公民、法人或者其他组织向行政机关提出申诉，不能引起行政申诉程序的开始。①

2. 行政申诉的受理和处理机关是行政机关。按照宪法规定，公民对违法失职的国家机关及其工作人员，有权向国家机关提出申诉，但同时宪法并没有规定公民应当向哪一个国家机关提起申诉，因此，公民、法人或者其他组织对申诉机关具有选择权。自然的，与立法机关、司法机关一样，行政机关完全有可能成为公民、法人或者其他组织进行申诉的机关，为了尊重宪法赋予的申诉权，行政机关应当受理申诉并作出相应的处理。因此，行政申诉实际是公民、法人或者其他组织选择行政机关作为申诉机关后的结果。

3. 行政申诉处理的事务，是行政机关是否违法失职的问题，也就是行政机关处理行政事务是否合法、是否侵犯公民和法人或者其他组织合法权利的问题。尽管从理论上的可能性而言，宪法没有对公民、法人或者其他组织对国家机关的申诉作出类似于诉讼中管辖的安排，对其他国家机关的申诉，也可以向行政机关提出。但是，由于宪法规定的国家行政机关的性质和职权，行政机关实际是没有权力受理和处理对其他国家机关的申诉的。因此，进入行政申诉程序的，只能是对行政事务的处理问题，也就是针对行政机关行使职权是否违法失职的问题。

鉴于行政申诉的上述属性，从本质上说，行政申诉实际是国家行政机关响应公民、法人或者其他组织的申诉权而进行的一项活动。它与其他国家机关受理公民、法人或者其他组织申诉的活动一起，构成落实宪法规定的公民申诉权的完整的国家制度。就目前情况看，不仅行政申诉，包括其他国家机关受理、处理公民申诉都有一个完善的问题。

---

① 参见卓越：《论行政申诉》，《政治学研究》2000 年第 1 期。

第二节 行政申诉的范围

一、行政诉讼、行政复议并未解决所有的行政争议

行政申诉是解决行政争议的一种活动，但在我国现行法律制度中，解决行政争议的还有其他法律制度，比如行政诉讼、行政复议，甚至信访也担负着解决行政争议的功能。一种制度存在的意义，就在于其不可替代性。作为行政申诉，既然其功能在于解决行政争议，那么，它在解决行政争议方面是不是具有不可替代性，或者是否具有弥补其他行政争议解决途径不足的作用，是其存在的前提条件。① 这一条件的具备主要取决于能否归纳出独特的、其他法律途径不宜解决的争议范围，而且，这种归纳应当在综合分析现有的行政争议解决途径的受案范围的基础上形成，如果无法归纳出行政申诉独有的受案范围，则行政申诉在制度上便难以成立。

（一）《行政诉讼法》未将所有的行政争议纳入行政诉讼的途径加以解决

一个普遍的认识是，2014 年修改《行政诉讼法》，更加强调行政诉讼对行政争议的解决，修改后，也大大扩展了行政诉讼的受案范围，但即便如此，修改后的《行政诉讼法》也并没有将所有的行政争议纳入行政诉讼。在现行《行政诉讼法》中，基本保留了原《行政诉讼法》在受案范围上的排除条款。明确规定"人民法院不受理公民、法人或者其他组织对下列事项提起的诉讼：（一）国防、外交等国家行为；（二）行政法规、规章或者行政机关制定、发布的具有普遍约束力的决定、命令；（三）行政机关对行政机关工作人员的奖惩、任免等决定；（四）法律规

---

① 将行政申诉等同于行政复议而损害其独立性的理论主张在 1982 年宪法颁布后仍然盛行一时。参见冯吉：《试论行政争议与行政申诉（复议）》，《法治论丛》1990年第 1 期。

定由行政机关最终裁决的行政行为。"即使不考虑行政诉讼在受案范围上面临的其他限制，尚有相当多的行政争议没有纳入司法途径加以解决。

（二）《行政复议法》也没有把所有的行政争议纳入行政复议的范围

《行政复议法》明确规定了受案范围，一致的认识是行政复议的范围要大于行政诉讼的范围。为了阐明《行政复议法》对行政争议的受理范围，有必要对《行政复议法》第二章规定的受案范围进行剖析。

《行政复议法》第六条以肯定列举的方式，规定了可以提起行政复议的事项，值得注意的是在该条前十项规定了可以申请行政复议的事项后，第十一项进行兜底性的表述："认为行政机关的其他具体行政行为侵犯其合法权益的"。这一兜底性概括意味着，只要是具体行政行为，都可以申请行政复议，无论其影响到的是公民、法人或者其他组织的何种权利。关于行政规定，即所谓的抽象行政行为，《行政复议法》第七条规定，除对国务院的规定外，对其他所有的行政规定，公民、法人或者其他组织都可以在对具体行政行为申请复议时，一并向行政复议机关提出对该规定的审查申请。也就是说，将行政规定也纳入了行政复议的审查范围，只是在申请的程序上，要求"一并"申请，以解决复议申请权的落实问题。

按照《行政复议法》的上述规定，似乎行政复议没有受案范围的限制了，所有的行政争议均可纳入行政复议这一解决机制。但是，该法第八条第一款规定："不服行政机关作出的行政处分或者其他人事处理决定的，依照有关法律、行政法规的规定提出申诉。"这一规定的出现，又意味着行政复议对行政争议的解决仍然是有限的。更何况行政复议的受案范围还面临着诸多现实的阻碍因素，仍存在拓展空间。①

综合《行政诉讼法》《行政复议法》受案范围的规定，可以明确地得出结论，并非所有的行政争议都可以纳入行政诉讼或者行政复议中加以解决。

---

① 对行政复议拓展空间的论述，参见湛中乐：《论我国〈行政复议法〉修改的若干问题》，《行政法学研究》2013 年第 1 期。

二、《信访条例》不能解决未纳入行政诉讼、行政复议受案范围的行政争议

《信访条例》第十四条规定的信访事项包括了行政争议。同时，该条第二款有规定："对依法应当通过诉讼、仲裁、行政复议等法定途径解决的投诉请求，信访人应当依照有关法律、行政法规规定的程序向有关机关提出。"这是否意味着，凡不能通过诉讼、行政复议途径解决的投诉请求都可以纳入信访途径加以解决。答案是否定的。

信访实际不是一个解决行政争议的途径。

《信访条例》第二十一条在规定信访机构收到信访事项时的处理方式时规定："对依照法定职责属于本级人民政府或者其工作部门处理决定的信访事项，应当转送有权处理的行政机关；情况重大、紧急的，应当及时提出建议，报请本级人民政府决定。""信访事项涉及下级行政机关或者其工作人员的，按照属地管理、分级负责，谁主管、谁负责的原则，直接转送有权处理的行政机关，并抄送下一级人民政府信访工作机构。"从这些规定可以看出，信访实际是一个"中转站"。一般情况下，信访机构只负责将收到的信访请求转送有权处理的机关，并不解决争议的实质内容，也不对争议涉及的实质问题作出处理。这样做的目的在于解决公民、法人或者其他组织"反映情况，提出建议、意见或者投诉请求"得不到回应的问题。

除规定行政机关决定是否受理的期限为 15 天外，《信访条例》并没有规定收到信访机构转送信访事项的行政机关处理信访事项具体程序、处理方式以及处理的法律后果。实际上导致的局面是，不属于行政复议、行政诉讼受理的行政争议仍然没有实质的程序和机制进行处理。

因此，认为通过信访可以解决不能提起诉讼、不能申请行政复议的行政争议的观点，完全是背离法律制度的无稽之谈。在某种程度上，在《信访条例》没有规定解决争议的实质程序和规则的情况下，强调和重视信访机制对争议的实质解决，正是导致信访中出现长官意志、人为操作、"一事一办"的原因所在，信访对法治原则产生破坏的根源也就在此。

以上分析表明，行政复议、行政诉讼并不能解决所有的行政争议，而信访机制又不可能承担起解决剩余行政争议的功能，根据"有争议必有解决机制"的法治原理，就需要建立其他的行政争议的解决机制，以补充行政复议和行政诉讼在解决行政争议方面的不足，这或许就是行政申诉制度的价值所在。①

三、行政公务员管理争议是行政申诉制度所要解决的争议

行政公务员管理争议是指在国家行政机关任职的公务员对所任职的行政机关或者公务员管理机关在对其进行管理的过程中引起的争议。

1. 行政公务员管理争议的主体，即发生行政公务员管理争议的双方当事人。行政公务员争议发生于在行政机关任职的公务员与对其有管理关系的行政机关之间，行政公务员是争议的当然一方。这里所谓的行政公务员是指在国家行政机关任职的公务员，不包括在其他国家机关或者组织任职的公务员。② 另外，根据《公务员法》，还有一类聘用制公务员，依据是"机关根据工作需要，经省级以上公务员主管部门批准，可以对专业性较强的职位和辅助性职位实行聘任制"。同时，《公务员法》第一百条第四款规定："聘任制公务员与所在机关之间因履行聘任合同发生争议的，可以自争议发生之日起六十日内向人事争议仲裁委员会申请仲裁。当事人对仲裁裁决不服的，可以自接到仲裁裁决书之日起十五日

---

① 《行政复议法》正在修改中，截至本文定稿时，修改尚未完成。如果修改后的《行政复议法》将"不服行政机关作出的行政处分或者其他人事处理决定"也纳入行政复议受案范围，那么，作为解决行政争议的行政申诉制度的命运就应当就此终结了。

② 根据《公务员法》第二条的规定，是指依法履行公职、纳入国家行政编制、由国家财政负担工资福利的工作人员。包括了下列人员：1. 国家机关中除工勤人员以外的所有工作人员，包括各级政府机关、人大和政协机关工作人员。2. 法官、检察官。3. 民主党派机关中除工勤人员以外的工作人员与共产党机关工作人员一样纳入公务员范围。4. 人民团体和群众团体机关中除工勤人员以外的工作人员。5. 具有公共事务管理职能的事业单位中除工勤人员以外的工作人员，对其参照《公务员法》进行管理。

内向人民法院提起诉讼。仲裁裁决生效后，一方当事人不履行的，另一方当事人可以申请人民法院执行。"据此规定，对于聘用制公务员与聘用单位之间引起的争议已经做了明确规定，不属于行政申诉的范围。行政公务员争议的另一方是国家行政机关或者公务员主管机关。我国公务员管理实行的是双重管理，即与公务员建立职务任用关系的具体的国家机关和公务员管理的专门机关①（下称"行政公务员管理机关"）。无论行政公务员所任职的国家行政机关，还是公务员的综合管理机关，都可能成为行政公务员争议的另一方主体。

2. 行政公务员争议发生在行政公务员管理机关对行政公务员进行管理的过程中。《公务员法》规定了一系列对公务员的管理环节和管理措施，主要包括了职务安排、职级确定与调整、考核、奖励、惩戒、培训、交流与回避、待遇确定、辞职辞退、退休等等。在这一系列复杂的管理活动中，每一个环节都会涉及行政公务员的作为公务员的权利和义务，都有可能出现争议。需要注意的是，对公务员的录用，不属于公务员争议。因为公务员录用涉及的是作为公民担任国家公职的权利问题，总体上还属于公民与政府之间的关系，在录用中发生的争议属于一般的行政争议，应当纳入行政复议或者行政诉讼的解决范畴。

3. 行政公务员争议的内容，是关于行政公务员与行政公务员管理机关之间就其作为公务员的权利义务发生的分歧。《公务员法》规定了公务员具有广泛的权利，当然也应当承担一系列的义务，公务员管理机关在对公务员进行管理的过程中，势必影响和涉及这些权利义务，如果双方对这些权利义务产生不一致的认识，就会形成争议。

---

① 《公务员法》第十条规定："中央公务员主管部门负责全国公务员的综合管理工作。县级以上地方各级公务员主管部门负责本辖区内公务员的综合管理工作。上级公务员主管部门指导下级公务员主管部门的公务员管理工作。各级公务员主管部门指导同级各机关的公务员管理工作。"公务员主管部门原为各级人民政府人事管理部门，体制改革后，人事管理部门与劳动管理部门合并，成为人力资源与社会保障部门。现在人力资源和社会保障部门下设公务员管理局行使对公务员进行综合管理的职能。

（一）行政公务员争议纳入行政申诉的理由

行政公务员在接受行政公务员管理机关的管理中，难免发生争议，因此必须建立争议解决机制。

1. 行政公务员争议不属于民事争议，无法纳入现有民事争议的解决途径。国家行政机关录用、管理公务员，完全不同于企业等民事主体雇用劳动者基于劳动合同进行的管理。民事主体雇用劳动者，是为了实现其经营或者其他民事权益，受劳动合同法调整，而行政机关录用公务员，目的在于通过公务员的活动实现行政机关作为行政主体的职能，履行行政机关职责，其核心是为了实现公共秩序、保障公共安全、维护公共利益。公务员实际是行政主体的代表。对公务员的录用管理实际体现的是公民担任公职的公权利，是一种公法关系。因此，任何以解决民事争议为目的而构建的解决机制都不可能受理和处理公务员管理争议。

2. 在现有解决行政争议的法律途径中也没有将行政公务员管理争议纳入受案范围。《行政诉讼法》《行政复议法》均未将行政公务员管理争议纳入行政受案范围。《行政诉讼法》第十三条第（三）项明确规定，人民法院不受理行政机关对行政机关工作人员的奖惩、任免等决定不服的起诉。在《行政复议法》对受案范围的列举中，没有规定公务员对行政机关的管理行为不服可以提起行政复议。

（二）行政公务员管理争议纳入行政申诉的法律依据

法治的一项基本要求是，有争议就应当有解决争议的法律途径。《公务员法》赋予公务员的权利完全有可能遭受管理机关的侵害，引起争议几乎是不可避免的，因此必须建立解决这一争议的法律路径。研究我国行政救济制度，可以发现，几乎所有的行政争议要么被纳入行政诉讼解决的范畴，要么被纳入行政复议的受案范围，甚至大部分争议既可以提起行政复议，也可以提起行政诉讼，法律上设置了双重的救济机制和争议处理机制，但唯独行政机关对公务员的管理争议没有被纳入行政复议和行政诉讼机制。这当然是不公平的。针对这一现象，单行法律规定了行政公务员管理争议的解决机制。

1.《公务员法》第九十条规定："公务员对涉及本人的下列人事处理不服的，可以自知道该人事处理之日起三十日内向原处理机关申请复核；对复核结果不服的，可以自接到复核决定之日起十五日内，按照规定向同级公务员主管部门或者作出该人事处理机关的上一级机关提出申诉；也可以不经复核，自知道该人事处理之日起三十日内直接提出申诉……"这是作为公务员管理的基本法对公务员管理争议所规定的解决机制，其中"向同级公务员主管部门或者作出该人事处理的机关的上一级机关提出申诉"是最主要的机制。

2.《行政复议法》第八条第一款规定："不服行政机关作出的行政处分或者其他人事处理决定的，依照有关法律、行政法规的规定提出申诉。"这里的"有关法律、行政法规的规定"主要就是指《公务员法》中的上述规定。

3.《行政监察法》第三十八条规定："国家行政机关公务员和国家行政机关任命的其他人员对主管行政机关作出的处分决定不服的，可以自收到处分决定之日起三十日内向监察机关提出申诉，监察机关应当自收到申诉之日起三十日内作出复查决定；对复查决定仍不服的，可以自收到复查决定之日起三十日内向上一级监察机关申请复核，上一级监察机关应当自收到复核申请之日起六十日内作出复核决定。"

四、事业单位的部分争议也可以纳入行政申诉解决机制

在研究行政申诉制度时，不能忽视我国特有的一种单位形式——事业单位。什么是事业单位，事业单位的法律地位如何、事业单位与其内部工作人员的关系在法律上如何定性等一系列问题都有待进一步深入研究。

在观察事业单位时，有三个基本要素必须加以关注：第一，事业单位的功能；第二，事业单位的经费来源；第三，事业单位的人员编制来源和法律属性。

首先，关于事业单位的功能，一般认为事业单位不是以赢利为目的的组织。在行政法上，事业单位应当就是由政府设立的主要承担给付行

政（或称福利行政）功能的政府机构，其与行政机关最大的区别就在于：行政机关主要承担管制行政（或称秩序行政）功能，主要任务就是维护公共秩序、保障公共安全；事业单位的主要职能就是代表政府提供法律规定应当由政府提供的公共服务、公益事业和公共保障，主要任务就是保障公民享有法律规定的福利和保障。比如公立学校、公立医院、公立图书馆、博物馆等，其运行的实质还是在履行政府职能。就这一点而言，事业单位不是民事主体，其与内部工作人员建立的关系不是劳动法上的劳动合同关系。国外有些国家是将这些机构的工作人员也纳入公务员范畴的。

其次，关于事业单位的经费来源。既然事业单位是政府设立的、代表政府提供公共服务、公益事业和公共保障的，其履行职能所需要的经费当然应当是政府公共财政承担，应当纳入公共财政支出的范畴，而不应该是在提供给付服务的过程中向被服务的公众收取。所谓自收自支的事业或者部分自收自支的安排都是与其性质相悖的。

再次，关于事业单位与其工作人员的关系。事业单位聘用工作人员的目的，不在于要实现自己的民事权益，不是为自己服务，而是为政府履行给付职能为公众提供服务。事业单位聘用的工作人员和国家公务员一样，是受聘于政府或者国家机关，只不过其工作任务不同，国家机关的公务员是代表国家行使管制行政的职能，而事业单位的工作人员代表政府履行给付职能，在人事管理关系上并没有实质的不同。

基于以上的分析，可以得出结论，事业单位与其工作人员之间建立的并不是民事法律关系，也不受劳动法调整，发生争议不属于民事争议，也没有被纳入行政诉讼、行政复议的解决机制。这种争议应当纳入行政申诉制度领域加以解决。事实上，国务院制定的《事业单位人事管理条例》第三十八条也做了明确规定。该条规定："事业单位工作人员对涉及本人的考核结果、处分决定等不服的，可以按照国家有关规定申请复核、提出申诉。"

第三节　行政申诉制度的完善

一、完善行政申诉制度的法律路径

申诉是宪法赋予公民在遭受国家机关侵犯其合法权益时，要求国家机关维护其合法权益的一项基本权利，对于保护公民合法权益具有重要意义。行政申诉作为国家申诉制度的组成部分，对于维护国家行政机关对公务员进行管理的秩序，保障行政公务员的合法权益，化解和处理行政机关与公务员之间的争议，保证行政机关顺利、高效行使行政职权、履行各项行政职能具有重要意义。然而，长期以来，这些制度形同虚设，难以发挥其应当发挥的作用。这种现象的形成有多方面的原因，但是，其中一个重要的原因是，国家对行政申诉制度缺乏完整的、严密的、公正的设计和安排，行政申诉制度也显得支离破碎，缺乏可操作性等，是造成上述现象的重要原因。因此，有必要对行政申诉制度进行完善，切实解决行政申诉在运行中迫切需要解决的问题。有关机关也已经认识到这一问题的重要性，在完善行政申诉制度方面也做了一些工作。比如，2008 年中共中央组织部、人力资源和社会保障部联合发布的《公务员申诉规定》，对公务员申诉中的某些具体问题做了一些规定。但由于其发文主体、规定的效力等级以及适用范围等方面存在着天然缺陷，远远没有解决行政申诉中存在的问题。因此，有必要进一步研究行政申诉制度的完善。而在完善行政申诉制度涉及的所有问题中，法律路径是一个最基本的问题。这一问题不解决，就不能顺利解决其他具体问题。

要解决完善行政申诉的法律路径问题，就必须考虑三个因素：第一，行政申诉权是公务员的一项基本权利。前文已经阐明，行政申诉的基础是《宪法》第四十一条规定的公民申诉权，而申诉权是宪法在规定公民基本权利时规定的一项权利，可以视作公民相对于国家机关的基本权利。因而，对申诉权的行使应当通过立法来进行规范，不宜用规范性文件加以规定。第二，由于我国公务员的范围较为广泛，既涉及各类国家机关，还涉及中国共产党和民主党派等等，加之规定公务员申诉权的法律较为复杂，既有《公务员法》《行政复议法》，还有《行政监察法》，涉及多个部门。因此，也不宜有一个政府职能机关立法加以规定。第三，在不同国家机关或者部门任职的公务员的工作性质、管理要求和标准、管理手段和措施等均有较大差别，不宜以一个法律文件规定所有公务员的申诉规则。

基于以上考虑，应当对不同国家机关或者部门的公务员申诉，采用"分而治之"的办法，分别进行规范。其中，对于行政公务员的申诉，应当由国务院制定行政法规来加以规定。这完全符合《立法法》对国务院立法权限的规定——"为执行法律的规定需要制定行政法规的"。当然，如果其他领域也应当制定有关本领域公务员的申诉规则，在条件具备后，可以整合、上升为法律，制定"中华人民共和国公务员申诉法"。因此，建议国务院尽快制定"行政机关公务员申诉条例"，除了对行政机关公务员的相关申诉进行规范外，也应当将事业单位工作人员考核结果、行政处分的申诉也纳入调整范围。同时，该条例应作为行政监察机关受理、处理行政机关公务员申诉事项的准用规则。

在立法领域，由国务院先行制定行政法规，然后上升为法律，在我国立法史上有多个先例。比如行政复议制度，就是先有《行政复议条例》，然后有《行政复议法》；公务员管理制度同样如此，由《国家公务员暂行条例》到《公务员法》。

二、统一行政申诉的受理与处理机关

完善行政申诉制度，首先必须确定行政申诉的受理和处理机关。如果只是规定行政公务员有提起申诉的权利，却不明确哪一个机关应当受理和处理行政申诉，因此这一制度根本无法运行。从有关的几部法律规定来看，对这一事项的规定是不一致的。《公务员法》规定，公务员对涉及本人的人事处理不服的，可以向同级公务员主管部门或者作出该人事处理的机关的上一级机关提出申诉；而根据《行政监察法》的规定，监察机关也受理"国家行政机关公务员和国家行政机关任命的其他人员不服主管行政机关给予处分决定的申诉，以及法律、行政法规规定的其他由监察机关受理的申诉"。按照这些规定，受理行政申诉的机关就至少有三个：公务员主管部门、上一级机关、监察部门。表面看，赋予了公务员以充分的选择权，但实际上，有不同的国家机关履行同一个职能，带来的后果职能是效率低下，给有关机关提供了推诿的理由。因此，应统一行政申诉的受理机关，明确职能和责任主体。

至于由哪一个机关受理和处理更加妥当，应当充分考虑有利于体现公正原则。众所周知，面对争议，最有可能持公正立场的，是与争议双方均没有利害关系的第三者。在上述三个机关中，行政监察机关无疑与争议双方最少利益瓜葛，因此，由行政监察机关统一集中受理和处理行政申诉事项最为妥当。监察机关应当设立专门的机构，比如公务员行政申诉委员会，代表行政监察机关专门受理和处理公务员申诉事项。

三、明确提起申诉的方式和期限

行政公务员有权申诉，但应当按照一定的规则申诉，只有这样才能确保行政申诉的规范有序运行，正如公民有向法院提起诉讼的权利，但必须符合起诉条件、遵守起诉规则一样。

关于提起申诉的方式，从方便申诉人的角度出发，似乎不应当给予限制，这似乎也是救济制度在规定提起方式时的趋势。比如《行政诉讼法》修改后，规定原告书写确有困难的，可以口头起诉，而《行政复议法》则不附加任何条件，允许口头申请复议。但考虑到提起行政申诉的都是国家公务员或者其他工作人员，客观上不存在书写的困难，因此，为便于受理机关审查和提高处理效率起见，还是以书面申请为宜。当然，通过电子数据交换的方式提起申诉也应当是允许的。关于行政申诉提起的期限，可以参考《行政复议法》规定的复议期限，因为就实质而言，行政申诉实际也是因行政争议而起，与申请复议在法律上的属性是一致的，应当同样对待。

四、规范行政申诉的审理程序

观察多部法律规定的行政申诉，最为欠缺的就是没有规定申诉提起后有关国家机关审理申诉案件的程序规则。这或许是行政申诉制度几近僵死的重要原因。在完善行政申诉制度时，这是一个必须加以重点关注的问题。行政申诉在审理程序上的细致程度应以行政复议的相关规定为底线。

首先，行政申诉案件的审理，应当以开庭审理为原则，书面审理为例外。处理机关应当在双方当事人的共同参与下，弄清事实、辨明法律。

其次，审理过程中，必须遵循公平、公正、公开的原则。因此，回避、质证、辩论等制度必须切实建立起来。

五、统一行政申诉的处理决定

处理决定是行政申诉的结果，处理机关在按一定的程序查清事实后，应当依照法律、法规或者规章的规定，对行政申诉作出结论。应当在全面总结和归纳行政申诉案件的基础上，总结出适合处理行政申诉事项的决定类型，并规定相应的条件。比如驳回申诉申请、撤销侵犯公务员合法权益的行政处分或者其他人事管理决定等等。

六、明确行政申诉决定的法律后果

制约行政申诉制度建立和完善的最大难题是行政申诉决定的法律后果，行政申诉决定是否具有最终效力，申诉人不服申诉决定能否提起行政诉讼。我们认为，将争议提交司法机关处理，由司法机关最终作出裁判是法治的基本要求。不管出于什么理由，《行政诉讼法》《行政复议法》将行政机关对公务员以及其他工作人员的管理争议排除在受案范围之外，是不符合上述原则的。公务员和其他工作人员相对于行政机关而言，本就处于不对等地位，在认为合法权益遭受侵害时，又没有诉请司法保护的机会，无疑是有失公允的。或许，这就是目下公务员合法权益遭受经常性侵害而鲜有提出异议或者抗辩的原因，也正是由于这一原因，导致了行政申诉制度实际并没有有效运行。在完善行政申诉制度时，这一问题必须加以解决。

由于《行政诉讼法》《行政复议法》明确将行政机关与公务员或者其他工作人员的争议排除在受案范围之外，在规定申诉决定法律后果时，不宜规定经申诉程序处理，申诉人仍不服的，可以向法院提起行政诉讼。但是，如果申诉人不服申诉处理机关的处理决定，应当赋予申诉人对申诉决定不服提起行政诉讼的权利。针对这类诉讼，人民法院应当按照行政诉讼案件的一般审理规则，审查申诉决定是否合法。对不合法的行政申诉决定，人民法院不宜直接判决处理当事人之间的争议，而应当责令申诉处理机关依法重新作出申诉决定。这样，就可以在行政公务员管理领域间接地落实司法最终原则。

第四十六章

行政调解

王 静 国家行政学院行政法研究中心副主任、法学部副教授、法学博士。曾访学耶鲁大学、美利坚大学和美国行政会议。研究专题：行政法、行政复议法、土地制度、政府监管等。著作和论文有《美国行政法法官制度研究》《行政法案例教材》《行政复议制度的改革与发展方向》《城镇化中土地制度改革的未来走向》《房屋拆迁纠纷解决机制存在的问题及完善》等。

第一节　行政调解概述

一、行政调解的概念

何为行政调解，大多数意见认为是从调解的主持者角度来定义的。"古来的公权者，不论国内、国际或区域的，也不论民主、专制或独裁的，都得确认规则、管理事务、裁断纠纷"。[①] 80 年代，傅士成的文章代表了行政法学界最初对此问题的认识。他认为"行政调解"常常在两种意义上被使用。一种意义上的"行政调解"是在行政机关主持下，对各种纠纷进行的调解。这种意义的行政调解，其实质是纠纷调解于行政机关，而不问是何种纠纷。另一种意义的"行政调解"是有权机关对行政纠纷进行的调解，即调解行政纠纷，而不问该有权机关是行政机关，还是司法机关。当时对行政纠纷的看法是行政纠纷不可调解，所以，第一种意义上的行政调解只能包括行政机关对民事纠纷、经济纠纷等可调解的纠纷的调解，而不能包括对行政纠纷的调解。也因为同样的理由，第二种意义上的"行政调解"是有权机关调解行政纠纷，也是不存在的。最终推导出的结论是行政法意义上的行政调解是不存在的，"行政调解"只能以行政机关调解民事纠纷、经济纠纷等笼统的含义而存在。[②] 行政纠纷不可调解，行政权力不可让步的认识逐渐被破解，学界对行政调解的认识也发生了变化。

行政调解之含义，首先要探讨何为"行政"，表面看来，似乎不言自

---

① 夏勇：《改革司法》，《读书》2003 年第 1 期。
② 傅士成：《"行政调解"含义辨析》，《河北法学》1988 年第 2 期。

明，但其实大有深意。① 有学者认为，行政调解主体是行政机关与人民法院对行政纠纷的调解，自然由行政机关和人民法院承担起行政调解职责。② 有学者认为，应当将行政调解主体限定于狭义行政机关，因为行政调解是行政机关基于行政管理的职责，是行政的决策、控制、协调、监督等职能的题中应有之义，也是行政机关的法定职责，因此，行政调解就是行政机关依法履行职能的行为。③ 行政主体理论认为行使行政权的主体不限于行政机关，还包括实际上承担公共管理职能的其他主体，目前在我国法律规定层面是用"法律法规规定的其他组织"来指代其他行政主体，以法律法规授权作为"桥梁"支撑起其他组织承担公共管理职能的现实。行政诉讼法、行政复议法和其他单行法律，也都不限于针对行政机关的行为。那么，行政调解，是否也应当按照行政主体理论，将其他组织也纳入讨论的范畴？因此有学者主张，行政调解不限于行政机关，应扩展到所有参与公共事务治理和服务的行政组织和社会组织，发挥第

① 如果局限于行政调解的"行政"属性，那么在农村经常可见到的村民委员会调解就不属于行政调解的范畴。但是，农村基层工作"上面千条线，下面一根针"，地方政府的专业分类到了基层则不做区分，乡镇政府的工作涉及方方面面，既有常规性工作，也有突发事件应对。乡镇政府与村民委员会的关系在法律上不是领导关系，但实践中更像是上下级的关系，村级组织担负着乡镇行政职责的下移。如果可以理解村民委员会名义上是村民自治组织，实际上承担行政职责，是国家权力在农村的末端神经，具有社会学意义上的行政属性，那么，观察和了解村民委员会如何通过其准行政的属性完成上级政府交付的多重任务，是社会学、政治学的乡村调查中不能忽略的重要部分。也就是说，要了解国家权力、政府和政治力量如何介入农村，不能简单地从组织的法律属性去判断，还需要结合我国的实际情况把握问题的实质。因此，即便村民委员会主任主持的调解并不符合法律意义上的行政调解概念，对农村发生的各种准行政或者借助行政力量的调解进行研究，对深入探讨行政权介入调解或者使用调解仍然具有非常重要的价值。

② 参见叶必丰：《行政和解和行政调解：基于公众参与和诚实信用》，《政治与法律》2008 年第 5 期。

③ 刘旺洪：《论行政调解的法制建构》，《学海》2011 年第 2 期；郭庆珠：《ADR 在化解社会矛盾中的功能机制研究——以行政调解为研究样本》，《法学杂志》2011 年第 1 期；崔卓兰：《行政法学》，吉林大学出版社 1998 年版，第 210、211 页。

三种组织在参与公共事务的治理和公共服务等方面的作用，将行政调解主体扩大至社会公共组织，注重与民间社会机制的衔接。①

调解是最具有文化代表性和最富于文化韵味的一种，调解也是中华民族横贯古今、最具生命力、最为世界所注目的法律传统。② 何为调解，非一言两语可说得清楚。

《辞海》对调解的定义，是指通过说服教育和劝导协商，在查明事实、分清是非和双方自愿的基础上达成协议，解决纠纷。在我国，是处理民事案件、部分行政案件和轻微刑事案件的一种重要方法。"中国法律制度最引人注目的一个方面是调解在解决纠纷中不寻常的重要地位。"③ 调解被西方誉为"东方经验"，在中国能够成为解决纠纷的常规方式，与中国的传统社会结构和法制文化形态存在密切联系，但是，其内涵和外延也不断发生着变化。④

是否行政加调解就是行政调解，日常观察到的行政机关乃至行政主体运用调解方式化解纠纷或者解决问题的形态千差万别，甚至难以计数。⑤ 范愉认为，行政调解在不同意义上使用，包括：（1）行政机关在专门性争议解决机制中（包括行政裁决和行政复议）对当事人双方的行

① 张春莉：《西方国家行政性 ADR 的经验及其借鉴》，《政治与法律》2012 年第 12 期。
② 春杨：《晚清乡土社会民事纠纷调解制度研究》，北京大学出版社 2009 年版，第 7 页。
③ 杰罗姆·艾伦·柯恩：《现代化前夕的中国调解》，王笑红译；强世功编：《调解、法制与现代性：中国调解制度研究》，中国法制出版社 2005 年版，第 88 页。
④ 赵旭东：《纠纷与纠纷解决原论——从成因到理念的深度分析》，北京大学出版社 2009 年版，第 117 页。
⑤ 当场即时平息的纠纷的数量尚无法得到统计，以浙江省嘉善县交警部门 2006 年至 2007 年上半年的有关数据为例，由事故双方书面申请交警调解并得到妥善调处的交通事故损害赔偿纠纷仅 421 起，但由交警在事故现场或在交警队办公室即时调解、即时清结的纠纷每年约有 15000 件左右；而且浙江的调研显示，治安巡逻、工商执法过程中，现场调处的纠纷也很多，但调查中无法获得一个正式统计的数据。（详见浙江省高级人民法院课题组：《关于人民调解、行政调解与诉讼程序衔接机制的调查和思考》，《法治研究》2008 年第 3 期）

政和民事争议所进行的调解；（2）基层政府所属机构（如派出所、工商局、城管、劳动监察等）在日常行政执法和管理活动中对当事人之间的民间纠纷进行的调解；（3）行政机关通过信访、行政投诉等机制协调处理各类争议的活动；（4）在政府的组织或主持下，以（乡镇街道或区县一级）人民调解、消费者协会、行业协会等形式运作的准行政性调解；（5）法院审判组织在行政诉讼中对双方当事人的行政争议进行的调解（行政协调或行政诉讼调解）①。

如果按照法律规定的内容来看，尚没有中央层面的法律或者行政法规对行政调解做一定义，从地方性法规或者地方政府规章来看，有的对行政调解的定义是狭义的行政加狭义的调解，即由行政机关主持的调解活动，排除了承担公共行政管理职能的其他组织，也排除了上述泛泛意义上的各种带有调解或者非强制属性的各类行政活动。

2014年《广州市行政调解规定》中称，本规定所称行政调解，是指行政机关在职权范围内，以法律、法规、规章为依据，通过协调和劝导，促使各方当事人平等协商，自愿达成协议，解决争议纠纷的活动。也有的则是广义的行政加狭义的调解。比如，2015年《厦门市行政调解程序规定》第二条规定，本规定所称行政调解，是指行政机关或者具有管理公共事务职能的组织（以下简称"行政机关"），根据法律、法规、规章和市人民政府的规定，对公民、法人或者其他组织之间发生的与其行政管理相关的民商事纠纷或者依法可以调解的行政争议，通过说服教育、劝导协商等方式，促使各方当事人在自愿、平等、协商的基础上达成共识，从而化解纠纷的活动。

二、行政调解与其他概念

与行政调解类似的概念还有人民调解和诉讼调解。《人民调解法》明确规定，本法所称人民调解，是指人民调解委员会通过说服、疏导等方法，促使当事人在平等协商基础上自愿达成调解协议，解决民间纠纷的

① 范愉：《行政调解刍议》，《广东社会科学》2008年第6期。

活动。诉讼调解，又称法院调解，是指人民法院审判组织主持下，诉讼双方当事人平等协商，达成协议，经人民法院认可，以终结诉讼活动的一种结案方式。类似的，还有行政复议调解，是在行政复议过程中，由行政复议机关主持的，行政复议申请人和被申请人达成协议的方式。行政调解与人民调解、复议调解、诉讼调解，不仅在语义上有相关性和可比性，在制度设计上有着密切的关系，既相互影响，又相互支撑，甚至某种程度上有替代和竞争关系，呈现出此消彼长的状态。这些不同主体的调解共同构成了我国特殊语境下的"大调解"。"大调解"是指在党委、政府的统一领导下，由政法综合治理部门牵头协调、司法行政部门业务指导、调解中心具体运作、职能部门共同参与，整合人民调解、行政调解和诉讼调解等各种调解资源，统一受理、集中梳理、归口管理、依法调处、限期办理，最大限度发挥调解的效能，对社会矛盾纠纷的协调处理。①

三、行政调解的分类

行政调解的分类，有学者根据是否有法规范明确规定作为标准，将行政调解分为正式行政调解和非正式行政调解，前者由法规范明确规定，行政调解是民事诉讼的前置程序或者作为当事人解决民事纠纷的选择性程序；后者则是主管行政机关在其职权范围之内应民事纠纷当事人要求

---

① 余定猛、丁正国：《公安行政调解》，中国人民公安大学出版社 2014 年版，第 34 页。但是，"大调解"也出现诸多问题，比如高度依赖党组织和政府，"大调解"在本质上是行政力量干预纠纷。推进方式是"社会动员"，不仅成本很高，而且调解纠纷解决的能力和效果取决于上级的重视程度。功能主要是事后性的，即主要面对已经发生，且大多数是已经激化的矛盾，处理的多以上访甚是群体性上访表现出来的纠纷，"大调解"发挥的并非"防微杜渐"，成为解决民间纠纷"第一道防线"的作用，而更像信访工作的延伸。(参见吴英姿：《"大调解"的功能及限度——纠纷解决的制度供给与社会自治》，《中外法学》2008 年第 2 期)

或主动出面调解民事纠纷。① 根据行政机关介入民事纠纷的深度与强度不同，分为自治型行政调解和裁断型行政调解。前者是指行政调解过程中，民事纠纷当事人起主导作用，而行政调解机关居中进行劝告、提供专家意见、法律政策依据等，由当事人自主决定是否达成调解协议。1997 年11 月 3 日国家工商行政管理局颁布《合同争议行政调解办法》就是此类，工商行政部门不进行实质调查取证，也不加盖公章等等。后者是指行政机关主动调查取证、查明事实、分清责任，甚至提出调解方案，当事人自主决定是否达成调解协议，由行政机关审核并制作行政调解书。公安机关对违反治安管理行为引发的民事纠纷进行的调解就是此类。

四、行政调解的范围

行政调解的概念其实与其范围密切相关。一些意见认为行政调解是行政机关对民事纠纷进行调解，比如有学者认为行政调解"是指行政机关在行政管理过程中，对其职权范围内发生的民事纠纷，以法律、政策、人情常理等为依据，居中进行沟通、调停、提供意见甚至调查事实等方式，促成当事人达成调解协议，从而解决民事纠纷的行政事实行为"。② 一些地方规定也是仅将民事纠纷认为是行政调解的范围。③ 一些意见则认为行政纠纷也是行政调解的对象，行政调解的范围包括民事纠纷和行政

① 详见赵银翠：《行政过程中的民事纠纷解决机制研究》，法律出版社 2012 年版，第 99 页。

② 详见赵银翠：《行政过程中的民事纠纷解决机制研究》，法律出版社 2012 年版，第 100 页。

③ 2014 年《云南省行政调解规定（试行）》第二条规定："本规定所称行政调解，是指行政机关或者法律、法规授权组织（以下统称'行政机关'），根据法律、法规、规章和国家有关政策的规定，对公民、法人或者其他组织之间发生的与其行政管理职能相关的纠纷，通过说服和劝导，促使各方当事人在自愿、平等、协商的基础上达成一致意见，从而化解纠纷的活动。行政机关与公民、法人或者其他组织之间因行政管理产生的行政争议可以通过行政复议、行政诉讼等途径解决。"

纠纷。一些地方规定则将行政纠纷列为行政调解的首要对象。① 还有一些意见认为，纳入行政调解的既不是全部的民事纠纷，也不是全部的行政纠纷。② 有学者指出，行政调解的范围主要包括行政争议和民事争议，前者指行政主体与行政相对人之间的行政争议，即外部行政争议，以及发生在具体行政隶属关系内部各单位成员之间的有关行政争议，即内部行政争议；后者主要限于与行政职权有关的民事纠纷。③

　　笔者认为，无论是综合我国行政调解的发展历史，还是观察域外相关制度经验，行政调解都不仅是针对民事纠纷，或者行政纠纷，而是二者兼而有之。但是，无论是民事纠纷，还是行政纠纷，是否可以由行政

---

① 2014 年《广州市行政调解规定》就规定行政争议是行政调解的第一类别，其次才是民事纠纷。第七条规定，行政机关可以对下列争议纠纷进行调解：（一）法律、法规、规章规定的可以调解的行政机关与公民、法人或者其他组织之间产生的行政争议；（二）法律、法规、规章规定应当由行政机关裁决或者调处的民事纠纷；（三）公民、法人或者其他组织之间产生的与行政管理有直接关系的争议纠纷。

② 2015 年《厦门市行政调解程序规定》第二条规定："本规定所称行政调解，是指行政机关或者具有管理公共事务职能的组织（以下称'行政机关'），根据法律、法规、规章和市人民政府的规定，对公民、法人或者其他组织之间发生的与其行政管理相关的民商事纠纷或者依法可以调解的行政争议，通过说服教育、劝导协商等方式，促使各方当事人在自愿、平等、协商的基础上达成共识，从而化解纠纷的活动。"2015 年《北京市行政调解办法》第三条明确规定，行政调解既针对民事纠纷，也针对行政争议。第三条规定，"本市各级行政机关可以依法对下列争议纠纷进行调解：（一）法律、法规、规章规定可以由行政机关调解的公民、法人和其他组织之间的纠纷（以下简称'民事纠纷'）：1. 可以进行治安调解的民间纠纷；2. 交通事故损害赔偿纠纷；3. 合同纠纷；4. 医疗事故赔偿纠纷；5. 消费者权益保护纠纷、产品质量纠纷；6. 土地承包经营纠纷；7. 侵犯商标专用权、专利权等知识产权的赔偿纠纷；8. 环境污染赔偿纠纷；9. 电力纠纷、水事纠纷；10. 其他依法可以调解的民事纠纷。（二）公民、法人或者其他组织与行政机关之间关于行政赔偿、补偿以及行政机关行使法律、法规、规章规定的自由裁量权产生的争议（以下简称'行政争议'）。"

③ 黄学贤：《行政诉讼调解若干热点问题探讨》，《法学》2007 年第 11 期。

机关进行调解，并非理所当然、一帆风顺，在中外历史上都经历了相当长时间的发展演变。

第二节　中外行政调解的历史与发展

一、域外行政调解的历史与发展

（一）行政机关是否可以行使司法权的争论

以美国为例，行政机关介入民事纠纷的权力也是司法权，行政调解是伴随行政裁决而自然拥有的权力，当然美国行政裁决的概念略等于中国的具体行政行为，而不仅仅是对纠纷的裁决。

在美国历史上一直都有关于授权行政机关的案件，绝大多数关于授权的案件都主要是国会能否将立法权授予行政机关，尽管实际上国会将司法权授予行政机关的情况是在不断增长。美国《宪法》第3条第3款明确规定："美利坚合众国的司法权由国会任命的最高法院及其法庭行使。"根据这一规定，国会可以把司法权授予非司法机构或者行政机关吗？答案是肯定的。事实上，国会将司法权授予行政机关从来没有像将立法权授予行政机关引起同样的关注，而司法权的授权其实也在蚕食权力分立原则。这主要是因为传统上人们一直认为不论是国会还是行政机关制定的法律规定都比司法判决对社会产生的影响更大一些。联邦上诉法院和美国最高法院的判决具有广泛的社会影响，比如在教育、住房、刑事司法程序、民事权利等领域，相比较而言行政机关的裁决的影响就显得微不足道了。但是这也并不是说行政机关裁决对某些领域的影响不大，而是比较而言，行政机关制定法规往往是宏观的，而作出裁决更加微观。因此，作为形成公共政策的工具，制定法规就会比制定命令更能引起公众的关注。但是，强调这一点也很重要，那就是法规的可审查性通常低于裁决决定，所以，也就不难理解，在那些关注权力分立原则的人们看来，司法权的授予威胁性并不太大。

　　早在 1789 年国会就开始授权行政机关行使裁决权，财政部（Treasury Department）有权解决所有对财政部提起申诉的争议案件，美国宪法的奠基人詹姆斯·麦迪逊（James Madison）认为这一权力是司法性质的。[1] 著名法学家伯纳德·施瓦茨教授（Bernard Schwartz）也认为"审理和裁决案件的权力就是司法权，不论是由法院行使还是由行政机关行使"，[2] 认为只有法院才行使司法权是错误的，1903 年 Reetz v. Michigan[3] 案件中，法院认为，正当程序不一定非得是司法程序。1903 年，B.怀曼出版《支配政府官员关系的行政法原理》一书，认为行政机关进行活动的方法，值得注意的是行政机关裁决争议，在欧洲大陆国家存在已久，在美国最近才发生，还没有学者讨论这个问题。作者对这个问题进行了详细的讨论，这个问题后来一般称为行政司法或行政裁判权力。[4]

　　1904 年，最高法院在一个案件[5]中，明白肯定国会可以授权行政机关裁决涉及外国人的案件。1914 年《联邦贸易法》设立联邦贸易委员会，在讨论法律草案时，曾有反对意见认为，该法授予行政机关行使属于法院的权力是不合适的，但是并未能阻止法律的通过。[6] 在

---

[1]　12 The Papers of James Madison 265, C. Hobson & Rutland eds., 1989. See Kenneth C. Davis and Richard J. Pierce. Jr., Administrative Law Treatise, 3rd ed., Little, Brown and Company, (1994), vol. I, p. 90.

[2]　Bernard Schwartz, Administrative Law, 2nd ed., Little, Brown and Company (1976), p. 63. 转引自王名扬：《美国行政法》，中国法制出版社 1995 年版，第 63 页。

[3]　Reetz v. Michigan, 188 U. S. 505, 507 (1903).

[4]　Bryce Wyman: The Principles of Administrative Law Governing the Relations of Public Officers, Keefe Davidson Company (1903), pp. 320 - 341. 转引自王名扬：《美国行政法》，中国法制出版社 1995 年版，第 63 页。

[5]　Turner v. Williams, 194 U. S. 279 (1904).

[6]　参见王名扬：《美国行政法》，中国法制出版社 1995 年版，第 310 页。

1929 年的一个案件①中，有人攻击联邦贸易委员会的权力违反宪法。最高法院认为联邦贸易委员会的权力受到严格的限制，不触犯宪法的分权原则。

1915 年，美国一个州法院在判决中声称："认为除法院外，没有其他机关可以行使司法权力，这个观点是错误的。"②

20 世纪初开始，美国很多州陆续制定工人赔偿法，授权行政机关对工人和雇主之间由于职业原因引起的赔偿争议进行裁决，并决定赔偿金额。工人赔偿争议发生在两个私人之间，属于典型的私权争议，传统上是由法院管辖，但是工人赔偿案件的数量如此之多，又具有专业性，法院又不可能在这些矛盾纠纷出现的时候起到积极的作用。③ 因此，行政机关的介入是应时之举。但是反对将私人纠纷的裁决权授予行政机关的批

---

① Federal Trade Commission v.Klesner, 280 U.S.19 (1929).

② Hunter v.Colfax, 154 N.W.1037, 1061. (Iowa, 1915).

③ 1942 年《联邦行政机关的司法权》一书中，认为行政机关在行使司法权时处理的第一类纠纷就是私人之间的冲突。在此类案件中，一个人请求对其他人主张权利。立法机关主要关注的是为实现当事人之间的正义提供合适的手段。如果这些案件还要接受法院的司法审查，立法者就相信由行政官员用与司法程序相比不那么正式的程序来解决更令人满意也更加快捷。此类案件中最为著名的就是根据工人赔偿法律提起的诉讼。裁决此类案件的法庭可以叫作小额索赔法庭（Small Claims Tribunals）。但是，行政机关负有与赔偿索赔有关的特定公共职责，行政机关有职责确保工人或者受扶养或者抚养人获得赔偿，并且要确保对法规进行准确的解释。法院处理工人索赔案件的积案量大幅度增加，是建立这些特别法庭的另一个现实原因。[See Joseph P.Chamberlain, Notel T.Dowling, Paul R.Hays, The Judicial Function in Federal Administrative Agencies, Oxford University Press (1942), pp.2-3.] 民事案件还包括根据《易腐农业产品法》（Perishable Agricultural Commodities Act），生产商可以向农业部的行政官员提起行政诉讼，要求经纪人或者经销商赔偿由于运输某些易腐农业产品而产生的损失。农业部既设有驻地代理官员，也在大的市场所在地派官员来负责解决争议，提供便捷方法来确定运输地的等级，对进行运输或者安排运输的条件展开适当调查。See Joseph P.Chamberlain, Notel T.Dowling, Paul R. Hays, The Judicial Functionin in Federal Administrative Agencies, Oxford University Press (1942), p.3.

评者们认为这一授权是违宪的。

1932 年克罗威尔案件（Crowell v.Benson）① 就涉及这一问题，非常具有代表性，并且树立了行政机关被授权行使裁决权合宪的新标准。最高法院认为只要没有排除司法审查，司法权授予行政机关行使是不违宪的。法院承认工人赔偿法规定的争端属于私权纠纷，但法院认为宪法第 3 条只规定司法权属于法院，并没有要求为了保持司法权的基本特性，一切私权案件都必须由法院审理。宪法不妨碍国会规定用行政方法审理私权案件。经验证明，为了处理成千上万的私权案件，行政方法是非常重要的。只要行政机关的裁决受法院司法审查的监督，宪法第 3 条规定的司法权的本质就已经保全。根据这个判决，司法权力的委任是否符合宪法的分权原则，以是否接受司法审查为标准。国会制定的司法权力委任的法律，只要没有排除司法审查，就不违背分权原则。②

1974 年 City of Waukegan v.Pollution Control Board③ 案中，Ward 法官认为美国最高法院从来都没有发现把司法权授予行政机关是不合适的。但是 1982 年最高法院在北方输油管建设公司案件④中，却作出和以前不同的解释，引起对此问题的困惑。法院的大多数意见含混适用了古老的公权（public rights）和私权（private rights）标准⑤对行政机关的裁决进行检验，认为涉及公权的案件可以由行政裁决来审理，但是如果是私权的案件则只能由宪法第 3 条所规定的普通法院来审理。尽管不太容易对

---

① Crowell v.Benson,285U.S.22(1932).
② 参见王名扬:《美国行政法》,中国法制出版社 1995 年版,第 311、312 页。
③ City of Waukegan v.Pollution Control Board,57 Ill.2d 170(1974).
④ Northern Pipeline Construction Co.v.Marathon Pipeline Co.,458 U.S.50(1982).
⑤ 在 1856 年最高法院的一个判例中确立了美国传统的司法权委任理论,即公权与私权划分的理论。法院认为国会在其权限内所制定的法律中,有些事项政府以主权者的资格进行活动和诉讼,以公共利益为内容,属于公权。对于公权的争议,可由法院受理,国会也可制定法律授予非司法机关受理,而关于私权的争议则完全由法院受理。(Murray v.Hoboken L.& ICo.,18How.272(1856))

公权和私权进行界分，简单说，涉及公权的争议双方当事人一般是政府
与其他一方，比如联邦通信委员会和电视台，但是涉及私权的争议双方
当事人就只是单纯的私人。伯纳德·施瓦茨教授和其他学者都对这一判
决作出了严厉的批评，认为用公权与私权标准考量行政裁决权在 20 世纪
就已经被摒弃了，"立法机关把裁决权授予行政机关，如果还有什么问
题，行政法已发展至此，提这样的问题就为时过晚。只要行政机关的裁
决接受司法审查，公权和私权的裁决都可以授予行政机关来行使。如果
按照北方输油管案件，那行政法发展岂不是倒退到上个世纪去了？"①
1985 年在托马斯案件②中，最高法院没有使用公权和私权标准，从而对
此前判决中的明显错误进行了修正，重申了长期确立的观点，即只要行
政裁决接受司法审查，无论案件涉及公权还是涉及私权，立法机构都有
权授权行政机关裁决纠纷。1986 年的肖尔案件，最高法院也恢复了克罗
威尔案件树立的标准，认为国会有权授权行政机关对私人利益的诉讼进
行裁决。③

　　美国的法院根本没有时间也没有专业知识去处理如此巨量的案件，
社会保障署每年处理 50 万件裁决案件，是所有联邦法官办案量总和的 10
倍。正如肯尼斯·戴维斯教授（Kenneth C.Davis）和理查德·J.皮尔斯
（Richard J.Pierce）两位学者所言，应当积极提倡行政裁决，因为花钱比
法院审判少，裁决结果的一致性和准确性更强，而且也能够分担法院根
本无法负担的巨量案件。④

　　当年使用司法权裁决民事案件的状况已经发生了很大的变化，州际
贸易委员会已经不复存在，而且在裁决中既有对私人损害的赔偿，又有

---

① Bernard Schwartz,Administrative Law Cases During 1985,Administrative Law Review 38
（summer 1986）,p.295.

② Tomasv.Union Carbide Agricultural Production Co.,473U.S.568(1985).

③ Commodity Futures Trading Comm'n v.Schor,478 U.S.833(1986).

④ See Kenneth C.Davis and Richard J.Pierce.Jr.,Administrative Law Treatise,3rd ed.Little,
Brown and Company.

对未来费率的规定，这种传统的行政机关运用裁决权制定政策的做法也已经改变，越来越多的行政机关主要是通过法规制定程序来制定规则，裁决更多的只是针对具体的纠纷。① 现在涉及民事纠纷的主要是工人赔偿领域，1927 年《码头和港口工人补偿法》（Longshoremen's and Harbor Worker's Compensation Act，LHWCA）为码头工人提供补偿类型的保护。后来，《黑肺福利法》（Black Lung Benefits Act）适用《码头和港口工人补偿法》规定的裁决程序，也就是行政法法官主持的正式裁决程序。② 后来，该法扩展到其他类型的工人，并且也将此类程序添加到涉及工人补偿的其他立法中。如《国防基本法》（Defense Base Act），《外部大陆架领土法》（Outer Continental Shelf Lands Act），和《非适当基金手段法》（Non-appropriated Fund Instrumentalities Act）也都援用《码头和港口工人补偿法》的条款。③ 此部分的民事纠纷是否要由行政机关裁决取决于法律的规定。此外，行政机关裁决民事纠纷，往往和行政机关的管制任务有

---

① 此类案件还包括州际贸易委员会（Interstate Commerce Commission，ICC）根据其职权，针对运输商作出赔偿裁决。这些案件除了决定托运人和承运人之间的某一特定纠纷外，还和委员会的定价权有着极其重要的关系，因为此类案件可以吸引委员会注意费率结构的缺陷，不仅仅对某一特定托运人、某一行业或者地区造成影响，而且既会形成一个规定未来的费率的命令，也会作出一个针对过去损害的命令。但是，最高法院指出，尽管这两种功能虽然是在同一诉讼中，但是它们存在本质差别：在行政决定中裁决为过去的损害进行赔偿，与为将来确定费率，是根本不同的。前者的性质是私人的，后者是公众的。委员会在对私人托运人过去的损害进行衡量时行使的是准司法权，而在避免将来对公众产生损害行使的是准立法权。See Joseph P. Chamberlain, Notel T. Dowling, Paul R. Hays, The Judicial Functionin in Federal Administrative Agencies, Oxford University Press, 1942, pp.3-4。

② 第一章关于行政法法官的历史发展第四节对援引《码头和港口工人补偿法》的历史纠葛有更详细的介绍。

③ See Daniel J. Gifford, ALJs: Relevance of Past Choicesto Future Direction, Administrative Law Review (Winter 1997).

很大的关系,① 比如国家劳动关系委员会和平等就业委员会,国会立法设立国家劳动关系委员会的目的就是保护雇员的利益,因此该委员会为了实现其目标,对雇主和雇员之间的纠纷进行裁决;平等就业委员会也是如此,介入民事纠纷的主要目的是实现政策目标。

(二) 行政调解的兴起

与我们语境下的行政调解相对应的概念,是替代性纠纷解决方式(Alternative Administrative Resolution,以下简称"AAR")。之所以适用ADR,有六个主要目标,包括:(1) 效率:减少法院积案、法官的工作量、当事人的成本、国家司法系统的成本以及所有纠纷参与人的时间;(2) 接近正义:包括接近法院,赋权给当事人帮助其克服在接近正义过程中的经济上、组织上和程序上的障碍;(3) 当事人自治:为当事人提供积极参与纠纷解决过程的机会,让其扮演更为重要的角色,让当事人

---

① 对于行政机关解决民事纠纷,有的学者认为行政机关在此中的政策目标很强,因此,持相当的批评和怀疑态度。比如 Gary J.Eldles 等学者认为,"绝大多数行政机关有很多项任务,通常其目标与解决纠纷是不同的,因此在解决和当事人的纠纷的时候,行政机关的主要目的是制定或者论证全国性的政策,而不仅仅是裁决当事人的私人权利。如此,政策目标可能与特定私人诉讼的目标是不一致的,甚至在某些案件中是南辕北辙的。有很多这样的案件,行政机关会挑选涉及某一当事人的案件,目的是为了政策问题而进行更为广泛的审查,但是这就超出当事人的愿望,而且可能造成案件最终的迟误裁决"。而且"行政机关与法院不同,不限于解决起诉到行政机关的案件,行政机关的工作人员可以制造行政机关感兴趣的案件。结果到行政机关诉讼的当事人可能会发现他们诉的主要是行政机关工作人员。当事人发现自己在裁决中败诉的原因仅仅是因为行政机关选择另外一个当事人可以更好地实现政策目标"。所以,这些行政机关解决行政纠纷超出纠纷本身,"国家劳动关系委员会通过举行听证解决雇主和雇员之间不平等劳动纠纷,但是行政机关自己的工作人员代表雇员提起诉讼。如果是在法院诉讼,一方当事人不能提出具有说服力的证据就可能输了官司,但是在劳动关系委员会所,行政机关会帮助雇员收集并提供有力证据,行政机关设立某一制度的目标从来不能与特定程序中所裁决的私人权力分割开来"。(见:Gary J. Eldles, Jerome Nelson:Federal Regulation Process:Agency Practices & Procedure, Prentice Hall Law & Business,1988,pp.30,74,76)

自己达成各方接收并反映各自利益和需求的结果，并使其将来继续保持交流；（4）转变（transformation）：为当事人提供机会改变彼此相处的方式；比如家庭、"受害人—加害人"和社区调解项目；（5）社会转变，在第五个目标基础上延伸至社区和社会转变的长远目标；（6）社会控制：私人化和反规范化的目标，行业、协会和组织推出的"经验人士"利用其专业能力、影响力和控制力。①

各国普遍情况是 20 世纪 70 年代，西方国家第三次接近争议浪潮，核心就是以 ADR 程序来弥补传统诉讼程序在当事人接近正义方面的不足，特别是法院附设调解被认为是"提高当事人接近、参与和认同法律纠纷解决机制的有效途径"。② 但同时，西方国家也认识到"法制化社会也并非马上会和诉讼型社会连接在一起，在成熟的社会中，诉讼外纠纷解决也对纠纷解决起着重要的作用"。③ 因此，在积极推动诉讼调解的同时，西方国家也逐步构建起整套成系统的社会纠纷解决机制。④ 在世界各国积

---

① 详见嘉娜·亚历山大主编：《全球调解趋势》，王福华等译，中国法制出版社 2011 年版，第 9—12 页。

② 第一次接近争议浪潮发生在 60 年代，目的是解决当事人无力获得信息及律师代理等接近正义方面的经济障碍，推动建立律师援助制度等；第二次接近争议浪潮是 70 年代初期，为解决诉讼组织上的障碍并保障集团权益，建立了集团诉讼制度。嘉娜·亚历山大主编：《全球调解趋势》，王福华等译，中国法制出版社 2011 年版，第 5 页。

③ 小岛武司、伊藤真：《诉讼外纠纷解决法》，丁婕译，中国政法大学出版社 2005 年版，第 153 页。

④ 从法治发达国家的经验来看，多样的纠纷解决机构是化解社会纠纷矛盾的关键。以英国为例，20 世纪 90 年代以后，建立了数量很多、规模不一的纠纷解决机构。这些机构绝大多数都是非官方的、中立的。比如英国有效争议解决中心（CDR）、替代性纠纷解决机关（ADRChambersLtd）、替代性纠纷解决团体、仲裁—商业联盟、北方调解协会等等。Centerfor Dispute Resolution，CDR.1990 年 11 月设立的独立、非营利的民间机构，由跨国公司和律所等专业团体支持，主要受理建筑、保险和信息技术等商业、公用事业领域的纠纷，重要提供调解和解服务。该机构年预算 400 万英镑，政府象征性提供 2000 英镑。该机构还提供培训和教育支持。（详见其官网：http://www.cedr.com/。嘉娜·亚历山大主编：《全球调解趋势》，王福华等译，中国法制出版社 2011 年版，第 153—160 页）

极推进 ADR 机制的过程中，政府发挥了重要作用，主要有以下几种形式：（1）主办调解机构，派出人员。在德国和加拿大，提供调解服务的组织数量增多，形成了按照领域划分的调解，包括行政法领域。比如德国在社区调解方面，有大量提供法律咨询的社区中心都是由政府主办的，这些机构在德国已经有长达 180 年历史，地方政府的典型做法是为提供调解服务的机构指定工作人员，一般是外行和社区中受尊敬的成员，以志愿者的身份出现。这些调解中心在性质上更多还不是为了调解利益冲突，更多是提供指示性、干预性的意见。① 再如苏格兰社区的调解服务，由中央政府资助支持和运行，但是也需要具备一些条件，包括地域、低收入等，主持调解的人主要来自警察局、公众居住以及环境局等。苏格兰也有类似的情况。② （2）政府自己设立机构。比如 20 世纪 90 年代澳大利亚在电信业、银行业和金融业设立监察专员，这些产业部门的 ADR 旨在解决与消费者有关的商业纠纷。③ 澳大利亚新南威尔士州 20 世纪 80 年代成立社会司法中心，该中心在全国建立政府调解中心，为社会提供免费或收费低廉的调解服务。④ 在瑞士，公共部门和民间机构都可以设监察员，受理来自保险、银行和旅游等领域的案件，监察员在正常处理案件之外，也适用调解解决纠纷。⑤ 在日本，行政性 ADR 包括公海等调整委员会、都道府县公害审查会、中央建筑工事纷争审查会、国民生活中心、都道府县消费生活中心等。在行政机关下设行政委员会进行"调停"则是韩

---

① 塔尼亚·韶丁：《澳大利亚调解制度：对诉讼的影响》，载嘉娜·亚历山大主编：《全球调解趋势》，王福华等译，中国法制出版社 2011 年版，第 35、209、212—213 页。

② 玛格丽特·L.罗斯：《苏格兰调解：机遇难得》，载嘉娜·亚历山大主编：《全球调解趋势》，王福华等译，中国法制出版社 2011 年版，第 82、292—293、298 页。

③ 嘉娜·亚历山大主编：《全球调解趋势》，王福华等译，中国法制出版社 2011 年版，第 209 页。

④ 邱星美：《调解的回顾与展望》，中国政法大学出版社 2013 年版，第 96 页。

⑤ 艾萨克·梅耶尔：《瑞士的调解与和解》，载嘉娜·亚历山大主编：《全球调解趋势》，王福华等译，中国法制出版社 2011 年版，第 209 页。

国的特色，在消费者纠纷、医疗审查、建设纠纷、环境纠纷、著作权审议、金融纠纷等领域都设有调解委员会，还有行使调解的国家赔偿审议会等。行政机关的调解是强制调解，是法院的前置程序，调解书具有法律效力。①（3）提供资助和指导意见，推动调解的发展。比如澳大利亚联邦政府建立国家替代性纠纷解决咨询委员会，由学者、政府官员及民间私人部门代表组成，负责给政府提供政策意见，提出高质、高效和经济的方法，促使纠纷在诉讼前得到解决。②

ADR 在美国行政法领域的兴起是 1990 年美国国会通过《替代性纠纷解决法案》（Alternative Administrative Resolution Act），将 ADR 加入联邦行政法中，修改 APA，使 ADR 成为行政机关裁决程序的组成部分。在 1990 年该法案这一分水岭之前，行政裁决程序的面貌已经发生了显著变化，前面提到，在一些经济管制领域，比如运输、铁路、天然气，行政管制在路线、费率和许可方面已经放松。

ADR 是一个包含了广泛内容的概念，不仅包括定义已经成形的解决方法，比如协商、仲裁和调解，还包括正在形成的各种各样的创新方式和混合方式。ADR 没有精确的定义，所涉及范围极其广泛，其中有一些方法还未成形，ADR 正在发展演化。正如字面本身的含义，"替代性"指的是对正式诉讼途径的替代，所有不属于诉讼的方法都可以看作 ADR，在行政程序中，行政机关的正式裁决是一种审判型的裁决程序，也可以看作 ADR 的对立物和替代物。ADR 可以被看作一个庞大的谱系，谱系的一极是协商，当事人完全控制争议的解决过程，没有任何中立第三方或者其他当事人的介入。这种协商由来已久，也不具有什么固定的方式，只是争议当事人之间讨论、争论和商量。谱系的另一极也是一种由来已久、传统的方式，也就是正式的仲裁，当事人将争议提交给中立的第三方机构来解决，仲裁裁决的效力同法院的判决没有什么本质差别，同样

---

① 陶建国：《裁判外解决纠纷的另一道风景——韩国民事调停制度管见》，载樊崇义主编：《诉讼法学研究》第六卷，中国检察出版社 2003 年版，第 321 页。
② 邱星美：《调解的回顾与展望》，中国政法大学出版社 2013 年版，第 96 页。

具有法律效力，对当事人有强制约束力。在这个庞大谱系的两极中间还有无数各种各样的争议解决方式，技巧和方法不太相同，但是也都具有调解的部分特点，由第三方介入，第三方的作用在不同解决方法中有所不同。①

虽然对 ADR 的呼吁来自对司法体制的不满，但是将 ADR 运用到行政程序中却是再自然不过的。正式裁决程序比照审判程序进行，而正式裁决比起审判来讲办案量更是巨大，因此在人力、物力、时间各个方面的花费都是可观的，节省行政成本、提高行政效率，节省当事人的时间和精力，融合各方关系，这也正是在行政程序中大力推行 ADR 的原因，甚至可以说是不可避免的。

20 世纪 80 年代已经有很多行政机关试验使用 ADR，比如早期的试验就包括将 ADR 运用于政府合同纠纷。越来越多的行政机关效仿这一做法，不断试验和改进，最终导致 1990 年出台 ADR 法案。从某种意义上来讲，ADR 法案是行政机关试验的产物，也是后来众多立法的先行。ADR 法案现在仍然是最为重要的 ADR 立法，它要求：（1）每一联邦行政机关审视其行政管理制度，采取政策措施推动运用 ADR；（2）指派一名高级官员作为 ADR 专家，负责执行 ADR 法案和相关的行政机关政策；（3）授权行政法法官运用 ADR 或者鼓励其运用 ADR，行政法法官有权要求就案件争议问题进行协商的当事人、代理人参加调解会议。ADR 法案也在《美国法典》第五章第 5 条增加一部分，名字叫作"行政程序中纠纷解决的替代手段"。②

美国正式裁决是由行政法法官来主持的，ADR 在行政法法官的具体权力的规定部分，新增了在经当事人同意举行的听证前会议上，询问是

---

① See Morell E.Mullins,Manual for Administrative Law Judges(2001 Interim Internet Edition) p.12.http://www.oalj.dol.gov/public/apa/references/references_works/malj_navigation.htm.

② 关于联邦政府 ADR 运用的更详细介绍，See Jeffrey M.Senger,Federal Dispute Resolution,Jossey Bss 2003。

否可能进行调解或者运用 ADR 法案规定的替代性纠纷解决方法；如果当事人的代理人已经得到授权可以在案件每一争议问题进行谈判和解，行政法法官有权要求代理人参加调解会议。所以，对 ADR 的熟练掌握和运用也成为行政法法官的重要能力。ADR 不仅是避免正式裁决的重要技巧，而且是一种思维方式，要求行政法法官主动自愿地适用 ADR，重新思考正式裁决程序的意义。①《行政法法官手册》对行政法法官运用 ADR 进行了详细的讨论：（1）在正式裁决过程中，任何阶段都可以由行政法法官主持进行调解，或者由行政法法官开始组织调解，然后交给当事人自己协商。（2）甚至在行政法法官已经作出初步裁决之后，只要行政机关尚未作出最终裁决，当事人都可以达成调解协议。（3）除了不适宜调解的裁决案件，行政法法官都应当尝试帮助当事人运用 ADR。（4）只要是合适的情况下，行政法法官都应当提供调解方案的建议。（5）但是，为了避免对行政法法官的公正裁决有所怀疑，也可以请专门的调解法官（Settlement Judge）来主持调解，② 调解法官是擅长调解的其他行政法法官，

---

① See Morell E.Mullins, Manual for Administrative Law Judges, (2001 Interim Internet Edition), p.13.http://www.oalj.dol.gov/public/apa/references/references_works/malj_navigation.htm.

② 在实行行政法官集中使用制度的州，一般会专门设有调解法官，甚至调解中心。比如纽约行政审判和听证办公室设有专门的调解中心，目前主要是对行政机关的人事纠纷进行调解。从 2005 年 3 月起调解中心任命全职行政法法官担任主任，负责管理和协调调解中心的工作。调解程序是自愿的，而且保密。调解中心会提供舒适的会议室来进行调解。双方当事人可以有机会向对方当事人和调解法官表达其意见。调解法官推动双方当事人的对话，明确争议问题，帮助当事人了解潜在的问题，最后探索解决争议的方法。调解后，调解法官会请当事人对调解作出评价。调解中心最初受理的主要是警察部平等就业局所提交的案件，调解中心为歧视案件在较早阶段解决提供调解服务，比如女警察对某一男警察的搭讪和干扰理解为性骚扰，经多次要求其停止干扰而无效果，到调解中心进行调解；某警察受到上级的批评，但是认为批评主要是由于性别歧视，也可以到调解中心进行调解。调解中心的调解成功率高达 85%。http://www.nyc.gov/hatml/oath/description.html。

他们会根据案件的情况灵活作出处理。① （6）而且行政机关也会给行政法法官安排相关的培训，教授如何运用 ADR 但是又不对公正裁决造成影响。② 因此，可以说 ADR 的运用正在相当程度上塑造和改变着行政法法官所主持的正式裁决程序。

二、中国行政调解的历史与发展

"调解制度之所以发端并盛行于中国，是有深刻的社会思想基础以及文化根源的。一方面，调解制度切合了传统文化和社会心理。中国古人独特的自然观与人文观使中国文化自古以来就带有协调、平衡、中庸、合一，以及排斥对立与倾轧的特质。另一方面，在家国同构的传统社会结构中，国家政治法律制度与宗法制度互为一体，调解也就自然成为解决社会纠纷和维护乡土社会秩序的重要方式。"③ 古代中国借助官府或者准官府性质的调解加上民间调解，特别是民间调解，成为贯穿几千年的制度，以致形成了极具惯性的路径依赖，甚至成为一种文化。

（一）中国古代行政调解

早在原始社会末期，就有司空、司徒、士、工、虞等社会管理功能的管理机构，司徒就负责解决成员之间的纠纷和伦理教育。夏朝时司徒成为正式的国家管理机构，负责民政事务，主持调解民事纠纷。春秋初期各级长官负责民事行政和社会治安工作，中期普遍建立的书社组织负责民政事务，后期县级机构的职官负责民政与治安。战国时期，郡县乡里四级的长官分级负责民政与治安，由此奠定了我国古代历史上以行政区划对各种纠纷分级管理的纠纷解决机制。秦朝开始，基层政府管理正

---

① 调解法官的详细介绍和有关规定，参见劳动部行政法法官办公室网页，http://www.oalj.dol.gov/settlement_judge.htm。

② See Morell E.Mullins,Manual for Administrative Law Judges,（2001 Interim Internet Edition）,pp.41-42.http://www.oalj.dol.gov/public/apa/references/references_works/malj_navigation.htm.

③ 春杨：《晚清乡土社会民事纠纷调解制度研究》，北京大学出版社 2009 年版，第26 页。

规化，解决民事纠纷的调解制度发生了"微妙的变化"，县以下设乡、亭、里，并设啬夫等基层官员负责民事调解和道德教化。汉朝的民事调解由司法机关根据原告诉状写成爰书，再发往被告所在地的县廷或戍所候官，然后再交给乡啬夫等基层官员调解。两晋南北朝也是调解为主，到唐代，一般民事纠纷，先要有里正、村正、坊正等调解，不能调解才交由府县处理。① 宋朝到明清时期，商品经济日趋发达，纠纷性质变化，出现很多经济纠纷，纠纷的类型也日趋复杂，诉讼的形式增多，但是官府将调解列为诉讼前的必经选择。宋朝时期调解制度法律化，得到法律的确认。官府调解、友邻调解和宗族调解得到发展。地方官员是行政司法集于一身，所谓官府调解是司法调解，对民事纠纷和轻微刑事案件调解，调解之后需要立有"无词状""和对状"申官存案而结案。由宗法家族社区中的长者裁决纠纷的机制，其他主体如乡绅、中人、乡邻亲友也可能主持调解、化解纠纷。② 宗族调解和友邻调解不了的案件才可进入官府调解和诉讼。元朝时期，除了基层乡以下所设的社长负责调解纠纷外，还有司法调解。明朝时期，《大明律》有专门对调解的规定，乡一级有专门机构负责调解。朱元璋曾颁布《教民榜示》规定各乡要推举公直老人负责解决民事纠纷。后期各地推行"乡约"制度，每里为一约，每半月集合一次本里人，调处纠纷，无法调解的才可起诉到官府。③

　　清朝人口快速增长，城市规模扩展，民事纠纷无论在数量上还是在种类上都有明显增长，调解更加制度化。调解同时存在民间调解、官方调解和半官方调解。在清朝的半官方调解，是介于地方官主持的调解和民间调节之间的调解，清代政府推行的带有基层社会自治性质的保甲制、族正制和乡约制下，族长或族正、乡正或乡保、约长、保长、里正、客

①　关于清朝以前的民事纠纷解决，参见谢冬慧：《纠纷解决与机制选择——民国时期民事纠纷解决机制研究》，法律出版社 2013 年版，第 5、9、10 页。

②　春杨：《晚清乡土社会民事纠纷调解制度研究》，北京大学出版社 2009 年版，第 26 页。

③　张晋藩：《中国法律的传统与近代转型》，法律出版社 1997 年版，第 283 页。

长等解决纠纷，这些主体属于半官方性质。比如乡保调解，乡保是乡镇一级的半公职人员，由地方绅士和重要人物公举，由州县官批准任命，负责征收税赋、司法行政和维持公共安全等等，其实是清帝国政权的最基层延伸，他们熟悉纠纷当事人，调解具有说服力而且很有效。而地方保甲负责征收钱粮、维护治安，更为重要的角色即调解民事纠纷。保甲制中，甲为村级，保为乡级，甲长一般由乡保保举，或者村民轮流充当。这类调解是"官批民调"，州县官审理案件中，认为由族长或乡保调解更好，批令族长或保长化解纠纷；或者，先有保甲解决，保长和甲长调解纠纷具有优先性，只有不能在保甲内解决的案件才能提交给官府，或者保甲把案件返还给乡绅或者宗族来解决，形式不一，程序多样。总体来讲，族长主持的纠纷调解成功率较高，而乡约、保甲长的纠纷调解成功率则较低。原因在于保甲制没有如期运行，保甲组织并没有对乡村事务中局域主导地位，其功能限于征税、治安和户口统计等，乡村社会仍然是由地方乡绅等控制，特别到了 20 世纪初，保甲徒有其名。而且保甲长的身份和地位不够，多为普通农户，权威性不够，也就无法成功调解案件。相比较而言，族长对族内纠纷的调解和处理更为有效和权威，占据重要份额的半官方性质的纠纷调解。①

清朝官方调解主要是指基层政府即州县官的调解。州县官在受理民事案件时，首要是调解，调解不成时才进行判决。官方的调解，其采取的多重推动调解的手段，包括当堂问言献、当堂结案，官批民调，即判即息、调判结合，州县官对民事纠纷进行调解后，当事人要出具甘结、保状、秉呈等几种形式来结案。官方调解的案件主要是婚姻家庭关系纠纷、土地纠纷、继承纠纷、墓葬纠纷和侵权纠纷。州县官除了履行父母官之行政管理的职责，还担负着教化百姓的任务，州县官常将听段调处

---

① 详见春杨：《晚清乡土社会民事纠纷调解制度研究》，北京大学出版社 2009 年版，第 144—145、148—149、155、157—160 页。

纠纷作为推行教化的场所，依据情礼理等断案，而非单纯依据国家制定法。① 由于地方官是行政和司法属性的集合，由现代法治观察，从清代地方政府设置来讲，定分止争是司法性质，而州县官的调解主要还是由民事诉讼案件而来，因此还是司法调解。

古代乡土社会调解的范围根据不同主体有所不同，家族宗族调解的纠纷主要是婚姻家庭、分家析产、立嗣争继、族产纠纷和族内的其他纠纷，在性质上属于民事纠纷中细琐部分，是官府不愿介入也无法介入的部分。因此，"官方对诉讼的制度设计本身就尽量抬高诉讼的门槛，让百姓畏惧诉讼，比如官方对刑事案件重视，诉讼的主要功能在追究刑事责任、惩罚犯罪，而民事案件和轻微刑事案件，则鼓励民众自行解决，也支持宗族内部进行调解和和解"。② 民谚所讲"衙门口朝南开，有理没钱莫进来"就是这个道理。对老百姓而言，对诉讼敬而远之，就有诉讼成本和门槛的问题。③

（二）民国时期的行政调解

民国初期，北洋政府建立和强化了县以下的乡村行政体系。"当乡村制度能够保证赋税按时足额缴纳和能够维持乡村社会的稳定时，知县很少干预它的具体运作。只有当破坏这些制度正常运行的纠纷出现，以及村社自身不能予以调解时，县官才会介入。在这些场合，县官仅仅充当仲裁人的角色。这种不干预的方式广泛存在于帝制时期和民国初年的标准的地方治理方法，尽管地方村社和政府之间的互动方式多种多样"。④

① 参见春杨：《晚清乡土社会民事纠纷调解制度研究》，北京大学出版社 2009 年版，第 7、174—177、196 页。
② 春杨：《晚清乡土社会民事纠纷调解制度研究》，北京大学出版社 2009 年版，第 26 页。
③ ［日］夫马进：《明清时期的讼师与诉讼制度》，［日］滋贺秀三等：《明清时期的民事审判与民间契约》，王亚新等译，法律出版社 1998 年版，第 401 页。
④ ［美］李怀印：《华北村治：晚清和民国时期的国家与乡村》，岁有生、王士皓译，中华书局 2008 年版，第 14 页。

民国时期，战乱不断，毁坏大量财产资源，各种物质紧缺使得财产权纠纷矛盾更加凸显，特别是在土地、房屋、借贷、相邻关系等方面，人身权纠纷也不少，特别是在名誉权、婚姻家庭纠纷数量增多，商事纠纷也频繁发生。其中一方面的原因即近代人口流动的加剧，农村人口向城市流动，离开传统社会关系结构和生活方式进入农村后不能被新的规范和社会结构整合，"随着社会、经济活动的扩大和人们相互作用、交往的机会增多，纠纷在不熟悉的人们或只是一时接触的人们之间发生的情况也随之增多，这种情况下，当事者自发的解决一般就更为困难"。[1]

传统中国存在的"衙门断案"，各级行政衙门负责司法案件的审理，根据案件的严重程度，由下至上在不同级别衙门之间上诉，行政官员兼理司法，没有审判厅的名分，也没有职业法官。[2] 衙门断案，人治色彩浓厚，官员裁量权很大。到了民国时期，虽然法律体系和司法制度均发生了转型，但是，衙门断案的模式仍然继续。在此历史阶段，国家权力对社会基层的渗透力度不够，"国家有国家的一套，地方有地方的办法"。[3] 黄宗智也认为，民国时期法律制度的变化主要在城市而不在农村，主要在其表达而不在实践。比较民国和清代的那件记录，民事裁判的实践在县城和村庄基本是延续的。[4]

(三) 新中国成立前的行政调解

我国边区根据地的调解制度，各边区政府发布了大量关于调解的规定，比如 1942 年晋西北行政公署发布的《晋察冀边区行政村调解工作条

---

[1] ［日］棚濑孝雄：《纠纷的解决与审判制度》，王亚新译，中国政法大学出版社 1994 年版，第 95 页。

[2] 汪庆祺：《王朝末日的新式审判：各省审判厅牍》，李启成点校，北京大学出版社 2007 年版，导论第 14 页。

[3] 江雪鹏：《民国基层的刑事审判：兼论印质制度的适用》，载里赞主编：《近代史评论》（2010 卷），法律出版社 2011 年版，第 15 页。

[4] 黄宗智：《民事审判与民间调解：清代的表达与实践》，中国社会科学出版社 1998 年版，第 5 页。

例》《晋西北农村调解暂行办法》，1945 年《山东省政府关于开展调解工作的指示》规定的调解原则一是调解必须双方自愿，调解人必须以说服教育的方式，使双方当事人同意，不得强迫命令或威胁。

1929 年江苏省出台《江苏省暂行佃租仲裁条例》第二十六条，对仲裁委员会成员组成、工资支付、行政费用等都做了明文规定，特别是县仲裁委员会上县党部 1 人与县政府 2 人组成，省仲裁委员会以及省党部 2 人与省政府 3 人组成，其中设主任 1 人主持事务等。1931 年安徽省出台《安徽省佃业纠纷仲裁暂行办法》规定，佃业纠纷仲裁委员会分两级组织：第一级仲裁委员会由各自治区区公所、区党部、区农会各推代表一人；第二级仲裁委员会由县党部、县农会各推派一人。1932 年广东省政府还颁布《广东省政府处理公路纠纷仲裁委员会组织章程》，1941 年浙江省政府颁布《省政府训令各专员县长及各区县佃业仲裁》，等等。①

新中国成立以后，国家政权深入中国最基层，也取代了过去宗族在乡土社会的主导地位，政府行政管理对社会方方面面都有控制，也在基层纠纷解决中获得了高度权威性，城市中单位作为个体工作生活的基本共同体，不仅包揽了个人从生到死的逐项事务，也垄断了纠纷化解的绝对主导权，以至于不少人到现在出了问题还习惯找单位。改革开放以来，社会结构发生根本变化，农村基层政权的权威性大打折扣，村干部与村民之间的关系疏离，无法以过去熟人社会的治理方式化解纠纷，在城市，单位逐渐解体不能承担化解纠纷的职能。特别在改革开放以来，行政调解发生了很大的变化。

1. 行政机关介入民事纠纷行政调解的范围大小与行政裁决有着直接关系。"行政裁决"一词在我国特指行政机关对民事纠纷进行处理并作出

---

① "江苏省暂行佃租仲裁条例"，《农矿公报》1929 年第 17 期。"安徽省佃业纠纷仲裁暂行办法"，《安徽建设公报》1931 年第 10 期。转引自谢冬慧：《纠纷解决与机制选择——民国时期民事纠纷解决机制研究》，法律出版社 2013 年版，第 144、159 页。

裁决的具体行政行为。目前我国行政裁决主要包括自然资源所有权和使用权引起的民事纠纷和知识产权争议裁决等，前者涉及土地、林业、农业等多个部门，后者主要是专利复审委员会和商标评审委员会对专利和商标民事纠纷的解决。仅从近年来的几次立法变化，可以看到行政裁决在制度上是在减少和萎缩的，对裁决机关而言，不愿做被告是原因之一，由此也影响到了相关部门在立法中的态度和意见。可以看到立法正在将制定之初赋予行政机关的行政裁决权修改为行政调解权。"我国行政裁决权的收缩趋势与国家机关的职能分工与专业分工、国家与社会的分离以及行政体制改革的大背景密切相关"。① 但是，行政裁决范围缩小的部分基本转化为行政调解，从总量上来看，行政调解目前的范围仍然是很有限的，目前行政调解的适用主要集中在交通事故、治安案件、劳动纠纷、消费者权益保护等方面，且调解的力度和工作的细致程度较以往有所减弱。我国行政机关介入民事纠纷的历程与西方国家不同，从计划经济时代行政机关全面介入民事纠纷，到现在"行政仲裁权几近灭顶、行政裁决权不断萎缩、行政调解缺少实效、行政处理的含义暧昧不明等现象"，"行政机关解决民事纠纷的权力在不断弱化，同时也反映了在国家和社会同构模式解体、政治国家与市民社会的二元结构正初步形成的背景下，国家权力的重组与功能的进一步分化"。②

"20世纪80年代后期，我国自治性的人民调解的实际功能逐渐衰落，民间纠纷总量、复杂程度和对抗程度增加，农村民间纠纷向地方政府集中"。③ 1990年4月19日司法部颁布《民间纠纷处理办法》，试图创立一种调解加仲裁的行政纠纷解决机制，乡镇司法助理员负责处理民间纠纷，

① 详见赵银翠：《行政过程中的民事纠纷解决机制研究》，法律出版社2012年版，第96页。
② 赵银翠：《行政过程中的民事纠纷解决机制研究》，法律出版社2012年版，第24页。
③ 范愉：《非诉讼程序（ADR）教程》，中国人民大学出版社2002年版，第734页。

经过调解仍达不成协议的，基层人民政府可以作出处理决定；基层人民政府负责人要审定处理决定书，司法助理员署名后加盖基层人民政府印章。这一处理决定具有强制执行力，当事人必须执行，如有异议，可以作出处理决定后就原纠纷向人民法院提起诉讼。超过15天既不起诉又不执行的，基层人民政府可以根据一方当事人申请，在其职权范围内采取必要的措施予以执行。为此1993年9月最高人民法院发布了《关于如何处理经乡（镇）人民政府调处的民间纠纷的通知》。"由此，民间纠纷处理这一行政性ADR机会实际上已经完全失效，此后不得不转而采取大司法调解中心的方式。实际上，这只是中国行政纠纷解决权能失落的一个缩影。"①

在不少领域，行政机关曾有权介入民事纠纷，比如1986年1月20日《渔业法》第二十九条规定了对侵犯水产品、养殖权的纠纷可以裁决，2000年10月31日修法后第三十六条第二款规定，"渔业水域生态环境的监督管理和渔业污染事故的调查处理，依照《中华人民共和国海洋环境保护法》和《中华人民共和国水污染防治法》的有关规定执行。"

2000年《大气污染防治法》第六十二条将环境保护部门的行政裁决权修改为调解处理权。1986年9月5日《治安管理处罚条例》第三十八条规定对治安管理违法行为引起的损害赔偿纠纷可以进行裁决，2005年8月28日通过、2006年3月1日开始实施《治安管理处罚法》彻底取消了行政裁决，公安机关只是调解处理，调解不了的，进入民事诉讼。1988年1月21日《水法》第三十六条第一款规定单位之间、个人之间，以及个人与单位之间的水事纠纷可以裁决，2002年8月29日修正后的第五十七条第一款则规定，单位之间、个人之间、单位与个人之间发生的水事纠纷，应当协商解决；当事人不愿协商或者协商不成的，可以申请县级以上地方人民政府或者其授权的部门调解，也可以直接向人民法院提起民事诉讼。县级以上地方人民政府或者其授权的部门调解不成的，当事

---

① 范愉：《非诉讼程序（ADR）教程》，中国人民大学出版社2002年版，第735页。

人可以向人民法院提起民事诉讼。1984 年 9 月 20 日《森林法》第三十四条第一款规定对盗伐林木赔偿纠纷可以进行裁决，1998 年 4 月 29 日修正后的同一条款则取消了这一规定，原《森林法》第三十七条规定的对毁坏林木的赔偿纠纷的裁决规定在新修正案中也消失了；1982 年 8 月 23 日《商标法》第三十九条规定对商标侵权纠纷的处理，到 2001 年 10 月 27 日修改时变为第五十三条。1984 年 9 月 20 日《药品管理法》第五十六条对药品中毒事故损害赔偿纠纷的处理，到 2001 年 2 月 28 日修正时变化。2004 年《道路交通安全法实施条例》第八十九条规定公安机关交通管理部门的调解处理也从"应当"转变为当事人"请求"，交警"可以"对赔偿损害争议进行调解。①

《专利法》第六十条规定的变化也是一个明显的例子。1984 年 3 月 12 日《专利法》第六十条对专利侵权纠纷的裁决，到了 2000 年 8 月 25 日第二次修正时，第六十条改为第五十七条，修改为："未经专利权人许可，实施其专利，即侵犯其专利权，引起纠纷的，由当事人协商解决；不愿协商或者协商不成的，专利权人或者利害关系人可以向人民法院起诉，也可以请求管理专利工作的部门处理。管理专利工作的部门处理时，认定侵权行为成立的，可以责令侵权人立即停止侵权行为，当事人不服的，可以自收到处理通知之日起十五日内依照《中华人民共和国行政诉讼法》向人民法院起诉；侵权人期满不起诉又不停止侵权行为的，管理专利工作的部门可以申请人民法院强制执行。进行处理的管理专利工作的部门应当事人的请求，可以就侵犯专利权的赔偿数额进行调解；调解

---

① 2011 年 1 月 19 日《国有土地上房屋征收与补偿条例》取代了原《城市房屋拆迁与管理条例》。新条例的重大变化之一即将原有的拆迁裁决取消了，而改为行政复议。另外两大变化之一，将城市房屋拆迁更名为"国有土地上房屋征收"，城市房屋征收的属性更为明确。而且对国有土地上房屋征收的主体、程序、法律责任都做了更为全面、细致的规定。重大变化之二，取消了原《城市房屋拆迁管理条例》行政机关自行强制拆迁的规定，将征收补偿决定的强制执行权交给法院行使。

不成的，当事人可以依照《中华人民共和国民事诉讼法》向人民法院起诉。"①

目前我国立法中规定的行政调解，大多数以民事纠纷为对象，如消费纠纷、电信纠纷、资源权属纠纷、交通事故纠纷等，绝大多数处于休眠状态。②"目前，我国的行政调解对象是由行政机关根据行政管理的需要，对各自领域内的纠纷调解，体现出明显的行业性特征。当然，并不

---

① 第六十条第一款规定："对未经专利权人许可，实施其专利的侵权行为，专利权人或者利害关系人可以请求专利管理机关进行处理，也可以直接向人民法院起诉。专利管理机关处理的时候，有权责令侵权人停止侵权行为，并赔偿损失；当事人不服的，可以在收到通知之日起三个月内向人民法院起诉；期满不起诉又不履行的，专利管理机关可以请求人民法院强制执行。"2012 年《专利法》第三次修改进入议程，目前国家知识产权局公布的修改草案中，对词条增加了大幅内容，意图在于将专利主管部门的查处权力规定得更为清晰明了，特别是对调解的规定引人关注。"未经专利权人许可，实施其专利，即侵犯其专利权，引起纠纷的，由当事人协商解决；不愿协商或者协商不成的，专利权人或者利害关系人可以向人民法院起诉，也可以请求管理专利工作的部门处理。管理专利工作的部门处理时，认定侵权行为成立的，可以责令侵权人立即停止侵权行为，当事人不服的，可以自收到处理通知之日起十五日内依照《中华人民共和国行政诉讼法》向人民法院起诉；侵权人期满不起诉又不停止侵权行为的，管理专利工作的部门可以申请人民法院强制执行。进行处理的管理专利工作的部门应当事人的请求，可以就侵犯专利权的赔偿数额进行调解；调解不成的，当事人可以依照《中华人民共和国民事诉讼法》向人民法院起诉。达成的调解协议经人民法院依法确认有效，一方当事人拒绝履行或者未全部履行的，对方当事人可以向人民法院申请强制执行。对涉嫌群体侵权、重复侵权等扰乱市场秩序的故意侵犯专利权的行为，管理专利工作的部门有权依法查处；在全国有重大影响的，由国务院专利行政部门查处。管理专利工作的部门认定故意侵权行为成立且扰乱市场秩序的，可以责令侵权人立即停止侵权行为，没收、销毁侵权产品或者用于实施侵权行为的专用设备。非法经营额五万元以上的，可以处非法经营额一倍以上五倍以下的罚款，没有非法经营额或者非法经营额五万元以下的，可以处二十五万元以下的罚款。宣告专利权无效或者维持专利权的决定生效后，管理专利工作的部门和人民法院应当根据该决定及时处理、审理专利侵权纠纷。"

② 蒋惠岭：《行政调解的"座次"之争》，《人民法院报》2009 年 8 月 10 日。

是所有的民事纠纷都可以由行政机关予以调解，行政调解介入民事纠纷是应当有一定的界限的，这可以从几个方面衡量：与行政机关进行行政管理是否有关、现代纠纷的专业性和政策形成与制度完善的需要是决定行政机关是否进行调解的重要因素"。①

三权分立的传统背景下，化解民事纠纷是司法机关的专有功能，但是随着现代国家行政的演变，行政机关介入民事纠纷成为趋势。行政介入民事纠纷，是为了解决司法救济和私人救济不足。加之"行政机关掌握着大量的公共资源、具有在行政管理过程中形成的专业优势、对社情民意有着深入了解，具有积极主动形塑社会生活的能力"，行政机关介入民事纠纷有其必然性和必要性，应当是更为"迅速、低廉、有效"的解纷途径。② 棚濑孝雄认为判断行政机关是否可以作为纠纷解决的机构有三个标准：一是，处理的是个人或私人团体间的纠纷（对行政处分不服而向上一级行政机关要求复议的情况除外）；二是，以处理纠纷为第一任务（行政机关执行公务和第三人临时介入纠纷的情况除外）；三是，第三者进行的处理（当事人一方的内部机关作为代理处理纠纷的情况除外）。③ 也有学者认为，行政机关介入民事纠纷，是回应社会生活的实际而发展起来的制度，必须具备两大条件，即正当性基础之所在，第一，民意机关的授权；第二，当事人的同意。"行政机关以强制性方式介入民事纠纷解决过程的，其权力的行使必须获得国家立法机关的授权；以非强制性方式介入民事纠纷解决过程的，其介入必须获得当事人的同意，前者间接体现了民意，后者则直接体现了民意。"④ "是否授权行政机关解决民

---

① 余定猛、丁正国：《公安行政调解》，中国人民公安大学出版社 2014 年版，第 27—28 页。
② 赵银翠：《行政过程中的民事纠纷解决机制研究》，法律出版社 2012 年版，第 24 页。
③ ［日］棚濑孝雄：《纠纷的解决与审判制度》，王亚新译，中国政法大学出版社 1994 年版，第 74 页。
④ 赵银翠：《行政过程中的民事纠纷解决机制研究》，法律出版社 2012 年版，第 7 页。

事纠纷以及该权力如何行使，应由国家立法机关以法律的形式予以确认。在特定情况下，也可以由国家立法机关在符合授权明确性员额的前提下授权行政机关建立相应的机制。未经授权，行政机关不得以行政立法的形式自我授权介入民事纠纷领域。"①

至于哪些民事纠纷可以纳入行政调解的范围，2015 年通过的《北京市行政调解办法》规定，法律、法规、规章规定可以由行政机关调解的公民、法人和其他组织之间的纠纷（以下简称"民事纠纷"）：（1）可以进行治安调解的民间纠纷；（2）交通事故损害赔偿纠纷；（3）合同纠纷；（4）医疗事故赔偿纠纷；（5）消费者权益保护纠纷、产品质量纠纷；（6）土地承包经营纠纷；（7）侵犯商标专用权、专利权等知识产权的赔偿纠纷；（8）环境污染赔偿纠纷；（9）电力纠纷、水事纠纷；（10）其他依法可以调解的民事纠纷。2014 年通过的《广州市行政调解规定》第七条概括规定，可以调解的民事案件包括……（二）法律、法规、规章规定应当由行政机关裁决或者调处的民事纠纷；（三）公民、法人或者其他组织之间产生的与行政管理有直接关系的争议纠纷。到底哪些纠纷应纳入行政调解，笔者认为应当根据各地情况进行动态调整，在当事人自愿的情况下，行政机关可以介入的民事纠纷的种类更是可以不受法律规定的限定。

2. 行政机关解决行政纠纷、行政调解事实上不仅是针对民事纠纷，也针对行政纠纷。目前的认识以《行政复议条例》的规定为代表，认为行政纠纷可以调解，但是限定在一定范围内，主要是行政赔偿和行政补偿数额纠纷，以及行政自由裁量权的纠纷。2014 年修改《行政诉讼法》也体现了这样的思路，第六十条规定，"人民法院审理行政案件，不适用调解。但是，行政赔偿、补偿以及行政机关行使法律、法规规定的自由裁量权的案件可以调解。调解应当遵循自愿、合法原则，不得损害国家利益、社会公共利益和他人合法权益。"近两年来各地出台的行政调解的

---

① 赵银翠：《行政过程中的民事纠纷解决机制研究》，法律出版社 2012 年版，第 21、24—25 页。

地方政府规章对纳入行政调解的行政纠纷予以明确，其中《广州市行政调解规定》第七条规定，法律、法规、规章规定的可以调解的行政机关与公民、法人或者其他组织之间产生的行政争议；《北京市行政调解办法》则规定，公民、法人或者其他组织与行政机关之间关于行政赔偿、补偿以及行政机关行使法律、法规、规章规定的自由裁量权产生的争议（以下简称"行政争议"）。

"长期以来行政诉讼不适用调解在理论界几成定律"①，从法律规定看，似乎行政纠纷不可以调解，事实上实践中存在大量的对行政纠纷的调解，无论是行政机关在接到行政相对人申诉之后作出的妥协让步，还是行政复议机关在复议过程中的协商、协调和调解等，乃至行政诉讼中引人注目的高比例的撤诉掩盖了真实的行政调解等，都是不同形式的行政调解。所以，不能单纯从法条就推断出在《行政复议条例》和《行政诉讼法》修改前不存在行政调解。从整个社会纠纷解决的格局来看，每年各级人民法院受理的各类一审案件在1200万件到1300万件，信访的人次为1000万，行政诉讼一审案件数量和行政复议案件数量都在十几万件左右。据估计，信访案件数量的40%—60%是与行政机关有关的，也就是400万—600万件。由于缺乏行政复议和行政诉讼叠加案件的数量统计，粗略估计仅有不到5%左右的案件进入法定渠道，其他95%的案件在信访中，这其中有多少是通过行政机关最终调解解决的，不得而知，但是数量一定不少。从这个角度看，行政机关调解行政纠纷是客观存在，而且是数量相当可观的存在。

行政调解所针对的行政纠纷或者行政争议，应当不限于目前规定的行政赔偿、行政补偿和行政自由裁量权的行为，还应当扩展到更为广泛的范围。

3. 有学者对某县的纠纷解决的实地调查和全面研究发现，我国行政调解解纷机制呈多元化发展趋势，建立了一些利用民间性和社会性力量解决纠纷的机制，但是整体上更多的还是呈现"权力中心主义"的观念，

① 黄学贤：《行政诉讼调解若干热点问题探讨》，《法学》2007年第11期。

政府权力主导是纠纷解决机制建构与运作的基本逻辑。由于社会自治程度低，各种自治组织的自治能力和自控能力低，所以公众对公力救济的需求强烈。在整个纠纷解决体系中，行政机构解决的纠纷数量最多，参与或介入的纠纷类型也较多，而且日常中规模较大、冲突较为激烈、利益诉求复杂的纠纷是由行政机关直接解决或者在行政权力支持下解决。比如"基层矛盾纠纷调解中心"依托人民调解，实际带有浓厚的权力色彩，解决大量人民调解无法解决的纠纷，也处理一些跨镇、跨地域纠纷、征地拆迁补偿纠纷和劳资纠纷。① 人民调解也在利用行政权力，否则无法化解纠纷。整个纠纷体制呈现出的国家化趋向明显，"几乎所有的解纷机构都把维护社会稳定作为基本的行动指南，以获得党委与政府的肯定为首要的行动目标"，一方面，"动用国家强制力与大范围地调动行政资源几乎成了习惯性的手段"；另一方面，解纷机构急功近利，纠纷解决中以"压制性"解决为主，解决方案由行政或准行政主体提出，当事人只是服从或者配合解决方案，自治与协商机制不能获得充分的培育与发展。② 棚濑孝雄也曾说"如果不是以当事人自己推动程序的形式，纠纷的解决怎样都会有变成被强加的东西的危险"，更深层次的危害是影响整个纠纷解决机制的正当性。③

　　行政调解的主体是行政机关，在实务中以压制性、强迫性方法促使当事人达成调解协议，当事人自愿原则形同虚设，行政调解不能体现当事人合意的情况屡见不鲜。"尤其在我国，调解曾因长期被滥用、误用而声名不佳，'和稀泥''强迫压制'几乎成了调解的同义语。这也从一定程度上说明调解的固有缺陷。调解虽然在一定的范围内起到了维稳作用，但并非从根本上解决问题。"④ 在有些情况下，行政调解只是一

① 左卫民等：《中国基层纠纷解决研究》，人民出版社2010年版，第457—459页。
② 左卫民等：《中国基层纠纷解决研究》，人民出版社2010年版，第460—461页。
③ ［日］小岛武司、伊藤真编：《诉讼外纠纷解决法》，丁婕译，中国政法大学出版社2005年版，第16、12—20页。
④ 刘佩峰：《关于公安派出所治安调解工作困境与出路的思考》，《公安研究》2014年第3期。

时将矛盾和冲突压制下来，对当事人的权益的关注不够，使得行政调解饱受诟病。

第三节 行政调解的性质和效力

一、行政调解的性质

对行政调解的性质，学界认识不一。有学者对 20 世纪 80 年代到世纪末的公开出版的 40 余种行政法学教材进行统计①，发现这些教材有的将行政调解单列为专门行政法律制度，② 有的将行政调解作为一种限定性制度看待，它或者依附于人民调解或某种行政法律制度如行政裁决、行政诉讼或者只是行政相关行为等。③ 姜明安认为行政调解是具体行政行为，可以和行政许可、行政确认和行政裁决等并列④；有学者认为是行政司法行为⑤；

---

① 金艳：《行政调解的制度设计》，《行政法学研究》2005 年第 2 期。

② 参见王珉灿主编：《行政法概要》，法律出版社 1983 年版；姜明安主编：《行政法与行政诉讼法》，北京大学出版社、高等教育出版社 1999 年版，等等。

③ 参见周新铭、刘兆兴编著：《行政法概述》，云南教育出版社 1988 年版；杨海坤主编：《行政法与行政诉讼法》，法律出版社 1992 年版；胡建淼：《行政法学》，法律出版社 1998 年版；应松年主编：《行政法学新论》，中国方正出版社 1999 年版；熊文钊：《现代行政法原理》，法律出版社 2000 年版。

④ 姜明安：《行政法与行政诉讼法》，高等教育出版社 2005 年版，第 252 页；湛中乐等：《行政调解、和解制度研究：和谐化解法律争议》，法律出版社 2009 年版，第 36 页。

⑤ 石佑启主编：《行政法与行政诉讼法》，中国人民大学出版社 2008 年版，第 190 页；王周户等编著：《行政法》，法律出版社 2007 年版，第 249 页；郭修江：《第二十四章行政裁决》，载应松年主编：《当代中国行政法》（下卷），中国方正出版社 2005 年版，第 1107—1108 页。

胡建淼认为行政调解不是具体行政行为，而是和行政相关的一种行为①；赵银翠认为，行政调解是行政事实行为，不具有直接的法律效果。② 黄学贤等认为，行政调解是行政事实行为的一种，具有行政指导性质的③，解决行政争议以及与行政职权有关的民事纠纷的一种活动，而且是调整性的行政指导。④

要对行政调解的性质进一步厘清，需要首先考虑在社会纠纷解决机制乃至行政管理的格局中应当将行政调解置于何种位置，行政调解应当承担何种功能。有学者认为从功能上讲，行政调解可以是作为行政裁决的前置程序或者独立的纠纷解决机制。行政调解具有强制性纠纷替代性功能，一是替代行政裁决，二是替代轻微行政处罚。⑤

《治安管理处罚法》第九条规定，"对于因民间纠纷引起的打架斗殴或者损毁他人财物等违反治安管理行为，情节较轻的，公安机关可以调解处理。经公安机关调解，当事人达成协议的，不予处罚。经调解未达成协议或者达成协议后不履行的，公安机关应当依照本法的规定对违反治安管理行为人给予处罚，并告知当事人可以就民事争议依法向人民法

---

① 胡建淼：《行政法学》，法律出版社 2003 年版，第 365 页；刘旺洪主编：《行政法学》，南京师范大学出版社 2005 年版，第 247 页。

② 赵银翠：《行政过程中的民事纠纷解决机制研究》，法律出版社 2012 年版，第 102 页；杨解君：《行政法学》，中国方正出版社 2002 年版，第 390 页。

③ 黄学贤：《行政调解几个主要问题的学术梳理与思考——基于我国理论研究与实践发展的考察》，《法治研究》2014 年第 2 期。

④ 行政指导可以分为规制性行政指导、助成性行政指导和调整性行政指导。规制性行政指导，是指以规制作为行政相对人的私人企业等的活动为目的而进行的行政指导，如为维持居住环境而进行的行政指导；助成性行政指导，是指对私人提供信息，以助成私人某种活动的行政指导，如对欲将农作物从稻谷转换为蔬菜等的农户，进行技术性或者农业经营性建议的指导；调整性行政指导，是指作为解决私人间纠纷的手段而使用的行政指导，如对建筑业主和附近居民的建筑纠纷进行调整。[日] 盐野宏：《行政法总论》（第四版），杨建顺译，北京大学出版社 2008 年版，第 134 页。

⑤ 赵银翠：《行政过程中的民事纠纷解决机制研究》，法律出版社 2012 年版，第 113 页。

院提起民事诉讼"。《公安机关办理行政案件程序规定》第一百六十条规定，"调解达成协议并履行的，公安机关不再处罚。对调解未达成协议或者达成协议后不履行的，应当对违反治安管理行为人依法予以处罚；对违法行为造成的损害赔偿纠纷，公安机关可以进行调解，调解不成的，应当告知当事人向人民法院提起民事诉讼"。

就民事纠纷而言，行政调解具有行政裁决的作用，前文已有大篇幅讨论，对行政纠纷而言，行政调解无疑具有替代行政复议和行政诉讼的作用，这也是各级政府大量推动和倡导行政调解的原因之一。此外，行政调解替代其他行为，比如轻微行政处罚，正在成为常态。最突出的例证即治安调解，还有，比如证监会颁布的行政和解制度，行政和解看起来行政机关没有起主导作用，主要是当事人自行和解，但是事实上能够达成和解是由行政机关的公权力为背景，达成和解协议可以减轻乃至免除行政处罚，行政机关将和解作为监管措施的替代工具。从行政管理的效果而言，行政机关的最终目的还是为了保护良好的市场秩序和当事人的合法权益，因此，如果当事人可以和解以解决矛盾问题，就比行政处罚的效果要好，因此，此处的行政和解事实上是行政调解。治安调解中，双方当事人可以达成赔偿协议的，公安机关不再予以行政处罚是一个道理。其次，还要考虑行政调解的定性问题对法律效力和法律救济的影响问题。如果行政调解是具体行政行为，那么已经作出就有具体行政行为的确定力、先定力和执行力，并且可以提起行政复议和行政诉讼；如果行政调解是事实行为，那么不产生当然的法律效力，但是如果对当事人的权益造成损害，也可以提起行政复议或者行政诉讼。还有学者主张，行政调解是非强制性行政行为，即不对当事人权益产生实质影响的，与行政指导类似，也就不可复议不可诉。从目前已有的法律规定来看，行政调解的性质不明确，而且倾向于不产生法律效力，也不可复议不可诉。有一些意见主张应当让行政调解协议具有强制执行力，以加强行政调解在纠纷解决体系中的作用，但是考虑到行政机关不愿意做被告的心理，一刀切地将行政调解作为具体行政行为看待，有可能促使行政机关怠于行政调解。

二、行政调解的效力

（一）行政调解效力的法律规定和学理认识

行政调解的法律效力问题并不明确，在目前的法律规定中大致有几种情形：第一，行政调解协议没有法律效力，一方当事人不履行的，另一方当事人只能提起民事诉讼。《治安管理处罚法》第九条规定，《道路交通安全法》第七十四条规定，《合同争议行政调解办法》第二十条规定，调解不成立或者当事人不履行调解协议的，工商行政管理机关应当告知当事人根据仲裁协议向仲裁机构申请仲裁，或者向人民法院起诉。第二，行政调解协议具有法律效力，但是性质不明确，不履行没有法律后果。2015年7月7日《厦门市行政调解程序规定》第十九条第一款规定："依法达成的行政调解协议书自调解当事人签字之日起生效，对调解当事人具有约束力，当事人应当自觉履行。"但是对如果不履行会有何种法律后果没有规定。第三，行政调解协议对双方当事人和行政机关具有法律效力，但是没有执行力，还需要公证或者到法院申请司法确认。比如2014年《云南省行政调解规定（试行）》第三十七条规定："当事人应当自觉履行行政调解协议。行政机关应当对当事人履行行政调解协议情况进行回访，督促当事人积极履行行政调解协议。"第三十六规定："当事人认为有必要的，可以对行政调解协议书进行公证，或者共同向人民法院申请司法确认。"

行政调解的法律效力问题关系重大，不仅仅事关行政调解所涉当事人的权利义务，也是行政调解制度能否良性运转的关键。行政调解协议的效力由于缺乏明确的法律依据，当事人反悔，行政调解人员为平息纠纷所作出的努力就前功尽弃；而且，公众容易产生"行政调解，签字捺印都只是儿戏，反正履行不履行都一样"的想法，认为早晚要去法院，不必浪费时间参与行政调解，对当事人合法权益和社会纠纷的解决机制来讲也是无益的；行政调解协议没有履行，纠纷继续进入法院，对司法资源也是巨大浪费，而且，各法院处理行政调解协议的方式不一致，难免引发当事人和社会公众合理的怀疑，也对法院公信力有所减损。① 由于行政调解的法律效力不明确，甚至不及人民调解。实践中，出现行政调解往往要攀附"人民调解"或"司法调解"的高枝，以"联署办公"的方式赋予该调解协议以强制力和执行力。②

在学理上，行政调解的法律效力到底如何，认识不一。崔卓兰认为，行政调解是非权力行政性质的调解，当事人达成协议可以反悔，不发生依靠国家公权力强制执行的法律效力。③ 也有学者认为，行政调解协议具有合同效力；范愉则认为，行政调解协议效力高于一般的民事调解协议效力，因为行政机关具有公权力属性和中立地位，调解具有较高的合法性、合理性和规范性。④ 赵银翠主张，对于行政调解，对于自治型行政调解协议，应当赋予其合同的效力。对于裁断型行政调解协议，经双方签收后，具有执行力，但是不可以由行政机关执行，而应当申请人民法院执行，如果当事人一方认为行政调解书存在无效或者违法情形，应当向法院提起诉讼，通过司法程序确认行政调解书无效或撤销行政调解书。⑤ 顺此思路，需要继续追问的是，诉讼的类型是什么，行政诉讼针对的是行政行为，行政事实行为可诉吗？行政诉讼一般审查的标准可以适用于行政调解吗？

（二）人民调解效力的演变

人民调解协议、公证债权文书和仲裁调解书是三种常见的非诉讼调解协议，公证债权文书是当事人愿意承担债务的承诺，另一方当事人可依据《公证法》请求法院强制执行；仲裁调解书，是当事人在仲裁机构主持下达成的协议，《仲裁法》第六十二条明确规定可以申请法院强制执

---

① 周健宇：《行政调解协议之强制执行力探析——基于效力位阶、政治传统、文化传统的视角》，《中国行政管理》2012 年第 10 期。
② 黄蔚：《论回应公民需求的治安调解》，《福建警察学院学报》2011 年第 6 期。
③ 崔卓兰：《新编行政法学》，科学出版社 2004 年版，第 220 页。
④ 范愉：《行政调解问题刍议》，《广东社会科学》2008 年第 6 期。
⑤ 赵银翠：《行政过程中的民事纠纷解决机制研究》，法律出版社 2012 年版，第 128—129 页。

行。这里以人民调解的效力问题作为行政调解的参照物。

1989 年国务院颁布的《人民调解委员会组织条例》第九条规定，当事人应当履行协议，但是又反悔的，任何一方可以请求基层人民政府处理，也可以向人民法院起诉。

1991 年 4 月 9 日颁布、2007 年 10 月 28 日修正的《民事诉讼法》第十六条规定，"人民调解委员会是在基层人民政府和基层人民法院指导下，调解民间纠纷的群众性组织。人民调解委员会依照法律规定，根据自愿原则进行调解。当事人对调解达成的协议应当履行；不愿调解、调解不成或者反悔的，可以向人民法院起诉。人民调解委员会调解民间纠纷，如有违背法律的，人民法院应当予以纠正。"这一条规定在 2012 年 8 月 31 日第十一届全国人民代表大会常务委员会第二十八次会议通过，2013 年 3 月 1 日开始施行的《民事诉讼法》修正案中被删除了，但是，专门在第十五章第六节规定了确认调解协议案件，第一百九十四条规定："申请司法确认调解协议，由双方当事人依照人民调解法等法律，自调解协议生效之日起三十日内，共同向调解组织所在地基层人民法院提出。"第一百九十五条规定："人民法院受理申请后，经审查，符合法律规定的，裁定调解协议有效，一方当事人拒绝履行或者未全部履行的，对方当事人可以向人民法院申请执行；不符合法律规定的，裁定驳回申请，当事人可以通过调解方式变更原调解协议或者达成新的调解协议，也可以向人民法院提起诉讼。"

2010 年 8 月 28 日通过的《人民调解法》第三十一条规定："经人民调解委员会调解达成的调解协议，具有法律约束力，当事人应当按照约定履行。人民调解委员会应当对调解协议的履行情况进行监督，督促当事人履行约定的义务。"第三十二条规定："经人民调解委员会调解达成调解协议后，当事人之间就调解协议的履行或者调解协议的内容发生争议的，一方当事人可以向人民法院提起诉讼。"该法对调解协议效力有明显变化的是第三十三条规定："经人民调解委员会调解达成调解协议后，双方当事人认为有必要的，可以自调解协议生效之日起三十日内共同向人民法院申请司法确认，人民法院应当及时对调解协议进行审查，依法确认调解协议的效力。人民法院依法确认调解协议有效，一方当事人拒绝履行或者未全部履行的，对方当事人可以向人民法院申请强制执行。"该法对人民调解协议的效力指出一条使其效力得到增强的途径，即向人民法院申请确认效力，使其有了司法强制力。"人民法院依法确认调解协议无效的，当事人可以通过人民调解方式变更原调解协议或者达成新的调解协议，也可以向人民法院提起诉讼。"① 从上面《民事诉讼法》和《人民调解法》的立法和修法的历程可以看到两部法律中关于人民调解协议的效力和在司法中的确认反复调整，趋于合理。②

（三）行政调解的法律效力可以借助公证或者司法确认获得执行力

"当代 ADR（可替代性纠纷解决机制）以增加当事人的强制性和结

---

① 其实，在 2002 年 9 月 16 日最高人民法院《关于审理涉及人民调解协议的民事案件的若干规定》用 13 个条文规定了民事案件中涉及民事调解协议的重要问题，该司法解释第一条规定："经人民调解委员会调解达成的、有民事权利义务内容，并由双方当事人签字或者盖章的调解协议，具有民事合同性质。当事人应当按照约定履行自己的义务，不得擅自变更或者解除调解协议。"第二条规定："当事人一方向人民法院起诉，请求对方当事人履行调解协议的，人民法院应当受理。当事人一方向人民法院起诉，请求变更或者撤销调解协议，或者请求确认调解协议无效的，人民法院应当受理。"可以看出，《民事诉讼法》2013 年的修正将司法解释的规定上升为了法律。

② 现在不明确的是人民调解协议生效的时间，2003 年 9 月 10 日最高人民法院《关于适用简易程序审理民事案件的若干规定》第十五条第一款规定，"调解达成协议并经审判人员审核后，双方当事人同意该调解协议经双方签名或者捺印生效的，该调解协议自双方签名或者捺印之日起发生法律效力……"。《民事诉讼法》和 2015 年 2 月 14 日起施行的司法解释《最高人民法院关于适用〈中华人民共和国民事诉讼法〉的解释》都没有专门规定生效的时间问题，根据民事诉讼法的原理和关于判决裁定的规定，当事人向法院申请对调解协议确认，法院经审查后确认调解协议要作出裁定，那么裁定应当自送达当事人时生效，裁定所确定的内容也就是调解协议，也就在裁定送达时生效；例外的情形就是上述 2003 年关于简易程序的司法解释，如果当事人同意将调解协议生效的时间提前到双方签名或者捺印时，经审判人员审核后，也是可以的。

果的效力保证为核心"。① 最高人民法院 2009 年 7 月 24 日公布《关于建立健全诉讼与非诉讼相衔接的矛盾纠纷解决机制的若干意见》中对人民调解、行政调解与其他纠纷解决机制的关系有较为系统完整的考虑，该意见第八条写到，"为有效化解行政管理活动中发生的各类矛盾纠纷，人民法院鼓励和支持行政机关依当事人申请或者依职权进行调解、裁决或者依法作出其他处理。调解、裁决或者依法作出的其他处理具有法律效力"。该意见对行政调解指出，"当事人不服行政机关对平等主体之间民事争议所作的调解、裁决或者其他处理，以对方当事人为被告就原争议向人民法院起诉的，由人民法院作为民事案件受理。法律或司法解释明确规定作为行政案件受理的，人民法院在对行政行为进行审查时，可对其中的民事争议一并审理，并在作出行政判决的同时，依法对当事人之间的民事争议一并作出民事判决。""行政机关依法对民事纠纷进行调处后达成的有民事权利义务内容的调解协议或者作出的其他不属于可诉具体行政行为的处理，经双方当事人签字或者盖章后，具有民事合同性质，法律另有规定的除外。"该意见第十二条规定："经行政机关、人民调解组织、商事调解组织、行业调解组织或者其他具有调解职能的组织对民事纠纷调解后达成的具有给付内容的协议，当事人可以按照《中华人民共和国公证法》的规定申请公证机关依法赋予强制执行效力。债务人不履行或者不适当履行具有强制执行效力的公证文书的，债权人可以依法向有管辖权的人民法院申请执行。"第十三条规定："对于具有合同效力和给付内容的调解协议，债权人可以根据《中华人民共和国民事诉讼法》和相关司法解释的规定向有管辖权的基层人民法院申请支付令。申请书应当写明请求给付金钱或者有价证券的数量和所根据的事实、证据，并附调解协议原件。""因支付拖欠劳动报酬、工伤医疗费、经济补偿或者赔偿金事项达成调解协议，用人单位在协议约定期限内不履行的，劳动者可以持调解协议书依法向人民法院申请支付令。"

---

① 范愉：《非诉讼程序（ADR）教程》，中国人民大学出版社 2002 年版，第 734 页。

无论是从学理上还是从实务上看，赋予行政调解协议合同的性质，对发挥行政调解的作用，强化当事人合意，更快更好地化解纠纷都有积极作用。但是，除了上述的最高人民法院的意见外，尚无法律或者行政法规作出规定。在各地的地方性法规和地方政府规章中，行政调解协议的效力规定并不一致，比如前文已经提到，云南 2014 年规定了行政调解协议可以进行公证或者申请人民法院进行司法确认，2015 年 7 月厦门的地方政府规章则对效力问题避而不谈，只是要求当事人自行履行。治安调解是比较特殊的一类行政调解，所针对的是民间纠纷引起的违反治安管理处罚法的行为，有学者认为，"对于民间纠纷引起的轻微违法行为的调解，应当具有行政法上的效力，对于调解达成协议的当事人应履行，因为对此违法行为，公安机关也可进行处罚，即一旦达不成协议或者协议不履行，公安机关保有治安行政处罚的权力。"[1] 应当说，协议没有履行，公安机关再行处罚，并不是协议本身的效力问题，而是治安调解协议没有履行的后果问题，就治安调解协议本身而言，在效力上并没有迥异于其他行政调解的特殊性。

前文探讨了行政调解的性质和法律效力，这两个问题与行政调解的司法审查紧密相连。"当代行政性 ADR 面临的主要问题是：首先，如何保证行政机构纠纷处理的公正性及其与司法审查程序的相互衔接。"[2] 有些观点认为，行政调解的属性是非强制行政行为或行政司法行为，不能纳入司法审查，是存在弊端的，因此，不能认为行政调解是非强制行政行为或行政司法行为。笔者认为，在探讨行政调解的性质和司法审查问题时，应当是先确定行政调解的性质，再探讨司法审查，而不是相反的顺序。之所以出现这样的认识误区，是因为误以为非强制行政行为或行政司法行为是不可诉的，不能纳入司法审查。行政调解作为非强制行政行为，行政调解协议的内容是不受司法审查的，但是，行政调解是否违背当事人的自愿，行政机关是否强制当事人进行调解，行政调解的程序

---

[1] 高文英：《警察调解制度研究》，《中国人民公安大学学报》（社会科学版）2008 年第 4 期。

[2] 范愉：《非诉讼程序（ADR）教程》，中国人民大学出版社 2002 年版，第 734 页。

是否合法，行政调解的协议是否侵害公共利益或者其他主体的合法权益等重大问题，都是可以接受法院的司法审查的。特别是在治安调解中，如果当事人可以通过行政调解免除或者减轻行政处罚，而公安机关没有告知或者没有应当事人申请进行行政调解，径行作出行政处罚的决定，超出自由裁量权的范围，属于滥用职权。在上述情况下，按照目前当事人只能到法院提起民事诉讼，无法对事实上"披着非强制羊皮的"强制行为进行诉讼的话，其实剥夺了当事人寻求公法救济的权利。因此，对行政调解一律不得司法审查的解读是对行政诉讼法的误解。当然，如果仅是针对行政调解协议中关于民事纠纷的内容有异议或者反悔，当事人应当到法院提起民事诉讼。

综合上述讨论来看，行政调解本身只是非强制力的行政行为，若是针对民事纠纷，行政调解协议具有民事合同，依靠当事人自觉履行，如果需要获得进一步的执行力，可以进行公证或者向法院提出进行确认，不履行的，到法院提起民事诉讼；若是针对行政纠纷，行政调解协议则为行政合同，可以提起行政复议或者行政诉讼。这一问题还有待于日后在统一的法律或行政法规中予以明确，在法律或行政法规出台前，学术界还有责任对此问题进行深化讨论，结合行政实践的需要和整个社会纠纷化解的制度设计给出有说服力的解答。

第四节　行政调解的法律渊源

一、行政调解的法律渊源

根据湛中乐教授的统计，截至 2009 年，涉及行政调解的法律有近 40 部，行政法规约 60 部，行政规章约 18 部，地方性法规约 70 部，地方规章约 45 部，还有大量规范性文件。① 笔者对目前有效的法律和行政法规

---

① 湛中乐等：《行政调解和解制度研究：和谐化解法律争议》，法律出版社 2009 年版，第 91 页。

加上《国务院关于加强法治政府建设的意见》（国发〔2010〕33号）一部规范性文件进行梳理发现，在相关法律规定中，"疑似"行政调解和行政调解的有以下几类情况。

第一，明确使用行政调解的概念，仅在《国务院关于加强法治政府建设的意见》（国发〔2010〕33号）中出现。"健全社会矛盾纠纷调解机制，要把行政调解作为地方各级人民政府和有关部门的重要职责，建立由地方各级人民政府负总责、政府法制机构牵头、各职能部门为主体的行政调解工作体制，充分发挥行政机关在化解行政争议和民事纠纷中的作用。完善行政调解制度，科学界定调解范围，规范调解程序。对资源开发、环境污染、公共安全事故等方面的民事纠纷，以及涉及人数较多、影响较大、可能影响社会稳定的纠纷，要主动进行调解。认真实施人民调解法，积极指导、支持和保障居民委员会、村民委员会等基层组织开展人民调解工作。推动建立行政调解与人民调解、司法调解相衔接的大调解联动机制，实现各类调解主体的有效互动，形成调解工作合力。"

第二，明确使用"由有关……机关进行调解"的表述，确定无疑是行政调解。比如2002年《水法》第五十七条第一款则规定："单位之间、个人之间、单位与个人之间发生的水事纠纷，应当协商解决；当事人不愿协商或者协商不成的，可以申请县级以上地方人民政府或者其授权的部门调解，也可以直接向人民法院提起民事诉讼。县级以上地方人民政府或者其授权的部门调解不成的，当事人可以向人民法院提起民事诉讼。"县级以上地方人民政府或者其授权的部门调解，针对的是单位之间、个人之间、单位与个人之间发生的水事纠纷，当属行政调解无疑。《行政复议法实施条例》第五十条第一款规定，"有下列情形之一的，行政复议机关可以按照自愿、合法的原则进行调解……"。《治安管理处罚法》第九条规定："对于因民间纠纷引起的打架斗殴或者损毁他人财物等违反治安管理行为，情节较轻的，公安机关可以调解处理。经公安机关调解，当事人达成协议的，不予处罚。经调解未达成协议或者达成协议后不履行的，公安机关应当依照本法的规定对违反治安管理行为人给予处罚，并告知当事人可以就民事争议依法向人民法院提起民事诉讼。"

《道路交通安全法实施条例》第八十九条第二款规定，当事人共同请求调解的，交通警察可以当场对损害赔偿争议进行调解。在 42 部法律法规中，以此种形式作出规定，对此类表述确定为行政调解没有争议。

第三，使用"由有关部门处理"的表述，从法律规定的上下文来看，似乎是指行政裁决或者行政调解，到底是不是行政调解，并不清楚。1989年《环境保护法》第四十一条第一款和第二款规定，"造成环境污染危害的，有责任排除危害，并对直接受到损害的单位或者个人赔偿损失。赔偿责任和赔偿金额的纠纷，可以根据当事人的请求，由环境保护行政主管部门或者其他依照法律规定行使环境监督管理权的部门处理；当事人对处理决定不服的，可以向人民法院起诉。当事人也可以直接向人民法院起诉。"1998 年《森林法》第十七条规定：单位之间发生的林木、林地所有权和使用权争议，由县级以上人民政府依法处理。个人之间、个人与单位之间发生的林木所有权和林地使用权争议，由当地县级或者乡级人民政府依法处理。当事人对人民政府的处理决定不服的，可以在接到通知之日起一个月内，向人民法院起诉……再如，《人民警察法》第二十一条规定："人民警察遇到公民人身、财产安全受到侵犯或者处于其他危难情形，应当立即救助；对公民提出解决纠纷的要求，应当给予帮助；对公民的报警案件，应当及时查处。"此处"帮助"，既不是处理，也不是调解，那么是行政调解，还是移送人民调解，还是行政裁决，都不是很清楚。

第四，有关法律规定只是提到"调解"或者其他表述，但是是否行政调解并不清楚，通过部门规章或者地方性法规进一步予以明确属于或者包括行政调解。比如《中华人民共和国消费者权益保护法》第三十二条第二款规定："有关行政部门应当听取消费者和消费者协会等组织对经营者交易行为、商品和服务质量问题的意见，及时调查处理。"第三十九条规定："消费者和经营者发生消费者权益争议的，可以通过下列途径解决：（一）……（二）……（三）向有关行政部门投诉；（四）……（五）……"《工商行政管理机关受理消费者申诉暂行办法》第七条规定："工商行政管理机关在其职权范围内受理消费者申诉的案件属于民事争议的，实行调解制度。"在《消费者权益保护法》中没有明确是否可以调解，在国家工商总局的部门规章中则明确了可以进行行政调解。《中华人民共和国著作权法》第五十五条规定:"著作权纠纷可以调解,也可以根据当事人达成的书面仲裁协议或者著作权合同中的仲裁条款,向仲裁机构申请仲裁。"《浙江省著作权管理办法》第十九条第一款规定:"县级以上人民政府著作权行政管理部门可以根据当事人的申请,对著作权纠纷进行调解"。《著作权法》中的调解是否包含行政调解不明确,浙江省地方性法规则明确了可以申请行政调解。《信访条例》第十三条第二款规定:"信访工作机构应当组织相关社会团体、法律援助机构、相关专业人员、社会志愿者等共同参与,运用咨询、教育、协商、调解、听证等方法,依法、及时、合理处理信访人的投诉请求。"此处调解包括了人民调解、行政调解和司法调解在内的多种调解形式。

第五,"协商解决"的含义和性质不清。比如《中华人民共和国矿产资源法》第四十九条规定:"矿山企业之间的矿区范围的争议,由当事人协商解决,协商不成的,由有关县级以上地方人民政府根据依法核定的矿区范围处理;跨省、自治区、直辖市的矿区范围的争议,由有关省、自治区、直辖市人民政府协商解决,协商不成的,由国务院处理。"此条文中交叉出现两次"协商解决"和"处理",第一个协商解决应当是指当事人之间的和解,第二个协商解决是一种和解或者调解,是相同层级的两个以上的省、自治区、直辖市政府之间的"协商解决",与这里所述的行政调解不完全相同,更多的是政府间协议和谈判,可否看作行政调解,有待进一步讨论。两个处理是指行政决定、行政确权或者行政裁决,而非调解。《矿产资源法实施细则》第三十六条的规定进一步细化了上述规定,也是对上述概念的澄清。① 特别是国务院如何处理,还需要"由国务院地质矿产主管部门提出处理意见,报国务院决定。"

---

① "采矿权人之间对矿区范围发生争议时,由当事人协商解决;协商不成的,由矿产资源所在地的县级以上地方人民政府根据依法核定的矿区范围处理;跨省、自治区、直辖市的矿区范围争议,当事人协商不成的,由有关省、自治区、直辖市人民政府协商解决;协商不成的,由国务院地质矿产主管部门提出处理意见,报国务院决定。"

二、行政调解的设定权问题

结合前文探讨的关于行政调解的性质和法律效力两大问题，行政调解的法律依据问题比传统行政法上行政处罚、行政许可、行政强制和行政立法等更为棘手。行政调解事实上呈现出多种形态，从对象上既有可能针对民事纠纷，也有可能针对行政纠纷。而且，除了有法律依据的行政调解，实践中大量存在不同形式的由行政机关主持的或主导的调解，有的最终形成了调解协议，有的在现场就解决，行政调解不是单一形式的。从功能上讲，行政调解既有替代诉讼、复议、仲裁的作用，也有替代其他行政行为的作用。从动机和效果上讲，行政机关使用调解方法，及早介入纠纷化解，灵活运用多重手段实现行政管理目标，节省了行政经费和当事人的费用和时间成本，应当予以鼓励。但是，从反对和警惕行政机关介入民事纠纷的观点来看，行政机关解决民事纠纷必须符合当事人自愿原则，避免公权力过分干预民事纠纷。正如王亚新所指出的，调解是当事人合意的产物，类似于契约，其正当性也建立在当事人的合意之上，"随着第三者作用的加强或增大，如不仅提供解决方案还施加种种压力迫使当事人接收的话，则调解的结果就带有了更浓的'裁决'色彩"。① 尽管行政调解最终促成当事人合意，应当是依靠行政机关在专业等问题上的优势和行政权威，而不能强制当事人接收调解协议，但可以想象的是行政机关的强制力作为背景对当事人的威慑和影响，特别在行政纠纷中，行政机关作为行政调解主持人对双方当事人还是有极大影响的，特别当负责行政调解的行政机关是当事人的上级主管部门或者涉案行政机关的上级领导，这种地位上的差异既是行政调解权威性和效率的保证，也可能会损害行政调解中"调解""合意"的因素。

有学者认为，行政调解是行政机关处理纠纷的经常性活动，从本质上来说不具有权力的性质，只要某种纠纷与其行政管理职权有一定程度

---

① 王亚新：《纠纷、秩序、法治——探寻研究纠纷处理与规范形成的理论框架》，载《清华法律评论》第 2 辑，清华大学出版社 1999 年版，第 27 页。

的联系，不需要法律、法规的特别授权，该行政机关就可以对此纠纷进行调解。① 但是，主张必须授权的学者提出的授权，既包括组织法授权，也包括行为法授权，认为对于自治型行政调解，当事人在行政机关主持下调解，是否达成协议取决于当事人合意，行政机关不制作行政调解协议书，此种情况，不需要行为法授权；对于裁断型行政调解，行政机关要负责查明事实、分清责任并最终制作调解书，而且此类行政调解书生效是可以作为强制执行的依据，此类行政调解不仅要有组织法授权，也要有行为法的授权。②

纠纷解决者在纠纷解决机制中的地位举足轻重，甚至"处理纠纷的机构比该机构所应用的解纷模式更重要"。③ 既然行政机关化解纠纷是出于更好的借助行政机关的专业性，特别在当前形势下，行政机关化解纠纷仍然有着不可替代的权威性。早在 2002 年时，有学者就指出，一些行政性 ADR 出现了民间化趋势，部分原来受行政机构支持的机构或社会团体独立为完全的民间性社会团体，原来的行政性 ADR 转变为民间 ADR，如消费者协会和各行业协会；④ 一些准行政机构在向民间社会团体改革或复归，如仲裁和公证机构。"这一方面可能使其功能和性质更为合理，但另一方面也可能出现权力和权威缺失的情况，今后，这些机构及程序的地位及作用将取决于纠纷解决市场的选择和竞争，有待于根据社会和当事人的实际情况和客观需求进行调节，同时需要建立相应的制约和司法

---

① 郭修江：《第二十四章行政裁决》，载应松年主编：《当代中国行政法》（下卷），中国方正出版社 2005 年版，第 1107—1108 页。

② 赵银翠：《行政过程中的民事纠纷解决机制研究》，法律出版社 2012 年版，第 108—109 页。

③ ［美］郭丹青：《中国的纠纷解决》，王晴译，载强世功编：《调解、法制与现代性：中国调解制度研究》，中国法制出版社 2001 年版，第 383 页。

④ 但是，近年来又出现反转。比如消费者权益保护协会的性质在转变，行政化色彩越来越重，有的地方将其纳入事业单位序列，工作人员变成事业单位或公务员编制，经费也由财政拨款。（参见《地方消协去民间化，谋求转变身份为事业单位》，经济观察网，2009 年 11 月 25 日）

审查机制"。①

现代社会中，相当多的纠纷不是简单的权利义务关系，更多的是利益之间的平衡问题。正如日本法学家谷口安平所言，随着社会发展，利益形式越来越多，涉及范围越来越广，因利益产生的纠纷不断出现，人们不得不创设一些新的纠纷解决方式。② "纠纷解决时通过特定的方式和程序解决纠纷和冲突，恢复社会平衡和秩序的过程"。③ 中国政府在复杂的形势中角色多样，既是制度设计者，还是资源调动者、变革推动者、利益协调者和纠纷裁决者。④ 行政机关介入民事纠纷、化解行政纠纷应当说是行政机关不可推卸的责任和义务。而且，行政机关化解各类纠纷还有司法不能实现的目标。纠纷解决的社会功能包括秩序维持和政策形成。"纠纷固然带来无序，但纠纷的存在表明社会成员之间在相互的权利关系中出现了冲突，在这里，蕴含着社会成员对权利安定性和扩大现有权利范围的渴望，因此，纠纷就如同秩序的报警器，表明秩序需要在社会成员之间的结构性权利关系方面进行必要的整合，促进更能够满足社会成员之间的权利需求和更具有稳定性的秩序的形成"。⑤ 当然不是所有的纠纷都蕴含着权利生成和秩序变革的契机，从量的比例看，还是社会秩序维持具有绝对优势的地位。而且，"不同的纠纷解决机制或程序在形成政策或规则方面的功能是截然不同的，这也正是以合意为中心的 ADR 和以判决为中心的司法程序在功能和价值上的根本区别所在"。⑥

综上，在讨论行政机关在应当有什么样的法律依据才可以进行行政调解时，必须更多考虑到行政介入纠纷的积极意义，对这类非强制行政行为给予足够的支持和空间，而对行政调解可能出现的弊端和问题，则

① 范愉：《非诉讼程序（ADR）教程》，中国人民大学出版社 2002 年版，第 736—737 页。

② ［日］谷口安平：《程序的正义与诉讼》，王亚新译，中国政法大学出版社 1996 年版，第 289 页。

③ 范愉：《非诉讼程序（ADR）教程》，中国人民大学出版社 2002 年版，第 5 页。

④ 杨建顺：《论政府职能转变的目标及其制度支撑》，《中国法学》2006 年第 6 期。

⑤ 孙万胜：《司法权的法理之维》，法律出版社 2002 年版，第 38 页。

⑥ 范愉主编：《ADR 原理与实务》，厦门大学出版社 2002 年版，第 51 页。

可以从程序等角度进行监督和纠偏，而不是在行政调解的设定权上给予最严苛的限制。基于这一原则，在认定行政调解的法律渊源时，可以按照调解对象做分别处理。如果是针对民事纠纷，则行政调解必须不仅有组织法授权，还必须有行为法授权，即法律规范明确规定行政机关在行使行政职权时，与行政职权有关的民事纠纷，当事人申请或者同意行政机关调解的，行政机关应当进行行政调解。行政调解属于事前干预、合意型、非制度化、个案的纠纷解决方式，但在依据何种规范上，应当是既有规范性色彩又有权宜式的做法，在是否主动介入上来看，应当是既有依申请进行调解，也有依职权进行调解。① 行政调解与行政机关的职权有着密切的联系，行政机关的行政职权的范围就限定了行政调解的范围，也就是说行政机关可以调解的范围仅限于行政职权，否则构成越权。因此，当事人申请必须和职权相结合，行政职权是第一要素，其次当事人申请优先，但是，在一些特殊的民事纠纷中，行政机关可以主动进行调解，《国务院关于加强法治政府建设的意见》提出，资源开发、环境污染、公共安全事故等方面的民事纠纷，以及涉及人数较多、影响较大、可能影响社会稳定的纠纷，要主动进行调整。行政机关主动进行调解的不限于上述三种，其他涉及公共利益、国家利益的较为复杂、疑难的民事纠纷，行政机关都应当可以依照职权进行主动行政调解。在法律位阶上，应当以法规为界限，即法律、行政法规和地方性法规、部门规章和地方政府规章可以设定行政调解，其他规范性文件不可以设定。而如果针对行政纠纷，行政机关无论是自己处理当事人提起的申诉，还是行政

---

① 关于行政调解的分类，根据纠纷解决的方式不同，行政机关介入民事纠纷可以分为事后解决方式与事前干预方式、合意型纠纷解决方式与裁断性纠纷解决方式、规范性纠纷解决方式与权宜式纠纷解决方式、制度化纠纷解决方式与非制度化纠纷解决方式、个案纠纷解决方式与一般纠纷解决方式、应申请解决纠纷方式与依职权解决纠纷方式。其中合意型纠纷解决方式是指行政机关居中进行说服、劝导、解释法律、政策、提供专业技术支持等。权宜式纠纷解决方式是指超越实定法规范之外根据案件的具体情况以实现实质正义目的的解决纠纷的方式。非制度化解决纠纷方式意味着行政机关介入民事纠纷没有获得法律授权。详见赵银翠：《行政过程中的民事纠纷解决机制研究》，法律出版社2012年版，第28—31页。

复议机关受理行政复议案件，行政机关化解行政纠纷是各自的法定职责，只要有组织法授权，就可以进行行政调解。目前的主流学理认识还是认为只有行政赔偿、行政补偿和行政自由裁量权可以进行调解，还更多地停留在行政权力不可让渡的不可妥协的立场上考虑这一问题，就目前行政权控制尚存在不少问题的情况下，限定在仅此三类是可以的。从长远来看，有必要从更好的实现行政管理目标和保护当事人合法权益的角度，充分发挥行政调解替代其他行政行为的作用。特别是当事人的行为既有行政违法，又有民事侵权，行政机关可以对积极承担民事赔偿责任的当事人减轻或者免除行政处罚，以加速、实质性解决纠纷并对民事侵权行为的受害人权益更好地予以保护。允许在更大范围上使用行政调解，或者说将本已存在的各类行政调解规范化，给予其合法地位，对之予以规范。各地政府规章以及其他规范性文件主要有两种模式，或将其纳入"行政程序规定"之中予以调整，如《湖南省行政程序规定》《山东省行政程序规定》等，或直接单独制定"行政调解办法"，如《江苏省人民政府办公厅关于加强行政调解工作的意见》《重庆市人民政府办公厅关于加强行政调解工作的意见》《苏州市行政调解办法》等。

第五节　行政调解的程序

一、行政调解的程序概述

"由于行政调解机关背后所拥有的行政规制权和行政授益权，行政机关在调解过程中，可能通过行政调解的形式进行变相的行政规制或者变相的拒绝给付，使纠纷处理违背当事人的自由意志"，因此，正当程序就成为行政调解正当运行的制度保证，具体包括两个方面，一是当事人地位是否平等，二是作为合意基础的信息是否充分。①

---

① 赵银翠：《行政过程中的民事纠纷解决机制研究》，法律出版社2012年版，第119页。

　　行政调解程序规定得比较好的是交通事故损害赔偿。近年来对行政调解作出专门规定的法规和规章对行政调解的程序作了规定。比如，2012 年修订的《公安机关办理行政案件程序规定》自 2013 年 1 月 1 日起施行，用了八个条文对治安调解作了规定。① 此后，《云南省行政调解规定（试行）》《广州广州市行政调解规定》《北京市行政调解办法》先后以地方政府规章的形式对行政调解作了规定，其中很大篇幅即程序规定。2015 年 7 月 7 日公布《厦门市行政调解程序规定》更是第一部专门对行政调解程序作出规定的地方政府规章。

二、行政调解程序的完善

　　增强行政调解的正当性，限缩行政调解中的压制性、强制性因素，唯有通过程序可以实现。综观各规定，行政调解程序无非是申请、主持调解、制作调解协议书等过程性规定②，也有的规定了调解的期限。③ 行

---

① 具体程序包括：第一，调解一般为一次。对一次调解不成，公安机关认为有必要或者当事人申请的，可以再次调解，并应当在第一次调解后的七个工作日内完成。第二，调解应当制作笔录。第三，调解达成协议的，在公安机关主持下制作调解协议书，双方当事人应当在调解协议书上签名，并履行调解协议。调解协议书应当包括调解机构名称、主持人、双方当事人和其他在场人员的基本情况，案件发生时间、地点、人员、起因、经过、情节、结果等情况、协议内容、履行期限和方式等内容。对调解达成协议的，应当保存案件证据材料，与其他文书材料和调解协议书一并归入案卷。

② 《公安机关办理行政案件程序规定》第一百五十四条、第一百五十五条、第一百五十六条、第一百五十七条和第一百五十八条的规定，主要适用于治安纠纷和轻微伤害案件的调解，基本步骤是立案—调查取证—决定调解—调解—达成协议—履行协议。

③ 大多将调解的期限限定为 30 天到 2 个月，必要情况下可适当延长。比如，司法部 1990 年 4 月 19 日《民间纠纷处理办法》第二十二条规定、2002 年 8 月 21 日《学生伤害事故处理办法》第十九条规定、1997 年 11 月 3 日《合同争议行政调解办法》。也有的规定是 45 天，延长最长不超过 60 天，比如 2005 年 3 月 28 日《电力争议调解暂行办法》。各地规章普遍规定应当在 30 日调解完成，北京规定，对民事纠纷的调解应当在 30 日内完成，对行政纠纷的调解应当在 15 日内完成。

政调解程序中最重要的几个关键点关注不足，包括：一是主持调解的人应当是中立公正的，与调查人员以及行政复议听证主持人、行政处罚听证主持人应当不是一个人。根据行政法上的内部职能分离原则，调查人员与裁决人员应当分离，为了保证调解的公正、中立，调查人员不担任调解人员，甚至调解人员此后不担任执法人员才能保证行政调解过程中不使用强制力，而以当事人的自愿和合意为原则。

二是行政调解和调查的顺序问题。如果是当事人主动提出的民事纠纷交由公安机关调解不存在行政调查的问题，主要是以双方当事人提出事实、证据和依据为主。在治安调解中，由于已经出现违反治安管理处罚法的行为，行政调查应当先行完成，然后再进行治安调解。正如有学者指出的，"治安调解针对的是治安案件，直接适用公安机关办理行政案件的程序规定，当警察启动治安调解程序就意味着调查取证完成，符合治安调解的法定范围，而不是启动治安调解之后再来调查取证，这是一个逻辑倒置的问题"。① 特别是110出警方面，实践中，在办理伤情较重的故意伤害案件时，民警基本已经做到了先调查取证，但是对于伤情比较轻微的伤害案件重视程度有待加强，应当明确110出警的初查职责，进一步完善公安机关的快速反应机制，在接到报案后，公安机关第一时间赶赴现场，在组织救治伤者的同时，开展初查，为下一步的调解或者处罚处理打下良好的基础。②

三是委托调解的问题。公安派出所将可以调解的治安案件和可以和解的轻伤害案件，经当事人同意，委托人民调解组织调解，达成协议并履行的，公安机关可以予以认可并根据调解协议结案。③ 上海市公安局和上海市司法局专门制定了《关于治安案件委托人民调解的若干意见》，对委托调解的条件、原则、管辖、期限、程序等都作了规定。广东、浙江、

① 裴兆斌、张淑平：《辽宁省治安调解实践调查报告》，《辽宁公安司法管理干部学院学报》2009年第1期。

② 裴兆斌、张淑平：《辽宁省治安调解实践调查报告》，《辽宁公安司法管理干部学院学报》2009年第1期。

③ 余定猛、丁正国：《公安行政调解》，中国人民公安大学出版社2014年版，第44—45页。

江苏、山西等相关部门也出台了关于公安行政案件委托人民调解的规定。

四是行政调解笔录应当规范。实践中，相当部分调解以口头形式完善，即便以书面对调解进行记录的案件，案件事实不清，责任不明的情况也是很多，通过行政调解笔录的规范化要求，可以避免"和稀泥"式的调解。这种程序设计能够对办案单位产生约束力，在取证与调解之间达到制约和促进。①

五是赋予行政调解程序本身高度的灵活性。有的意见认为，目前行政调解应当在程序上更加规范化、统一化，但是笔者认为，行政调解之所以可以发挥作用，恰恰在于其过程、方式方法等的灵活性，各种方式方法都可以包容在行政调解中，而不是一味地朝着法院的审判程序和正式听证程序看齐，恰恰行政程序本身的开放性、兼容性等是应当坚持的目标。所以，翻检各地各部门关于行政调解的规定看，真正对行政调解的过程如何展开大多没有规定，也符合目前对行政调解做宽泛解释的背景，有利于行政机关开展行政调解工作，具体如何进行行政调解，有待不同领域的不同层级的行政机关根据调解的纠纷的复杂程度、人数多少等进行灵活有效的对待。

第六节　公安行政调解

一、公安行政调解概述

（一）公安调解的概念和范围

公安行政调解分为广义和狭义，狭义的公安行政调解，是指治安调解，即公安机关在行政管理过程中，对违反公安行政法律法规的行为人与被侵害人之间进行的调解，也就是说公安机关的调解以"存在违反公

---

① 裴兆斌、张淑平：《辽宁省治安调解实践调查报告》，《辽宁公安司法管理干部学院学报》2009 年第 1 期。

安行政法律法规的行为"为前提，调解过程中有两个法律关系，即公安机关与侵害人之间的行政处罚关系和侵害人与被侵害人之间的损害赔偿关系。广义的公安行政调解是指公安机关对"其管辖范围内发生的各种矛盾纠纷、符合特定条件的案件进行的调解包括普通民间纠纷、道路交通事故损害赔偿案件、治安案件以及可和解刑事案件①"等。除了上述基层公安调解的案件外，最广义的公安行政调解案件还可以包括行政复议机关对公安类行政复议案件的调解。② 本文主要讨论治安调解和公安机关对普通民间纠纷的行政调解。

1957 年 10 月 22 日颁布的《治安管理处罚条例》第二十九条规定："因违反治安管理造成的损失或者伤害，由违反治安管理的人赔偿或者负担医疗费用；如果造成损失、伤害的是不满十八周岁的人或者精神病人，由他们的家长、监护人负责赔偿或者负担医疗费用。"所以，因治安违法行为造成民事纠纷一律由公安机关予以解决可以说是由来已久。1986 年 9 月 5 日修订的《治安管理处罚条例》第五条规定："对于因民间纠纷引起的打架斗殴或者损毁他人财物等违反治安管理行为，情节轻微的，公安机关可以调解处理。"第三十八条还规定，"被裁决赔偿损失或者负担医疗费用的，应当在接到裁决书后五日内将费用交裁决机构代转；数额较大的，可以分期交纳。拒不交纳的，由裁决机关通知其所在单位从本人工资中扣除，或者扣押财物折抵"。1995 年新修订的《人民警察法》第三章"义务和纪律"中，第二十一条第一款明确规定"……对公民提出解决纠纷的要求，应当给予帮助……"。"如果说，在《人民警察法》之前，对诉求到公安机关的各类民事纠纷公安机关还要做一下区分，以甄别是否与治安纠纷相关联，对于纯粹的民事纠纷，公安机关通常采取

① 轻伤害行为构成刑法意义的犯罪，依法应属于被害人自诉范围，但对于诉求到公安机关的经过伤残鉴定确实属于轻微伤的，民警也可以进行调解处理，将其归入治安纠纷范畴，处理程序也按治安纠纷的调解程序进行。参见高文英：《警察调解制度研究》，《中国人民公安大学学报》（社会科学版）2008 年第 4 期。

② 余定猛、丁正国：《公安行政调解》，中国人民公安大学出版社 2014 年版，第 1—2 页。

'推'或者'转'的方式予以应付,在《人民警察法》之后,依法解决各类纠纷已成为公安机关的职能。"① 2004 年 1 月 1 日实施了《公安机关办理行政案件程序规定》对警察调解制度专章作了规定,而且废除了行政裁决及其相关的强制执行程序。第一百五十一条规定:"……对违法行为造成的损害赔偿纠纷,应当告知纠纷各方向人民法院提起民事诉讼。"该规定对警察调解的一个大突破是:明确了可以有条件地利用治安调解代替治安处罚。2005 年公安部出台的《公安机关办理伤害案件规定》又将"情节较轻尚不够刑事处罚"的轻微伤害案件纳入调解范围。

2006 年的《治安管理处罚法》第九条继续沿用 2004 年《程序规定》的做法。2006 年 8 月,公安部又重新修订了《公安机关办理行政案件程序规定》。2009 年 11 月 27 日公安部又发布了《公安机关治安调解工作规范》。

根据现有规定,治安调解,是指公安机关对因民间纠纷引起的打架斗殴或者毁损他人财物等违反治安管理、情节较轻的治安案件进行的调解。如何界定民间纠纷,司法部 1990 年 4 月 19 日《民间纠纷处理办法》规定,"民间纠纷,即公民之间有关人身、财产权益和其他日常生活中发生的纠纷。" 2002 年 9 月 26 日《人民调解工作若干规定》第二十条规定:人民调解委员会调解的民间纠纷,包括发生在公民与公民之间、公民与法人和其他社会组织之间涉及民事权利义务争议的各种纠纷。2006 年《治安管理处罚法》第九条规定:"对于因民间纠纷引起的打架斗殴或者损毁他人财物等违反治安管理行为,情节较轻的,公安机关可以调解处理。经公安机关调解、当事人达成协议的,不予处罚。经调解未达成协议或者达成协议后不履行的,公安机关应当依照本法的规定对违反治安管理行为人给予处罚,并告知当事人可以就民事争议依法向人民法院提起民事诉讼。"因此,对民间纠纷引起的违反治安管理行为,情节较轻的可以调解。首先,公安行政调解是在依法制裁和处理行政违法行为的前

---

① 高文英:《警察调解制度研究》,《中国人民公安大学学报》(社会科学版) 2008 年第 4 期。

提下进行的调解，是以因违法行为造成他人损失或伤害的调解的必要条件。① 其次，何为情节较轻，根据《治安管理处罚法》，实施违反社会治安管理的行为手段不恶劣、后果不严重、社会危害性不大、主观恶性不大等。再次，具体哪些纠纷可以进行治安调解，2012 年《公安机关办理行政案件程序规定》第一百五十三条规定："对于因民间纠纷引起的殴打他人、故意伤害、侮辱、诽谤、诬告陷害、故意损毁财物、干扰他人正常生活、侵犯隐私、非法侵入住宅等违反治安管理行为，情节较轻，且具有下列情形之一的，可以调解处理：（一）亲友、邻里、同事、在校学生之间因琐事发生纠纷引起的；（二）行为人的侵害行为系由被侵害人事前的过错行为引起的；（三）其他适用调解处理更易化解矛盾的。"2005 年《公安机关办理伤害案件规定》第三十条也有类似的规定。② 2006 年《公安机关执行〈中华人民共和国治安管理处罚法〉有关问题的解释》第一条规定，"……根据《治安管理处罚法》第九条的规定，对因民间纠纷引起的打架斗殴或者损毁他人财物以及其他违反治安管理行为，情节较轻的，公安机关应当本着化解矛盾纠纷、维护社会稳定、构建和谐社会的要求，依法尽量予以调解处理。特别是对因家庭、邻里、同事之间纠纷引起的违反治安管理行为，情节较轻，双方当事人愿意和解的，如制

---

① 惠生武：《简论公安行政调解》，《法律科学》1996 年第 1 期。

② 《公安机关办理行政案件程序规定》第一百五十四条还排除不适用调解处理的几类案件："（一）雇凶伤害他人的；（二）结伙斗殴或者其他寻衅滋事的；（三）多次实施违反治安管理行为的；（四）当事人明确表示不愿意调解处理的；（五）当事人在治安调解过程中又针对对方实施违反治安管理行为的；（六）调解过程中，违法嫌疑人逃跑的；（七）其他不宜调解处理的。"《公安机关办理伤害案件规定》第三十一条规定不得调解处理的包括"（一）雇凶伤害他人的；（二）涉及黑社会性质组织的；（三）寻衅滋事的；（四）聚众斗殴的；（五）累犯；（六）多次伤害他人身体的；（七）其他不宜调解处理的。"各地调解处理治安案件的规定还排除了一些其他案件，比如利用民间纠纷打击报复的；当事人在调解过程中或者达成协议后，又重新挑起事端，故意制造新矛盾或者再次违反治安管理的；殴打、伤害残疾人、孕妇、不满十四周岁的人或者六十周岁以上的人等情形。参见 2009 年 4 月 21 日《上海市公安局调解处理治安案件暂行规定》。

造噪声、发送信息、饲养动物干扰他人正常生活，放任动物恐吓他人、侮辱、诽谤、诬告陷害、侵犯隐私、偷开机动车等治安案件，公安机关都可以调解处理。同时，为确保调解取得良好效果，调解前应当及时依法做深入细致的调查取证工作，以查明事实、收集证据、分清责任。调解达成协议的，应当制作调解书，交双方当事人签字。"治安调解与国外在刑事领域的"辩诉交易"有类似的功能，当事人如果积极承担民事责任，可以免于或者减轻行政责任，有学者称为"处罚交易"。但是，处罚交易的正当性何在？"调解作为一种执法手段是没有争议的，但问题是这种类似于'司法裁判'的执法方式如何能在警察执法这个一般情况下被认为具有刚性执法特点的领域里大行其道的呢"。"警察调解将警察执法与纠纷解决（服务功能）结合起来，具有合法性和权威性。"①

（二）公安行政调解的作用

公安机关的治安调解和民事纠纷调解事实上至少发挥三方面作用。

第一，维持社会秩序和稳定的作用。有学者经过细致深入的调研和分析，发现官方色彩较浓的习惯性用语"调处"，比治安调解更能准确地描述公安机关依职权对纠纷作出的处理活动，公安机关所进行的调解，除了治安纠纷，经双方当事人同意，公安机关可以违反治安管理行为进行治安调解，公安机关对相当一部分民间纠纷也在进行调解，包括经济纠纷、劳动纠纷、消费纠纷、婚姻家庭情感纠纷、损害赔偿纠纷、日常琐事纠纷、交通纠纷、相邻关系纠纷以及物业管理纠纷等。案件的来源，一部分案件是当事人主动诉诸公安机关，还有相当部分案件是在民警日常工作中遇上就要主动介入，甚至纠纷没有发生，只是可能的情形下，民警应当"排查"纠纷，将矛盾纠纷化解在萌芽阶段，还有一些则是案外人群众的来电、来访等，以及上级机关或者政府的指令要求。这些民事纠纷类型各异，当事人到公安机关寻求帮助或者要求处理，或者公安机关介入的根本原因是，存在暴力冲突。大部分纠纷主体双方或多方都

---

① 高文英：《警察调解制度研究》，《中国人民公安大学学报》（社会科学版）2008年第4期。

有殴打、拉扯等类似的暴力冲突，正是因为这一特性，赋予了公安机关受理纠纷的正当性。① 尽管公安机关的行政调解以维稳为目标饱受诟病，但是客观上确实将相当一部分社会纠纷化解在早期阶段，"充分发挥了治安调解社会'减压阀'的作用，及时防止了一大批民转刑案件的发生"②，避免了更大的冲突矛盾发生，行政调解成为社会治理的手段之一。公安机关也正是通过便捷、高效、经济的纠纷解决途径试图来重塑公安机关的形象，最终目的是在治安防范、侦查犯罪的基础工作过程中得到社区群众的普遍支持。③

　　第二，预防和化解社会纠纷的作用。公安机关的行政调解，对一部分当事人而言还是起到了化解矛盾纠纷的作用。"现实中，纵使警察主持下的调解有显而易见的不足，群众需求的热度依旧有增无减，不止治安纠纷，甚至民事纠纷也不请自到"，公安机关调处纠纷的动机和目的更多是为了维持秩序，维护稳定，因此，实践中公安机关介入的民事纠纷的范围比法定的要宽，从形式上看似乎欠缺合法性，但是当事人各方自愿，主动将纠纷交给派出所或者愿意由派出所进行处理。对公安机关而言，调处纠纷是实现行政管理目标的手段之一，纠纷解决的过程呈现出较为浓厚的"压制性"色彩，即使一部分纠纷没有得到解决④，但是由于警察的介入使得冲突得到干预，或者平衡了当事人的力量对比，或

---

① 左卫民等：《中国基层纠纷解决研究》，人民出版社2010年版，第54—55页。
② 2010年的数据统计显示，近3年全国治安调解处理的案件数年平均增幅达39.4%，2009年全国公安机关治安部门共调解处理治安案件372万余起，占查处治安案件总数的33.7%。"公安部：我国公安机关治安调解工作取得显著成效"，2010年10月5日，http://www.gov.cn/jrzg/2010/10/05/content_1715777.htm，最后访问时间：2016年3月17日。
③ 参见孟建柱：《预防为主、调解为先：从源头上化解矛盾纠纷》，《人民日报》2008年11月24日。
④ 有学者认为可以分为实质调解民事纠纷和非实质调解民事纠纷。可以进行实质调解的应当是简单的民事纠纷，对于争议标的较大、情节复杂、牵涉影响面广的民事纠纷（如合同纠纷）不宜以实质调解。（高文英：《警察调解制度研究》，《中国人民公安大学学报》（社会科学版）2008年第4期）

者避免了矛盾的激化，或者为寻求其他解决途径提供了情绪缓和的渠道。①

第三，公安机关对纠纷的调解还有替代基层自治的作用。基层政权建设的薄弱使得无论是村民自治组织还是居民自治组织都无法承担起基层纠纷化解的任务，公安机关的介入填补了基层自治的空白。

二、公安行政调解制度的完善

(一) 公安行政调解存在的问题

公安行政调解虽然是对民间纠纷进行的调解，在有关的法律依据中也将当事人的自愿原则和意思自治原则明确列为基本原则，表面上看与其他行政调解一样，公安机关也是居中在行使对纠纷的调解。但是，实践中，公安机关受到维护稳定和秩序的压力的影响，一方面，敞开大门，来者不拒，保持对民间纠纷等的开放态度；另一方面，主导调解，甚至取代当事人意志，强制调解的情况时有发生。而这两点的积极意义和消极意义并存。

第一，就公安机关广开大门而言，积极意义大于消极意义。"警察权力真正成为一种能够为群众习惯享用的公共品在很大程度上可以认为是其权力去魅之后，是20世纪80年代初期公安机关亲民理念实践的结果"。特别是在110报警服务在全国各级机关建立推广后，警察形象过渡到执法者和服务者兼具。② 1995年《人民警察法》第二十一条规定："人民警察遇到公民人身、财产安全受到侵犯或者处于其他危难情形，应当立即救助；对公民提出解决纠纷的要求，应当给予帮助；对公民的报警案件，应当及时查处。"公安机关对接报的纠纷要做分类处理，属于治安管理和交通事故调解的，应当在职责范围内受理调解处理，对于不属于职责范围的，应当转送有关组织和机关处理；对一般的民事纠纷，无法调解处理的，建议当事人到人民调解组织进行调解或者到人民法院诉讼；

---

① 左卫民等：《中国基层纠纷解决研究》，人民出版社2010年版，第101、118—120页。
② 左卫民等：《中国基层纠纷解决研究》，人民出版社2010年版，第61页。

如果发现违反治安管理处罚法的，应当依法处理，不再调解；因民间纠纷引起，涉嫌侵犯人身权利、民主权利、侵犯财产犯罪，可能判处三年有期徒刑以下刑罚的故意犯罪案件，根据《刑事诉讼法》规定进行刑事和解。①

从公安执法实践来看，基层公安可能遇到的民事纠纷涉及方方面面，比如合同、债务、轻微侵权、房产、土地、婚姻、继承、赡养、邻里等，"解决此类纠纷原本不属于公安机关的法定职责，但当事人一旦诉求到公安机关，人民警察就必须按照《人民警察法》的规定为当事人提供帮助。

---

① 《刑事诉讼法》第二百七十七条规定，下列公诉案件，犯罪嫌疑人、被告人真诚悔罪，通过向被害人赔偿损失、赔礼道歉等方式获得被害人谅解，被害人自愿和解的，双方当事人可以和解：（一）因民间纠纷引起，涉嫌刑法分则第四章、第五章规定的犯罪案件，可能判处三年有期徒刑以下刑罚的；（二）除渎职犯罪以外的可能判处七年有期徒刑以下刑罚的过失犯罪案件。犯罪嫌疑人、被告人在五年以内曾经故意犯罪的，不适用本章规定的程序。第二百七十八条规定，双方当事人和解的，公安机关、人民检察院、人民法院应当听取当事人和其他有关人员的意见，对和解的自愿性、合法性进行审查，并主持制作和解协议书。第二百七十九条规定，对于达成和解协议的案件，公安机关可以向人民检察院提出从宽处理的建议。人民检察院可以向人民法院提出从宽处罚的建议；对于犯罪情节轻微，不需要判处刑罚的，可以作出不起诉的决定。人民法院可以依法对被告人从宽处罚。《公安机关办理伤害案件规定》（公通字〔2005〕98号）第二十九条规定：根据《中华人民共和国刑法》第十三条及《中华人民共和国刑事诉讼法》第十五条第一项规定，对故意伤害他人致轻伤，情节显著轻微、危害不大，不认为是犯罪的，以及被害人伤情达不到轻伤的，应当依法予以治安管理处罚。第三十条规定，对于因民间纠纷引起的殴打他人或者故意伤害他人身体的行为，情节较轻尚不够刑事处罚，具有下列情形之一的，经双方当事人同意，公安机关可以依法调解处理：（一）亲友、邻里或者同事之间因琐事发生纠纷，双方均有过错的；（二）未成年人、在校学生殴打他人或者故意伤害他人身体的；（三）行为人的侵害行为系由被害人事前的过错行为引起的；（四）其他适用调解处理更易化解矛盾。第三十一条规定，有下列情形之一的，不得调解处理：（一）雇凶伤害他人的；（二）涉及黑社会性质组织的；（三）寻衅滋事的；（四）聚众斗殴的；（五）累犯；（六）多次伤害他人身体的；（七）其他不宜调解处理的。

在实践中，公安机关人民警察对此类纠纷提供帮助的常用方式就是调解"。① 虽然来自公安部门自己的解读认为，"传统的公安行政调解大包大揽的社会管理方式以及群众'有困难找警察'的思维定式，形成了无论是民事纠纷还是治安纠纷，派出所都要全部受理的局面。这不仅影响了公安机关的工作效率，而且一旦处理不当，极易引发群众对公安机关的不满，甚至导致矛盾的叠加和转移，不利于社会稳定。"② 有意思的是，公众对警察角色的认知中，公安机关主要是处理违法行为、侦查犯罪、行政管理，并没有把纠纷解决视为公安机关的主要角色，然而实务中派出所接警的相当一部分案件都与纠纷相关。其中的原因就是，纠纷主体之间的暴力冲突或者潜在的暴力冲突，使得事件的性质发生变化，某种程度上纠纷变为公共事件，使得当事人或者案外人将纠纷送进派出所。西方学者也认为，警察的工作既不是社会服务也不是执法，而是维持秩序，即用各种方式解决冲突。③

公安机关是中国社会实践中纠纷解决的重要参与者，调解在某程度上已经成为公安机关解决治安案件的重要方式，解决纠纷成为基层公安机关日常警务工作的重要内容。对当事人而言，选择派出所的原因包括：一、位阶因素，选择比自己位阶更高的机构或者人士来决断纠纷。二、地理因素，选择空间距离更近的派出所；空间距离更近，其时间上也更方便，公安机关的调处与其他纠纷解决比如法院、仲裁和人民调解等不同的特点就包括，公安机关是全天候的，而不仅是上班时间，公安机关处理的纠纷大多是突然性纠纷，而且相当部分都是在政府机关正常工作时间之外。三、经济因素，派出所处理纠纷不收费。四、权威转换

---

① 参见余定猛、丁正国：《公安行政调解》，中国人民公安大学出版社 2014 年版，第 2、37 页。

② "公安部：我国公安机关治安调解工作取得显著成效"，2010 年 10 月 5 日，http://www.gov.cn/jrzg/2010/10/05/content_1715777.htm，最后访问时间：2016 年 3 月 17 日。

③ [英] 罗伯特·雷纳：《警察与政治》，易继苍、朱俊瑞译，知识产权出版社 2008 年版，第 234 页。

因素，派出所民警具有较高的权威。① 对威权在文化和意识形态的认同正是纠纷发生之后，弱势群体向公安机关求助的根源。② 到派出所寻求警察解决纠纷的群体，鲜见公务员、教师、白领，主要是流动人口、无业人员和个体商贩居多，也包括本地的一些下岗或者退休工人。③ 而且，公安机关可以利用行政管理职权进行调查取证，可以更好地查明纠纷事实，更加及时便捷地干预纠纷。再加上此类纠纷中经济性较弱，大部分当事人不在意通过派出所介入获得某种经济或其他权利的实现，所以不选择法院而倾向于派出所④。

综上，无论对公安机关乃至政府还是对公民个体而言，公安机关对社会纠纷矛盾持开放态度并进行解决，利大于弊，在目前其他社会纠纷解决渠道尚不够完善，社会阶层分化和社会结构调整还处于未完成状态下，公安机关的行政调解应当以相当宽范围的纠纷为调节对象。

第二，就公安机关以压制性方法实现调解而言，消极意义大于积极意义。公安机关的主要职能是维护社会治安，警察角色在同一治安案件主持调解权和案件处罚权的角色存在冲突，警察进行治安调解的目标与当事人的目标也是不一致的。公安机关的行政调解中，除了居中疏导，也包含着大量的训斥、警告，对当事人的道德批评，纠纷恶化后果的警告以及对责任方消极调解的后果威胁，其目标主要是维稳的需要，要尽一切可能压制违法犯罪苗头、平息事端，将社会纠纷扼杀在早期阶段，消除社会不稳定因素。这种以压制性为主要特点的行政调解忽视当事人利益的满足，也忽视了通过教育以自愿为前提达成当事人调解协议的目的，使得治安调解的制度设计与实践存在落差。⑤ 一部分纠纷得以化解，

① 左卫民等：《中国基层纠纷解决研究》，人民出版社 2010 年版，第 58—59 页。
② 黄宗智：《集权的简约治理——中国以准官员和纠纷解决为主的半正式基层行政》，《开放时代》2008 年第 2 期。
③ 黄蔚：《论回应公民需求的治安调解》，《福建警察学院学报》2011 年第 6 期。
④ 左卫民等：《中国基层纠纷解决研究》，人民出版社 2010 年版，第 61、64、65 页。
⑤ 黄蔚：《论回应公民需求的治安调解》，《福建警察学院学报》2011 年第 6 期；王彬：《行政治安调解的反思与完善》，《贵州警官职业学院学报》2010 年第 3 期。

没有继续酝酿和发酵，一部分纠纷则由于欠缺当事人的合意和自愿，当事人的利益诉求没有得到满足，有可能日后形成积怨和愤懑，还有一部分纠纷被冷处理，仅是因为无法耗费更多时间精力而草率了结，甚至有一些案件，当事人本可以通过行政调解换得不被行政处罚的"机会"，但是公安机关没有调解而径行处罚。公安机关的行政调解在制度设计上还比较粗糙，给执法人员留下的自由裁量空间很大，在缺乏有效监督和制约机制的情况下，以行政调解之名行强制之实的可能性大大增加，而且，由于对当事人自愿和合意的漠视和忽视，长久以往，也不利于公民自主意识和能力的培养，延缓公民社会的发展，造成不少弊端。这也是一些专家学者甚至建议压缩和取消公安机关行政调解的原因。但是，必须看到，目前公安机关行政调解的格局和方式是长期历史形成的产物，与近三十年来市场经济发展，熟人社会向陌生人社会转变，人民调解衰落，基层自治尚未成型有直接的关系，加上民众对警察权威的信赖和公安行政调解的需要，因为公安行政调解过多地运用了警察权的强制性背景而否定公安行政调解的积极作用，无疑是因噎废食。

（二）公安行政调解制度的完善

公安行政调解属于行政调解的一个特殊类型，既有一般行政调解的特征，也有自身的独特内容。对公安行政调解的讨论既无法脱离行政调解的总体框架，同时也对行政调解的完善有帮助和启发。

第一，公安行政调解的范围。公安行政调解的范围不清来自两方面，一是《治安管理处罚法》对适用行政调解的案件的规定，案件类型是等内还是等外，案件情节是否属于法律规定的"情节较轻"，都会成为基层民警是否进行行政调解的自由裁量空间。实践反映的情况表明，"治安调解俨然成为逃避执法职责和个人职业责任的避风港，因而失去其正当性"。[①] 二是公安机关事实上介入的民间纠纷不限于法律规定的类型，对各种纠纷都敞开大门。所以，有意见主张，"对于公安派出所来说，调解

---

① 裴兆斌、张淑平：《辽宁省治安调解实践调查报告》，《辽宁公安司法管理干部学院学报》2009 年第 1 期。

矛盾纠纷并不是其主要职能，把公安派出所的调解功能控制在一个相对较小的范围内，严格依法运作，实行调解分流应该成为努力的方向。"①前文已经分析，公安机关特别是派出所作为联系基层民众的"窗口"和"防线"，对各类纠纷持开放态度利大于弊，因此，可以继续保持现状。但是，也要强调公安机关在受理各类纠纷之后，进行分类别处理，并与其他途径进行配合衔接，在其他途径不能化解的情况下，公安行政调解适宜作为"兜底"的补充渠道发挥作用。在治安调解部分，由于治安管理处罚的对象就是违法情节较轻的违法行为，因此，在行政调解上可以放宽到所有因民间纠纷引起的治安违法行为，不再做"情节较轻"的限定；在民事纠纷部分，不以法律规定为限定范围，只要是当事人自愿选择或者同意交给公安机关进行调解的，都可以纳入公安行政调解的范围。实践中已经出现了一些可行的经验，比如公安行政调解与人民调解、司法调解的联动，公安行政调解与法院的对接等，可以继续因地制宜地推行这些做法，使得各种社会纠纷都有对应的渠道。比如《人民调解法》第十八条规定："基层人民法院、公安机关对适宜通过人民调解方式解决的纠纷，可以在受理前告知当事人向人民调解委员会申请调解。"体现了不同解纷主体的衔接和配合。②

　　第二，公安行政调解的性质及司法审查。治安调解的性质到底是具体行政行为还是行政司法行为，学者意见不一。有的认为是具体行政行

---

① 刘佩峰：《关于公安派出所治安调解工作困境与出路的思考》，《公安研究》2014年第3期。

② "公调对接"机制是指公安机关与"大调解"机制有机衔接的建成，是"公安机关在一切警务活动中，发现、排查、接报和受理各类社会矛盾纠纷及预警信息后，主动干预、及时处置，及对其中尚未给治安秩序造成现实危害又不能现场妥善处置的疑难复杂矛盾纠纷，按照规范程序，在党委、政府统一主导、多元主体互动合作下，整合社会资源主动予以化解平息的社会化运作新机制"。公调对接一方面缓解了警力，基层公安调解负担明显下降，同一矛盾纠纷报警率明显下降，另一方面，公安力量和社会力量结合，形成社会矛盾纠纷化解的合力。参见余定猛、丁正国：《公安行政调解》，中国人民公安大学出版社2014年版，第35页。

为，因为公安机关有自由裁量权的行使，无论是调解程序的启动抑或终止都是公安机关在主导，也有的认为公安机关居中裁决，调解需要根据当事人的自愿和合意。但是，来自实务部门的同志指出，"实践中不乏符合法定治安调解的条件，当事人又有合意，但因警察拒绝启动治安调解程序，致使当事双方行使权利的自由受到限制，无法获取预期的'法益'，但是因治安调解的司法相关性，当事人的司法救济途径则被合法地堵塞"。① 这种观点对行政调解的性质和司法审查问题存在误解。公安行政调解和其他行政调解一样，都属于非强制性行政行为，与行政指导一样，正常情况下是不可诉的，但是如果只是以非强制之名行强制之实，成了"披着羊皮的狼"，那么法院是可以对其进行司法审查的。换句话说，法院对行政调解的审查集中在是否尊重当事人自愿和合意、行政调解程序是否合法、行政调解是否损害公共利益和其他合法权益等重大问题，而对行政调解协议的具体内容等并不涉及。

第三，公安行政调解的公开。在行政调解是否应当公开问题上屡有争论，如果机械理解政府信息公开，行政调解的过程、结果都必须公开，但是，完全公开既无法促成调解的进行，也会打消当事人进行调解的积极性和信心。行政调解过程不仅不应当公开，还应当保密，可以公开的是行政调解的结果，行政调解协议的细节也不宜公开，以更好地督促当事人履行协议。其实，对公众而言，行政调解协议结果中主要内容的公开已经足以实现信息公开的目的，已经达到通过信息公开对行政权的行使进行监督的目的。但是，行政调解的全过程和调解协议全部内容是可以通过司法审查予以监督的，特别是法院要对行政机关是否强制当事人达成调解协议，行政机关及其工作人员是否在其中存在权力寻租、腐败等问题，行政调解的程序是否存在重大违法，是否损害公共利益和其他主体合法权益等问题进行审查，通过事后监督，可以对行政调解进行监督，不需要对行政调解的过程和细节予以公开。应当说，这是对政府信息公开制度的进一步细化和完善。

---

① 黄蔚：《论回应公民需求的治安调解》，《福建警察学院学报》2011 年第 6 期。

参考文献①

著　作

阿江等：《行政诉讼难题解答》，中国人民公安大学出版社 1992 年版。

白桂梅：《国际法上的自决》，中国华侨出版社 1999 年版。

白鹏飞：《行政法总论》，商务印书馆 1927 年版。

白鹏飞：《行政法大纲》，好望书店 1935 年版。

薄一波：《若干重大决策与事件的回顾》（上卷），中共中央党校出版社 1991 年版。

北京大学法律系宪法教研室资料室编：《宪法资料选编》第四辑，北京大学出版社 1981 年版。

边燕杰主编：《市场转型和社会分层——美国社会学者分析中国》，生活·读书·新知三联书店 2002 年版。

蔡定剑主编：《人民代表大会二十年发展与改革》，中国检察出版社 2001 年版。

蔡墩铭：《刑事诉讼法概要》，三民书局 1998 年版。

蔡小雪：《行政审判中的合法性审查》，人民法院出版社 1999 年版。

---

① 本文的参考文献是本书注释中引用的书目和论文的汇编，以所引书目和论文作者姓名的拼音字母为序。

蔡志方：《行政救济法新论》，元照出版有限公司 2000 年版。

曹昌祯：《中国科技法学》，复旦大学出版社 1999 年版。

曹建明编：《WTO 与中国的司法审判》，法律出版社 2001 年版。

曹康泰编：《中华人民共和国行政复议法释义》，中国法制出版社 1999 年版。

曹康泰编：《中华人民共和国政府信息公开条例读本》，人民出版社 2007 年版。

陈伯礼：《授权立法研究》，法律出版社 2000 年版。

陈春龙：《中国司法赔偿》，法律出版社 2002 年版。

陈党：《问责法律制度研究》，知识产权出版社 2008 年版。

陈端洪：《中国行政法》（中国法海外推荐教材），法律出版社 1998 年版。

陈富良：《政府对商业企业的规制研究》，经济管理出版社 1999 年版。

陈光中主编：《刑事诉讼法（修正）实务全书》，中国检察出版社 1997 年版。

陈国平：《明代行政法研究》，法律出版社 1998 年版。

陈国权：《权力制约监督论》，浙江大学出版社 2013 年版。

陈国权等：《责任政府：从权力本位到责任本位》，浙江大学出版社 2009 年版。

陈建安主编：《战后日本社会保障制度研究》，复旦大学出版社 1996 年版。

陈晋胜：《行政事实行为研究》，知识产权出版社 2010 年版。

陈晋胜：《警察法学概论》，高等教育出版社 2002 年版。

陈敏：《行政法总论》，三民书局 1999 年版。

陈敏：《行政法总论》，神州图书出版有限公司 2004 年版。

陈敏：《行政法总论》，自印，2007 年。

陈清秀：《行政诉讼法》，翰芦图书出版有限公司 1999 年版。

陈清秀：《行政诉讼法》，元照出版有限公司 2009 年版。

陈瑞华：《刑事审判原理论》，北京大学出版社 1997 年版。

陈新民：《德国公法学基础理论》，山东人民出版社 2001 年版。

陈新民：《公法学札记》，三民书局 1993 年版。

陈新民：《公法学札记》，中国政法大学出版社 2001 年版。

陈新民：《行政法学总论》，三民书局 1992 年版。

陈新民：《行政法学总论》，三民书局 1997 年版。

陈新民：《行政法总论》，自印，2005 年。

陈新民：《宪法基本权利之基本理论》，自印，1991 年。

陈新民：《中国行政法学原理》，中国政法大学出版社 2002 年版。

陈兴良：《刑法的人性基础》，中国方正出版社 1996 年版。

陈一云主编：《证据学》，中国人民大学出版社 1991 年版。

陈兆纲、李兆光：《组织论——组织科学与组织管理》，宁夏人民出版社 1987 年版。

城仲模：《行政法之基础理论》，三民书局 1988 年版。

城仲模：《行政法之基础理论》，三民书局 1994 年版。

城仲模：《行政法之基础理论》，三民书局 1999 年版。

城仲模主编：《行政法之一般法律原则》（一）、（二）两册，三民书局 1994、1997 年版。

程燎原：《从法制到法治》，法律出版社 1999 年版。

程味秋主编：《外国刑事诉讼法概论》，中国政法大学出版社 1994 年版。

春杨：《晚清乡土社会民事纠纷调解制度研究》，北京大学出版社 2009 年版。

崔卓兰、于立深：《行政规章研究》，吉林人民出版社 2002 年版。

崔卓兰：《行政程序法要论》，吉林人民出版社 1996 年版。

崔卓兰：《行政法学》，吉林大学出版社 1998 年版。

崔卓兰主编：《新编行政法学》，科学出版社 2004 年版。

邓小平：《解放思想，实事求是，团结一致向前看》，《邓小平文选（1975—1982）》（第二卷），人民出版社 1983 年版。

邓世豹：《授权立法的法理思考》，中国人民公安大学出版社 2002 年版。

邓正来：《自由与秩序——哈耶克社会理论的研究》，江西教育出版社 1998 年版。

邓志伟主编：《变革社会中的政治稳定》，上海人民出版社 1997 年版。

丁煌：《西方行政学说史》，武汉大学出版社 2006 年版。

董安生：《民事法律行为》，中国人民大学出版社 1994 年版。

董安生：《民事法律行为》，中国人民大学出版社 2002 年版。

董辅等：《集权与分权——中央与地方关系的构建》，经济科学出版社 1996 年版。

董皞：《司法解释论》，中国政法大学出版社 1999 年版。

董翔飞：《中国宪法与政府》，三民书局 2000 年版。

窦海阳：《论法律行为的概念》，社会科学文献出版社 2013 年版。

杜青林主编：《中国农业和农村经济结构战略性调整》，中国农业出版社 2003 年版。

段尧清：《政府信息公开：价值、公平与满意度》，中国社会科学出版社 2013 年版。

法学教材编辑部西方法律思想史编写组编：《西方法律思想史资料选编》，北京大学出版社 1983 年版。

樊崇义主编：《诉讼法学研究》第六卷，中国检察出版社 2003 年版。

范扬：《行政法总论》，商务印书馆 1947 年版。

范愉：《非诉讼程序（ADR）教程》，中国人民大学出版社 2002 年版。

方军：《中华人民共和国行政复议法条文释义》，工商出版社 1999 年版。

方世荣：《论具体行政行为》，武汉大学出版社 1996 年版。

方世荣：《论行政相对人》，中国政法大学出版社 2000 年版。

方世荣主编：《行政复议法学》，中国法制出版社 2000 年版。

方世荣主编：《行政法与行政诉讼法》（高等政法院校法学主干课程教材），中国政法大学出版社 1998 年版。

方世荣主编：《行政法与行政诉讼法》，中国政法大学出版社 1999 年版。

方世荣主编：《行政法与行政诉讼法学》，中国政法大学出版社 2002 年版。

方世荣主编：《行政法与行政诉讼法学》，人民法院出版社 2003 年版。

方世荣主编：《行政法与行政诉讼法学》，中国政法大学出版社 2007 年版。

方世荣主编：《行政法与行政诉讼法》，北京大学出版社 2011 年版。

房宁、杨海蛟：《政治发展蓝皮书：中国政治发展报告（2014）》，社会科学文献出版社 2014 年版。

房绍坤等：《公益征收法研究》，中国人民大学出版社 2011 年版。

房绍坤主编：《国家赔偿法原理与实务》，北京大学出版社 1998 年版。

费孝通：《乡土中国》，北京出版社 2005 年版。

冯景文主编：《现代西方价值观透视》，中国人民大学出版社 1993 年版。

冯军：《刑事责任论》，法律出版社 1996 年版。

冯均科：《审计问责：理论研究与制度设计》，经济科学出版社 2009 年版。

傅士成：《行政强制研究》，法律出版社 2000 年版。

郭志斌：《论政府激励性管制——对重构我政企关系的行政法思考》，载罗豪才主编：《行政法论丛》（第 4 卷），法律出版社 2001 年版。

甘文：《行政诉讼法司法解释之评论——理由、观点与问题》，中国法制出版社 2000 年版。

高潮、彭勃主编：《行政监察概论》，中国政法大学出版社 1990 年版。

高富平：《物权法原论》（上），中国法制出版社 2001 年版。

高家伟等：《证据法原理》，中国人民大学出版社 2004 年版。

高志新主编：《中华人民共和国行政处罚法释义》，红旗出版社 1996 年版。

葛长银：《审计经典案例评析》，中国人民大学出版社 2003 年版。

耿毓修、黄均德主编：《城市规划行政与法制》，上海科学技术文献出版社 2002 年版。

公丕祥：《马克思法哲学思想论述》，河南人民出版社 1992 年版。

龚祥瑞：《英国行政机构和文官制度》，人民出版社 1983 年版。

龚祥瑞：《比较宪法与行政法》，法律出版社 1985 年版。

龚祥瑞主编：《行政法与行政诉讼法》，法律出版社 1989 年版。

关保英：《行政法案例教程》，中国政法大学出版社 2013 年版。

关保英：《行政法的价值定位——效率、程序及其和谐》，中国政法大学出版社 1997 年版。

管欧：《地方自治》，三民书局 1995 年版。

管欧：《中国行政法总论》，蓝星打字排版有限公司 1981 年版。

郭成华：《法律解释比较研究》，中国人民大学出版社 1993 年版。

郭庆珠：《行政规划及其法律控制研究》，中国社会科学出版社 2009 年版。

郭润生、宋功德：《论行政指导》，中国政法大学出版社 1999 年版。

国务院法制办公室秘书行政司编：《依法行政，从严治政，建设廉洁、勤政、务实、高效政府：全国依法行政工作会议专辑》，中国法制出版社 2000 年版。

韩大元、林来梵、郑贤君：《宪法学专题研究》，中国人民大学出版社 2004 年版。

韩国璋主编：《行政法学》，吉林大学出版社 1994 年版。

韩君玲：《日本最低生活保障法研究》，商务印书馆 2007 年版。

何大龙：《外国经济体制概论》，新华出版社 1985 年版。

何海波：《行政诉讼法》，法律出版社 2011 年版。

何俊志:《作为一种政府形式的中国人大制度》,上海人民出版社2013年版。

何勤华、李秀清主编:《民国法学论文精萃》,法律出版社2002年版。

何清涟:《现代化的陷阱》,今日中国出版社1998年版。

何增科:《公民社会与第三部门》,社会科学文献出版社2000年版。

贺荣:《行政争议解决机制研究》,中国人民大学出版社2008年版。

贺善征、王学辉:《行政程序法研究》,四川人民出版社1999年版。

洪家殷:《行政处分效力内涵之探讨》,台湾政治大学法学院编:《1998年海峡两岸行政法学术研讨会实录》。

洪文玲:《行政调查与法之制约》,学知出版社1998年版。

侯洵直主编:《中国行政法》,河南人民出版社1987年版。

胡建淼、江利红:《行政法学》,中国人民大学出版社2010年版。

胡建淼:《行政法学》,法律出版社1998年版。

胡建淼:《行政法学》,法律出版社1999年版。

胡建淼:《行政法学》,法律出版社2002年版。

胡建淼:《行政法学》,法律出版社2003年版。

胡建淼:《行政法学》,法律出版社2010年版。

胡建淼:《行政法学》,法律出版社2015年版。

胡建淼等:《领导人行政责任问题研究》,浙江大学出版社2005年版。

胡建淼主编:《行政法教程》,法律出版社1996年版。

胡建淼主编:《行政强制法研究》,法律出版社2003年版。

胡建淼主编:《论公法原则》,浙江大学出版社2005年版。

胡建淼主编:《中国现行行政法律制度》,中国法制出版社2011年版。

胡锦光、杨建顺、李元起:《行政法专题研究》,中国人民大学出版社1997年版。

胡锦光、杨建顺、李元起:《行政法专题研究》,中国人民大学出版社 1998 年版。

胡锦光：《行政法学概论》，中国人民大学出版社 2006 年版。

胡敏洁：《福利权研究》，法律出版社 2008 年版。

胡宁生主编：《中国形象战略》，中共中央党校出版社 1999 年版。

胡锡庆主编：《诉讼证据学通论》，华东理工大学出版社 1995 年版。

胡旭晨、蒋先福：《法理学》，湖南人民出版社 2001 年版。

黄道主编：《诉讼法》，知识出版社 1981 年版。

黄锦堂：《国家补偿法体系建构初探》，《行政法争议问题研究》，五南图书出版公司 2000 年版。

黄曙海主编：《行政诉讼法 100 问》，法律出版社 1989 年版。

黄异：《行政法总论》，三民书局 1989 年版。

黄宗智：《民事审判与民间调解：清代的表达与实践》，中国社会科学出版社 1998 年版。

姬亚平主编：《外国行政法新论》，中国政法大学出版社 2003 年版。

纪东：《行政法》，三民书局 1990 年版。

季金华、徐骏：《土地征收法律问题研究》，山东人民出版社 2011 年版。

季卫东：《法治秩序的建构》，中国政法大学出版社 1999 年版。

季卫东：《法治秩序的建构》，中国政法大学出版社 2000 年版。

季卫东：《通往法治的道路——社会的多元化与权威体系》，法律出版社 2014 年版。

季卫东：《宪政新论——全球化时代的法与社会变迁》，北京大学出版社 2002 年版。

贾西津等：《转型时期的行业协会——角色、功能与管理体制》，社会科学文献出版社 2004 年版。

监察部政策法规司编著：《外国及港台监察制度》，中国政法大学出版社 1989 年版。

江必新、李江编著：《行政复议法释评》，中国人民公安大学出版社 1999 年版。

江必新、梁凤云：《行政诉讼法理论与实务》（下），北京大学出版社2009年版。

江必新、邵长茂：《新行政诉讼法修改条文理解与适用》，中国法制出版社2015年版。

江必新：《WTO与司法审查》，人民法院出版社2002年版。

江必新：《国家赔偿法原理》，中国人民公安大学出版社1994年版。

江必新：《行政诉讼法 疑难问题探讨》，北京师范大学出版社1991年版。

江必新：《行政诉讼问题研究》，中国人民公安大学出版社1989年版。

江必新：《中国行政诉讼制度之发展——行政诉讼司法解释解读》，金城出版社2001年版。

江必新等：《行政程序法概论》，北京师范大学出版社1991年版。

江必新主编：《中华人民共和国行政强制法条文理解与实务指南》，中国法制出版社2011年版。

江利红：《日本行政诉讼法》，知识产权出版社2008年版。

江平：《罗马法基础》，中国政法大学出版社1982年版。

江伟主编：《民事诉讼法学原理》，中国人民大学出版社1999年版。

江伟主编：《证据法学》，法律出版社1999年版。

江伟主编：《中国民事诉讼法专论》，中国政法大学出版社1998年版。

姜明安、余凌云主编：《行政法》，科学出版社2010年版。

姜明安：《行政法概论》，北京大学出版社1986年版。

姜明安：《行政法与行政诉讼》，中国卓越出版公司1990年版。

姜明安：《行政法与行政诉讼法》，北京大学出版社1999年版。

姜明安：《行政诉讼法学》，北京大学出版社1993年版。

姜明安主编：《行政法学》（全国律师资格考试指定用书），法律出版社1998年版。

姜明安主编：《行政程序研究》，北京大学出版社2006年版。

姜明安主编：《行政法与行政诉讼法》，法律出版社 2006 年版。

姜明安主编：《行政法与行政诉讼法》，北京大学出版社、高等教育出版社 1999 年版。

姜明安主编：《行政法与行政诉讼法》，北京大学出版社、高等教育出版社 2005 年版。

姜明安主编：《行政法与行政诉讼法》，北京大学出版社、高等教育出版社 2007 年版。

姜明安主编：《行政法与行政诉讼法》，北京大学出版社、高等教育出版社 2011 年版。

姜明安主编：《行政法与行政诉讼法》，法律出版社 2002 年版。

姜明安主编：《行政法与行政诉讼法》，法律出版社 2003 年版。

姜明安主编：《行政诉讼与行政执法的法律适用》，人民法院出版社 1995 年版。

姜明安主编：《行政许可法条文精释与案例解析》，人民法院出版社 2003 年版。

姜明安主编：《外国行政法教材》，法律出版社 1993 年版。

姜士林主编：《世界宪法大全》，青岛出版社 1997 年版。

姜昕：《比例原则研究：一个宪政的视角》，法律出版社 2008 年版。

蒋红珍：《论比例原则：政府规制工具选择的司法评价》，法律出版社 2010 年版。

金国坤：《中国行政程序法纲要》，华夏出版社 2000 年版。

金俊银等：《行政诉讼概论》，人民出版社 1990 年版。

金伟峰、姜裕富：《行政征收征用补偿制度研究》，浙江大学出版社 2007 年版。

金伟峰主编：《中国行政强制法律制度》，法律出版社 2003 年版。

经济合作与发展组织：《分散化的公共治理：代理机构、权力主体和其他政府实体》，国家发展和改革委员会事业单位改革研究课题组译，中信出版社 2004 年版。

黎军：《行业组织管理及其权力来源 —— 一个行政法的视角》，载罗豪才主编:《行政法论丛》(第5卷),法律出版社2002年版。

李洪雷:《行政法上的信赖保护原则》,《公法研究》(第四卷),中国政法大学出版社2005年版。

赖恒盈:《行政法律关系论之研究——行政法学方法论评析》,元照出版有限公司2003年版。

蓝天主编:《"一国两制"法律问题研究》(澳门卷),法律出版社1999年版。

劳动人事部编制局编:《中华人民共和国组织法选编》,经济科学出版社1985年版。

黎军:《行业自治与国家监督——行业协会实证研究》,法律出版社2006年版。

黎军:《行业组织的行政法研究》,北京大学出版社2002年版。

李传培主编:《行政执法监督》,中国法制出版社1994年版。

李凤鸣主编:《审计学原理》,中国审计出版社2000年版。

李广宇:《政府信息公开司法解释读本》,法律出版社2011年版。

李广宇:《政府信息公开司法解释读本》,法律出版社2013年版。

李广宇:《政府信息公开诉讼:理念、方法与案例》,法律出版社2009年版。

李惠宗:《主观公权力、法律上利益与反射利益之区别》,《行政法争议问题研究》(上),五南图书出版公司2000年版。

李纪中编著:《政府危机管理》,中国城市出版社2003年版。

李建良:《行政法入门》(陈爱娥主笔),元照出版有限公司2004年版。

李建良:《行政上即时强制之研究》,《1998年海峡两岸行政法学术研讨会实录》,"国立"台湾政治大学法学院1999年版。

李娟:《行政法控权理论研究》,北京大学出版社2000年版。

李路路、李汉林:《中国的单位组织:资源、权力与交换》,浙江人民出版社2000年版。

李明强主编:《地方政府学》,武汉大学出版社2010年版。

李模等编：《中华民国史法律志》（初稿），编者刊行 1994 年版。

李曙光：《晚清职官法研究》，中国政法大学出版社 2000 年版。

李树忠：《国家机关组织论》，知识产权出版社 2004 年版。

李松森：《两种属性分配理论与财政政策研究》，中国财政经济出版社 1997 年版。

李心鉴：《刑事诉讼构造论》，中国政法大学出版社 1992 年版。

李煜兴：《区域行政规划研究》，法律出版社 2009 年版。

李震山：《行政法导论》，三民书局 1998 年版。

里赞主编：《近代史评论》（2010 卷），法律出版社 2011 年版。

梁慧星：《电视节目预告表的法律保护与利益衡量》，《民商法论丛》第 1 卷，法律出版社 1994 年版。

梁慧星：《民法解释学》，中国政法大学出版社 1995 年版。

梁慧星：《民法解释学》，法律出版社 2009 年版。

梁慧星：《民法学说判例与立法研究》，法律出版社 2003 年版。

梁慧星：《民法总论》，法律出版社 2011 年版。

梁慧星：《为权利而斗争》，中国法制出版社 2001 年版。

梁慧星主编：《民商法论丛》第 1 卷，法律出版社 1994 年版。

梁玥：《政府信息公开诉讼研究》，山东人民出版社 2013 年版。

梁治平：《清代习惯法：社会与国家》，中国政法大学出版社 1996 年版。

梁治平编：《法律解释问题》，法律出版社 1998 年版。

廖义男：《国家赔偿法》，三民书局 1998 年版。

林达：《历史深处的忧虑》，生活·读书·新知三联书店 1997 年版。

林卉：《行政权限的结构性变革：行政越权理论的一种前言》，中国社会科学出版社 2012 年版。

林纪东：《行政法》，三民书局 1984 年版。

林纪东：《行政法》，三民书局 1989 年版。

林纪东：《行政法》，三民书局 1990 年版。

林纪东：《行政法撮要》，上海大东书局 1946 年版。

林纪东：《行政法新论》，三民书局 1985 年版。

林纪东：《行政法新论》，五南图书出版公司 1985 年版。

林江山：《行政法新编》，五南图书出版公司 1973 年版。

林来梵：《从宪法规范到规范宪法：规范宪法学的一种前言》，法律出版社 2001 年版。

林立：《法学方法论与德沃金》，中国政法大学出版社 2002 年版。

林莉红：《行政诉讼法学》，武汉大学出版社 1999 年版。

林明锵：《行政计划法论》，《台大法学论丛》第 25 卷第 3 期。

林尚立：《国内政府间关系》，浙江人民出版社 1998 年版。

林腾鹞：《行政法总论》，三民书局 1999 年版。

林万亿：《福利国家历史比较分析》，巨流图书公司 1994 年版。

林锡尧：《行政法要义》，法务通讯杂志 1991 年版。

林锡尧：《行政法要义》，三民书局有限公司 1996 年版。

林志忠：《行政法要义》，千华出版公司 2003 年版。

林准、马原主编：《外国国家赔偿制度》，人民法院出版社 1992 年版。

凌维慈：《公法视野下的住房保障》，上海三联书店 2010 年版。

刘飞：《德国公法权利救济制度》，北京大学出版社 2009 年版。

刘飞宇：《转型中国的行政信息公开》，中国人民大学出版社 2006 年版。

刘恒：《行政救济制度研究》，法律出版社 1998 年版。

刘恒等：《政府信息公开制度》，中国社会科学出版社 2004 年版。

刘建飞等：《英国议会》，华夏出版社 2002 年版。

刘建军：《单位中国——社会调控体系重构中的个人、组织与国家》，天津人民出版社 2000 年版。

刘军宁：《共和·民主·宪政——自由主义思想研究》，上海三联书店 1998 年版。

刘军宁：《市场与宪政》，《市场逻辑与国家观念》（公共论丛），生活·读书·新知三联书店 1995 年版。

刘俊德等编著:《中外行政区划比较研究》,华东师范大学出版社 2004 年版。

刘勉义、蒋勇:《行政听证程序研究与适用》,警官教育出版社 1997 年版。

刘荣军:《程序保障的理论视角》,法律出版社 1999 年版。

刘莘:《行政法热点问题》,中国方正出版社 2001 年版。

刘莘:《行政立法研究》,法律出版社 2003 年版。

刘莘主编:《立法法》,北京大学出版社 2008 年版。

刘舒年:《国际工程融资与外汇》,中国建筑出版社 1997 年版。

刘旺洪主编:《行政法学》,南京师范大学出版社 2005 年版。

刘卫政等:《疏漏的天网》,中国社会科学出版社 2000 年版。

刘星:《法律是什么》,中国政法大学出版社 1998 年版。

刘星:《西方法学初步》,广东人民出版社 1998 年版。

刘占英等编:《行政法学》(郑州大学法律系教材),1987 年版。

刘兆兴等编:《中德行政法现状行政行为、行政监督、行政审判》,社会科学文献出版社 1998 年版。

刘志坚:《行政法原理》,兰州大学出版社 1998 年版。

刘宗德:《行政法基本原理》,台湾学林文化事业有限公司出版。

刘宗德:《认证认可制度研究》,中国计量出版社 2009 年版。

罗传贤:《行政程序法基础理论》,五南图书出版公司 1991 年版。

罗传贤:《行政程序法基础理论》,五南图书出版公司 1993 年版。

罗德立主编:《香港合约法纲要》,北京大学出版社 1995 年版。

罗豪才、甘雯、沈岿:《中国行政法学》,罗豪才、孙琬钟主编:《与时俱进的中国法学》,中国法制出版社 2001 年版。

罗豪才、应松年主编:《行政诉讼法学》,中国政法大学出版社 1990 年版。

罗豪才、湛中乐主编:《行政法学》,北京大学出版社 2012 年版。

罗豪才编:《现代行政法的平衡理论》,北京大学出版社 1997 年版。

罗豪才编:《中国司法审查制度》,北京大学出版社 1993 年版。

罗豪才主编、湛中乐副主编：《行政法学》，北京大学出版社 2001 年版。

罗豪才主编：《行政法论》，光明日报出版社 1988 年版。

罗豪才主编：《行政法论丛》第 1 卷，法律出版社 1998 年版。

罗豪才主编：《行政法论丛》第 4 卷，法律出版社 2001 年版。

罗豪才主编：《行政法论丛》第 5 卷，法律出版社 2002 年版。

罗豪才主编：《行政法论丛》第 6 卷，法律出版社 2003 年版。

罗豪才主编：《行政法论丛》，法律出版社 2005 年版。

罗豪才主编：《行政法学》（高等教育法学教材），中国政法大学出版社 1989 年版。

罗豪才主编：《行政法学》（高等政法院校规划教材），中国政法大学出版社 1996 年版。

罗豪才主编：《行政法学》（高等教育法学教材），北京大学出版社 1996 年版。

罗豪才主编：《行政法学》，中国政法大学出版社 1997 年版。

罗豪才主编：《中国行政法教程》，人民法院出版社 1996 年版。

罗豪才主编：《中国司法审查制度》，北京大学出版社 1993 年版。

罗明通、林惠瑜：《英国行政法上合理原则之应用与裁量之控制》，台湾台英国际商务法律事务所 1995 年版。

骆永家：《民事举证责任》，台湾商务印书馆 1981 年版。

吕光：《大众传播与法律》，台湾商务印书馆 1981 年版。

吕世伦：《当代西方理论法学研究》，中国人民大学出版社 1997 年版。

马怀德：《国家赔偿法的理论与实务》，中国法制出版社 1994 年版。

马怀德：《行政程序立法研究》，法律出版社 2005 年版。

马怀德：《行政法制度建构与判例研究》，中国政法大学出版社 2000 年版。

马怀德：《完善应急法制为构建和谐社会奠定制度基础》，《应急管理法治化研究》，法律出版社 2010 年版。

马怀德：《中华人民共和国行政复议法释解》，中国法制出版社 1999 年版。

马怀德主编：《中国行政法》（全国司法学校法学教材），中国政法大学出版社 1997 年版。

马怀德主编：《国家赔偿法学》，中国政法大学出版社 2001 年版。

马怀德主编：《行政法与行政诉讼法》，中国法制出版社 2000 年版。

马怀德主编：《行政法与行政诉讼法》，中国法制出版社 2007 年版。

马怀德主编：《行政诉讼原理》，法律出版社 2003 年版。

马怀德主编：《司法改革与行政诉讼制度的完善——〈行政诉讼法〉修改建议及理由说明书》，中国政法大学出版社 2004 年版。

马怀德主编：《中华人民共和国行政许可法释解》，中国法制出版社 2003 年版。

马君硕：《中国行政法总论》，商务印书馆 1947 年版。

马克昌：《比较刑法原理——外国刑法学总论》，武汉大学出版社 2002 年版。

马原、孙秀君主编：《行政监察法及配套规定新释新解》，人民法院出版社 2003 年版。

毛寿龙等：《西方政府的治道变革》，中国人民大学出版社 1998 年版。

茅铭晨：《中国行政登记法律制度研究》，上海财经大学出版社 2010 年版。

莫于川、林鸿潮主编：《政府信息公开条例实施指南》，中国法制出版社 2008 年版。

莫于川：《行政指导论纲——非权力行政方式及其法治问题研究》，重庆大学出版社 1999 年版。

莫于川主编：《行政法与行政诉讼法》，中国人民大学出版社 2012 年版。

潘嘉玮：《城市化过程中——土地征收法律问题研究》，人民出版社 2009 年版。

潘小娟：《法国行政体制》，中国法制出版社 1997 年版。

彭泰尧主编：《拉丁词典》，贵州人民出版社 1986 年版。

彭武文、赵世义、秦前红主编：《中国行政监察学》，中国人事出版社 1992 年版。

彭真：《论新时期的社会主义民主与法制建设》，中央文献出版社 1989 年版。

皮纯协、冯军：《国家赔偿法释论》，中国法制出版社 1995 年版。

皮纯协、冯军主编：《国家赔偿法释论》，中国法制出版社 2010 年版。

皮纯协、何寿生：《比较国家赔偿法》，中国法制出版社 1998 年版。

皮纯协、胡建淼主编：《中外行政诉讼词典》，东方出版社 1989 年版。

皮纯协、胡锦光主编：《行政诉讼法教程》，中国人民大学出版社 1993 年版。

皮纯协、胡锦光编著：《行政法与行政诉讼法教程》，中央广播电视大学出版社 1996 年版。

皮纯协、张成福主编：《行政法学》，中国人民大学出版社 2002 年版。

皮纯协：《行政程序法比较研究》，中国人民公安大学出版社 2000 年版。

皮纯协：《行政法学》，群众出版社 2000 年版。

皮纯协：《行政复议法论》，中国法制出版社 2001 年版。

皮纯协主编：《行政程序法比较研究》，中国人民公安大学出版社 2000 年版。

皮纯协主编：《中国行政法教程》，中国政法大学出版社 1988 年版。

蒲坚：《中国古代行政立法》，北京大学出版社 1990 年版。

漆多俊主编：《宏观调控法研究》，中国方正出版社 2002 年版。

漆多俊主编：《经济法论丛》（第 6 卷），中国方正出版社 2002 年版。

强世功编：《调解、法制与现代性：中国调解制度研究》，中国法制出版社 2005 年版。

乔晓阳主编:《立法法讲话》,中国民主法制出版社 2000 年版。

乔晓阳等主编:《中华人民共和国行政许可法实施手册》,吉林人民出版社 2003 年版。

乔晓阳主编:《中华人民共和国行政许可法释义》,中国物价出版社 2003 年版。

乔育彬:《行政组织法》,公共行政学会发行,1994 年版。

邱星美:《调解的回顾与展望》,中国政法大学出版社 2013 年版。

瞿同祖:《中国法律与中国社会》,中华书局 2003 年版。

全国人大常委会办公厅公报编辑室编:《中国加入世界贸易组织法律文件及有关国际条约》,中国民主法制出版社 2002 年版。

全国人大常委会办公厅研究室编:《人大监督专题研究》(内部材料)。

全国人大常委会法制工作委员会行政法室编写:《中华人民共和国行政强制法释义与案例》,中国民主法制出版社 2012 年版。

全国人大法工委国家法行政法室编写:《中华人民共和国行政许可法释义与实施指南》,中国物价出版社 2003 年版。

全国人大培训中心编:《全国人大干部培训讲义》,中国民主法制出版社 2003 年版。

人民代表大会制度研究所:《地方人大常委会 30 年——重大事件回放与点评》,人民日报出版社 2010 年版。

任仲杰主编:《行政法与行政诉讼法学》,中国政法大学出版社 1999 年版。

萨孟武:《政治学》,三民书局版。

沈达明:《比较民事诉讼法初论》,中信出版社 1991 年版。

沈福俊、邹荣主编:《行政法与行政诉讼法学》,北京大学出版社 2007 年版。

沈开举主编:《行政法学》,郑州大学出版社 2009 年版。

沈岿编:《谁还在行使权力——准政府组织个案研究》,清华大学出版社 2003 年版。

沈岿等：《准政府组织研究》，清华大学出版社 2003 年版。

沈政雄：《社会保障给付之行政法学分析——给付行政法论之再开发》，元照出版有限公司 2011 年版。

沈宗灵主编：《法理学》（高等学校法学教材），高等教育出版社 1994 年版。

沈宗灵主编：《法理学》，高等教育出版社 2000 年版。

沈宗灵：《法理学》，北京大学出版社 2001 年版。

沈宗灵：《现代西方法理学》，北京大学出版社 1992 年版。

施雪华：《政府权能理论》，浙江人民出版社 1998 年版。

石佑启：《论公共行政与行政法学范式转换》，北京大学出版社 2003 年版。

石佑启主编：《行政法与行政诉讼法》，中国人民大学出版社 2008 年版。

时蓉华编著：《社会心理学》，上海人民出版社 1986 年版。

史尚宽：《民法总论》，中国政法大学出版社 2000 年版。

史尚宽：《债法总论》，中国政法大学出版社 2000 年版。

世界银行：《1997 年世界发展报告：变革世界中的政府》，中国财政经济出版社 1997 年版。

世界银行专家组：《公共部门的社会问责》，中国人民大学出版社 2007 年版。

舒放、王克良：《国家公务员制度教程》，中国人民大学出版社 2001 年版。

树义、方彦主编：《中国行政法学》，中国政法大学出版社 1989 年版。

宋冰编：《程序、正义与现代化——外国法学家在华演讲录》，中国政法大学出版社 1998 年版。

宋炳庸：《法律行为辩证论》，延边人民出版社 1994 年版。

宋功德：《行政法哲学》，法律出版社 2000 年版。

宋功德：《论经济行政法的制度结构——交易费用的视角》，北京大学出版社 2003 年版。

宋雅芳 等：《行政规划的法治化理念与制度》，法律出版社 2009 年版。

宋英辉：《刑事诉讼目的论》，中国人民公安大学出版社 1995 年版。

苏嘉宏、洪荣彬：《行政法概要》，台湾永然文化出版有限公司 1999 年版。

苏力：《法治及其本土资源》，中国政法大学出版社 2004 年版。

苏力：《送法下乡——中国基层司法制度研究》，中国政法大学出版社 2000 年版。

苏联科学院法学研究所编：《马克思列宁主义关于国家与法的理论教程》，中国人民大学出版社 1955 年版。

苏亦工：《明清律典与条例》，中国政法大学出版社 2000 年版。

孙国华主编：《法学基础理论》（高等学校法学教材），法律出版社 1982 年版。

孙宁华主编：《权力与制约行政法研究》，科学技术文献出版社 1995 年版。

孙琬钟主编：《立法学教程》，中国法制出版社 1990 年版。

孙笑侠：《法律对行政的控制——现代行政法的法理解释》，山东人民出版社 1999 年版。

孙哲：《全国人大制度研究》，法律出版社 2004 年版。

台湾行政法学会主编：《行政法争议问题研究》（上），五南图书出版公司 2000 年版。

台湾行政法学会主编：《行政契约之基础理论、法理变革及实务趋势/行政程序法之最新发展》，元照出版有限公司 2013 年版。

谭健主编：《外国政府管理体制评介》，上海人民出版社 1987 年版。

汤德宗：《行政程序法论》，元照出版有限公司 2001 年版。

汤建国、高其才主编：《习惯在民事审判中的运用：江苏省姜堰市人民法院的实践》，人民法院出版社 2008 年版。

汤唯、孙季萍：《法律监督论纲》，北京大学出版社 2001 年版。

汤欣：《公司治理与上市公司收购》，中国人民大学出版社 2001 年版。

涂怀莹：《行政法原理》（修订版），五南图书出版公司 1986 年版。

涂怀莹：《行政法原理》，五南图书出版公司 1987 年版。

万光侠：《效率与公平——法律价值的人学分析》，人民出版社 2000 年版。

万洪源编著：《具体行政行为要览》，武汉出版社 1994 年版。

汪楫宝：《民国司法志》，正中书局 1966 年版。

汪庆祺：《王朝末日的新式审判：各省审判厅牍读》，李启成点校，北京大学出版社 2007 年版。

汪永清主编：《中华人民共和国行政许可法教程》，中国法制出版社 2003 年版。

汪永清主编：《中华人民共和国行政许可法释义》，中国法制出版社 2003 年版。

汪宗仁：《行政程序法论》，康德文化出版社 2001 年版。

王成栋、杨解君编著：《行政处罚法概论》，中国人民公安大学出版社 1996 年版。

王贵松：《行政信赖保护论》，山东人民出版社 2007 年版。

王贵松主编：《行政与民事争议交织的难题——焦作市房产纠纷案的反思与展开》，法律出版社 2005 年版。

王洁卿：《行政救济实用》，正中书局 1976 年版。

王金年：《中国大精简——第四次机构改革现状及思考》，济南出版社 1998 年版。

王克稳：《经济行政法基本论》，北京大学出版社 2004 年版。

王乐夫：《行政管理学》，高等教育出版社 2000 年版。

王利明、杨立新、王轶、程啸：《民法学》，法律出版社 2011 年版。

王利明：《侵权行为法归责原则研究》，中国政法大学出版社 2003 年版。

王利明：《人格权法新论》，吉林人民出版社 1994 年版。

王连昌主编：《行政法学》，四川人民出版社 1990 年版。

王连昌主编：《行政法学》，中国政法大学出版社 1992 年版。

王连昌主编：《行政法学》，中国政法大学出版社 1994 年版。

王连昌主编：《行政法学》，中国政法大学出版社 1995 年版。

王连昌主编：《行政法学》，中国政法大学出版社 1997 年版。

王连昌、马怀德主编：《行政法学》，中国政法大学出版社 2007 年版。

王美文：《当代中国政府公务员责任体系及其实现机制研究》，人民出版社 2008 年版。

王珉灿主编：《行政法概要》，法律出版社 1983 年版。

王名等：《中国社团改革——从政府选择到社会选择》，社会科学文献出版社 2001 年版。

王名扬：《法国行政法》，中国政法大学出版社 1988 年版。

王名扬：《法国行政法》，中国政法大学出版社 1999 年版。

王名扬：《美国行政法》，中国法制出版社 1995 年版。

王名扬：《英国行政法》，中国政法大学出版社 1987 年版。

王启富、陶髦主编：《法律辞海》，吉林人民出版社 1998 年版。

王青斌：《行政规划法治化研究》，人民出版社 2010 年版。

王叔文：《宪法是治国安邦的总章程》，群众出版社 1987 年版。

王叔文等编著：《宪法讲话》，湖北教育出版社 1984 年版。

王天华：《行政诉讼的构造：日本行政诉讼法研究》，法律出版社 2010 年版。

王万华：《行政程序法研究》，中国法制出版社 2000 年版。

王万华主编：《知情权与政府信息公开制度研究》，中国政法大学出版社 2013 年版。

王霄艳：《论行政事实行为》，法律出版社 2009 年版。

王勇：《定罪导论》，中国人民大学出版社 1990 年版。

王勇飞、张贵成主编：《中国法理学研究综述与评价》，中国政法大学出版社 1992 年版。

王云五总编：《云五社会科学大辞典行政卷》，台湾商务印书馆 1971 年版。

王泽鉴：《民法实例研习、基础理论》，三民书局 1987 年版。

王泽鉴：《侵权行为法》，中国政法大学出版社 2001 年版。

王振耀、白益华主编：《乡镇政权与村委会建设》，中国社会出版社 1996 年版。

王重高编著：《行政法总论》，中国政法大学出版社 1992 年版。

王周户、王麟、安子明、李大勇编著：《行政法》，法律出版社 2007 年版。

王周户主编：《行政法学》，陕西人民教育出版社 1992 年版。

王周户主编：《行政法学》，中国政法大学出版社 2011 年版。

魏赛娟编著：《行政法与行政诉讼法》，中山大学出版社 1996 年版。

翁岳生：《法治国家之行政法与司法》，台湾月旦出版股份有限公司 1997 年版。

翁岳生：《行政法与现代法治国家》，台湾祥新印刷有限公司 1979 年版。

翁岳生：《行政法与现代法治国家》，台湾大学法学丛书编辑委员会编辑，1979 年版。

翁岳生：《行政法与现代法治国家》，台湾祥新印刷有限公司 1989 年版。

翁岳生编：《行政法》，台湾翰芦图书出版有限公司 2000 年版。

翁岳生编：《行政法》，元照出版有限公司 2006 年版。

翁岳生等编：《行政法》，中国法制出版社 2000 年版。

翁岳生编：《行政法》，中国法制出版社 2002 年版。

翁岳生编：《行政法》，中国法制出版社 2009 年版。

翁岳生编：《行政法》，中国法制出版社 2012 年版。

吴大英、刘瀚：《中国社会主义立法问题》，群众出版社 1984 年版。

吴庚：《行政法之理论与实用》，三民书局 1992 年版。

吴庚：《行政法之理论与实用》，三民书局 1996 年版。

吴庚：《行政法之理论与实用》，三民书局 1999 年版。

吴庚：《行政法之理论与实用》，三民书局 2000 年版。

吴庚：《行政法之理论与实用》（增订第七版），三民书局版。

吴庚：《行政法之理论与实用》，三民书局 2001 年版。

吴庚：《行政法之理论与实用》（增订第八版），中国人民大学出版社 2005 年版。

吴庚：《行政争讼法论》（初版），三民书局 1999 年版。

吴汉东：《私法研究》，中国政法大学出版社 2002 年版。

夏雅莉、刘次邦主编：《商法学》，西安交通大学出版社 2004 年版。

夏甄陶：《关于目的的哲学》，上海人民出版社 1982 年版。

夏征农主编：《辞海》（上），上海辞书出版社 1999 年版。

肖蔚云：《论新宪法的新发展》，山西人民出版社 1983 年版。

肖峋：《中华人民共和国国家赔偿法的理论与实用指南》，中国民主法制出版社 1994 年版。

肖泽晟：《公物法研究》，法律出版社 2009 年版。

萧榕编：《世界著名法典选编》，中国民主法制出版社 1997 年版。

谢邦宇主编：《罗马法》，北京大学出版社 1990 年版。

谢冬慧：《纠纷解决与机制选择——民国时期民事纠纷解决机制研究》，法律出版社 2013 年版。

谢林、方晓编：《外国政府机构设置与职能》，中国经济出版社 1986 年版。

辛向阳：《大国诸侯：中国中央与地方关系之结》，中国社会出版社 2008 年版。

信春鹰、李林主编：《依法治国与司法改革》，中国法制出版社 1999 年版。

熊文钊：《行政法通论》，中国人事出版社 1995 年版。

熊文钊：《现代行政法原理》，法律出版社 2000 年版。

熊先觉、皮纯协主编：《中国组织法学》，山西教育出版社 1993

年版。

徐国栋：《民法基本原则解释：成文法局限性之克服》，中国政法大学出版社 1992 年版。

徐国建：《德国民法总论》，经济科学出版社 1993 年版。

徐世虹主编：《中国法制通史》（第 2 卷），法律出版社 1999 年版。

徐颂陶：《国家公务员制度教程》，中国人事出版社 1994 年版。

许崇德、皮纯协主编：《新中国行政法学研究综述（1949—1990）》，法律出版社 1991 年版。

许崇德：《新宪法讲话》，浙江人民出版社 1983 年版。

许崇德主编：《中国宪法》（修订版），中国人民大学出版社 1996 年版。

许莲丽：《保障公民知情权——政府信息公开诉讼的理论与实践》，中国法制出版社 2011 年版。

许彭华编：《法学基础理论若干争论问题选编》（上）（中国人民大学法律系校内用书），1987 年版。

许慎：《说文解字》，中华书局 1963 年版。

许章润、徐平编：《法律：理性与历史　澳大利亚的理念、制度和实践》，中国法制出版社 2000 年版。

许志雄：《社会权论》，罗文图书公司 1991 年版。

许宗力：《法与国家权力》，元照出版有限公司 2006 年版。

薛刚凌：《国家赔偿法教程》，中国政法大学出版社 1998 年版。

薛刚凌：《行政诉权研究》，华文出版社 1999 年版。

薛刚凌主编：《行政诉讼法学》，华文出版社 1998 年版。

"行政院"研究发展考核委员会编：《行政规费有关问题之探讨》，"行政院"研究发展考核委员会 1978 年版。

杨春学：《经济人与社会秩序分析》，上海三联书店 1998 年版。

杨海坤、黄学贤：《中国行政程序法典化——从比较法角度研究》，法律出版社 1999 年版。

杨海坤、章志远：《中国行政法基本理论研究》，北京大学出版社

2004 年版。

杨海坤、章志远：《中国特色政府法治论研究》，法律出版社 2008 年版。

杨海坤：《中国行政法基本理论》，南京大学出版社 1992 年版。

杨海坤主编：《中国行政法基础理论》，中国人事出版社 2000 年版。

杨海坤主编：《行政法与行政诉讼法》，法律出版社 1992 年版。

杨海坤主编：《跨入 21 世纪的中国行政法学》，中国人事出版社 2000 年版。

杨海坤主编：《跨入新世纪的中国宪法学》，中国人事出版社 2001 年版。

杨惠基：《听证程序概论》，上海大学出版社 1998 年版。

杨惠基：《听证程序理论与实务》，上海人民出版社 1997 年版。

杨建顺：《行政规制与权利保障》，中国人民大学出版社 2007 年版。

杨建顺：《日本行政法通论》，中国法制出版社 1998 年版。

杨建顺主编：《行政法总论》，中国人民大学出版社 2012 年版。

杨解君、孙学玉：《依法行政论纲》，中共中央党校出版社 1998 年版。

杨解君、肖泽晟：《行政法学》，法律出版社 2000 年版。

杨解君：《行政法学》（全国高等院校法学专业核心课程教材），中国方正出版社 2002 年版。

杨解君：《秩序·权力与法律控制》（增补本），四川大学出版社 1999 年版。

杨解君：《中国行政法的变革之道——契约理念的确立及其展开》，清华大学出版社 2011 年版。

杨解君：《走向法治的缺失言说——法理、行政法的思考》，法律出版社 2001 年版。

杨解君编：《行政契约与政府信息公开》，《2001 年海峡两岸行政法学术研讨会实录》，东南大学出版社 2002 年版。

杨解君主编：《行政许可研究》，人民出版社 2001 年版。

杨临宏等：《行政法学新领域问题研究》，云南大学出版社 2006 年版。

杨临宏主编：《行政规划的理论与实践研究》，云南大学出版社 2012 年版。

杨临萍主编：《行政损害赔偿》，人民法院出版社 1999 年版。

杨生、孙秀君：《行政执法行为》，中国法制出版社 2003 年版。

杨团：《社区公共服务论析》，华夏出版社 2002 年版。

杨伟东：《权力结构中的行政诉讼》，北京大学出版社 2008 年版。

杨伟东：《政府信息公开主要问题研究》，法律出版社 2013 年版。

杨小君主编：《行政法基础理论研究》，西安交通大学出版社 2000 年版。

杨小君、王周户主编：《行政强制与行政程序研究》，中国政法大学出版社 2000 年版。

杨晓民、周翼虎：《中国单位制度》，中国经济出版社 1999 年版。

杨寅：《中国行政程序法治化——法理学与法文化的分析》，中国政法大学出版社 2001 年版。

杨桢：《英美契约法论》，北京大学出版社 1997 年版。

姚锐敏、易凤兰：《违法行政及其法律责任研究》，中国方正出版社 2000 年版。

叶必丰、周佑勇：《行政规范研究》，法律出版社 2002 年版。

叶必丰：《行政法学》，武汉大学出版社 1996 年版。

叶必丰：《行政法学》，武汉大学出版社 2003 年版。

叶必丰：《行政法与行政诉讼法》，武汉大学出版社 2008 年版。

叶必丰：《行政行为的效力研究》，中国人民大学出版社 2002 年版。

叶必丰：《行政行为原理》，商务印书馆 2014 年版。

叶必丰：《应申请行政行为判解》，武汉大学出版社 2000 年版。

叶必丰主编：《行政法与行政诉讼法》，中国人民大学出版社 2003 年版。

叶自强：《举证责任》，法律出版社 2011 年版。

应松年、胡建淼主编：《中外行政诉讼案例选评》，中国政法大学出版社 1989 年版。

应松年、刘莘：《中华人民共和国行政复议法讲话》，中国方正出版社 1999 年版。

应松年、刘莘主编：《中华人民共和国行政强制法条文释义与案例适用》，中国市场出版社 2011 年版。

应松年、马怀德主编：《行政处罚法》，人民出版社 1996 年版。

应松年、薛刚凌：《行政组织法研究》，法律出版社 2002 年版。

应松年、袁曙宏主编：《走向法治政府——依法行政理论研究与实证调查》，法律出版社 2001 年版。

应松年、朱维究主编：《行政法学总论》，工人出版社 1985 年版。

应松年、朱维究主编：《行政法与行政诉讼法教程》，中国政法大学出版社 1985 年版。

应松年、朱维究主编：《行政法与行政诉讼法教程》，中国政法大学出版社 1989 年版。

应松年主编：《比较行政程序法》，中国法制出版社 1999 年版。

应松年：《行政法学教程》，中共中央党校出版社 2001 年版。

应松年：《依法行政读本》，人民出版社 2001 年版。

应松年：《中国走向行政法治探索》，中国方正出版社 1998 年版。

应松年编：《行政法学新论》，中国方正出版社 1998 年版。

应松年编：《行政法学新论》，中国方正出版社 2004 年版。

应松年主编：《当代中国行政法》，中国方正出版社 2005 年版。

应松年主编：《国家赔偿法研究》，法律出版社 1995 年版。

应松年主编：《行政程序法立法研究》，中国法制出版社 2001 年版。

应松年主编：《行政法教程》，中国人事出版社 2000 年版。

应松年主编：《行政法学教程》，中国政法大学出版社 1989 年版。

应松年主编：《行政法与行政诉讼法学》，法律出版社 2005 年版。

应松年主编：《行政法与行政诉讼法》，中国法制出版社 2009 年版。

应松年主编：《行政法与行政诉讼法》，法律出版社 2009 年版。

应松年主编：《行政法与行政诉讼法》，中国政法大学出版社 2012 年版。

应松年主编：《行政行为法——中国行政法制建设的理论与实践》，人民出版社 1993 年版。

应松年主编：《行政诉讼法学》，中国政法大学出版社 1994 年版。

应松年主编：《行政诉讼法学》，中国政法大学出版社 1997 年版。

应松年主编：《行政诉讼法学》（修订版），中国政法大学出版社 1999 年版。

应松年主编：《行政诉讼法学》，中国政法大学出版社 2002 年版。

应松年主编：《外国行政程序法汇编》，中国法制出版社 1999 年版。

应松年主编：《外国行政程序法汇编》，中国法制出版社 2001 年版。

于安：《外商投资特许权项目协议（BOT）与行政合同法》，法律出版社 1998 年版。

于安编著：《德国行政法》，清华大学出版社 1999 年版。

余定猛、丁正国：《公安行政调解》，中国人民公安大学出版社 2014 年版。

余凌云：《行政法讲义》，清华大学出版社 2014 年版。

余凌云：《行政法上合法预期之保护》，清华大学出版社 2012 年版。

余凌云：《行政契约论》，中国人民大学出版社 2000 年版。

余凌云主编：《全球时代下的行政契约》，清华大学出版社 2010 年版。

余卫明、邓成明主编：《行政法与行政诉讼法》，湖南大学出版社 2001 年版。

俞可平主编：《善治与治理》，社会科学文献出版社 2000 年版。

俞克纯、沈迎选编著：《激励、活力、凝聚力——行为科学的激励理论与群体行为理论》，中国经济出版社 1988 年版。

俞子清主编：《行政法与行政诉讼法学》，法律出版社 2001 年版。

袁杰主编：《中华人民共和国行政诉讼法解读》，中国法制出版社 2014 年版。

袁曙宏、方世荣、黎军：《行政法律关系研究》，中国法制出版社1999年版。

袁曙宏、张永伟：《西方国家依法行政比较研究》，《中国法学》2000年第5期。

袁曙宏：《行政处罚的创设、实施和救济》，中国法制出版社1994年版。

袁曙宏：《社会变革中的行政法制》（中国法学家自选集），法律出版社2001年版。

湛中乐等：《行政调解、和解制度研究：和谐化解法律争议》，法律出版社2009年版。

湛中乐主编：《行政许可法实用解答》，中国法制出版社2003年版。

张步洪、王万华编：《行政诉讼法律解释与判例评述》，中国法制出版社2000年版。

张步洪：《国家赔偿法判决与应用》，中国法制出版社2000年版。

张步洪：《论行政许可的功能》，《中国行政法学新理念》，中国方正出版社1997年版。

张根大：《法律效力论》，法律出版社1999年版。

张恒山：《法理要论》，北京大学出版社2002年版。

张宏生：《西方法律思想史》，北京大学出版社1983年版。

张焕光、胡建淼：《行政法学原理》，劳动人事出版社1989年版。

张焕光等：《行政法学原理》，劳动人事出版社1989年版。

张家洋、陈志华：《行政法基本理论》，空中大学出版社1995年版。

张家洋：《行政法》，三民书局1987年版。

张家洋：《行政法》，三民书局1995年版。

张金鉴：《行政学典范》，三民书局1979年版。

张劲松：《宪政视角下人大监督权的研究》，广东省出版集团、广东人民出版社2009年版。

张晋藩：《中国法律的传统与近代转型》，法律出版社1997年版。

张静：《法团主义》，中国社会科学出版社1998年版。

张俊浩编：《民法学原理》，中国政法大学出版社 1991 年版。

张千帆：《西方宪政体系》（上），中国政法大学出版社 2000 年版。

张千帆：《西方宪政体系》（下），中国政法大学出版社 2001 年版。

张千帆：《西方宪政体系》（上），中国政法大学出版社 2004 年版。

张庆军、孟国祥编：《民国司法黑幕》，江苏古籍出版社 1997 年版。

张汝伦：《意义的探究——当代西文释义学》，辽宁人民出版社 1987 年版。

张润书：《行政学》，三民书局 1979 年版。

张尚鷟：《行政法基本知识讲话》，群众出版社 1986 年版。

张尚鷟编著：《行政法教程》，中央广播电视大学出版社 1988 年版。

张尚鷟主编：《行政法学》，北京大学出版社 1991 年版。

张尚鷟主编：《行政法学》，北京大学出版社 1999 年版。

张尚鷟主编：《走出低谷的中国行政法学——中国行政法学综述与评价》，中国政法大学出版社 1991 年版。

张树义、方彦主编：《中国行政法学》，中国政法大学出版社 1989 年版。

张树义：《行政法与行政诉讼法》，高等教育出版社 2000 年版。

张树义：《行政法与行政诉讼法》，高等教育出版社 2003 年版。

张树义：《行政合同》，中国政法大学出版社 1994 年版。

张树义：《中国社会结构变迁的法学透视——行政法学视角分析》，中国政法大学出版社 2002 年版。

张树义主编：《行政法学新论》，时事出版社 1991 年版。

张树义主编：《法治政府的基本原理》，北京大学出版社 2006 年版。

张树义主编：《行政法学》，中国政法大学出版社 1995 年版。

张树义主编：《行政法与行政诉讼法案例教程》，知识产权出版社 2001 年版。

张卫平：《诉讼构架与程式民事诉讼的法理分析》，清华大学出版社 2000 年版。

张文昌、顾天辉、曲英艳主编：《管理学——理论与实践》，山东人民出版社 2000 年版。

张文显：《当代西方法哲学》，吉林大学出版社 1987 年版。

张文显：《法学基本范畴研究》，中国政法大学出版社 1992 年版。

张文显：《法学基本范畴研究》，中国政法大学出版社 1993 年版。

张文显主编：《法理学》，法律出版社 1997 年版。

张文显主编：《法理学》，高等教育出版社、北京大学出版社 2001 年版。

张小虎：《刑事法律关系的构造与价值》，中国方正出版社 1999 年版。

张新宝：《中国侵权行为法》，中国社会科学出版社 1998 年版。

张兴祥：《行政法合法预期保护原则研究》，北京大学出版社 2006 年版。

张兴祥：《中国行政许可法的理论和实务》，北京大学出版社 2003 年版。

张勇：《突发事件应急管理》，人民出版社 2011 年版。

张越编著：《英国行政法》，中国政法大学出版社 2004 年版。

张载宇：《行政法要论》，汉林出版社 1977 年版。

张兆成：《行政事实行为研究》，人民出版社 2013 年版。

张正钊、韩大元：《比较行政法》，中国人民大学出版社 1998 年版。

张正钊、韩大元：《中外许可证制度的理论与实务》，中国人民大学出版社 1994 年版。

张正钊、李元起：《行政法与行政诉讼法》，中国人民大学出版社 1999 年版。

张正钊主编：《行政法与行政诉讼法》，中国人民大学出版社 1999 年版。

张正钊主编：《外国行政法概论》，中国人民大学出版社 1990 年版。

张志铭：《法律解释操作分析》，中国政法大学出版社 1999 年版。

章剑生：《行政程序法学原理》，中国政法大学出版社 1994 年版。

章剑生：《行政行为说明理由判解》，武汉大学出版社 2000 年版。

章剑生：《现代行政法基本理论》，法律出版社 2008 年版。

章剑生：《现代行政法专题》，清华大学出版社 2014 年版。

章剑生：《现代行政法总论》，法律出版社 2014 年版。

章志远：《行政法学总论》，北京大学出版社 2014 年版。

章志远：《行政行为效力论》，中国人事出版社 2003 年版。

赵宝旭：《民主政治与地方人大：调查与思考之一》，陕西人民出版社 1990 年版。

赵宏：《法治国下的目的性创设——德国行政行为理论与制度实践研究》，法律出版社 2012 年版。

赵建清主编：《行政文书写作》，中国政法大学出版社 1994 年版。

赵克仁主编：《行政法学教程》，中山大学出版社 1990 年版。

赵万一主编：《商法》，中国人民大学出版社 2003 年版。

赵旭东：《纠纷与纠纷解决原论——从成因到理念的深度分析》，北京大学出版社 2009 年版。

赵章程：《行政法总论》，上海商务印书馆 1935 年版。

赵振宇、田立延主编：《激励论——发掘人力资源的奥秘》，华夏出版社 1994 年版。

赵中孚主编：《商法总论》，中国人民大学出版社 1999 年版。

浙江省法学会：《法学理论与实务》，中央文献出版社 2003 年版。

郑功成：《中国社会保障制度变迁与评估》，中国人民大学出版社 2002 年版。

郑杭生主编：《社会学概论新修》，中国人民大学出版社 1994 年版。

郑鹏程：《行政垄断的法律控制研究》，北京大学出版社 2003 年版。

郑玉波：《民法总论》，三民书局 2000 年版。

支馥生主编：《行政法教程》，武汉大学出版社 1991 年版。

中共中央马克思恩格斯列宁斯大林著作编译局编：《斯大林文集（1934—1952）》，人民出版社 1985 年版。

中共中央文献编辑委员会编：《邓小平文选》第三卷，人民出版社 1993 年版。

中共中央文献研究室编：《建国以来重要文件选编》，中央文献出版社 1992 年版。

中共中央文献研究室编：《毛泽东文集》（第七卷），人民出版社 1999 年版。

中共中央文献研究室编：《十三大以来重要文献选编》（上），人民出版社 1991 年版。

中华人民共和国国家统计局编：《中国统计年鉴 2012》，中国统计出版社 2012 年版。

中组部、人事部法规司编：《外国公务员法选编》，中国政法大学出版社 2003 年版。

钟庚言：《行政法总论》，朝阳大学出版社 1923 年版。

周汉华：《行政许可法：观念创新与实践挑战》，《法学研究》2005 年第 2 期。

周汉华：《政府监管与行政法》，北京大学出版社 2007 年版。

周汉华主编：《外国政府信息公开制度比较》，中国法制出版社 2003 年版。

周天玮：《法治理想国——苏格拉底与孟子的虚拟对话》，商务印书馆 1999 年版。

周旺生：《关于授权立法的几个基本问题》，《立法研究》（第 5 卷），北京大学出版社 2005 年版。

周旺生：《规范性文件起草》，中国民主法制出版社 1998 年版。

周旺生：《立法论》，北京大学出版社 1994 年版。

周旺生：《立法学教程》，北京大学出版社 2006 年版。

周旺生主编：《立法学》，法律出版社 1998 年版。

周新铭、刘兆兴编著：《行政法概述》，云南教育出版社 1988 年版。

周叶中：《代议制度比较研究》，武汉大学出版社 1995 年版。

周叶中：《宪政中国研究》（上），武汉大学出版社 2006 年版。

周叶中主编：《宪法》，高等教育出版社、北京大学出版社 2000 年版。

周永坤：《法理学——全球视野》，法律出版社 2000 年版。

周佑勇：《行政不作为判解》，武汉大学出版社 2000 年版。

周佑勇：《行政裁量治理研究：一种功能主义的立场》，法律出版社 2008 年版。

周佑勇：《行政法基本原则研究》，武汉大学出版社 2005 年版。

周佑勇：《行政法原论》，中国方正出版社 2000 年版。

周佑勇：《行政法原论》，中国方正出版社 2002 年版。

周佑勇：《行政法原论》，中国方正出版社 2005 年版。

周佑勇：《行政法专论》，中国人民大学出版社 2010 年版。

周志忍等：《当代国外行政改革比较研究》，国家行政学院出版社 1999 年版。

朱林：《澳门行政程序法典——释义、比较与分析》，澳门基金会 1996 年版。

朱维究、王成栋主编：《一般行政法原理》，高等教育出版社 2005 年版。

朱武献：《言论自由之宪法保障》，收录于台湾比较法学会编：《中美言论自由法制之比较研讨会专刊》，1986 年版。

朱新力：《行政法基本原理》，浙江大学出版社 1995 年版。

朱新力：《行政法律责任研究》，法律出版社 2004 年版。

朱新力：《行政违法研究》，杭州大学出版社 1999 年版。

朱新力主编：《行政法学》，高等教育出版社 2004 年版。

邹钧主编：《日本行政管理概论》，吉林人民出版社 1986 年版。

左卫民等：《中国基层纠纷解决研究》，人民出版社 2010 年版。

最高人民法院行政审判庭编：《中国行政审判案例》（第 2 卷第 40—80 号案例），中国法制出版社 2011 年版。

最高人民法院行政审判庭编：《关于执行〈中华人民共和国行政诉讼法〉若干问题的解释》，中国城市出版社 2000 年版。

最高人民法院行政审判庭编：《行政执法与行政审判参考》，法律出版社 2000 年版。

最高人民法院行政审判庭组织编写：《行政审判实用全书》，法律出版社 1993 年版。

最高人民法院行政审判庭编：《行政执法与行政审判参考》，法制出版社 2011 年版。

最高人民法院中国应用法学研究所编：《人民法院案例选》（2003 年第二辑），人民法院出版社 2003 年版。

《大法官会议解释汇编》，三民书局 1999 年版。

《马克思恩格斯全集》第 1 卷，人民出版社 1974 年版。

《牛津法律大词典》，光明日报出版社 1988 年版。

《现代汉语词典》，商务印书馆 1998 年版。

《中国大百科全书·法学》，中国大百科全书出版社 1984 年版。

［奥地利］维特根斯坦：《哲学研究》，李步楼译，商务印书馆 1996 年版。

［奥地利］凯尔森：《法与国家的一般理论》，沈宗灵译，中国大百科全书出版社 1996 年版。

［德］K.茨威格特、H.克茨：《比较法总论》，潘汉典、米健、高鸿均、贺卫方译，法律出版社 2003 年版。

［德］阿图尔·考夫曼等编：《当代法律哲学和法律理论导论》，郑永流译，法律出版社 2002 年版。

［德］埃贝哈德·施密特-阿斯曼等：《德国行政法读本》，于安等译，高等教育出版社 2006 年版。

［德］奥托·迈耶：《德国行政法》，刘飞译，商务印书馆 2002 年版。

［德］伯恩哈德·格罗斯菲尔德：《比较法的力量与弱点》，孙世彦、姚建宗译，清华大学出版社 2002 年版。

［德］弗里德赫尔穆·胡芬：《行政诉讼法》（第 5 版），莫光华译，法律出版社 2003 年版。

［德］哈贝马斯：《在事实与规范之间》，童世骏译，生活·读书·新知三联书店 2003 年版。

［德］哈特穆特·毛雷尔：《行政法学总论》，高家伟译，法律出版社

2000 年版。

[德]汉斯·J.沃尔夫、奥托·巴霍夫、罗尔夫·施托贝尔：《行政法》（第 1 卷），高家伟译，商务印书馆 2002 年版。

[德]汉斯·J.沃尔夫、奥托·巴霍夫、罗尔夫·施托贝尔：《行政法》（第 2 卷），高家伟译，商务印书馆 2002 年版。

[德]汉斯·普维庭：《现代证明责任问题》，吴越译，法律出版社 2000 年版。

[德]黑格尔：《法哲学原理》，范扬、张企泰译，商务印书馆 1961 年版。

[德]黑塞：《联邦德国宪法纲要》，李辉译，商务印书馆 2007 年版。

[德]卡尔·拉伦茨：《法学方法论》，陈爱娥译，五南图书出版公司 1996 年版。

[德]克劳斯·施莱希、斯特凡·科里奥特：《德国联邦宪法法院：地位、程序与裁判》，刘飞译，法律出版社 2007 年版。

[德]克雷斯蒂安·冯·巴尔：《欧洲比较侵权法》（下卷），焦美华译，法律出版社 2001 年版。

[德]莱因荷德·齐佩利乌斯：《法哲学》（第 6 版），金振豹译，北京大学出版社 2013 年版。

[德]李斯特：《德国刑法教科书》，徐久生译，法律出版社 2000 年版。

[德]罗伯特·霍恩、海因·科茨、汉斯·莱塞：《德国民商法导论》，楚建译，中国大百科全书出版社 1996 年版。

[德]罗尔夫·斯特博：《德国经济行政法》，苏颖霞、陈少康译，中国政法大学出版社 1999 年版。

[德]马克斯·韦伯：《经济与社会》（下），林容远译，商务印书馆 1997 年版。

[德]马克斯·韦伯：《学术与政治》，冯克利译，生活·读书·新知三联书店 1998 年版。

[德]米歇尔·施托莱斯：《德国公法史（1800—1914）》，雷勇译，

法律出版社 2007 年版。

［德］平特纳：《德国普通行政法》，朱林译，中国政法大学出版社 1999 年版。

［德］维尔纳·弗卢梅：《法律行为论》，迟颖译，法律出版社 2013 年版。

［德］魏伯乐、［美］奥兰·扬、［瑞士］马塞厄斯·芬格主编：《私有化的局限》，王小卫、周缨译，上海人民出版社 2006 年版。

［俄］B.B.拉扎列夫主编：《法与国家的一般理论》，王哲、王成英、刘远生、李尚公译，法律出版社 1999 年版。

［俄］B.B.拉扎列夫主编：《法与国家的一般理论》，王哲等译，法律出版社 1999 年版。

［法］古斯塔夫·佩泽尔：《法国行政法》，廖坤明、周洁译，国家行政学院出版社 2002 年版。

［法］莱昂·狄骥：《公法的变迁·法律与国家》，郑戈、冷静译，辽海出版社、春风文艺出版社 1999 年版。

［法］莱昂·狄骥：《宪法论》，钱克新译，商务印书馆 1962 年版。

［法］勒内·达维：《英国法与法国法：一种实质性比较》，潘华仿等译，清华大学出版社 2002 年版。

［法］卢梭：《社会契约论》，何兆武译，商务印书馆 1980 年版。

［法］卢梭：《社会契约论》，何兆武译，商务印书馆 1996 年版。

［法］孟德斯鸠：《论法的精神》，张雁深译，商务印书馆 1961 年版。

［法］孟德斯鸠：《论法的精神》，张雁深译，商务印书馆 1982 年版。

［法］孟德斯鸠：《论法的精神》（上册），张雁深译，商务印书馆 1987 年版。

［法］莫里斯·奥里乌：《行政法与公法精要》，龚觅等译，辽海出版社、春风文艺出版社 1999 年版。

［法］让·里韦罗、让·瓦利纳：《法国行政法》，鲁仁译，商务印书馆 2008 年版。

［法］涂尔干：《社会分工论》，渠东译，生活·读书·新知三联书店

2000 年版。

［法］托克维尔：《论美国的民主》（下），董果良译，商务印书馆 1988 年版。

［古罗马］查士丁尼：《法学总论——法学阶梯》，张企泰译，商务印书馆 1989 年版。

［古希腊］亚里士多德：《政治学》，商务印书馆 1965 年版。

［古希腊］亚里士多德：《政治学》，吴寿彭译，中国人民大学出版社 2008 年版。

［韩］金东熙：《行政法 II》，赵峰译，中国人民大学出版社 2008 年版。

［美］A.D.F.普赖斯：《国际工程融资》，水利电力出版社 1995 年版。

［美］C.约翰逊：《通产省与日本奇迹》，中共中央党校出版社 1992 年版。

［美］E.博登海默：《法理学：法律哲学与法律方法》，邓正来译，中国政法大学出版社 1999 年版。

［美］J.格里高利·西达克、丹尼尔·F.史普博：《美国公用事业的竞争转型：放松管制与管制契约》，宋华琳、李鸻等译，上海人民出版社 2012 年版。

［美］P.诺内特、P.塞尔兹尼克：《转变中的法律与社会：迈向回应型法》，张志铭译，中国政法大学出版社 2004 年版。

［美］Q.巴里·R.惠克贝：《公共行政的法律基础》（*The Legal Foundations of Public Administration*），1981 年版。

［美］R.M.昂格尔：《现代社会中的法律》，吴玉章、周汉华译，中国政法大学出版社 1994 年版。

［美］阿纳瓦斯、陆伯瑞：《政府合同指南》（英文版），1987 年版。

［美］埃尔金等编：《新宪政论——为美好的社会设计政治制度》，周叶谦译，生活·读书·新知三联书店 1997 年版。

［美］艾骇博、百里枫：《揭开行政之恶》，白锐译，中央编译出版社 2009 年版。

［美］安·弗洛里妮等：《中国试验——从地方创新到全国改革》，冯瑾等译，中央编译出版社 2013 年版。

［美］昂格尔：《现代社会中的法律》，吴玉章等译，中国政法大学出版社 1994 年版。

［美］奥罗姆：《政治社会学》，张华青等译，上海人民出版社 1989 年版。

［美］彼得·布劳、马歇尔·迈耶：《现代社会的科层制》，马戎等译，学林出版社 2001 年版。

［美］波斯纳：《法律经济分析》，蒋兆康译，中国大百科全书出版社 1997 年版。

［美］伯尔曼、格林莱：《法律的性质和功能》（英文版），美国基石出版公司 1980 年版。

［美］伯尔曼：《法律和宗教》，梁治平译，上海三联书店 1991 年版。

［美］伯尔曼：《法律与革命——西方法律传统的形成》，中国大百科全书出版社 1993 年版。

［美］伯纳德·施瓦茨：《行政法》，徐炳等译，群众出版社 1986 年版。

［美］查尔斯·A.比尔德：《美国政府与政治》（上），朱曾汶译，商务印书馆 1987 年版。

［美］戴维·奥斯本、特德·盖布勒：《改革政府——企业精神如何改革着公营部门》，上海市政协编译组、东方编译组编译，上海译文出版社 1996 年版。

［美］丹尼尔·F.史普博：《管制与市场》，余晖等译，上海三联书店、上海人民出版社 1999 年版。

［美］道格拉斯·C.诺斯、约翰·约瑟夫·瓦利斯、巴里·R.温格斯特：《暴力与社会秩序：诠释有文字记载的人类历史的一个概念性框架》，杭行、王亮译，格致出版社、上海三联书店 2013 年版。

［美］盖尔霍恩等：《行政法和行政程序概要》，黄列译，中国社会科学出版社 1996 年版。

［美］戈尔丁：《法律哲学》，齐海滨译，生活·读书·新知三联书店1987年版。

［美］汉密尔顿、杰伊、麦迪逊：《联邦党人文集》，程逢如、在汉、舒逊译，商务印书馆1980年版。

［美］汉密尔顿：《联邦党人文集》，张企泰译，商务印书馆1992年版。

［美］吉尔伯特·罗兹曼：《中国的现代化》，国家社会科学基金"比较现代化"课题组译，江苏人民出版社2003年版。

［美］加尔布雷思：《权力的分析》，陶远华等译，河北人民出版社1988年版。

［美］杰罗姆·巴伦、托马斯·迪恩斯：《美国宪法概论》，刘瑞祥等译，中国社会科学出版社1995年版。

［美］杰瑞·L.马肖：《行政国的正当程序》，沈岿译，高等教育出版社2005年版。

［美］金义勇：《中国与西方的法律观念》，辽宁人民出版社1989年版。

［美］卡尔威因·帕尔德森：《美国宪法释义》，徐卫东、吴新平译，华夏出版社1989年版。

［美］科恩：《论民主》，商务印书馆1988年版。

［美］克里斯特曼：《财产的神话——走向平等主义的所有权理论》，张绍宗译，广西师范大学出版社2004年版。

［美］肯尼思·F.沃伦：《政治体制中的行政法》（第三版），王丛虎等译，中国人民大学出版社2005年版。

［美］李怀印：《华北村治：晚清和民国时期的国家与乡村》，岁有生、王士皓译，中华书局2008年版。

［美］理查德·B.斯图尔特：《美国行政法的重构》，沈岿译，商务印书馆2002年版。

［美］理查德·波斯纳：《法理学问题》，苏力译，中国政法大学出版社1994年版。

[美] 理查德·波斯纳：《法律的经济分析》（下），中国大百科全书出版社 1997 年版。

[美] 路易斯·亨金等：《宪政与权利》（中文版），生活·读书·新知三联书店 1996 年版。

[美] 罗伯特·达尔：《民主理论的前言》，顾昕译，生活·读书·新知三联书店 1999 年版。

[美] 罗伯特·考特、托马斯·尤伦：《法和经济学》（中文版），上海三联书店 1996 年版。

[美] 罗尔斯：《正义论》，何怀宏等译，中国社会科学出版社 1988 年版。

[美] 罗纳德·德沃金：《认真对待权利》，信春鹰、吴玉章译，中国大百科全书出版社 1998 年版。

[美] 罗斯科·庞德：《普通法的精神》，唐前宏等译，法律出版社 2001 年版。

[美] 罗兹曼主编：《中国的现代化》，陶骅译，江苏人民出版社 1995 年版。

[美] 迈克尔·D.贝勒斯：《程序正义——向个人的分配》，邓海平译，高等教育出版社 2005 年版。

[美] 迈克尔·D.贝勒斯：《法律的原则——一个规范的分析》，张文显译，中国大百科全书出版社 1996 年版。

[美] 麦克斯·J.斯基德摩、马歇尔·卡里普：《美国政府简介》，张帆、林琳译，中国经济出版社 1998 年版。

[美] 美国国家环境保护局编：《环境执法原理》，王曦等译，民主与建设出版社 1999 年版。

[美] 莫特玛·阿德勒、查尔斯·范多伦：《西方思想宝库》，中国广播电视出版社 1991 年版。

[美] 诺内特、塞尔兹尼克：《转变中的法律与社会》，张志铭译，中国政法大学出版社 1994 年版。

[美] 欧内斯特·盖尔霍恩、罗纳德·M.利文：《行政法和行政程序

概要》，黄列译，中国社会科学出版社 1996 年版。

［美］庞德：《通过法律的社会控制》，商务印书馆 1984 年版。

［美］乔治·A.斯蒂纳、约翰·F.斯蒂纳：《企业、政府与社会》，张志强译，华夏出版社 2002 年版。

［美］萨瓦斯：《民营化与公私部门的伙伴关系》，周志忍等译，中国人民大学出版社 2002 年版。

［美］施瓦茨：《行政法》，徐炳译，群众出版社 1986 年版。

［美］施瓦茨：《美国法律史》，王军等译，中国政法大学出版社 1990 年版。

［美］史蒂文·J.伯顿：《法律和法律推理导论》，张志铭、解兴权译，中国政法大学出版社 1998 年版。

［美］特里·L.库珀：《行政伦理学：实现行政责任的途径》，张秀琴译，中国人民大学出版社 2001 年版。

［美］托马斯·潘恩：《潘恩选集》，马清槐译，商务印书馆 1982 年版。

［美］威尔逊：《国会政体——美国政治研究》，商务印书馆 1986 年版。

［美］约翰·亨利·梅里曼：《大陆法系》，顾培东等译，知识出版社 1984 年版。

［美］约翰·罗尔斯：《正义论》，何怀宏等译，中国社会科学出版社 1988 年版。

［美］詹姆斯·伯恩斯等：《美国式民主》，谭君久译，中国社会科学出版社 1993 年版。

［美］朱迪·弗里曼：《合作治理与新行政法》，毕洪海、陈标冲译，商务印书馆 2010 年版。

［日］成田赖民、荒秀、南博方等编：《现代行政法》，有斐阁 1982 年版。

［日］川岛武宜：《现代化与法》，王志安等译，中国政法大学出版社 1994 年版。

〔日〕大桥洋一：《行政法学的结构性变革》，吕艳滨译，中国人民大学出版社 2008 年版。

〔日〕大须贺明：《生存权论》，林浩译，法律出版社 2001 年版。

〔日〕大须贺明编：《生存权》（文献选集日本宪法第 7 卷），林浩译，三省堂 1977 年版。

〔日〕大冢芳司：《日本国有财产之法律制度与现状》，黄仲阳编译，经济科学出版社 1991 年版。

〔日〕大冢仁：《犯罪论的基本问题》，冯军译，中国政法大学出版社 1993 年版。

〔日〕高木光：《事实行为与行政诉讼》，有斐阁 1988 年版。

〔日〕宫本宪一：《环境经济学》，朴玉译，生活·读书·新知三联书店 2004 年版。

〔日〕谷口安平：《程序的正义与诉讼》，王亚新、刘荣军译，中国政法大学出版社 1996 年版。

〔日〕和田英夫：《现代行政法》，倪健民、潘世圣译，中国广播电视出版社 1993 年版。

〔日〕和田英夫：《现代行政法》，倪健民等译，中国广播电视出版社 1995 年版。

〔日〕兼子一、竹下守夫：《民事诉讼法》（新版），白绿铉译，法律出版社 1995 年版。

〔日〕金滢基、村松岐夫等编：《日本公务员制度与经济发展》，中国对外翻译出版公司 1997 年版。

〔日〕美浓部达吉：《日本行政法》，有斐阁 1936 年版。

〔日〕美浓部达吉：《公法与私法》，台北"商务印书馆" 1963 年版。

〔日〕美浓部达吉：《公法与私法》，黄冯明译，中国政法大学出版社 2003 年版。

〔日〕南博方：《行政法》（第六版），杨建顺译，中国人民大学出版社 2009 年版。

〔日〕南博方：《日本行政法》，杨建顺、周作彩译，中国人民大学出版社 1988 年版。

〔日〕棚濑孝雄：《纠纷的解决与审判制度》，王亚新译，中国政法大学出版社 1994 年版。

〔日〕片刚宽光：《论职业公务员》，熊达云、郑希宏译，上海科学普及出版社 2001 年版。

〔日〕乔本公恒：《宪法原论》，有斐阁 1979 年版。

〔日〕清水澄：《〈行政法泛论〉与〈行政法各论〉》（初版），金泯澜等译，上海商务印书馆 1908 年版。

〔日〕仁井田升：《中国法制史》，牟发松译，上海古籍出版社 2011 年版。

〔日〕三和综合研究所：《1998 年的日本与世界经济》，上海社会科学院信息研究所译，上海人民出版社 1998 年版。

〔日〕三月章：《日本民事诉讼法》，汪一凡译，五南图书出版公司 1997 年版。

〔日〕杉原泰雄：《宪法的历史——比较宪法学新论》，吕昶、渠涛译，社会科学文献出版社 2000 年版。

〔日〕石井昇：《行政契约的理论和程序》，东京弘文堂 1988 年版。

〔日〕室井力编：《行政法 100 讲》，东京学阳书房 1990 年版。

〔日〕室井力编：《日本现代行政法》，吴微译，中国政法大学出版社 1995 年版。

〔日〕室井力等编著：《日本行政程序法逐条注释》，朱芒译，上海三联书店 2009 年版。

〔日〕田村德治编：《宪法及行政法及诸问题》，有斐阁 1987 年版。

〔日〕田中二郎：《行政法》，弘文堂 1974 年版。

〔日〕田中二郎：《简明行政法》（新版），弘文堂 1983 年版。

〔日〕田中二郎：《新版行政法》，中国政法大学出版社 1985 年版。

〔日〕田中二郎：《新版〈行政法〉》（上卷），1990 年版。

〔日〕小岛武司、伊藤真编：《诉讼外纠纷解决法》，丁婕译，中国政法大学出版社 2005 年版。

［日］小野清一郎：《犯罪构成要件理论》，王泰译，中国人民公安大学出版社 1991 年版。

［日］小早川光郎：《行政法》，弘文堂 1999 年版。

［日］新藤宗幸：《行政指导》，岩波书店 1992 年版。

［日］盐野宏：《行政法》Ⅰ，刘宗德、赖恒盈译，月旦出版社股份有限公司 1996 年版。

［日］盐野宏：《行政法》，杨建顺译，法律出版社 1999 年版。

［日］盐野宏：《行政法总论》，杨建顺译，北京大学出版社 2008 年版。

［日］宇贺克一：《国家补偿法》，肖军译，中国政法大学出版社 2014 年版。

［日］原田尚彦：《行政法要论》，学阳书房 1986 年版。

［日］原田尚彦：《行政法要论》，东京学阳书房 1995 年版。

［日］原田尚彦：《行政法要论》（全订第七版［补订二版］），学阳书房 2012 年版。

［日］增岛俊之：《日本的行政改革》，熊达云等译，天津社会科学院出版社 1998 年版。

［日］芝池义一：《行政法总论讲义》（第四版补订版），有斐阁 2006 年版。

［日］滋贺秀三等：《明清时期的民事审判与民间契约》，王亚新等编译，法律出版社 1998 年版。

［日］佐佐木惣一：《法の平等の権利と生活規制無差別の権利》，《憲法学論文選（一）》，有斐閣 1956 年版。

［瑞士］莱恩：《新公共管理》，赵成根等译，中国青年出版社 2004 年版。

［苏］B.M.马诺辛等：《苏维埃行政法》，黄道秀译，群众出版社 1983 年版。

［苏］玛·巴·卡列娃：《国家和法的理论》（下册），中国人民大学出版社 1956 年版。

〔苏〕瓦西林科夫主编：《苏维埃行政法总论》，姜明安、武树臣译，北京大学出版社 1985 年版。

〔苏〕诺维茨基：《法律行为·诉讼时效》，康宝田译，中国人民大学出版社 1956 年版。

〔意〕皮罗·克拉玛德雷：《程序与民主》，翟小波、刘刚译，高等教育出版社 2005 年版。

〔印〕M.P.赛夫：《德国行政法——普通法的分析》，周伟译，五南图书出版公司 1991 年版。

〔印〕M.P.赛夫：《德国行政法——普通法的分析》，周伟译，山东人民出版社 2006 年版。

〔英〕A.J.M.米尔恩：《人的权利与人的多样性——人权哲学》，夏勇、张志铭译，中国大百科全书出版社 1995 年版。

〔英〕A.W.布拉德利、K.D.尤因：《宪法与行政法》（下），刘刚、江菁等译，商务印书馆 2008 年版。

〔英〕L.赖维乐·布朗、约翰·S.贝尔：《法国行政法》，高秦伟、王锴译，中国人民大学出版社 2006 年版。

〔英〕M.J.C.维尔：《宪政与分权》，苏力译，生活·读书·新知三联书店 1997 年版。

〔英〕阿蒂亚：《法律与现代社会》，范悦等译，辽宁教育出版社/牛津大学出版社 1998 年版。

〔英〕彼得·莱兰、戈登·安东尼：《英国行政法教科书》，杨伟东译，北京大学出版社 2007 年版。

〔英〕彼得·斯坦：《西方社会的法律价值》，王献平译，中国人民公安大学出版社 1989 年版。

〔英〕彼得·斯坦等：《西方社会的法律价值》，王献平译，中国人民公安大学出版社 1990 年版。

〔英〕边沁：《政府片论》，沈叔平译，商务印书馆 1995 年版。

〔英〕弗里德利希·冯·哈耶克：《自由秩序原理》，邓正来译，生活·读书·新知三联书店 1997 年版。

［英］弗林：《公共部门管理》，曾锡环等译，中国青年出版社 2004 年版。

［英］哈特：《法律的概念》，张文显等译，中国大百科全书出版社 1996 年版。

［英］哈耶克：《通向奴役之路》，王明毅、冯兴元等译，中国社会科学出版社 1997 年版。

［英］赫尔德：《民主的模式》，燕继荣等译，中央编译出版社 1998 年版。

［英］拉兹：《法律原则和法律实证主义》，1971 年版。

［英］罗伯特·雷纳：《警察与政治》，易继苍、朱俊瑞译，知识产权出版社 2008 年版。

［英］斯坦等：《西方社会的法律价值》，王献平译，中国人民公安大学出版社 1990 年版。

［英］威廉·韦德：《行政法》，徐炳等译，中国大百科全书出版社 1997 年版。

［英］沃克：《牛津法律大辞典》，光明日报出版社 1989 年版。

［英］伊安·汉普歇尔·蒙克编：《比较视野中的概念史》，周保巍译，华东师范大学出版社 2010 年版。

［英］约翰·洛克：《政府论》（下篇），商务印书馆 1964 年版。

［英］约翰·密尔：《代议制政府》，商务印书馆 1982 年版。

［英］约翰·邓恩：《让人民自由：民主的历史》，尹钛译，新星出版社 2010 年版。

［英］约瑟夫·拉茨：《法律的权威》，朱峰译，法律出版社 2005 年版。

Erich Eyermann/Ludwig Frohler：《德国行政法院法逐条释义》，陈敏等译，台湾“司法院”2002 年版。

A.V.Dicey, *Introduction to the Study of the Law of the Constitution* (10th ed.), Macmillan, 1959.

American College Dictionery, Randen Publishing House, New York, 1956.

Anthony Wilfred Bradley and Keith David Ewing, Constitutional and Administrative Law.

Bernard Grossfeld, The Strength and Weakness of Comparative Law, trans. by Tony Weir, Clarendon Press.

Bernard Schwartz: Administrative Law, Little, Brown and Company Boston Toronto, 1976.

Black's Law Dictionary, 5th edition, 1979.

Bradley & Ewing, Constitutional and Administrative Law, Harlow: Longman, 2003.

Cf.S. F. C. Milsom, Historical Foundations of the Common Law (2nd edition.), butterworth & Co.Ltd., 1981.

Craig, Administrative Law (4th edition), London, Sweet & Maxwell, 1999.

D.J.Hewitt, Natural Justice, Butterworths, 1972.

Daan Braveman, William C.Banks, Rodney A.Smolla: Constitutional Law: Structure and Rights in Our Federal System (3rd edition), Matthew Bender, 1996.

De Smith, Woolf, & Jowell's Principles of Judicial Review, Sweet & Maxwell.

Errol Meidinger, Private Import Safety Regulation and Transnational New Governance, in Cary Co-glianese, Adam M.Finkel & David Zaring, eds.Import Safety: Regulatory Governance in the Global Economy, University of Pennsylvania Press,2009.

Henry Campbell Black, Black's Law Dictionary, West Publishing co., 1979.

Jan G.Laitos and Joseph P.Tomain, Energy and Natural Resources Law in a Nutshell, West Group, 1992.

John Grey, The Nature and Sources of Law, New York: The Macmillan Company, 1921.

Konrad Hesse, Grundzüge des Verfassungsrechts des Bundersrepublik Deutschland, 13Aufl., 1982.

Margaret Allars: Introduction to Australian Administrative Law, Butterworths, 1990.

O.F. Robinsom and Others, An Introduction to European Legal History, Professional Books Limited, 1985.

OECD: Distributed Public Governance: Agencies, Authorities and Other Government Bodies, 2002.

Otte Mayer, Deutsches Verwaltungsrecht, 1, Bd., 3. Autflag, 1934.

P.P.Craig, Administrative Law, London: Sweet & Maxwell, 1983.

Phillip J. Cooper, Public Law and Public Administration, F. E. Peacock Publishers, Inc., 2000.

R.Dahl, Dilemmas of Pluralist Democracy, 1982.

Richard J. Lazarus, Changing Conceptions of Property and Sovereignty in Natural Resources: Questioning the Public Trust Doctrine, 71 Iowa L., 1986.

Sir William Wade, Administrative Law (9th edition), Oxford University Press, 2004.

Wade & Forsyth, Administrative Law (8th edition), Oxford University Press.

Webster's Third New International Dictionary, Merriam-Webster Inc.Publishers, Spring-field, MA01102, Copyright, 1986.

Wilfried Erbguth/Joachim Becher, Allgemeines Verwaltungsrecht (Teil2), Verlag W.Kohlhammer, 2Au-flage 1987.

William F. Fox, Jr.: Understanding Administrative Law, Matthew & Bender, 1997.

Woff/Bachof, Verwaltungsrecht II, 4.Aufl., 1976.

论 文

《澳门高等法院合议庭裁判第 172 号》（1995 年 2 月 15 日），《澳门法律学刊》总第 4 期。

安心:《论对不公正标准契约条款的行政干预》,《法学》1998 年第 4 期。

包万超:《转型发展中的中国行政指导研究》,罗豪才编:《行政法论丛》(第 1 卷),法律出版社 1998 年版。

薄贵利、金相文:《市场经济条件下中央与地方权限调整的基本趋势》,《政治学研究》1997 年第 3 期。

薄贵利:《中央与地方权限划分的再调整》,《中国行政管理》2001 年第 7 期。

薄贵利:《论优化政府组织结构》,《中国行政管理》2007 年第 5 期。

毕洪海:《国家与社会的限度——基于辅助原则的视角》,《中国法律评论》2014 年总第 1 期。

蔡昉:《怎样构造经济理论?》,《读书》2003 年第 2 期。

蔡金荣:《政府信息公开行政复议运作规则初探》,《行政论坛》2010 年第 1 期。

蔡进良:《中央行政组织法变革之另一取向——日本独立行政法人制度之引介》,《月旦法学》(2002 年 4 月),第 83 号。

蔡维音:《德国基本法第一条"人性尊严"规定之探讨》,《宪政时代》第 18 卷第 1 期。

曹缪辉、王太高:《行政许可设定权的反思与重构》,《学海》2012 年第 4 期。

曾祥瑞:《简述日本行政法中的行政计划与行政指导》,《黑龙江省政法管理干部学院学报》1999 年第 4 期。

陈爱娥:《行政主体、行政机关及公法人》,载台湾行政法学会编:《行政法争议问题研究》(上),五南图书出版公司 2000 年版。

陈发俊:《科技奖励的社会功能》,《科研管理》1998 年第 1 期。

陈红:《行政资讯公开制度及其立法模式》,《现代法学》2001 年第 23 卷第 6 期。

陈红:《论建立我国行政法院体制的必要性和可行性》,《浙江学刊》

2001 年第 4 期。

陈建福：《比较法在澳大利亚法庭上的运用》，载许章润、徐平编：《法律：理性与历史——澳大利亚的理念、制度和实践》，中国法制出版社 2000 年版。

陈建福：《制定行政程序法若干基本问题的思考》，《行政法学研究》1996 年第 2 期。

陈军：《从特许权看立法设置行政许可的几个问题》，《人大研究》2002 年第 6 期。

陈敏：《行政法总论》，三民书局 2013 年版。

陈瑞杰、靳长伟：《行政应急性原则与公民权益保障原则的冲突及平衡》，《山西省政法管理干部学院学报》2014 年第 2 期。

陈升、孟庆国、胡鞍钢：《政府应急能力及应急管理绩效实证研究——以汶川特大地震地方县市政府为例》，《中国软科学》2010 年第 2 期。

陈响荣等：《诉讼效益与证明要求——论在民事诉讼中应确立高度盖然性原则》，《法学研究》1995 年第 5 期。

陈小君、方世荣：《具体行政行为几个疑难问题的识别研析》，《中国法学》1996 年第 1 期。

陈秀美：《行政诉讼上有关行政处分之研究》，司法周刊社 1994 年版。

陈裕琨：《分析法学对行为概念的重构》，《法学研究》2003 年第 3 期。

陈自忠：《析越权行政行为的种类问题》，《政治与法律》1989 年第 1 期。

程明修：《行政私法》，《月旦法学教室》2002 年创刊号。

程明修：《论行政处分之公定力——日本法上公定力理论之演进》，《军法专刊》第 41 卷第 1 期。

程绍德：《宪法初草中之国民生计章》，《时代公论》1933 年第 65—66 期。

程雁雷：《高校退学权若干问题的法理探讨：对我国首例大学生因受学校退学处理导致文凭纠纷案的法理评析》，《法学》2000年第4期。

仇保兴：《中国城市规划十大怪现状》，《旅游时代》2007年第7期。

崔巍：《行政诉讼中法院径行行使行政确认权的法律效力》，《人民司法》1999年第5期。

崔勇：《论WTO环境下的行政审批制度改革》，《行政与法制》2001年第10期。

崔卓兰、施彦：《国家补偿理论与法律制度》，《社会科学战线》1996年第4期。

崔卓兰、蔡立东：《非强制性行政行为——现代行政法学的新范畴》，《行政法论丛》第4卷，法律出版社2001年版。

崔卓兰、吕艳辉：《行政许可的学理分析》，《吉林大学学报》（社会科学版）2004年第1期。

崔卓兰、孙红梅：《非强制行政行为初探》，《行政与法》1998年第3期。

崔卓兰：《依法行政与行政程序法》，《中国法学》1994年第4期。

崔卓兰：《行政奖励若干问题初探》，《吉林大学学报》（社会科学版）1996年第5期。

戴涛：《行政登记侵权之诉研究》，《行政法学研究》2001年第4期。

董波：《浅析我国行政补偿制度》，《浙江省政法管理干部学院学报》2001年第4期。

杜钢建：《日本情报公开法的制定与实施》，《国家行政学院学报》2000年第2期。

杜敏、安群、陶有军：《城市管理综合行政执法体制、机制创新的法理学思考——以安徽省城市管理行政执法为例》，《安徽警官职业学院学报》2012年第4期。

范愉：《行政调解刍议》，《广东社会科学》2008年第6期。

范愉：《申诉机制的救济功能与信访制度改革》，《中国法学》2014年第4期。

方洁：《参与行政的意义——对行政程序内核的法理解析》，《行政法学研究》2001 年第 1 期。

方世荣：《行政许可的含义、性质及公正性问题探讨》，《法律科学》1998 年第 2 期。

方世荣：《论我国行政诉讼受案范围的局限性及其改进》，《行政法学研究》2012 年第 2 期。

冯吉：《试论行政争议与行政申诉（复议）》，《法治论丛》1990 年第 1 期。

冯军、刘翠霄：《2000 年中国法学研究回顾·行政法学研究述评》，《法学研究》2001 年第 1 期。

冯伟、黄晓星：《浅议行政许可范围》，《当代法学》2003 年第 9 期。

冯渊源、邓小兵：《隐私权与知情权的冲突与协调》，《天水行政学院学报》2000 年第 4 期。

傅士成：《“行政调解”含义辨析》，《河北法学》1988 年第 2 期。

傅蔚冈、蒋红珍：《上海自贸区设立与变法模式思考——以“暂停法律实施”的授权合法性为焦点》，《东方法学》2014 年第 1 期。

高富平：《浅议行政许可的财产属性》，《法学》2000 年第 8 期。

高建民：《悬赏广告与政府守信》，《民主与法制》2001 年第 20 期。

高俊杰：《公用事业临时接管的行政法规制》，《行政与法》2014 年第 1 期。

高秦伟：《论社会保障行政中的正当程序》，《比较法研究》2005 年第 4 期。

高若敏：《谈行政规章以下行政规范性文件的效力》，《法学研究》1993 年第 3 期。

高文英：《警察调解制度研究》，《中国人民公安大学学报》（社会科学版）2008 年第 4 期。

高小平、刘一弘：《我国应急管理研究述评》（上、下），《中国行政管理》2009 年第 8、9 期。

高小平：《中国特色应急管理体系建设的成就和发展》，《中国行政管理》2008 年第 11 期。

高小平：《突发事件的新特点与应急管理创新》，《行政管理改革》2010 年第 1 期。

龚钰淋：《行政事实行为救济制度研究》，《河北法学》2010 年第 1 期。

顾爱平：《论行政许可的设定》，《学海》2003 年第 5 期。

顾爱平：《行政事实行为及其可诉性问题研究》，《江海学刊》2012 年第 4 期。

顾杰：《论我国行政问责制的现状和完善》，《理论月刊》2004 年第 12 期。

关保英：《比较行政法学若干问题探讨》，《法学研究》2001 年第 2 期。

关保英：《论行政处罚权和执行权的分离》，《法学研究》1993 年第 4 期。

关保英：《行政强制执行和解协议研究》，《中州学刊》2013 年第 8 期。

郭道晖：《论立法的无序现象及其对策》，《法律与学习研究》1990 年第 5 期。

郭道晖：《对行政许可是"赋权"行为的质疑》，《法学》1997 年第 11 期。

郭庆珠：《ADR 在化解社会矛盾中的功能机制研究——以行政调解为研究样本》，《法学杂志》2011 年第 1 期。

郭曰君：《论程序权利》，《郑州大学学报》2000 年第 6 期。

海鲲：《97 中国行政法研究会会议述要》，《社科信息》1997 年第 11 期。

韩会志：《日本行政计划述评》，《黑龙江省政法管理干部学院学报》1999 年第 3 期。

韩小平：《行政补偿制度的几个问题》，《东吴法学》2001 年号。

韩颖：《德国的奖励住房储蓄政策》，《学习与借鉴》1998 年第 9 期。

何兵：《高永善诉焦作市影视器材公司房产纠纷案评析——从程序法角度》，《行政法论丛》第 2 卷。

何兵：《解纷机制重构研究——从解决法院积案的视角》，北京大学博士论文，2001 年。

何海波：《行政诉讼受案范围：一页司法权的实践史（1990—2000）》，《北大法律评论》2001 年第 4 卷第 2 辑。

何海波：《国家治理视角中的村民委员会》，载罗豪才主编：《行政法论丛》第 5 卷，法律出版社 2002 年版。

何海波：《行政诉讼举证责任分配：一个价值衡量的方法》，《中外法学》2003 年第 2 期。

何海波：《形式法治批判》，载罗豪才主编：《行政法论丛》第 6 卷，法律出版社 2003 年版。

何海波：《行政行为的合法要件——兼议行政行为司法审查根据的重构》，《中国法学》2009 年第 4 期。

何海波：《公民对行政违法行为的藐视》，《中国法学》2011 年第 6 期。

何敏：《从清代私家注律看传统注释律学的实用价值》，《法学》1997 年第 5 期。

何勤华：《清代法律渊源考》，《中国社会科学》2001 年第 2 期。

侯晓蕾：《行政应急权属性分析》，《辽宁行政学院学报》2009 年第 10 期。

胡建淼：《有关行政滥用职权的内涵及其表现的学理探讨》，《法学研究》1992 年第 4 期。

胡建淼：《论中国"行政强制措施"概念的演变及定位》，《中国法学》2002 年第 6 期。

胡建淼：《"行政强制措施"与"行政强制执行"的分界》，《中国法学》2012 年第 2 期。

胡建淼：《关于〈行政强制法〉意义上的行政强制措施之认定》，《政治与法律》2012 年第 12 期。

胡良俊：《浅议我国领导干部引咎辞职制度》，《学术探讨》2004年第12期。

胡敏洁、宋华琳：《美国福利权的宪法论争》，《政治与法律》2005年第3期。

胡敏洁：《论社会权的可裁判性》，《法律科学》2006年第3期。

胡敏洁：《福利调查与受益人权利保障》，《当代法学》2008年第2期。

胡敏洁：《授益性行政行为中的"申请"——以社会保障行政为例证》，中国法学会行政法学研究会2009年年会论文集。

胡敏洁：《社会福利领域中的裁量与规则——基于〈城市最低生活保障条例〉的分析》，《浙江学刊》2011年第2期。

胡敏洁：《给付行政范畴的中国生成》，《中国法学》2013年第2期。

黄灿宏、王炎坤：《国外政府科技奖励的基本情况及特点》，《科学研究》1999年第1期。

黄硕：《行政调查中的强制手段》，2014年全国公法学博士论坛论文。

黄蔚：《论回应公民需求的治安调解》，《福建警察学院学报》2011年第6期。

黄学贤：《行政程序法的目标模式及我国的选择》，《苏州大学学报》1997年第2期。

黄学贤：《行政法中的比例原则研究》，《法律科学》2001年第1期。

黄学贤：《行政诉讼调解若干热点问题探讨》，《法学》2007年第11期。

黄学贤：《行政调解几个主要问题的学术梳理与思考——基于我国理论研究与实践发展的考察》，《法治研究》2014年第2期。

黄梓良：《美国电子政府的政府信息公开服务》，《情报海外》2003年第3期。

黄宗智：《集权的简约治理——中国以准官员和纠纷解决为主的半正式基层行政》，《开放时代》2008年第2期。

惠生武：《简论公安行政调解》，《法律科学》1996年第1期。

季卫东：《法律程序的意义》，《中国社会科学》1993年第1期。

季卫东：《论法制权威》，《中国法学》2013年第1期。

江必新：《是恢复，不是扩大——谈〈若干解释〉对行政诉讼受案范围的规定》，《人民司法》2000年第7期。

江必新：《司法解释对行政法学理论的发展》，《中国法学》2001年第4期。

江必新：《论行政许可的性质》，《行政法学研究》2004年第2期。

江必新：《中国行政合同法律制度：体系、内容及其构建》，《中外法学》2012年第6期。

江必新：《完善行政诉讼制度的若干思考》，《中国法学》2013年第1期。

江必新：《中国行政审判体制改革研究——兼论我国行政法院体系构建的基础、依据及构想》，《行政法学研究》2013年第4期。

江国华、李鹰：《直辖市体制及其立法规制——兼论制定直辖市法的必要性》，《政治与法律》2009年第2期。

江嘉琪：《德国（含欧盟）行政契约理论发展之趋势》，社团法人台湾行政法学会主编：《行政契约之基础理论、法理变革及实务趋势——行政程序法之最新发展》，2013年版。

江嘉琪：《我国台湾地区行政契约法制之构建与发展》，《行政法学研究》2014年第1期。

江义雄：《日本法上"公用征收"补偿制度之探讨》，《中正大学法学集刊》。

姜孟亚：《我国地方税权的确立及其运行机制研究》，《法学家》2010年第3期。

姜明安、沈岿：《法治原则与公共行政组织——论加强和完善我国行政组织法的意义和途径》，《行政法学研究》1998年第4期。

姜明安：《我国行政程序立法模式的选择》，《中国法学》1995年第6期。

姜明安：《行政的现代化与行政程序制度》，《中外法学》1998年第

1 期。

姜明安：《行政补偿制度研究》，《法学杂志》2001 年第 5 期。

姜明安：《我国行政程序法立法模式和调整范围之抉择》，《法制日报》2002 年 8 月 11 日第 3 版。

姜明安：《新世纪行政法发展的走向》，《中国法学》2002 年第 1 期。

姜明安：《行政规划的法制化路径》，《郑州大学学报》（哲学社会科学版）2006 年第 1 期。

蒋立山：《中国法治道路讨论》，《中外法学》1998 年第 3 期。

蒋晓伟：《要重视中国特色问责制度的建设》，《检察风云》2005 年第 6 期。

金太军：《公共行政的民主和责任取向析论》，《天津社会科学》2000 年第 5 期。

金玄默译：《韩国行政调查基本法》《韩国行政调查基本法施行令》，《行政法学研究》2009 年第 2 期。

金艳：《行政调解的制度设计》，《行政法学研究》2005 年第 2 期。

金志华：《行政事实行为浅论》，《行政与法》1996 年第 3 期。

康贞花：《韩国行政调查基本法的特色及对中国的立法启示》，《河北法学》2011 年第 10 期。

郎佩娟：《公共管理模式研究》，《政法论坛》2002 年第 2 期。

黎军：《行业组织的行政法研究》，载罗豪才主编：《行政法论丛》第 4 卷，法律出版社 2001 年版。

李大勇：《其他行政强制执行方式之界定》，《政治与法律》2014 年第 5 期。

李洪雷：《德国行政法学中行政主体概念的探讨》，《行政法学研究》2000 年第 4 期。

李后启、万胜凡：《试论行政机关申请法院强制执行案件中的几个问题》，《行政法学研究》1996 年第 1 期。

李建良：《因执行违规车辆拖掉及保管所生损害之国家赔偿责任——兼论委托私人行使公权力之态样与国家赔偿责任》，台湾《中兴法学》总第 38 期。

李杰：《论行政事实行为的定位及其识别》，《行政法学研究》1998年第 3 期。

李金刚：《诉讼救济途径的选择行政与民事——从一起房地产行政案件引发的思考》，《法学》2003 年第 1 期。

李岚清：《加快推进行政审批制度改革》，《学习与研究》2002 年第 4 期。

李良雄：《论商业银行接管的法律内涵》，《福建金融管理干部学院学报》2005 年第 2 期。

李玫、刘涛：《我国银行行政接管的法律诠释与制度完善》，《法学杂志》2012 年第 7 期。

李猛、周飞舟、李康：《单位：制度化组织的内部机制》，《中国社会科学季刊》（香港）1996 年秋季卷总第 16 期。

李培智：《论中央与地方关系及相关财政关系》，《管理世界》1994年第 4 期。

李琦：《论法律上的防卫权》，《中国社会科学》2002 年第 1 期。

李瑞昌：《关于我国公务员身份保障的几点思考》，《广东行政学院学报》2002 年第 12 期。

李珊：《加快行政审批制度改革研讨会综述》，《中国行政管理》2001年第 7 期。

李升、李卫华：《中德行政许可撤销法律之契合性比较》，《法治研究》2013 年第 2 期。

李水金：《三维行政组织结构：一种新的研究视角》，《云南行政学院学报》2007 年第 3 期。

李韬：《行政许可制度的性质定位与设定评析》，《行政论坛》2003年 5 月总第 57 期。

李孝猛：《公司登记机关审查虚假文件若干法律问题的思考》，《中国工商管理研究》2006 年第 2 期。

李游：《从"审批制"走向"核准制"——深圳经济特区企业注册

制度改革的理论和实践》，《特区经济》1993年第5期。

李友根：《法律奖励论》，《法学研究》1995年第4期。

李政刚：《基于独立行政法人制度下的公益类科研机构治理机制探索》，《湖南科技学院学报》2014年第3期。

李政刚：《政府角色转变与公立科研机构治理——基于有限政府理论的思考》，《河南学院学报》2015年第3期。

梁慧星：《讨论合同法草案征求意见稿专家会议上的争论》，《法学前沿》（第二辑）。

梁文永：《人权与税权的制度逻辑》，《比较法研究》2008年第2期。

梁妍慧：《问责制——深化党政领导干部监督管理的重要一环》，《中国党政干部论坛》2004年第9期。

林鸿潮、詹承豫：《非常规突发事件的应对与应急法的重构》，《中国行政管理》2009年第7期。

林来梵、季彦敏：《人权保障：作为原则的意义》，《法商研究》2005年第4期。

林莉红：《香港申诉专员制度介评》，《比较法研究》1998年第2期。

林明锵：《行政契约法论》，载台湾大学《法学论丛》第24卷第1期。

林琼：《论行政责任在公共服务型政府中的实现》，《湖南行政学院学报》2005年第3期。

林胜鹞：《国家补偿责任之研究》，《东海大学法学研究》2000年第15期。

林毅：《行政许可的性质探讨》，《西南交通大学学报》（社会科学版）2002年第2期。

林荫茂、王朋：《民事诉讼中对行政认定事实应区别对待》，《政治与法律》2004年第1期。

林重魁：《释论日本行政救济制度兼述我国行政救济制度缺失（二）》，《中兴法学》1993年第36期。

刘东亮：《行政行为公定力理论之检讨》，《行政法学研究》2001年第 2 期。

刘东亮：《无害性审查：行政许可性质新说》，《行政法学研究》2005年第 2 期。

刘东生：《行政征用制度初探》，《行政法学研究》2000 年第 2 期。

刘飞：《行政诉讼举证责任分析》，《行政法学研究》1998 年第 2 期。

刘飞：《建立独立的行政法院可为实现司法独立之首要步骤》，《行政法学研究》2002 年第 3 期。

刘瀚、张根大：《强制执行权研究》，载信春鹰、李林主编：《依法治国与司法改革》，中国法制出版社 1999 年版。

刘恒、谢晓尧：《商业秘密立法若干问题探析》，《政法学刊》1996年第 3 期。

刘剑文：《掠夺之手抑或扶持之手——论私人财产课税法治化》，《政法论坛》2011 年第 4 期。

刘俊生：《中日公务员权利义务比较研究》，《政法论坛》2001 年第 1 期。

刘佩峰：《关于公安派出所治安调解工作困境与出路的思考》，《公安研究》2014 年第 3 期。

刘莘：《行政合同刍议》，《中国法学》1995 年第 5 期。

刘莘：《论行政收费的设定与监督》，《政法论坛》2000 年第 3 期。

刘旺洪：《论行政调解的法制建构》，《学海》2011 年第 2 期。

刘文俭、井敏：《法国应急管理的特点与启示》，《行政论坛》2011年第 3 期。

刘文章、杨梭杰：《具体行政行为违反法定程序的认定及其处理》，《市场经济条件下审判工作若干问题研究》，人民法院出版社 1994 年版。

刘霞：《公共危机治理：理论建构与战略重点》，《中国行政管理》2012 年第 3 期。

刘兆兴：《论德国对行政行为的司法审查制度》，《中德行政法现状：行政行为、行政监督、行政审判》，社会科学文献出版社 1998 年版。

刘宗德：《日本行政调查制度之研究》，《政大法学评论》1994 年第

52 期。

刘作翔、龚向和：《法律责任的概念分析》，《法学》1997 年第 1 期。

刘作翔：《市场经济条件下政府职能的几个问题——兼议政府职能的法制化》，《政法论坛》1994 年第 1 期。

柳砚涛、刘瑞芳：《行政事实行为的功能及法制化探析》，《中州学刊》2007 年第 6 期。

龙飞：《对一起政府单方允诺招商奖励行政案件的评析》，《行政法学研究》2001 年第 2 期。

龙晟：《社会国的宪法意义》，《环球法律评论》2010 年第 3 期。

卢琳：《走出我国政府信息公开的困境》，《行政论坛》2003 年第 7 期。

卢伟：《论我国银行接管法律制度的完善》，《学术论坛》2007 年第 11 期。

陆维福：《关于我国行政许可制度改革的思考》，《安徽农业大学学报》（社会科学版）2002 年第 6 期。

栾少湖：《实行律师代理申诉制度的思考与启示》，《中国法律评论》2015 年第 1 期。

罗豪才、崔卓兰：《论行政权、行政相对人权利及其相互关系》，《中国法学》1998 年第 3 期。

罗豪才、方世荣：《论发展变化中的中国行政法律关系》，《法学评论》1998 年第 4 期。

罗豪才、甘雯：《行政法的"平衡"及"平衡论"范畴》，《中国法学》1996 年第 4 期。

罗豪才、宋功德：《现代行政法的制约与激励机制》，《中国法学》2000 年第 3 期。

罗豪才、宋功德：《行政法的失衡与平衡》，《中国法学》2001 年第 2 期。

罗豪才、宋功德：《认真对待软法公域软法的一般理论及其中国实践》，《中国法学》2006 年第 2 期。

罗豪才、宋功德：《行政法的治理逻辑》，《中国法学》2011 年第 1 期。

罗豪才、袁曙宏、李文栋：《现代行政法的理论基础论行政机关与相对一方的权利义务平衡》，《中国法学》1993 年第 1 期。

罗豪才：《现代行政法制的发展趋势》，《国家行政学院学报》2001 年第 5 期。

罗豪才：《我国行政法制和行政法学的继承与超越》，《法学家》2003 年第 5 期。

罗明通：《德国国家责任法上公权力概念之趋势》，《法学丛刊》总第 109 期。

罗明通：《非权力行政之发展与公权力行为之判断基准》，《法学丛刊》总第 111 期。

骆梅英：《通过合同的治理——论公用事业特许契约中的普遍服务条款》，《浙江学刊》2010 年第 2 期。

骆梅英：《论公用事业基本服务权》，《华东政法大学学报》2014 年第 1 期。

骆梅英：《行政许可标准的冲突及解决》，《法学研究》2014 年第 2 期。

吕诚、王桂萍：《行政事实行为几个问题的探讨》，《行政法学研究》1996 年第 4 期。

吕景胜：《〈紧急状态法〉立法研究》，《中国人民大学学报》2003 年第 5 期。

吕忠梅：《环境权的民法保护理论构造——对两大法系环境权理论的比较》，载吴汉东：《私法研究》，中国政法大学出版社 2002 年版。

马怀德、解志勇：《行政诉讼案件执行难的现状及对策——兼论建立行政法院的必要性与可行性》，《法商研究》1999 年第 6 期。

马怀德：《行政许可权初探》，《中国法学》1991 年第 3 期。

马怀德：《论听证程序的适用范围》，《中外法学》1998 年第 2 期。

马怀德：《公有公共设施致害的国家赔偿》，《法学研究》2000 年第

2 期。

马怀德：《学校、公务法人与行政诉讼》，载罗豪才编：《行政法论丛》（第 3 卷），法律出版社 2000 年版。

马怀德：《行政审判体制改革的目标：设立行政法院》，《法律适用》2013 年第 7 期。

马英娟：《论行政程序的法治化》，《河北法学》1999 年第 1 期。

马志毅：《中国应急管理：体制、机制与法制》，《行政管理改革》2010 年第 10 期。

毛寿龙：《引咎辞职、问责制与治道变革》，《浙江学刊》2005 年第 1 期。

孟凡雷：《行政应急中的人权克减探析》，《法制与社会》2008 年第 6 期。

孟鸿志：《行政规划裁量与法律规制的模式的选择》，《法学论坛》2009 年第 5 期。

孟卧杰：《应急管理中的行政指导问题略论》，《行政与法》2009 年第 11 期。

米健：《从比较法到共同法：现今比较法学者的社会职责和历史使命》，《比较法研究》2000 年第 3 期。

苗波：《行政事实行为及其可诉性探析》，《山东审判》1998 年第 7 期。

莫于川：《建议在我国行政程序法典中设立紧急程序条款》，《政治与法律》2003 年第 5 期。

莫于川：《公共危机管理与应急法制建设》，《临沂师范学院学报》2005 年第 1 期。

莫于川：《国外应急法制的七个特点》，《中国应急管理》2007 年第 1 期。

牛凯：《非强制行政行为导论》，北京大学博士学位论文，2002 年。

潘怀明：《行政许可制度基本问题探讨》，《贵州大学学报》（社会科学版）2001 年第 5 期。

裴兆斌、张淑平:《辽宁省治安调解实践调查报告》,《辽宁公安司法管理干部学院学报》2009年第1期。

彭华:《我国行政应急行为司法审查若干问题探讨》,《西南科技大学学报》(哲学社会科学版) 2014年第1期。

彭诵:《论建立行政补偿制度的理论基础》,《中国煤炭经济学院学报》2000年第1期。

彭云业、张慧平:《行政滥用职权之正确界定》,《山西大学学报》(哲学社会科学版) 2001年第3期。

皮宗泰、王彦:《准行政法律行为研究》,《行政法学研究》2004年第1期。

戚建刚:《非常规突发事件与我国行政应急管理体制之创新》,《华东政法大学学报》2010年第5期。

钱翠华:《不可胜诉行政确认行为的处理》,《法学杂志》2000年第1期。

青锋、张永海:《行政复议机关在行政诉讼中作被告问题的反思》,《行政法学研究》2013年第1期。

邱瑞红、王东风:《论行政许可设定权》,《法制与社会发展》2000年第6期。

邱瑞红:《健全我国行政许可设定制度的构想》,《行政与法》2003年第8期。

屈茂辉、张红:《论征收法律制度的几个问题》,《法学评论》2003年第2期。

饶艾:《略论法国行政法的产生》,《中南政法学院学报》1993年第2期。

任剑涛:《国家理性:国家禀赋的或是社会限定的?》,《学术研究》2011年第1期。

任喜荣:《"社会宪法"及其制度性保障功能》,《法学评论》2013年第1期。

萨孟武:《五权宪法与民生主义》,《新生命》1929年第2卷。

闪淳昌、周玲、钟开斌：《对我国应急管理机制建设的总体思考》，《国家行政学院学报》2011年第1期。

沈岿：《法治与公立高等学校——学校和学生的关系维度》，载沈岿编：《谁还在行使权力——准政府组织个案研究》，清华大学出版社2003年版。

沈岿：《行政诉讼举证责任个性化研究之初步》，《中外法学》2000年第4期。

沈岿：《公立高等学校如何走出法治真空》，载罗豪才主编：《行政法论丛》第5卷，法律出版社2002年版。

沈岿：《行政诉讼确立"裁量明显不当"标准之议》，《法商研究》2004年第4期。

沈荣华：《分权背景下的政府垂直管理：模式和思路》，《中国行政管理》2009年第9期。

沈政雄：《资金交付行政之法统制》，台湾政治大学法律学研究所硕士学位论文，1997年。

沈宗灵：《美国比较法现状和改进建议》，《外国法译评》2000年第4期。

盛子龙：《西德基本法上的平等原则之研究》，《宪政时代》（第13卷）第3期。

施正文：《论征纳权利——兼论税权问题》，《中国法学》2002年第6期。

石东坡：《行政行为及其特征的再探讨》，《甘肃政法学院学报》1999年第3期。

石佑启：《行政不作为引起的国家赔偿责任探讨》，《行政法学研究》1998年第4期。

石佑启、陈咏梅：《论社会管理主体多元化与行政组织法的发展》，《法学杂志》2011年第12期。

石佑启、陈咏梅：《论法治视野下行政权力的配置与运行》，《江海学刊》2014年第2期。

史莉莉：《德国公共收费的概况、立法及启示》，《政治与法律》2012年第8期。

史明浩：《南非政府设立的科技奖励情况》，《中国科技奖励》1999年第7期。

司坡森：《完善我国行政组织法管见》，《行政法学研究》1997年第4期。

宋华琳：《作为宪法具体化的行政法——〈公法学札记〉的札记》，《中外法学》2003年第5期。

宋华琳：《美国的社会保障申诉委员会制度》，《环球法律评论》2004年春季号。

宋华琳：《基层行政执法裁量权研究》，《清华法学》2009年第3期。

宋华琳：《英国行政决定说明理由研究》，《行政法学研究》2010年第2期。

宋雅琴：《美国行政法的历史演进及其借鉴意义》，《经济社会体制比较》2009年第1期。

宋长军：《日本信息公开法的制定及特点》，《外国法译评》2000年第1期。

苏力：《中国当代法律中的习惯》，《中国社会科学》2000年第3期。

苏苗罕：《计划裁量权的规制体系研究》，《云南大学学报》2008年第3期。

苏苗罕：《美国联邦政府行政收费的法律规范研究》，《行政法学研究》2013年第4期。

苏永钦：《宪法权利的民法效力》，《当代公法理论》。

孙晖、梁红：《美国的城市规划法规体系》，《国外城市规划》2000年第1期。

孙万胜：《司法权的法理之维》，法律出版社2002年版。

孙笑侠：《论新一代行政法治》，《外国法译评》1996年第2期。

孙祖培：《加入世贸组织与调整政府行为》，《常州社会科学》2001年第3期。

谭宗泽：《行政诉讼目的新论——以行政诉讼结构转换为维度》，《现代法学》2010 年第 4 期。

唐晓阳：《改革行政审批制度规范政府审批行为——广东省和深圳市改革行政审批制度的启示》，《广东行政学院学报》2000 年第 3 期。

陶进华：《关于应急管理常态化的法治思考》，《经济研究导刊》2014 年第 30 期。

陶鹏、薛澜：《论我国政府与社会组织应急管理合作伙伴关系的建构》，《国家行政学院学报》2013 年第 3 期。

田必耀：《震动益阳的"特别调查"》，《浙江人大》2006 年第 2 期。

田必耀：《积极与稳健地完善人大制度——新修改代表法的几点解读》，《人大研究》2011 年第 1 期。

童卫东：《我国行政许可制度创新的里程碑——〈行政许可法〉的立法背景及主要内容》，《中国工商管理研究》2003 年第 12 期。

童卫东：《进步与妥协：〈行政诉讼法〉修改回顾》，《行政法学研究》2015 年第 4 期。

汪永清：《关于行政许可制度的几个问题》，《国家行政学院学报》2001 年第 6 期。

王彬：《行政治安调解的反思与完善》，《贵州警官职业学院学报》2010 年第 3 期。

王光、秦立强、张明：《试论政府应急管理的社会合作机制》，《中国人民公安大学学报》（社会科学版）2006 年第 6 期。

王贵松：《支配给付行政的三大基本原则研究》，载刘茂林主编：《公法评论》（第 1 卷），北京大学出版社 2003 年版。

王桂源：《法国行政法中的均衡原则》，《法学研究》1994 年第 3 期。

王红建：《行政事实行为概念考》，《河北法学》2009 年第 7 期。

王敬波：《相对集中行政许可权——行政权力横向配置的试验场》，《政法论坛》2013 年第 1 期。

王克稳：《关于乱收费的法律思考》，《行政法学研究》2004 年第 1 期。

王克稳：《论行政征收》，《行政法学研究》1994 年第 4 期。

王克稳：《略论行政听证》，《中国法学》1996 年第 5 期。

王克稳：《我国行政审批与行政许可关系的重新梳理与规范》，《中国法学》2007 年第 4 期。

王丽娅：《关于行政审批制度改革的若干问题》，《财政与税务》2001 年第 8 期。

王利明：《合同的概念与合同法的规范对象》，载《法学前沿》（第二辑），法律出版社 1998 年版。

王连昌、莫于川：《社会主义市场经济需要加强行政指导》，《行政法学研究》1994 年第 1 期。

王连昌主编：《行政法学》，中国政法大学出版社 1994 年版。

王麟：《重构行政诉讼受案范围的基本问题》，《法律科学》2004 年第 4 期。

王青斌：《论行政规划中的私益保护》，《法律科学》2009 年第 3 期。

王淑华：《征收权与财产权平衡视角下的公益征收认定》，《齐鲁学刊》2011 年第 5 期。

王太高：《行政许可条件研究》，《行政法学研究》2007 年第 2 期。

王太高：《论行政许可注销立法之完善》，《法学》2010 年第 9 期。

王太高：《论行政许可变更》，《南京大学学报》（哲学人文科学、社会科学版）2013 年第 5 期。

王太高：《论行政许可中止》，《法学》2014 年第 4 期。

王天华：《裁量标准基本理论问题刍议》，《浙江学刊》2006 年第 6 期。

王锡锌、陈端洪：《行政法性质的反思与概念的重构——访中国法学会行政法研究会总干事、北京大学副校长罗豪才教授》，《中外法学》1995 年第 3 期。

王锡锌、邓淑珠：《行政事实行为再认识》，《行政法学研究》2001 年第 3 期。

王锡锌：《行政程序立法思路探析》，《行政法学研究》1995 年第

2 期。

王锡锌：《依法行政的合法化逻辑及其现实情境》，《中国法学》2008年第 5 期。

王晓君：《非政府公共组织公权力之行政法观照》，《学术论坛》2007年第 2 期。

王彦智：《论中央与地方关系的法制化和民主化》，《天水师范学院学报》2003 年第 6 期。

王涌：《私权的分析与建构——民法的分析法学基础》，中国政法大学博士学位论文，1998 年。

王涌：《私权救济的一般理论》，《人大法律评论》2000 年第 1 辑。

王祯军：《2007 年以来国内应急法制研究综述》，《大连干部学刊》2012 年第 7 期。

王周户、柯阳友：《行政法治与行政程序法》，《行政法学研究》1997年第 1 期。

王周户、柯阳友：《行政听证制度的法律价值分析》，《法商研究》1997 年第 2 期。

王作富、刘树德：《非法经营罪调控范围的再思考——以〈行政许可法〉若干条款为基准》，《中国法学》2005 年第 6 期。

魏红英：《纵向权力结构合理化：中央与地方关系和谐发展的基本进路》，《中国行政管理》2008 年第 6 期。

魏月霞：《浅析授权立法监督的必要性》，《辽宁行政学院学报》2010年第 6 期。

文红玉：《改革开放三十年来我国中央与地方关系——体制变迁之维》，《理论导刊》2009 年第 4 期。

吴红宇：《知情权、WTO 与政府信息公开》，《当代法学》2003 年第 8 期。

吴敏：《从行政法学谈行政行为问题》，《江淮论坛》1991 年第 6 期。

吴卫军、石俊峰：《论行政接管的法律规制》，《行政法学研究》2006年第 1 期。

吴英姿：《"大调解"的功能及限度——纠纷解决的制度供给与社会自治》，《中外法学》2008 年第 2 期。

席涛：《市场失灵与〈行政许可法〉——〈行政许可法〉的法律经济学分析》，《比较法研究》2014 年第 3 期。

夏丽华：《60 年来中央与地方关系演进特点与当前的改革问题》，《郑州大学学报》（哲学社会科学版）2009 年第 5 期。

夏勇：《改革司法》，《读书》2003 年第 1 期。

向群雄、徐银华：《"行政法律关系主体法律地位不平等性"质疑》，《中南政法学院学报》1992 年第 3 期。

肖凤城：《论"法即程序"——兼论行政程序法的重要性》，《行政法学研究》1997 年第 1 期。

肖金明：《行政许可制度的反思和改革》，《中国行政管理》2001 年第 6 期。

肖峋：《试论人民法院审查具体行政行为合法性的原则》，《中国法学》1989 年第 4 期。

肖泽晟：《论政府采购的性质》，《南京大学法律评论》1999 年秋季号。

肖泽晟：《公物在中国人权保障中的作用》，《南京大学学报》（社会科学版）2003 年第 3 期。

肖泽晟：《论公物附近居民增强利用权的确立与保障》，《法商研究》2010 年第 2 期。

肖泽晟：《非处罚性行政许可中止——从某环评批复行政复议"后语"说起》，《当代法学》2012 年第 6 期。

肖泽晟：《宪法意义上的国家所有权》，《法学》2014 年第 5 期。

萧文生：《自法律观点论规费概念、规费分类及费用填补原则》，"国立"中正大学《法学集刊》第 21 期。

谢晖：《论行政越权》，《法律科学》1992 年第 6 期。

谢军、吴雷：《中国法学会行政法学研究会 1998 年会综述》，《中国法学》1998 年第 5 期。

谢庆奎：《中国政府的府际关系研究》，《北京大学学报》（哲学社会科学版）2000 年第 1 期。

谢哲胜：《准征收之研究——以美国法之研究为中心》，《中兴法学》第 40 期。

谢志岿：《协调中央与地方关系需要两次分权——对协调中央与地方关系的一项新的探索》，《江海学刊》1998 年第 1 期。

徐高、莫纪宏编著：《外国紧急状态法律制度》，法律出版社 1994 年版。

徐继敏：《国务院设定行政许可实践研究》，《行政法学研究》2015 年第 1 期。

徐建生：《论民国初年经济政策的扶植与奖励导向》，《近代史研究》1999 年第 1 期。

徐澜波：《民事案件审理中对行政认定事实的审查规则》，《政治与法律》2004 年第 1 期。

徐晓明：《行政许可超期推定延续法律效力问题研究》，《浙江学刊》2015 年第 3 期。

徐晓明：《行政许可持有人强制信息披露制度问题研究》，《行政法学研究》2011 年第 3 期。

许安标：《监督法的特点与创新》，《国家行政学院学报》2007 年第 1 期。

许崇德、王振民：《由"议会主导"到"行政主导"——评当代宪法发展的一个趋势》，《清华大学学报》（哲学社会科学版）1997 年第 3 期。

许志雄：《制度性保障》，《月旦法学》1995 年第 8 期。

许宗力：《行政机关若干基本问题之研究》，载翁岳生主持：《行政程序法之研究》，台湾"经济建设委员会"，1990 年。

许宗力：《基本权利对国库行为之限制》，《法与国家权力》，台湾月旦出版公司 1993 年版。

许宗力：《论国会对行政命令之监督》，《台大法学论丛》第 17 卷，第 2 期。

许章润：《国家建构的精神索引——今天中国为何需要省思"国家理性"》，载许章润、翟志勇主编：《国家理性》（历史法学第 4 卷），法律出版社 2010 年版。

玄红云、赵辉：《赌市长的毁灭之路——沈阳市原常务副市长马向东的堕落轨迹》，《中国监察》2001 年第 24 期。

薛冰、岳成浩：《论行政决策听证代表的遴选——基于商谈理论的视角》，《中国行政管理》2011 年第 8 期。

薛冰、郑萍：《以商谈求共识：行政决策听证中公共意愿的形成》，《北京行政学院学报》2011 年第 2 期。

薛刚凌：《论行政行为与事实行为》，《政法论坛》1993 年第 4 期。

薛刚凌：《论政府关系的法律调整》，《中国法学》2005 年第 5 期。

薛菁：《唐代科举制度对现代西方文官制度的影响》，《教育评论》，2001 年第 6 期。

薛澜、张强、钟开斌：《危机管理：转型期中国面临的挑战》，清华大学出版社 2003 年版。

阎尔宝：《论行政事实行为》，《行政法学研究》1998 年第 2 期。

阎尔宝：《不动产物权登记、行政许可与国家赔偿》，《行政法学研究》1999 年第 2 期。

阎尔宝：《我国行政行为法体系构建的问题与症结》，《国家检察官学院院报》2014 年第 5 期。

阎尔宝：《我国行政诉讼受案范围的再检讨》，《行政法学研究》2000 年第 3 期。

杨广、陆达新：《行政事实行为救济中确认判决的有限适用》，《黑龙江省政府管理干部学院学报》2013 年第 6 期。

杨海坤、蔡翔：《行政行为概念的考证分析与重新建构》，《山东大学学报》（哲学社会科学版）2013 年第 1 期。

杨海坤、郝益山：《关于行政调查的讨论》，《行政法学研究》2000 年第 2 期。

杨海坤、黄学贤：《行政指导比较研究新探》，《中国法学》1999 年第 3 期。

杨海坤、马迅：《总体国家安全观下的应急法治新视野——以社会安全事件为视角》，《行政法学研究》2014 年第 4 期。

杨海坤：《论行政奖励》，《法学研究》1989 年第 3 期。

杨建顺、刘连泰：《试论程序法与实体法之间的辩证关系》，《行政法学研究》1998 年第 1 期。

杨建顺：《关于行政行为理论问题的研究》，《行政法学研究》1995 年第 3 期。

杨建顺：《行政诉讼与司法能动性——刘燕文诉北京大学的启示》，《法学前沿》（第四辑），法律出版社 2001 年版。

杨建顺：《日本行政执行制度研究》，《法学家》2002 年第 4 期。

杨建顺：《论政府职能转变的目标及其制度支撑》，《中国法学》2006 年第 6 期。

杨解君、汪自成：《行政许可法的原则解读》，《南京社会科学》2004 年第 1 期。

杨解君：《行政许可的概念与性质略谈》，《南京大学学报》2000 年第 3 期。

杨解君：《整合视野下的行政许可》，《江海学刊》2001 年第 4 期。

杨解君：《特别法律关系论——特别权力关系论的扬弃》，《南京社会科学》2006 年第 7 期。

杨立宪：《论行政事实行为的界定》，《行政法学研究》2001 年第 1 期。

杨临宏：《行政越权论》，《思想战线》2002 年第 1 期。

杨临宏等：《关于行政计划的法律思考》，《云南大学学报》2004 年第 4 期。

杨绍东：《论可诉性行政事实行为》，《人民司法》1997 年第 8 期。

杨生：《行政登记——一种受排斥的行政行为》，《法制行政》2002 年第 1 期。

杨伟东：《从被告的确定标准看我国行政诉讼主体划分之弊端》，《中央政法管理干部学院学报》1999 年第 6 期。

杨伟东：《履行判决变更判决分析》，《政法论坛》2001 年第 3 期。

杨伟东：《行政诉讼目的探讨》，《国家行政学院学报》2004 年第 3 期。

杨伟东：《行政诉讼受案范围分析》，《行政法学研究》2004 年第 3 期。

杨伟东：《建立行政法院的构想及其疏漏》，《广东社会科学》2008 年第 3 期。

杨伟东：《行政诉讼一审判决的完善》，《广东社会科学》2013 年第 2 期。

杨伟东：《行政诉讼制度和理论的新发展——行政诉讼法修正案评析》，《国家检察官学院学报》2015 年第 1 期。

杨小君：《正确认识我国行政诉讼受案范围的基本模式》，《行政法学研究》1999 年第 4 期。

杨小君：《我国行政诉讼被告资格认定标准之检讨》，《法商研究》2007 年第 1 期。

杨寅、狄馨萍：《我国重大行政决策立法实践分析》，《法学杂志》2011 年第 7 期。

杨寅、韩磊：《行政许可法实施中的困境》，《法学杂志》2006 年第 2 期。

杨寅：《行政诉讼概念重解》，《中国法学》2002 年第 4 期。

杨子荣：《美国科技奖励情况介绍》，《中国科技奖励》1999 年第 7 期。

姚西科、涂敏：《中美行政公开制度比较研究》，《行政法学研究》2001 年第 2 期。

姚小林：《论我国应急法制的比例原则》，《法学杂志》2008 年第 4 期。

叶必丰、贾秀彦：《从行政许可法看行政听证笔录的法律效力》，《法学评论》2005 年第 3 期。

叶必丰：《论规范性文件的效力》，《行政法学研究》1994 年第 4 期。

叶必丰：《行政行为确定力研究》，《中国法学》1996 年第 3 期。

叶必丰：《两大法系行政程序法之比较》，《中外法学》1997 年第 1 期。

叶必丰：《论行政行为的执行力》，《行政法学研究》1997 年第 3 期。

叶必丰：《假行政行为》，《判例与研究》1998 年第 4 期。

叶必丰：《行政和解和行政调解：基于公众参与和诚实信用》，《政治与法律》2008 年第 5 期。

叶必丰：《具体行政行为框架下的政府信息公开——基于已有争议的观察》，《中国法学》2009 年第 5 期。

叶必丰：《规则抄袭或细化的法解释学分析——部门规则规定应急征用补偿研讨》，《法学研究》2011 年第 6 期。

叶俊荣：《比例原则与行政裁量》，《宪政时代》第 11 卷第 3 期。

叶俊荣：《论裁量瑕疵及其诉讼上的问题》，《宪政时代》1988 年第 2 期。

叶晓川：《从我国政府机构改革看行政组织法的完善》，《新视野》2007 年第 4 期。

易承志：《转型期我国中央与地方关系的协调：特征、趋势与路径分析》，《湘潭大学学报》（哲学社会科学版）2009 年第 5 期。

尹华容：《设置行政法院：行政诉讼突围中的重大误区》，《甘肃政法学院学报》2006 年第 1 期。

尹章华、刘家荧：《美国政府采购法制第三人代位诉讼之研究——我国政府采购防制厂商不当得利之建议》，《法学丛刊》第 171 期。

应松年、陈天本：《政府信息公开法律制度研究》，《国家行政学院学报》2002 年第 4 期。

应松年、薛刚凌：《行政组织法与依法行政》，《行政法学研究》1998 年第 1 期。

应松年、薛刚凌：《行政组织法基本原则之探讨》，《行政法学研究》

2001 年第 2 期。

应松年、庄汉：《行政调查的现状与未来发展方向》，《江苏社会科学》2008 年第 5 期。

应松年：《论行政行为的司法监督》，《政法论坛》1990 年第 6 期。

应松年：《关于行政程序立法的几个问题》，《行政法学研究》1992 年第 4 期。

应松年：《依法行政论纲》，《中国法学》1997 年第 1 期。

应松年：《行政强制立法的几个问题》，《法学家》2006 年第 3 期。

应松年：《行政诉讼法律制度的完善、发展》，《行政法学研究》2015 年第 4 期。

游志斌：《英国政府应急管理体制改革的重点及启示》，《行政管理改革》2010 年第 11 期。

于安：《国家应急制度的现代化》，《法学》2004 年第 8 期。

于光远：《关于责任学的两篇文章》，《学术研究》1992 年第 1 期。

于立深：《论政府的信息形成权及当事人义务》，《法制与社会发展》2009 年第 2 期。

于立深：《依申请公开政府信息公开制度运行的实证分析——以诉讼裁判文书为对象的研究》，《法商研究》2010 年第 2 期。

余凌云：《行政调查三题》，《浙江学刊》2011 年第 2 期。

余凌云：《现代行政法上的指南、手册与裁量基准》，《中国法学》2012 年第 4 期。

余凌云：《城市空间利益的正当分配——从规划行政许可侵犯相邻权益案切入》，《法学研究》2015 年第 1 期。

喻少如：《论决策终身负责制的合理构造——基于行政法学视角的观察与思考》，《学术前沿》2014 年第 6 期。

袁兵喜：《我国行政申诉制度的构建及完善》，《河北法学》2010 年第 10 期。

袁春鹃、张志泉：《论电子政府的信息公开服务》，《政法论丛》2002 年第 1 期。

袁吉亮：《论立法解释制度之非》，《中国法学》1994 年第 4 期。

袁晴晖：《宪法与民生》，《社会建设》1933 年第 1 卷。

翟晓红、吕利秋：《行政诉讼不应附带民事诉讼》，《行政法学研究》1998 年第 2 期。

湛中乐、杨军佐：《政府采购基本问题研究》（上），《法制与社会发展》2001 年第 3 期。

湛中乐：《论行政法规、行政规章以下其他规范性文件》，《中国法学》1992 年第 2 期。

湛中乐：《论我国〈行政复议法〉修改的若干问题》，《行政法学研究》2013 年第 1 期。

张秉银：《论行政许可的设定》，中国法学会行政法学研究 1997 年年会论文集。

张步洪：《行政许可的范围与功能》，中国政法大学硕士学位论文，1996 年。

张步洪：《论行政许可的范围》，《行政法学研究》1997 年第 2 期。

张朝华：《垂直管理扩大化下的地方政府变革》，《云南行政学院学报》2009 年第 1 期。

张成福：《电子化政府：发展及其前景》，《中国人民大学学报》2000 年第 3 期。

张春莉：《西方国家行政性 ADR 的经验及其借鉴》，《政治与法律》2012 年第 12 期。

张春生、袁吉亮：《行政程序法的指导思想及核心内容的探讨》，《中国法学》1991 年第 4 期。

张东煜：《论行政审判中的合理性审查问题》，《法学评论》1993 年第 3 期。

张国勋：《必要性原则之研究》，载城仲模主编：《行政法之一般法律原则》，三民书局 1994 年版。

张继红：《论银行接管法律的域外经验及我国的制度构建》，《求索》2013 年第 1 期。

张静愚：《宪法草案民生编国民生计之我见》，《河南政治月刊》1933年第3卷第8期。

张娟：《关于行政许可制度若干问题的法律思考》，《安徽大学学报》（哲学社会科学版）2003年第4期。

张娟：《行政调查基本概念初探》，《法学杂志》2009年第10期。

张力：《公物的私产化及其法律控制》，《湖南师范大学学报》（社会科学版）2013年第1期。

张罗宝：《四种不同申诉的区别》，《法学杂志》1992年第6期。

张明杰：《能动的行政——行政自由裁量权及其控制理论》，《外国法译评》1997年第3期。

张鹏：《财产权合理限制的界限与我国公用征收制度的完善》，《法商研究》2003年第4期。

张庆福、冯军：《现代行政程序在法治行政中的作用》，《法学研究》第18卷第4期。

张生：《中国近代行政法院之沿革》，《行政法学研究》2002年第4期。

张世诚：《哪些行政主体可以设定行政许可行为？——〈行政许可法〉解读之四》，《中国行政管理》2004年第4期。

张淑芳：《规章以下行政规范性文件调整对象》，《东方法学》2009年第6期。

张淑芳：《行政法的适用》，《法学研究》2000年第5期。

张树义：《行政强制执行研究》，《政法论坛》1989年第2期。

张树义：《〈行政诉讼法（草案）〉若干争论问题再思考》，《法学》1989年第3期。

张树义：《论抽象行政行为与具体行政行为的划分标准》，《中国法学》1993年第1期。

张树义：《论行政主体》，《政法论坛》2000年第4期。

张维平：《政府应急管理预警机制建设创新研究》，《中国行政管理》2009年第8期。

张贤明：《政治责任与法律责任的比较分析》，《政治学研究》2000年第 1 期。

张险峰：《英国城市规划督察制度的新发展》，《国外城市规划》2006年第 3 期。

张兴祥：《强力推进行政审批改革——行政审批研讨会杭州会议综述》，《行政与法制》2001 年第 4 期。

张兴祥：《制度创新：〈行政许可法〉的立法要义》，《法学》2003 年第 10 期。

张旭勇：《行政诉讼维持判决制度之检讨》，《法学》2004 年第 1 期。

张艳：《我国中央与地方关系的法治困境与出路》，《内蒙古大学学报》（哲学社会科学版）2008 年第 4 期。

张义方：《发达国家公立科研机构人事薪酬制度探析》，《世界科技研究与发展》2015 年第 1 期。

张义泰：《民事诉讼中行政确认与司法确认的关系》，《人民司法》1998 年第 12 期。

张玉瑞：《商业秘密法律保护的诸问题》，《知识产权》1995 年第 5 期。

张志铭：《关于中国法律解释体制的思考》，《中国社会科学》1997年第 2 期。

张子祥、高树德、李小山：《论对行政许可的量化控制》，中国法学会行政法学研究会 1997 年年会论文集。

张梓太：《污染权交易立法构想》，《中国法学》1998 年第 3 期。

章剑生：《论人民法院在行政诉讼中的司法变更权》，《法学与实践》1990 年第 2 期。

章剑生：《判决重作具体行政行为》，《法学研究》1996 年第 6 期。

章剑生：《论司法审查有限原则》，《行政法学研究》1998 年第 2 期。

章剑生：《论行政诉讼中原告资格的认定及其相关问题》，《杭州大学学报》1998 年第 7 期。

章剑生：《知情权及其保障——以〈政府信息公开条例〉为例》，

《中国法学》2008 年第 4 期。

章剑生：《对违反法定程序的司法审查——以最高人民法院公布的典型案例（1985—2005）为例》，《法学研究》2009 年第 2 期。

章剑生：《行政征收程序论——以集体土地征收为例》，《东方法学》2009 年第 2 期。

章剑生：《行政收费的理由、依据和监督》，《行政法学研究》2014 年第 2 期。

章永乐、杨旭：《村民自治与个体权利救济》，载罗豪才主编：《行政法论丛》第 5 卷，法律出版社 2002 年版。

章永乐、杨旭：《村民自治与个体权利救济——论村民委员会在行政诉讼中的被告地位》，载沈岿编：《谁还在行使权力——准政府组织个案研究》，清华大学出版社 2003 年版。

章志远、李明超：《公用事业特许经营中的临时接管制度研究——从"首例政府临时接管特许经营权案"切入》，《行政法学研究》2010 年第 1 期。

章志远：《行政调查初论》，《中共长春市委党校学报》2007 年第 2 期。

赵大光、杨临萍、王振宇：《最高人民法院〈关于审理行政许可案件若干问题的规定〉之解读》，《法律适用》2010 年第 4 期。

赵宏：《法治与行政——德国行政法在法治国背景下的展开》，《行政法学研究》2007 年第 2 期。

赵素卿：《问责制：民主执政的重要方式》，《中共山西省委党校学报》2004 年第 6 期。

赵晓力：《比较法的力量与弱点何在》，《比较法研究》1996 年第 1 期。

赵银翠：《行政过程中的民事纠纷解决机制研究》，法律出版社 2012 年版。

赵正群：《得知权理论及其在中国的初步实践》，《中国法学》2001 年第 3 期。

浙江省高级人民法院课题组：《关于人民调解、行政调解与诉讼程序衔接机制的调查和思考》，《法治研究》2008 年第 3 期。

郑康营：《企业产权进场交易　国有资产保值增值——福建瑞德公司股权转让案例介绍》，《产权导刊》2003 年第 5 期。

郑永强：《论行政许可的法律特征》，中国法学会行政法学研究会1997 年年会论文集。

中国法学会行政法学研究会：《建议把行政合同列入合同法》，《法学研究动态》第 7 期。

钟毓宁、张七一、夏述云：《关于行政问责制的探讨》，《党政干部论坛》2005 年第 1 期。

周飞舟：《分税制十年：制度及其影响》，《中国社会科学》2006 年第 6 期。

周汉华：《起草〈政府信息公开条例〉（专家建议稿）的基本考虑》，《法学研究》2002 年第 6 期。

周继东：《深化行政执法体制改革的几点思考》，《行政法学研究》2014 年第 1 期。

周健、赖茂生：《政府信息开放与立法研究》，《情报学报》2001 年第 3 期。

周健：《日本〈信息公开法〉与行政信息公开制度》，《法律文献信息与研究》2001 年第 2 期。

周健：《美国〈隐私权法〉与公民个人信息保护》，《情报科学》2001 年第 6 期。

周健宇：《行政调解协议之强制执行力探析——基于效力位阶、政治传统、文化传统的视角》，《中国行政管理》2012 年第 10 期。

周少林、李立：《关于水库移民补偿方式的思考》，《人民长江》1999 年第 11 期。

周佑勇、何渊：《论行政第三人》，《湘潭工学院学报》（社会科学版）2001 年第 2 期。

周佑勇、刘艳红：《行政刑法性质的科学定位——从行政法与刑法的双重视野考察》（上），《法学评论》2002 年第 2 期。

周佑勇、吴雷：《中国法学会行政法研究会 2001 年年会综述》，《中国法学》2001 年第 6 期。

周佑勇、伍劲松：《论行政法上之法律保留原则》，《中南大学学报》（社会科学版）2004 年第 6 期。

周佑勇：《论行政作为与行政不作为的区别》，《法商研究》1996 年第 5 期。

周佑勇：《公民行政法权利之宪政思考》，《法制与社会发展》1998 年第 1 期。

周佑勇：《论行政许可的基本原则》，《湖北警官学院学报》2003 年第 4 期。

周佑勇：《行政许可法中的信赖保护原则》，《江海学刊》2005 年第 1 期。

周佑勇：《作为过程的行政调查——在一种新研究范式下的考察》，《法商研究》2006 年第 1 期。

朱国云：《试论行政组织结构体制的重塑》，《江海学刊》1995 年第 6 期。

朱健文：《论行政诉讼中之预防性权利保护》，《月旦法学》1996 年第 3 期。

朱林：《葡萄牙〈行政程序法典〉评介》，《行政法学研究》1996 年第 3 期。

朱芒：《日本的行政许可——基本理论和制度》，《中外法学》1999 年第 4 期。

朱芒：《开放型政府的法律理念和实践——日本的信息公开制度》，《环球法律评论》2002 年秋季号。

朱芒：《论行政规定的性质——从行政规范体系角度的定位》，《中国法学》2003 年第 1 期。

朱芒：《日本〈行政程序法〉中的裁量基准制度——作为程序正当性保障装置的内在构成》，《华东政法学院学报》2006 年第 1 期。

朱芒：《公共企事业单位应如何信息公开》，《中国法学》2013年第2期。

朱维究等：《行政行为过程性论纲》，《中国法学》1998年第4期。

朱新力、余军：《论行政强制措施的合理定位》，1999年西安海峡两岸行政法学学术研讨会论文。

朱新力：《论法院对规章以下规范性文件的审查权》，《法学杂志》1993年第5期。

朱新力：《论行政不作为违法》，《法商研究》1998年第2期。

诸松燕：《我国政府信息公开的现状分析与思考》，《新视野》2003年第3期。

卓越：《论行政申诉》，《政治学研究》2000年第1期。

邹荣：《行政诉讼原告资格综述》，《法学》1998年第7期。

［德］巴杜拉：《在自由法治国与社会法治国中的行政法》，载陈新民：《公法学札记》，三民书局1993年版。

［德］霍恩：《法律的比较研究及法律全球化》，转引自《21世纪法学教育暨国际法学院校长研讨会综述》，《政法论坛》1999年第4期。

［德］克里斯提安·史塔春：《基本权利的解释与影响作用》，许宗力译，载许宗力：《法与国家权力》，元照出版有限公司2006年版。

［加］H. 帕特里克·格伦：《有说服力的法律论据》，《法学译丛》1988年第2期。

［美］莱曼：《反对法典编撰的历史学派，萨维尼、卡特和纽约民法典的失败》，《美国比较法杂志》1990年秋季号，转引自徐国栋：《民法基本原则解释：成文法局限性之克服》，中国政法大学出版社1992年版。

［美］毛瑞若·维罗里：《“国家理性”的起源和意义》，载［英］伊安·汉普歇尔-蒙克编：《比较视野中的概念史》，周保巍译，华东师范大学出版社2010年版。

［美］斯蒂·M.格里芬：《美国宪政：从理论到政治生活》，《法学译丛》1992年第3期。

［美］亚瑟·塞尔温·米勒：《“国家理性”与现代国家》，萨楚拉、

李娜译，载许章润、翟志勇编：《国家理性与现代国家》，清华大学出版社 2012 年版。

[日] 成田赖明：《非权力行政的法律问题》，载《公法研究》第 28 号，转引自杨建顺：《日本行政法通论》，中国法制出版社 1998 年版。

[日] 根岸哲：《日本的产业政策与行政指导》，《法学译丛》1992 年第 1 期。

[日] 南博方：《行政诉讼中和解的法理》，杨建顺译，载《环球法律评论》2001 年春季号。

[日] 系田省吾：《反垄断与行政指导》，《法学家》1974 年第 7 期。

[日] 盐野宏：《国家与地方自治团体间之关系》，《中国地方自治（台湾）》2002 年第 4 期。

[日] 滋贺秀三：《清代诉讼制度之民事法源的考察：作为法源的习惯》，王亚新译，载王亚新、梁治平编：《明清时期的民事审判与民间契约》，法律出版社 1998 年版。

[苏] B.A.图曼诺夫：《对规范性文件合宪性的司法监督》，《法学译丛》1988 年第 5 期。原文载于苏联《苏维埃国家和法》1988 年第 3 期。

[苏] 法儿别尔：《关于法的概念问题》，《政法译丛》1957 年第 4 期。

Colin Scott：《作为规制与治理工具的行政许可》，《法学研究》2014 年第 2 期。

Prof.Dr.Fritz Ossenbuehl：《德国行政程序法十五年来之经验与展望》，董保城译，《政大法学评论》第 47 期。

A.V.Dicey，"The Absolute Esupremacy of Regular Law and Absence of Arbitrary Power on Part of Government", in Introduction to the Study of the Law of the Constitution, 10th ed., 1964.

C.Reich, "the New Property", 73 Yale Law Journal, 1964.

Christine Parker, Regulator-Required Corporate Compliance Program Audits, 25 Law & Pol'y, 2003.

Clark C.Havighurst, Foreword: The Place of Private Accrediting among the Instruments of Government,57 Law & Contemp.Probs. 1-2, 1994.

Colin Scott, Fabrizio Cafaggi & Linda Senden, ed., Transnational Private Regulation: Conceptual and Constitutional Debates, Wiley-Blackwell, 2011.

Daniel J. Gifford, Discretionary Decision Making in the Regulatory Agencies: A Conceptual Framework 57 S.Cal.L.Rev. 101, 1983.

David L.Callies and J.David Breemer, Selected Legal and Policy Trends in Takings Law: Background Principles, Custom and Public Trust "Exceptions" and (MIS) Use of Investment - Backed Exceptions, 36Val. U. L. Rev. 339, 355, 2002.

Eleanor D.Kinney, Private Accreditation as a Substitute for Direct Government Regulation in Public Health Insurance Programs: When Is It Appropriate? Law & Contemp.Probs., Autumn 1994.

Errol E.Meidinger, The New Environmental Law: Forest Certification, 10 Buff.Envtl.L.J.211,283, 2002.

George Van Cleve, The Changing Intersection of Environmental Auditing, Environmental Law and Enforcement Policy,12 Cardozo L.Rev., 1991.

Gug M.Struve, "The Less-Restrictive Alternative Principle and Economic Due Process", Har.L.R.80, 1967.

H.Partrick Glenn, Persuasive Authority, 32 Mcgill Law Journal, 1987.

Jeremy Waldron, Foreign Law and the Modern Ius Gentium, 119 Harvard Law Review, 2005.

Jody Freeman, Private Parties, Public Functions and the New Administrative Law, 52 Administrative Law Review 813-858, 2000.

Jody Freeman, The Private Role in Public Governance,75 N. Y. U. L. Rev, 2000.

John Wiilis, "Delegatus non potest delegare", 21Can.B.R., 1943.

Jonathan Macey & Hillary A.Sale Observations on the Role of Commodification, Independence and Governance in the Accounting Industry 48 Vill. L. Rev, 2003.

Keith A. Houghton & Christine A. Jubb, The Market for Financial Report Audits: Regulation of and Competition for Auditor Independence, 25 L. & Poly, 2003.

Lesley K. McAllister, Harnessing Private Regulation, 3 Mich. J. of Envtl & Admin. L. , 2014.

Lesley K. McAllister, Regulation by Third-Party Verification, 53 B. C. L. Rev. 1, 31. , 2012.

Lloyd R. Cohen, The Public Trust Doctrine: An Economic Perspective, 29 Cal. W. l. Rev. , 1992-1993.

Marine, The Politics of Quasi-autonomous Organizations in France and Italy, PSA Annual Conference, Leicester, 15-17 April, 2003.

Mark Aronson, "A public Lawyer's Response to Privatization and Outsourcing" in The Province of Administrative Law, Michael Taggarted, Oxford, UK: Hart Publishing, 1997.

Mark Bovens & Stavros Zoundis, From Street-levelto System-level Bureaucracies: How Information and Communication Technology is Transforming Administrative Discretion and Constitutional Control, 62 Public Administration Review, 2002.

McBride, Voluntary Association: The Basis of an Ideal Model, and the "Democratic" Failure, in Nomos XI: Voluntary Associations 202, J. Pennock & J. Chapmaneds, 1969.

Michael J. Astrue, Health Care Reform and the Constitutional Limits on Private Accreditation as an Alternative to Direct Government Regulation, Law & Contemp. Probs, Autumn 1994.

Michael P. Vandenbergh, The Private Life of Public Law, 105 Colum. L. Rev, 2005.

Miriam Seifter, Rent-a-Regulator: Design and Innovation in Privatized Governmental Decision Making, 33 Ecology L. Q. , 2006.

Philippe de Moor & Ignace de Beelde, Environmental Auditing and the

Role of the Accountancy Profession: A Literature Review, 36 Envtl. Mgmt., 2005.

Project: The Decriminalization of Administrative Law Penalties—Civil Remedies, Alternatives, Policy and Constitutional Implications, Administrative Review, Fall 1993.

Rodriguez, The Substance of the New Legal Process, 77Cal.L.Rev., 1989.

Sanford E. Gaines & Cliona Kimber, Redirecting Self-Regulation 13 J. Envtl.L., 2001.

Thmas P.Lewis, The Meaning of State Action, 60 Colum.L.Rev., 1960.

后记一

《当代中国行政法》一书从 2001 年构想筹划、组织编写至今已经近三年时间了，其间几十位同人付出了艰辛的劳动，力图将当代我国行政法的沿革和最新发展情况展示给各位读者。

中山大学行政法研究所的张勇硕士参与了本书的撰写。国家行政学院法学部的何海波副教授、冯慧博士、王静博士，苏州大学法学院的硕士研究生同学们，中国政法大学法学院的汪志华硕士，为本书做了大量的文字工作和联络工作。

特此对为本书付出努力的各位同志表示衷心的感谢。

2004 年 10 月

后记二

浙江大学的章剑生教授、清华大学的何海波教授在细致调研的基础上，为本书提供了许多极为宝贵的意见。中国政法大学法治政府研究院的曹鎏副教授、崔俊杰博士及张松博士、马龙君博士、崔瑜博士等为本书做了大量的文字编撰和联络工作，付出辛勤的劳动，在此谨致谢意。

2016 年 7 月